학 · 교 · 현 · 장 · 에 · 맞 · 춘

# 학교폭력의 예방과 대책

김종운 저

학지사

## 머리말

2003년 8월 여름방학에 부산광역시교육청이 주관하는 학교따돌림 피해학생 집단상담 프로그램을 개발하고 실시하는 일에 참여하면서 학교폭력 연구와 처음 인연을 맺었다. 이후 같은 해 9월에 한국상담학회 학회지 『상담학연구』에 학교따돌림 피해아동을 위한 집단상담 프로그램의 효과성을 검증한 논문을 게재하였다. 그 후 보다 폭넓은 연구를 위해 인디애나대학교 상담 및 교육심리학과에서 유학 중 2006년 문화관광부 우수학술도서에 선정된 『학교따돌림의 지도와 상담(Bullying and Teasing)』을 번역하였으며, 2010년 한국연구재단의 지원으로 초등학교 학교폭력 예방 프로그램을 개발 · 실시하여 그 효과성을 검증한 논문을 발표하기도 하였다. 돌아보면 저자가 학교폭력 연구와 처음 인연을 맺어 이 분야 연구를 해 온 것이 10년이 더 지났다.

학교폭력 연구를 한 지난 10년 동안 학교폭력으로 인하여 고통받는 아이들에 대한 매스컴의 보도를 수없이 접했으며, 그때마다 나 자신의 고통처럼 마음이 아프고 정부의 실효성 없는 대책 발표에 답답함을 느끼기도 하였다.

지난해 대구의 한 중학생이 또래로부터 학교폭력을 당해 오다 자살한 사건을 계기로 정부에서는 학교폭력 피해학생에 대한 보호조치를 강화하였다. 가해학생에 대해서는 학교생활기록부에 학교폭력대책자치위원회의 조치사항을 기재하도록 법제화하여 가해학생이 진학과 취업에 있어 불이익을 받도록 보다 실질적인 대책을 마련하였다. 또한 전문상담교사를 대폭 확충하여 학교폭력 피해학생, 가해학생 그리고 전체 학생에 대한 예방 교육 및 상담 기능을 강화하였다. 그리고 사범대학과 교육대학 및 교직과정에 교직소양과목으로 '학교폭력의 예방 및 대책'이라는 과목을 개설하여 교원 양성 단계에서부터 예비교사들이 학교폭력에 대해 보다 깊이 이해하고 예방과 근절을 위한 전문적 역량을 기를 수 있도록 하였다. 이에 저자도 그간 축적한 학교폭력에 대한 연구 성과와 자료를 바탕으로 '학교폭력의 예방 및 대책'에 관한 책을 집필하기에 이르렀다.

학교폭력에 대한 예방과 근절을 위한 노력이 몇몇 지역사회나 일부 학교 및 교사에 의해 이루어진다면 그 실효성은 보장받기 힘들다. 또한 학교폭력 예방과 근절을 위한 가장 효과적인 방안 중 하나가 학교 현장에서 학생들을 지도하는 교사들에 대한 학교폭력의 예방 및 근절을 위한 교육이라고 할 수 있다. 그런 측면에서 교원 양성과정에 있는 예비교사들이 '학교폭력의 예방 및 대책' 과목을 학습할 수 있도록 한 것은 시의적절하다.

이 책을 집필하기 위해 학교 현장의 여러 교사에게 자문을 구하였다. 그들에 의하면, 최근 매스컴에 보도된 바와 같이 학급 내 학생지도 및 생활지도의 어려움과 학교폭력 등으로 인하여 교사들이 학급담임을 맡는 것을 기피하고 있으며, 학교폭력 책임교사를 담당한 교사가 휴직을 한 경우도 있다. 그뿐 아니라 명예퇴직을 신청하는 교사의 수는 해마다 급증하고 있다.

자문의 결과, 여러 교사들로부터 먼저 학교폭력 예방과 대책에 관한 이론적인 측면보다는 학교폭력 피해학생, 가해학생, 전체 학생을 지도할 수 있도록 학교 현장에 맞춘 지식과 기술을 배우게 해 달라는 주문이 있었다. 다음으로, 현장 교사들이 가장 어려워하는 부분이 학교폭력이 발생했을 때 어떻게 처리할지 몰라 당황해하거나 심지어 숨기려고 한다는 것인데, 그래서 학교폭력 사안을 잘 처리할 수 있는 매뉴얼이 되도록 집필해 달라는 주문이었다. 끝으로, 현장 교사들에게 가장 절실하고 어려운 부분이 학생상담 관련 지식과 프로그램이라는 것이었다. 특히 학교폭력 책임교사를 맡은 경험이 있는 몇몇 교사는 학교폭력 예방교육 프로그램과 또래상담 프로그램 및 학생자치법정 프로그램을 실시하여 학교 홈페이지를 통해 정보를 공시하도록 교육부에서 의무화하고 있는데, 자료가 없어 무척 고생을 했던 기억을 되새기면서 이런 내용을 꼭 다루어 줄 것을 요청하였다. 따라서 현장 교사들의 소중한 말씀을 이 책에 담으려고 노력하였다.

이 책을 통해 사범대학, 교육대학, 교육대학원 등의 교원 양성과정에 있는 예비교사들이 학교폭력에 대한 예방과 대책을 위한 실제적인 지식과 학교폭력 사안에 대한 대처 역량을 함양할 수 있기를 기대한다. 아울러 학교 현장의 교사들도 이 한 권의 책만 보더라도 어떤 학교폭력 관련 업무나 사안도 척척 처리할 수 있기를 바라는 마음이 간절하다.

막상 탈고를 하려니 이런저런 내용을 조금 더 넣을까 하는 아쉬움도 있다. 그러한 점은 앞으로 계속해서 수정하고 보완해 나갈 것을 독자들께 약속드린다. 이 책이 나오기까지 관심을 가지고 도와주신 학지사 김진환 사장님, 꼼꼼한 교정과 편집에 애써 주신 직원 여러분, 그리고 새로운 책을 집필하도록 동기를 불러일으켜 주신 김은석 부장님께 감사드린다. 아울러 집필 방향에 대한 자문을 허심탄회하게 해 주신 현장의 여러 선생님께도 고마움을 전한다.

끝으로, 교사와 주부로서 바쁜 생활에도 내조를 아끼지 않은 아내 임연실과 집필과 강의 그리고 연구 등으로 자주 함께하지 못했음에도 괜찮다며 오히려 나를 위로해 준 아들 경수에게도 미안함과 고마움을 전한다.

민족의 젖줄 낙동강과 새들의 고향 을숙도를 바라보며

저자

# 차례

제1장

The Prevention and Countermeasures of School Violence

# 학교폭력의 개념, 원인 및 유형

## 1. 학교폭력의 개념

학교폭력이라는 용어는 학교와 폭력이라는 두 단어의 합성어다. 그래서 학교폭력이란 학교에서 일어나는 폭력이라고 간단히 말할 수도 있다. 하지만 이러한 표현에 몇 가지 중요한 시각 차이가 있기 때문에 학교폭력에 대한 개념을 정의하는 것이 쉽지만은 않다. 학교폭력이란 개념은 관점과 적용 범위에 따라, 대상의 주체와 객체에 따라 교내폭력, 학교주변 폭력, 또래폭력, 청소년폭력, 학생폭력 등의 용어로 혼용되고 있다(Olweus, 1993). 즉, 연구자마다 학교폭력이 발생하는 장소 및 가해와 피해의 대상에 따라 학교폭력의 정의에 대한 시각이 조금씩 상이한데, 이러한 학교폭력에 대한 시각의 차이는 폭력의 발생 비율, 피해와 가해의 원인 등과 같은 연구 결과에서 많은 차이를 만드는 중요한 원인이 되기도 한다. 여기서는 학교폭력의 개념을 다섯 가지 측면에서 살펴보기로 한다(이현림, 김말선, 박춘자, 2012).

첫째, 학교폭력이 일어나고 있는 장소와 관련된 것이다. 학교폭력이란 학생들이 학교에서 경험하는 폭력뿐만 아니라 가정이나 학교 밖에서 일어나는 폭력이라도 그것이 학생들에게 영향을 미치는 것이면 모두 학교폭력으로 보아야 한다는 광의의 정의가 있다. 반면 학교폭력의 범위를 학교 내에서 발생하는 폭력이나 학교 주변과 등하교 길에서 발생하는 폭력으로 한정하는 협의의 정의도 있다.

둘째, 학교폭력의 주체가 되는 가해자와 피해자와 관련된 것이다. 김준호(1997)는 적용 범위에 따라서 학교폭력을 학교 내에서 발생하는 협의의 의미로 규정하지 않고, 장소 또는 학교 내에서 일어나는 폭력뿐 아니라 광의의 차원에서 학교 주변까지 포함하여 학생들이 실제로 경험하게 되는 것으로 정의하였다. 또한 가해자 중심에서 피해자 중심으로 규정하여 가해자의 신분과 관계 없이 학생이 학교 내외에서 받는 모든 종류의 폭력 피해를 학교폭력으로 규정한다. 즉, 학급이나 학교뿐만 아니라 학생들에게 영향을 주는 아동학대와 가정폭력 등 모든 폭력을 포함시키고 있다.

셋째, 학교폭력을 관계를 중심으로 보는 것으로, 장소적 개념의 한계와 인물적 개념의 한계를 극복할 수 있다고 보고 있다. 이 관점은 학교폭력을 대단히 포괄적으로 정의 내리고 있다. 인물 중심적 정의와 장소 중심적 정의에 학교라는 특수한 기관에서 가질 수밖에 없는 관계를 끌어들임으로써 학교폭력 정의의 여러 가지 모순점을 해결하고 있다. 이 관점에서는 학교폭력을 학교 내에서 마주쳐서 관계를 맺는 대상들 간의 폭력 혹은 그 관계에 영향을 받아 일어나는 폭력이라 정의하고 있다. 즉, 학교폭력은 학교라는 장을 통하여 맺어진 관계들을 중심으로 발생한 폭력이라고 정의 내릴 수 있다(안선욱, 1997). 여기서 학교라는 장을 통하여 맺어진 관계라는 것은 교사와 학생의 관계, 학생과 학생의 관계, 학교구조와 학생의 관계를 의미한다.

넷째, 어떠한 행위를 폭력으로 간주할 것인가에 관한 것으로, 학교폭력에 대한 정의에서 가장 어려운 부분이라 할 수 있다. 폭력이라는 용어의 정의에 대해서 명확한 합의가 없기 때문이다. 그렇지만 일반적으로 폭력은 타인 또는 타인의 재산에 해를 입히기 위한 물리적인 힘의 행사라고 정의되는데, 이는 가해자가 상대에게 해를 끼치려는 의도를 가진 어떠한 행동도 폭력으로 간주될 수 있음을 시사한다. 그러나 이러한 정의 역시 어떤 행위를 폭력으로 분류할 것인가에 대해서는 명확하게 규정하지 못하고 있기 때문에 학자에 따라 조금씩 다른 견해를 보이고 있다. 그럼에도 불구하고 우리나라 학교폭력에서 가장 빈번하게 나타나는 학교폭력의 유형은 고의적 괴롭힘이나 따돌림, 금품갈취, 언어적 놀림이나 협박과 욕설, 신체적 폭행이나 집단적 폭행이다(청소년폭력예방재단, 2011). 그러므로 학교폭력은 학생들의 개인적 특성, 좌절감, 학교 내외의 사회적 요인들에 의해 유발되는 범죄적 특성을 가진 행위, 자신보다 신체적 · 심리적으로 약한 위치에 있는 학생에게 가해지는 위협이라고 정의할 수 있다.

다섯째, 최근 시행된 「학교폭력예방 및 대책에 관한 법률」 제2조제1호에 의하면, 학교폭력이란 학교 내외에서 학생을 대상으로 발생한 상해, 폭행, 감금, 협박, 약취 · 유인, 명예훼손 · 모욕, 공갈, 강요 · 강제적인 심부름 및 성폭력, 따돌림, 사이버 따돌림, 정보통신망을 이용한 음란 · 폭력 정보 등에 의하여 신체 · 정신 또는 재산상의 피해를 수반하는 행위를 말한다.

따라서 학교폭력이란 일반적으로 학교나 학교 주변에서 학생 상호 간에 발생하는 의도성을 가진 신체적 · 정서적 가해행동을 말한다. 또한 타인의 입장에서 볼 때 하찮은 놀림이나 대수롭지 않은 행동일지라도 그것을 당하는 사람이 그로 인해 심리적 또는 행동적 불편함을 느끼면 그 역시 엄연한 학교폭력 행위가 된다. 대개 이러한 학교폭력 행위는 반복적으로 발생하며 학생 개개인이 해결하기는 어렵다.

Q 학교폭력의 가해자가 학생이 아니더라도 「학교폭력예방 및 대책에 관한 법률」이 적용됩니까?

A 적용됩니다. 「학교폭력예방 및 대책에 관한 법률」 개정을 통해 '학생 간에 발생한 폭력'에서 '학생을 대상으로 발생하는 폭력'으로 학교폭력의 개념이 확대되었습니다. 왜냐하면 가해자가 학생이 아닌 경우에도 피해학생에 대하여 보호조치를 신속하게 할 필요가 있기 때문입니다. 따라서 가해자에 대한 조치와 관계없이 「학교폭력예방 및 대책에 관한 법률」 제16조에 의한 피해학생 보호조치를 할 수 있으며, 피해학생 보호를 위하여 필요한 경우에 학교폭력 사안을 경찰에 신고하여 수사 의뢰하여야 합니다.

## 2. 학교폭력의 원인

학교폭력은 한 가지 원인에 의해서 발생하는 경우가 극히 드물고, 여러 원인이 복합적으로 작용하여 발생하는 경우가 대부분이다. 또한 학교폭력은 그 정도나 양상이 갈수록 다양해지고 예측할 수 없는 상황에서 돌발적으로 발생하고 있어 정확한 원인을 찾기가 쉽지 않다. 따라서 학교폭력에 미치는 다양한 요인을 고려하여 통합적으로 접근해야 한다. 여기서는 학교폭력에 미치는 요인을 개인적 요인, 가정적 요인, 학교 환경적 요인, 사회 · 문화적 요인으로 나누어 살펴보기로 한다(문용린 외, 2006).

### 1) 개인적 요인

청소년기는 아동기와 성인기의 중간 단계로서 아동이 한 사람의 독립된 성인으로 성장하기 위한 준비기며 과도기다. 즉, 청소년기는 아동기와 성인기를 연결하는 다리의 역할을 함으로써 성인 생활을 위한 기반을 닦는 중요한 시기가 된다. 청소년기는 단순한 신체적, 생리적 성장뿐만 아니라 정신적, 정서적, 지적, 사회적 성숙 등 다양한 변화와 발달이 일어나는 인간 성숙의 과정으로서 한 사람의 개인적 특징이 형성된다.

또한 청소년기에는 다른 어느 발달 단계보다도 가장 변화가 많을 뿐만 아니라 성취해야 할 발달 과제가 많아 여러 가지 적응상의 어려움에 직면하게 된다. 즉, 여러 측면에서 급격히 일어나는 변화와 발달에 대처할 수 있는 충분한 지식이나 기술을 아직 갖추고 있지 못하기 때문에 항상 불안과 혼란 속에서 끊임없이 긴장하고 갈등하게 된다.

청소년들은 감수성이 대단히 예민하여 쉽게 흥분하고 동요되며 다른 사람의 비판이나 훈계 · 간섭 등에 지나치게 민감하고, 지나치게 남을 의식하고 남들 앞에서 부끄러움을 많이 느끼며, 자신을 남과 비교하여 평가하기도 한다. 청소년의 정서적 불안 상태는 감정의 양면성에서 극과 극을 달리는 자기 갈등적이고 모순된 감정을 보인다. 의존과 독립, 무관심과 열성, 순종과 반항, 환희와 우울, 우월감과 열등감, 희망과 절망, 자기애와 자기혐오, 이기주의와 이타주의, 이상 추구와 현실 타협 등의 양극의 감정이 동시에 나타나거나 단시간 내에 격렬한 변화를 나타낸다. 또한 청소년은 감정의 양면성이 심신의 불균형을 조장하기 때문에 모든 행동에 있어서 일관성이 없고 다소 무책임하고 중용이 없다(이현림 외, 2012).

폭력행위를 하는 학생에게 나타나는 개인적 요인 중 가장 많이 나타나는 특성은 공격성이다. 공격성은 강도나 유형의 차이를 막론하고 현대사회의 폭력이나 범죄 등에서 심각한 문제로 대두되고 있다. 공격성이 높은 사람은 사회질서나 규범을 고려하지 않고 자기중심적으로 행동하는 경향이 있다. 따라서 학교폭력 가해 청소년의 대부분은 상대방의 권리와 감정을 무시하고 친구를 지배하려는 강한 욕구인 공격성을 가지고 있다(Hoover & Oliver, 1996). 학교폭력에 영향을 미칠 수 있는 또 다른 가해학생의 요인으로는 품행장애, 반항성장애, 주의력결핍 과잉행동장애, 충동성, 타인에 대한 강한 지배욕, 피해자에 대한 낮은 공감 등이 있다(Coolidge, DenBoer, & Segal, 2004).

일반적으로 가해학생은 폭력과 폭력적 수단을 사용하는 것에 대해 일반학생보다 더 적극적인 태도를 취하는가 하면 충동적 성격으로 타인을 지배하려는 강한 욕구를 보인다. 심리학자와 정신의학자들은 일반적으로 공격적이고 난폭한 행동을 하는 사람들의 잠재의식 속에 불안하고 불안정한 의식이 존재하고 있다고 한다. 이로 인해 결국 부정적인 자아개념이 형성되어 자기 자신을 필요 없는 존재, 무능한 존재, 약한 존재로 규정하며 이러한 방향으로 삶을 이끌어 나간다. 결국 그들은 아주 작은 문제도 대화로 해결하려는 노력보다는 폭력을 선택하는 경향이 높고, 이러한 행동이 공격행동과 폭력행동으로 이어지고 있는 것이다.

한편 학교폭력 피해학생들은 일반학생들에 비해 높은 불안과 우울 수준을 보였다(Craig, 1998). 분노와 적개심을 계속해서 가진 학생이 있는가 하면 가해학생과 학교에 대한 공포심이나 회피적 태도를 보인 학생도 많으며, 악몽에 시달리거나 우울 증세, 심지어 자살을 시도하는 학생도 있다. 학교폭력 피해학생들은 가해학생들보다 육체적인 힘에서 열세의 위치에 놓이는 경우가 대부분이기 때문에 친구들 사이에서 인기도 낮다. 또한 피해학생들은 가해학생의 폭력에 대해 보복을 하지 않기 때문에 손쉬운 표적으로 인식된다.

### 2) 가정적 요인

학생은 가정에서 사회적으로 기능하도록 배우며, 부모는 그들의 자녀가 강력한 역할 모델을 만드는 데 정서적으로 관여하고 있으며 심지어 부정적이고 공격적인 행동을 가르칠 수도 있다(Bigelow, Tesson, & Lewko, 1996). 따라서 가정적 요인은 학교폭력 요인을 좌우하는 중요한 요소가 된다. 학교폭력 가해학생의 가정을 살펴보면, 부모와 자녀 간의 대화 부족 및 의사소통의 장애, 경제적인 어려움에 따른 생활의 불편, 강압적이고 일관성이 결여된 부모의 자녀 양육방식, 아버지의 지나친 음주 및 가족 구성원에 대한 폭행, 부모와 자식이 서로 자신의 요구만을 강요하는 이기적인 행동의 만연 등 다양한 문제를 안고 있는 경우가 많다.

아동의 공격적 행동 및 희생적 행동의 발달과 관련된 잘 알려진 가족 상관이 있다. 예를 들면, 공격적 행동은 자신의 가정에서 폭력을 목격한 아동에게서 높게 나타난다(Sudermann, Jaffe, & Schieck, 1996). 여러 연구를 통하여 학교폭력 가해학생의 상당수는 가정폭력 경험과 동시에 부모 간의 가정폭력을 목격한 경험을 가지고 있는 것으로 분석되고 있다.

특히 가해학생은 자신이 경험한 가정폭력의 정도가 심각할수록 폭력적인 성향을 나타내는데, 그들은 보고 듣고 경험한 그대로를 모방하여 폭력으로 상황을 해결하게 되고, 가정은 이를 통제하고 관리하지 못한다. 가정 내에서 폭력을 행사하는 경우가 아니더라도 부모와 자녀 간 의사소통이 잘 이루어지지 않거나 불화, 갈등을 자주 일으키고 부모가 자녀 양육방식에 일관성 없는 경우, 부모의 자녀에 대한 부적절한 처벌 훈육방식은 청소년에게 문제행동에 대한 적절한 책임과 죄책감을 심어 주지 못하며, 처벌만 피한다면 나쁜 짓을 해도 된다는 생각을 갖게 한다. 또한 요즘 학교폭력의 가해학생 중에는 가정의 경제 수준이 부유한 경우도 있어 절대적인 기준에서의 빈곤 가정보다는 상대적으로 빈곤을 느끼는 가정의 자녀들이 무력감, 열등감, 사회에 대한 반발, 반항심, 공격성, 폭력성 등을 초래하기 쉽다.

학교폭력 피해학생들은 긍정적인 상호작용이 없는 가정으로부터 나온다. 학교폭력 피해학생들의 가정 분위기는 학교폭력 가해학생들의 가정 분위기와 매우 유사한 것으로 나타난다(Craig, Peters, & Konarski, 1998). 세 가지 유형의 부모 행동이 학교폭력 피해학생이 될 가능성과 관련되어 있는 것으로 나타났다. 즉, 불안정한 애착(insecure attachment), 과잉보호적인 부모(overprotective parents) 그리고 통제적이고 냉담한 양육(controlling and coercive parenting)은 학교폭력의 피해와 관련이 있다(Perry, Hodges, & Egan, 2001). 학교폭력의 피해와 관련된 부모의 양육태도는 남학생과 여학생이 서로 다르다. 부모가 친밀하고 과잉보호적일 때, 여학생보다 남학생이 학교폭력의 피해자가 되기 쉽고, 부모가 가혹하고 냉담하고 사랑을 표현하지 않을 때 여학생이 남학생보다 학교폭력 피해자가 되기 쉽다(Perry et al., 2001).

### 3) 학교 환경적 요인

청소년은 대부분의 시간을 학교에서 보낸다. 이에 가정에서의 영향력은 저하되고 학교 환경이 청소년에게 미치는 영향력은 증가하게 된다. 따라서 학교 환경적 요인이 갖고 있는 여러 가지 역기능적 요소 또한 학교폭력의 주요한 요인이 된다. 학교 환경적 요인은 다음의 몇 가지로 나눌 수 있다.

첫째, 학교와 관련하여 학교 규모와 학급당 학생 수 그리고 학교 내 지나친 경쟁과 같은 요인이 학교폭력에 영향을 미칠 수 있다. 그런데 이에 관한 연구에서는 이러한 요인이 직접적으로 미치는 영향을 밝혀내지는 못했다. 다만 소규모 학교에서 교직원에 의한 사회적 통제와 모니터링이 더 많았고 학생들 간의 분쟁이 더 줄어든 것으로 나타났으며(Garbarino, 2001), 학생들이 학교에서 경험하는 스트레스에 대해 정서 중심적 대처(emotion-focused coping)의 한 형태로 학교폭력 행동을 하는 것으로 나타났다(Navig, Albreksten, Anderssen, & Qvarnstrom, 1999).

둘째, 학교폭력은 학생들의 학교생활과 학업 수행과도 밀접한 관련이 있다. 학교에 대한 관심이 적고 학업 성취도가 낮은 학생의 경우 학교폭력 가해학생이 되기 쉽다. 특히 학교폭력 가해학생들은 학교생활과 관련하여 스트레스를 많이 겪고 있고(Herrenkohl, Maguin, Hill, Hawkins, & Abbort, 2000), 학교에 대한 강한 불만족을 표출하며(Slee, 1995), 학교에서 이루어지는 자발적인 활동에 잘 참여하지 않는다(Ahemed, 2001). 또한 학교폭력 피해학생들은 학교생활에 대한 만족감이 낮으며 자신감이 부족한 것으로 나타났다(Kochenderfer & Ladd, 1996). 그러므로 학생들의 학교생활에 대한 만족감에 영향을 미치는 요인과 방법에 관한 연구는 학교폭력의 감소에 중요한 역할을 할 수 있다.

셋째, 학교 환경적 요인 중 교사와의 관계를 들 수 있다. 교사와 갈등관계에 있고 교사에게 불만이 많을수록 폭력성이 증가하는 것으로 나타났다(Rutter, 1985). 또한 교사의 애정과 관심 부재, 학교 당국의 학생 지도·감독 소홀, 학생들의 반사회적 행동에 대한 지도·감독 소홀, 그리고 문제 행동과 규칙 위반에 대해 신체적 체벌을 가하는 것도 학교폭력을 일으키는 학교 환경적 요인이 된다(Olweus, 1994). 특히 학교폭력 피해학생은 학교가 자신에게 안전하지 못한 곳이라고 느끼고 있었다(Smith & Shu, 2000).

넷째, 청소년기는 또래집단의 영향력이 가장 큰 시기로 친구는 긍정적이든 부정적이든 청소년의 태도와 행동에 미치는 영향이 크다(Catalano, Arthur, Hawkins, Berglund, & Olson, 1998). 학교폭력 가해학생은 일반적으로 피해학생보다 신체적으로 강하며 공격성이 높아 적대적이고 또래를 지배하고 조정하려는 특성을 가지고 있다(Craig, 1998). 그리고 품행에 문제가 있으며, 협동심이 부족하며, 스스로 충동적인 행동을 통제하지 못한다고 지각하고 있으며, 교사들에게 인기가 없다(Austin & Joseph, 1996; Rigby & Slee, 1999). 한편 피해학생들은 친구의 수가 적고, 친구관계에서 외로움을 더 느끼며, 학교생활에 대한 만족도도 낮다(Slee, 1995). 특히 신뢰할 수 있거나 더 나은 위치에 있는 친구의 수가 적은 것은 학교폭력의 피해에 더욱 노출되게 하는 요인이 된다(Hodge, Malone, & Perry, 1997).

다섯째, 입시 위주의 교육문화와 교육환경으로 인해 학생들이 원만한 인간관계를 형성하는 데 필요한 사회적 기술이나 타인을 배려하고 상대방의 입장을 이해하는 방법에 대한 훈련이 부족한 것도 하나의 원인이다.

그 밖의 학교 관련 요인으로는 낮은 성적, 교사의 무관심이나 부적절한 대우, 낮은 학문적 자아개념 또는 학업적 흥미, 문제학생과의 교우관계 등이 있다.

### 4) 사회 · 문화적 요인

사회 · 문화적 요인은 가정 및 학교와 함께 청소년의 생활과 밀접한 관련이 있으며, 학교폭력에 영향을 미치는 다양한 환경적 특성을 포함하고 있다. 여기서는 사회 · 문화적 요인을 몇 가지로 나누어 살펴보기로 한다.

첫째, 대중매체는 텔레비전, 만화, 인터넷 게임 등 다양한 경로를 통해 청소년들이 폭력에 노출될 가능성을 증가시킨다. 폭력에 대한 노출은 청소년들이 문제 해결의 방법으로 폭력을 수용하도록 학습시키며, 대중매체를 통해 언어적 · 신체적 폭력을 많이 경험한 청소년일수록 학교폭력 가해 경험이 많은 것으로 나타났다(Murray, 1997).

둘째, 유해환경이 학교폭력에 부정적 영향을 미칠 수 있다. 청소년들은 유해환경에 접촉함으로써 규범의식이 약화되고 반규범적인 가치나 태도를 형성할 가능성이 증가하여 비행과 반사회적 공격행동을 할 가능성이 높아진다(김준호, 1997). 이는 보호관찰 청소년 중에 폭력행동 경험이 있는 청소년이 일반 청소년보다 폭력 관련 매체를 접촉한 경험이 많을 뿐 아니라 유해업소에 출입하거나 고용된 경험이 높은 것으로 나타난 연구 결과(이춘화, 1999)를 통해서도 알 수 있다.

셋째, 청소년이 생활하고 있는 지역사회는 가정환경만큼 개인에게 미치는 영향력이 크다고 할 수 있다. 지역사회에서 폭력에 노출되는 것은 청소년의 공격성과 학교폭력의 가능성을 증가시킬 수 있다. 특히 지역사회에서 실직이나 열악한 경제 수준과 관련된 범죄나 폭력에 노출될수록 청소년이 폭력행동에 연루될 가능성은 증가한다(McLloyd, 1998). 그렇지만 지역사회에서 폭력에 노출되더라도 가정에서 높은 수준의 사회적 지지를 받고 있는 경우 그 위험성이 감소되는 것으로 보고되고 있다(Duncan, 1999).

## 3. 법률상 학교폭력의 유형

「학교폭력예방 및 대책에 관한 법률」 제2조제1항에 의하면, 학교폭력이란 학교 내외에서 학생을 대상으로 발생한 상해, 폭행, 감금, 협박, 약취 · 유인, 명예훼손 · 모욕, 공갈, 강요 · 강제적인 심부름 및 성폭력, 따돌림, 사이버 폭력, 정보통신망을 이용한 음란 · 폭력 정보 등에 의하여 신체 · 정신 또는 재산상의 피해를 수반하는 행위를 말한다. 학교폭력의 유형을 살펴보면 다음과 같다(교육과학기술부, 2012a; 김용수, 2012; 조정실, 차명호, 2010).

### 1) 신체폭력

#### (1) 상해죄

상해란 생리적 기능의 훼손, 즉 건강 침해로서 육체적 · 정신적 병적 상태의 야기와 증가를 의미한다. 법률에 근거할 때, 상해죄는 고의로 타인의 신체를 상해함으로써 성립하는 범죄다(「형법」 제257조제1항). 형사사건의 수사 또는 재판과 관련하여 고소 · 증언 등에 대한 보복 등의 목적으로 상해한 경우에는 「특정범죄 가중처벌 등에 관한 법률」에 의하여, 야간 또는 2인 이상이 공동하여 상해한 경우나 특수상해는 「폭력행위 등 처벌에 관한 법률」에 의하여 가중 처벌된다. 또한 상해죄의 미수범은 처벌한다(「형법」 제257조제2항).

상해죄에는 신체 상처(피하출혈, 곪거나 부어오르는 종창, 찰과상, 처녀막 파열 등), 일부 박리(치아 탈락, 머리나 손톱의 뽑힘), 성병전염(임질, 매독, 헤르페스 등의 성병감염), 기능장애(보행 불능, 수면장애, 식욕 감퇴, 일시적이 아닌 인사불성) 등이 포함된다. 상해의 수단과 방법에는 제한이 없으며 신체

폭행의 유형적 방법과 협박, 경악 등의 무형적 방법, 직간접적 방법을 불문한다.

Q

중학교 3학년 학생 5명이 1학년 학생 3명을 학교 체육관 뒤로 집합시켜 겁을 주던 중, 3학년 학생 3명이 1학년 학생 3명의 뺨을 때리고 발로 정강이를 찼으며, 나머지 3학년 학생 2명은 옆에서 이를 지켜보고 있었습니다. 피해학생 학부모들은 직접 때린 3학년 학생 3명과 함께 옆에서 이를 지켜본 3학년 학생 2명에 대하여서도 처벌할 것을 요구하였고, 방관학생 학부모들은 "옆에서 구경만 하고 있었는데 왜 범죄자로 몰고 가느냐? 불이익을 주면 가만있지 않겠다."라며 강력히 반발했습니다. 이 경우에 학교에서는 어떻게 대처해야 합니까?

A

신체적 폭력을 행사한 학생뿐 아니라 이를 지켜본 3학년 학생 5명 모두 가해학생이므로 필요한 조치를 해야 합니다.

학교폭력 사안에서 지켜보는 가해학생과 방관자의 구분 기준에는 크게 두 가지가 있습니다. 첫째, 학생들을 손과 발로 폭행한 학생 3명이 학교폭력의 가해학생이고, 나머지 2명의 학생들은 직접 폭력행위에 가담하지는 않았지만 피해학생 3명을 체육관 뒤로 모이게 한 다음 겁을 주는 행위를 하였기 때문에 학교폭력 가해학생입니다. 둘째, 폭력행위 당시 옆에서 피해학생들을 지켜보는 행위도 피해학생들이 학교폭력 현장을 빠져나가지 못하도록 감시하는 역할을 한 것이기 때문에 가해학생이라 할 수 있습니다. 다만 가해학생들이 학교폭력을 행사한 장소를 우연히 지나가다가 구경하는 경우에는 자신이 직접 학교폭력을 하겠다는 의사 자체가 없기 때문에 가해학생이 아닙니다.

### (2) 폭행죄

폭행죄에서 폭행은 협의의 폭행으로 사람의 신체에 대한 유형력의 행사를 의미하며, 직접폭행만을 말하고 간접폭행은 폭행에 포함되지 않는다. 유형력이란 광의의 물리력을 의미하는 것으로, 역학적 작용인 구타행위, 밀치는 행위, 손이나 옷을 세차게 당기는 행위, 얼굴에 침을 뱉는 행위, 좁은 공간에서 칼이나 흉기를 휘두르는 행위, 돌을 던지는 행위, 수염·모발의 절단, 일시적인 자유의 구속 등의 경우와 화학적 · 생리적 작용인 심한 소음 · 음향, 계속 전화를 걸어 벨을 울리게 하는 행위, 폭언의 반복, 고함으로 놀라게 하는 경우, 마취약 사용 등이 폭행에 해당될 수 있다.

Q

고등학생인 K와 P가 사소한 말다툼 끝에 화를 참지 못하고 서로 폭행을 가하였습니다. 담임교사가 개인별로 상담을 마치고 서로가 화해를 해서 사건을 마무리하였습니다. 그런데 P의 학부모는 자녀가 두통을 호소한다며 학교에 보내지 않고, P가 피해자라며 학교에 문제를 제기하였습니다. 이런 경우 누가 피해자이고 누가 가해자입니까?

A

K가 P를 폭행한 행위도 학교폭력에 해당하고, P가 K를 폭행한 행위도 학교폭력에 해당합니다. 결국 서로 가해학생인 동시에 피해학생이 됩니다. 학생 K의 폭행에 대한 학생 P의 방어가 단순히 막는 차원의 방어라면 정당방위가 되지만, 방어의 범위를 넘는 공격행위는 정당방위가 될 수 없습니다. 흔히 더 많이 다친 사람이 피해학생이 되고 상대방이 가해학생이 된다고 생각하기 쉽지만, 상해의 정도는 자치위원회에서 조치를 결정할 때 참고 및 고려될 수 있는 사항일 뿐입니다.

### (3) 감금죄

감금이란 사람을 일정한 장소 밖으로 나가지 못하게 하여 신체활동의 자유를 제한하는 것을 말한다. 따라서 감금된 사람이 감금되었는지를 인식하지 못했다고 하더라도 객관적으로 그 사람의 신체 활동의 자유를 침해한 것으로 볼 수 있다면 감금죄가 성립한다.

감금의 수단으로는 자물쇠를 채우는 것, 감시인, 맹견, 폭력, 포박, 마취 등의 유형적 방법과 협박, 위계, 수치심 등의 무형적 방법을 불문한다. 목욕 중인 여자의 옷을 숨겨 나오지 못하게 하는 것, 내리지 못하게 차를 질주하는 것, 사람이 있는 줄 모르고 잠근 후에 그 사실을 알고도 문을 열어주지 않는 것도 감금죄에 해당한다.

#### (4) 약취 · 유인죄

약취 · 유인이란 사람을 보호받는 상태 내지 자유로운 생활관계로부터 자기 또는 제3자의 실력적 지배하로 옮기는 것을 말한다. 약취란 폭행 · 협박을 수단으로 하는 것을 말하며, 유인이란 허위 사실로 상대방을 착오에 빠지게 하는 기망과 감언으로 상대방을 현혹시켜 그르치게 하는 유혹을 수단으로 하는 것을 말한다. 즉, 약취는 강제로 일정한 장소로 데리고 가는 행위이며, 유인은 상대방을 속이거나 유혹해서 일정한 장소로 데려가는 행위다.

### 2) 언어폭력

#### (1) 협박죄

협박은 상대방이 현실적으로 공포심을 느낄 수 있을 정도의 해악을 고지하는 것을 말한다. 상대방이 공포심을 느껴야 하지만 현실적으로 공포심을 일으키고 이에 의하여 일정한 행위를 강제할 수 있을 정도여야 한다.

협박죄는 사람을 협박함으로써 성립하는 범죄다(「형법」 제283조제1항). 형사사건의 수사 또는 재판과 관련하여 고소 · 증언 등에 대한 보복 등의 목적으로 협박하는 경우에는 「특정범죄 가중처벌 등에 관한 법률」에 의하여, 야간 또는 2인 이상이 공동 폭행한 경우에는 「폭력행위 등 처벌에 관한 법률」에 의하여 가중 처벌된다.

#### (2) 명예훼손

명예란 사람의 인격적 가치에 대한 사회 일반의 평가를 말하며, 명예훼손죄란 불특정 또는 다수의 사람이 알 수 있도록 다른 사람의 사회적 가치 내지 평가를 저하시키는 데 충분한 사실을 지적 · 표시하여 명예를 훼손함으로써 성립하는 범죄다(「형법」 제307조제1항).

명예훼손죄는 피해자의 의사에 반하여 공소를 제기할 수 없는 반의사불벌죄에 해당한다. 그러므로 피해자의 의사에 반하여 공소를 제기할 수 없다(「형법」 제312조제2항).

#### (3) 모욕죄

불특정 또는 다수의 사람이 인식할 수 있는 상태에서 사람을 모욕함으로써 성립하는 범죄이며, 자연인에 해당하는 유아나 정신병자도 모욕죄의 객체인 사람에 해당된다. 모욕과 동시에 명예훼손을 한 경우에는 명예훼손죄만 성립한다.

### 3) 금품갈취

금품갈취 혹은 공갈은 폭행 또는 협박으로 공포심을 느껴 의사결정 및 실행의 자유가 방해된 심적 상태를 일으키게 하여 재물과 재산상의 이익을 취득하거나 제3자로 하여금 취득하게 함으로써 성립하는 범죄다(「형법」 제350조).

### 4) 강요

#### (1) 강요죄

폭행으로 사람의 권리행사를 방해하거나 의무 없는 일을 하게 하는 것을 내용으로 하는 범죄다(「형법」 제324조). 즉, 폭행이나 협박으로 상대방의 권리행사를 방해하거나 해야 할 의무가 없는 일을 하게 하는 행위를 말한다.

Q 상급생 A가 하급생 B와 C에게 한번 붙어 보라고 시켜서 B와 C가 서로 폭행을 했습니다. 학교에서는 학생 B와 학생 C를 자치위원회를 개최하여 조치하려고 합니다. 이 경우 상급생 A는 아무런 폭력행위를 하지 않았는데 어떻게 처리하여야 합니까?

A 학생 A는 협박, 학생 B와 C는 폭행에 해당하는 학교폭력 가해학생입니다. 세 학생 모두 「학교폭력예방 및 대책에 관한 법률」에 근거하여 자치위원회 심의를 거쳐 조치하여야 합니다.

### (2) 강제적인 심부름

강제적인 심부름은 일명 셔틀(shuttle)이라고 불리는데, 이는 중 · 고등학교에서 힘센 학생들의 강요에 의해 빵이나 담배 등을 대신 사다 주거나 와이파이 등을 제공하는 행위나 대리로 시험을 쳐 주는 행위, 그 행위를 하는 사람을 뜻하는 신조어로서 학교폭력을 배경으로 탄생한 용어다. 특히 빵 셔틀은 자신보다 힘이 센 학생들에게 강요당해 빵을 사 오는 등의 잔심부름을 하는 학생이나 혹은 그 행위 자체를 일컫는 말이기도 하다.

빵 셔틀에서 '셔틀'은 시뮬레이션 게임인 스타크래프트의 가상의 종족인 프로토스의 병력 수송선인 셔틀에서 유래하였다. 다른 일진에게 빵을 뺏기면 셔틀 추락, 심부름 속도가 빠르면 속업 셔틀이라고 부른다.

셔틀, 즉 강제적 심부름의 유형은 심부름의 종류에 따라 돈 셔틀, 담배 셔틀, 시험 셔틀, 비스 셔틀, 가방 셔틀, 와이파이 셔틀이라고도 부르지만, 통칭하여 빵 셔틀이라고 부른다. 와이파이 셔틀은 불량학생들이 학생들에게 3G 통신 데이터를 무세한으로 쓸 수 있는 휴대전화 요금제에 가입하게 한 뒤, 스마트폰의 테더링 또는 핫스팟 기능을 통해 자신들은 공짜로 인터넷을 사용하는 것을 말한다.

### 5) 따돌림

따돌림이란 학교 내외에서 2명 이상의 학생들이 특정인이나 특정집단의 학생들을 대상으로 지속적이거나 반복적으로 신체적 또는 심리적 공격을 가하여 상대방이 고통을 느끼도록 하는 일체의 행위를 말한다(「학교폭력예방 및 대책에 관한 법률」 제2조제1의2호). 집단따돌림이란 학급에서 둘 이상의 학생이 한 명 또는 소수의 학생을 대상으로 의도와 적극성을 가지고 지속적 · 반복적으로 또래관계에서 소외시키거나 괴롭히는 일체의 행위, 전혀 말을 걸지 않거나 사사건건 놀리거나 이유 없이 툭툭 치거나 욕설을 하거나 심부름을 시키는 것이다. 따돌림의 특징적 요소는 공격적인 행동이거나 고의적으로 해를 입히는 것, 반복적이고 지속적일 것, 이 힘의 불균형이 있을 것 등이다.

Q

같은 반 학생 3~4명이 매우 소극적인 성격의 학생 A가 혼잣말을 하거나 웅얼거리는 모습을 못마땅하게 여겨 A학생을 따돌렸습니다. 이런 일이 자주 생기면서 학급의 전체 학생이 A학생을 싫어하고 야유를 보내는 등 따돌림을 하였습니다. 이 사실을 알게 된 A학생의 부모가 학교에 자치위원회를 열어 달라고 요구하였는데, 이 경우 가해학생은 누구를 대상으로 해야 합니까?

A

집단따돌림의 형태로 나타나도 가해학생별로 가해행위가 특정되어야 합니다. 그리고 전담기구의 조사 결과, 집단따돌림에 해당하는 가해행위를 한 것으로 확인되는 학생들에 대해서는 「학교폭력예방 및 대책에 관한 법률」에 따른 조치가 필요합니다.

담임교사나 전담기구는 학교폭력에 해당하는 가해 및 피해 사실이 있었는지 여부를 확인하여야 할 경우, 조사 · 확인의 대상이 되는 특정 가해학생의 가해 사실 및 특정 피해학생의 피해 사실이 특정되어야 합니다. 집단따돌림에 해당하는 어떠한 가해행위가 있었던 것으로 특정된다는 것은 '언제, 어디서, 누가, 무엇을, 어떻게 하였다'는 형식에 들어맞는 구체적인 사실을 의미하는데, 특정되는 가해행위에 가담한 학생들 모두가 집단따돌림의 가해학생이 될 수 있습니다.

따돌림에는 가해자, 피해자 그리고 목격자가 관여한다. 가해자는 또래 집단 내에서 일반학생 이상의 큰 영향력을 가지며 심지어 인기가 있는 경우도 있다. 피해자는 잘난 척을 하거나 타인을 무시하는 학생과 유약하고 수동적인 태도를 보이는 학생의 두 가지 유형으로 분류된다. 목격자는 그들이 목격한 학교폭력 상황에 대해 어떤 조치도 취하지 않음으로써 학교폭력 상황을 유지하는 데 일조하며, 피해자는 목격자의 수수방관적인 태도를 가해자의 행동과 함께 매우 위협적으로 느낀다. 따라서 목격자가 피해자 편에 서서 따돌림 행동을 중단시키거나 신고함으로써 중요한 역할을 할 수 있다.

## 6) 사이버 폭력

### (1) 사이버 따돌림

사이버 따돌림(cyber bullying)이란 인터넷, 휴대전화 등 정보통신기기를 이용하여 학생들이 특정 학생을 대상으로 지속적, 반복적으로 심리적 공격을 가하거나, 특정 학생과 관련된 개인정보 또는 허위사실을 유포하여 상대방이 고통을 느끼도록 하는 일체의 행위를 말한다(「학교폭력예방 및 대책에 관한 법률」 제2조제1의3호).

사이버 따돌림은 흔히 21세기형 폭력이라고 불리는데, 학교와 학교 주변뿐만 아니라 가해자를 만날 수 없는 가정 내에서도 24시간 가해학생이 폭력행위를 가한다는 점에서 매우 심각하다고 할 수 있다. 사이버 따돌림은 스마트폰과 페이스북, 트위터 등 소셜 네트워크 서비스(SNS)를 이용하여 이메일, 메신저 등으로 특정인을 비난하는 근거 없는 소문 전파, 인터넷 카페 공격, 이메일 해킹, 욕설과 비방, 강제 삭제, 안티카페 개설, 일촌 집단 거부 등을 이용하여 교묘하고도 지속적으로 집요한 괴롭힘을 가하여 피해자에게 심리적 압박을 가하는 것 등의 형태가 있다.

Q

학생 A와 B는 친한 친구였으나 사이가 나빠지자 A가 자신의 블로그에 B를 험담하는 글을 올렸고, 다음 날 이를 알게 된 B가 항의하자 A는 B를 혼내 주자며 채팅방을 개설하여 10여 명의 친구와 B를 '왕따'라고 험담하고 심지어 학생 B의 사진을 탑재하여 다른 친구들과 함께 사이버 따돌림을 하였습니다. 학생 B의 신고로 자치위원회를 개최하려 하자 10여 명은 자신들은 채팅방에 들어가서 대화만 나누었을 뿐이라며 항의하였습니다. 이럴 때 과연 채팅방에 들어와 함께 모의한 친구들도 가해자가 됩니까?

A

학생 A가 자신의 블로그에 학생 B를 험담하는 글을 올린 행위, 채팅방에서 다른 친구들과 학생 B를 험담하고 B의 사진을 올린 행위, 학생 A의 다른 친구들이 A가 개설한 채팅방에서 A와 함께 B를 험담한 행위는 모두 사이버 따돌림으로 학교폭력에 해당합니다. 특히 개인정보 또는 허위사실을 유포하여 피해학생이 고통을 느끼게 되었거나 혹은 이미 알려진 사실 또는 듣는 사람이 이미 알고 있는 사실이어서 새로울 것이 없다고 하더라도 사이버 따돌림에 해당합니다.

### (2) 정보통신망의 음란 · 폭력 정보 등에 의하여 신체, 정신, 재산 피해를 수반하는 행위

인터넷, 휴대전화 등 정보통신기기를 이용한 음란 · 폭력 정보 등에 의하여 신체 · 정신 또는 재산상의 피해를 수반하는 행위도 사이버 폭력의 한 유형이다. 「정보통신망 이용촉진 및 정보보호 등에 관한 법률」의 제70조제1항에서는 "사람을 비방할 목적으로 정보통신망을 통하여 공공연하게 사실을 드러내어 다른 사람의 명예를 훼손한 자는 3년 이하의 징역이나 금고 또는 2천만 원 이하의 벌금에 처한다."라고 규정하고 있다. 또한 제44조제1항에서는 "누구든지 정보통신망을 통하여 공포심이나 불안감을 유발하는 부호, 문언, 음향, 화상 또는 영상을 반복적으로 상대방에게 도달하도록 하는 내용의 정보를 유통하여서는 아니 된다. 이를 위반한 경우에는 1년 이하의 징역 또는 1천만 원 이하의 벌금에 처한다."라고 규정하고 있다.

### 7) 성폭력

성폭력이란 성적인 행위로 남에게 육체적 · 정신적 손상을 주는 물리적 강제력으로서 강간이나 강제추행뿐만 아니라 언어적 성희롱, 음란성 메시지 및 몰래카메라 등 상대방의 의사에 반해서 가해지는 모든 신체적 · 정신적 폭력을 포함한다. 2008년 3월 14일에 개정된 「학교폭력예방 및 대책에 관한 법률」에서는 성폭력을 학교폭력의 범위에 포함시켰다. 이는 학교폭력 예방교육에서 성폭력 예방교육을 실시할 수 있는 근거를 법적으로 마련한 것이다.

학교폭력의 유형과 유형별 예시 상황은 〈표 1-1〉과 같다. 이를 참고로 학교폭력 여부를 판단할 수 있다(교육과학기술부, 2012b).

■ 표 1-1 ■ 학교폭력 유형별 예시 상황

| 유형 | 법률의 정의 | 예시 상황 |
|---|---|---|
| 신체 폭력 | • 상해<br>• 폭행<br>• 감금<br>• 약취 · 유인 | • 일정한 장소에서 쉽게 나오지 못하도록 하는 행위(감금)<br>• 신체를 손, 발로 때리는 등 고통을 가하는 행위(상해, 폭행)<br>• 강제(폭행, 협박)로 일정한 장소로 데리고 가는 행위(약취)<br>• 상대방을 속이거나 유혹해서 일정한 장소로 데리고 가는 행위(유인)<br>➔ 장난을 빙자해서 꼬집기, 때리기, 힘껏 밀치는 행동 등도 상대학생이 폭력행위로 인식한다면 이는 학교폭력에 해당 |
| 언어 폭력 | • 명예훼손<br>• 모욕<br>• 협박 | • 여러 사람 앞에서 상대방의 명예를 훼손하는 구체적인 말(성격, 능력, 배경 등)을 하거나 그런 내용의 글을 인터넷, SNS 등으로 퍼뜨리는 행위(명예훼손)<br>➔ 내용이 진실이라고 하더라도 범죄이고, 허위인 경우에는 형법상 가중 처벌<br>• 여러 사람 앞에서 모욕적인 용어(생김새에 대한 놀림, 병신, 바보 등 상대방을 비하하는 내용)를 지속적으로 말하거나 그런 내용의 글을 인터넷, SNS 등으로 퍼뜨리는 행위(모욕)<br>• 신체 등에 해를 끼칠 듯한 언행("죽을래?" 등)과 문자메시지 등으로 겁을 주는 행위(협박) |

| | | |
|---|---|---|
| 금품 갈취 | • 공갈 | • 돌려줄 생각이 없으면서 돈을 요구하는 행위<br>• 옷, 문구류 등을 빌린다며 되돌려 주지 않는 행위<br>• 일부러 물품을 망가뜨리는 행위<br>• 돈을 걷어 오라고 하는 행위 등 |
| 강요 | • 강제적 심부름<br>• 강요 | • 속칭 빵 셔틀, 와이파이 셔틀, 과제 대행, 게임 대행, 심부름 강요 등 의사에 반하는 행동을 강요하는 행위(강제적 심부름)<br>• 폭행 또는 협박으로 상대방의 권리행사를 방해하거나 해야 할 의무가 없는 일을 하게 하는 행위(강요)<br>➔ 속칭 바바리맨을 하도록 강요하는 경우, 스스로 자해하거나 신체에 고통을 주는 경우 등이 강요죄에 해당 |
| 따돌림 | • 따돌림 | • 집단적으로 상대방을 의도적이고 반복적으로 피하는 행위<br>• 싫어하는 말로 바보 취급 등 놀리기, 빈정거림, 면박주기, 겁주는 행동, 골탕 먹이기, 비웃기<br>• 다른 학생들과 어울리지 못하도록 막기 등 |
| 성폭력 | • 성폭력 | • 폭행 · 협박을 하여 성행위를 강제하거나 유사 성행위, 성기에 이물질을 삽입하는 등의 행위<br>• 상대방에게 폭행과 협박을 하면서 성적 모멸감을 느끼도록 신체적 접촉을 하는 행위<br>• 성적인 말과 행동을 함으로써 상대방이 성적 굴욕감, 수치감을 느끼도록 하는 행위 등 |
| 사이버 폭력 | • 사이버 따돌림<br>• 정보통신망을 이용한 음란 · 폭력 정보 등에 의해 신체 · 정신 또는 재산상 피해를 수반하는 행위 | • 특정인에 대해 모욕적 언사나 욕설 등을 인터넷 게시판, 채팅, 카페 등에 올리는 행위<br>• 특정인에 대한 허위 글이나 개인의 사생활에 관한 사실을 인터넷, SNS, 카카오톡 등을 통해 불특정 다수에 공개하는 행위<br>• 성적 수치심을 주거나, 위협하는 내용, 조롱하는 글, 그림, 동영상 등을 정보통신망을 통해 유포하는 행위<br>• 공포심이나 불안감을 유발하는 문자, 음향, 영상 등을 휴대폰 등 정보통신망을 통해 반복적으로 보내는 행위 |

출처: 교육과학기술부(2012b), p. 83.

〈학교폭력 읽기자료 1〉

## 학교폭력 이해를 위한 자가 진단

◈ 나는 학교폭력을 어느 정도 이해하는가 ◈

1. 다음 자가 진단표는 법에 근거한 학교폭력 개념을 교사가 어느 정도 이해하고 있는지 살펴보기 위한 것입니다.
2. 내용을 읽어 보시고 학교폭력이라고 생각하면 Y(yes)에, 아니면 N(no)에 체크해 주세요.

| | 내용 | Y | N |
|---|---|---|---|
| 1 | A와 B가 싸움을 한 후 B가 겉으로 보기에는 멀쩡했으나 정신을 잃음 | | |
| 2 | 복도를 걸어가고 있는 학생의 얼굴에 일부러 침을 뱉음 | | |
| 3 | 싫다고 하는데도 강제로 손이나 옷을 잡아당김 | | |
| 4 | 학생들이 보는 앞에서 단순한 욕('지랄' '재수 없어' '깝치지 마' 등)을 함 | | |
| 5 | 동아리 선배가 후배들에게 기합을 준 다음 동아리방의 문을 잠그고 밤 10시까지 나오지 못하게 함 | | |
| 6 | 학생들이 보는 앞에서 아무 이유 없이 장난으로 '바보' '생긴 게 역겨워'라고 계속 놀림 | | |
| 7 | A가 B를 툭툭 치다가 팔에 멍이 살짝 듦 | | |
| 8 | 동성에게 포르노 비디오를 보여 주면서, 움직이지 못하게 한 후 일부러 손을 만지작거려서 상대방이 창피하다는 생각과 짜증 난다는 기분을 경험하게 함 | | |
| 9 | 학생들이 보는 앞에서 '미친년' '개새끼' '병신새끼' '또라이 같은 년'이라고 욕을 함 | | |
| 10 | A가 B에게 돈을 빼앗는 것을 보고 C가 A에게 그 돈을 요구함 | | |
| 11 | 30분 동안 기합을 줌 | | |
| 12 | 하의를 벗기고 성기를 노출하게 한 후 핸드폰으로 사진을 찍어서 다른 친구들에게 전송함 | | |
| 13 | 남학생이 좋아하는 여학생에게 '뽀뽀해 줘'라고 문자를 보내 여학생이 불쾌감을 느낌 | | |
| 14 | 화장실로 끌고 가서 때림 | | |
| 15 | 친구들끼리 한 학생을 때리기로 한 후, 친구들이 때릴 때 옆에서 망을 봄 | | |
| 16 | 집단으로 다 학교 학생들과 싸움을 함 | | |
| 17 | 방과 후 같은 반 학생이 노래방에 같이 가자고 해서 갔는데, 다른 학교 학생들이 같이 있었고 노래방에서 폭행을 당함 | | |
| 18 | 돈을 요구하고 심부름을 시켜서 하지 않으면 때림 | | |
| 19 | A는 B를 때릴 생각이 없었는데, C가 A에게 'B를 때리지 않으면 너를 죽여 버릴 거야.'라는 말을 하여 A가 B에 대하여 폭력을 행사함 | | |
| 20 | A학생이 자신들의 험담을 했다며 4명 중 3명이 A학생에게 동시에 말을 안 함 | | |

| 문항 | 1 | 2 | 3 | 4 | 5 | 6 | 7 | 8 | 9 | 10 | 11 | 12 | 13 | 14 | 15 | 16 | 17 | 18 | 19 | 20 |
|---|---|---|---|---|---|---|---|---|---|---|---|---|---|---|---|---|---|---|---|---|
| 정답 | Y | Y | Y | Y | Y | Y | Y | Y | Y | Y | Y | Y | Y | Y | Y | Y | Y | Y | Y | Y |

출처: 교육과학기술부(2012a), p. 38.

〈학교폭력 읽기자료 2〉

### ◈ 나는 학교폭력 유형을 어느 정도 알고 있는가 ◈

1. 다음 자가 점검표는 학교폭력 유형을 교사가 어느 정도 이해하고 있는지 살펴보기 위한 것입니다.
2. 내용을 읽어 보시고, 선택한 학교폭력 유형의 번호를 적어 주세요.

| ① 신체폭력 ② 언어폭력 ③ 금품갈취 ④ 강요 ⑤ 따돌림 ⑥ 성폭력 ⑦ 사이버폭력 예) 신체폭력이면 ① | | | |
|---|---|---|---|
| 1 | 목을 졸라 기절시키고 깨어나면 때리고 다시 기절시키는 행동 반복 | | |
| 2 | 아무 이유 없이 지나가면서 머리를 하루에도 몇 번씩 때림 | | |
| 3 | '5만 원 가지고 놀이터로 오지 않으면 죽어.' 라고 문자를 보냄 | | |
| 4 | 싸움 잘하는 학생이 약한 학생에게 자신의 청소를 대신 시킴 | | |
| 5 | 말을 듣지 않으면 끌고 가서 때리겠다고 함 | | |
| 6 | 돈을 갚을 확실한 약속 없이 자꾸 빌려 달라고 하고 갚지 않는 경우 | | |
| 7 | '나는 네가 너무 재수 없어.' 라는 말을 상대방 학생을 볼 때마다 함 | | |
| 8 | 종이에 '죽여 버리겠다', '몸조심해' 라는 말을 적어 보냄 | | |
| 9 | 뒷담화를 했다며, 가서 다짜고짜 때림 | | |
| 10 | '넌 얼굴이 너무 환자같이 생겨서 기분 나빠.' 라고 말함 | | |
| 11 | 학교 짱이 학생들에게 2천 원씩 일괄적으로 걷어 오라고 시킴 | | |
| 12 | 마주칠 때마다 '뻐큐(fuck you)' 를 하며, 주먹을 쥐고 무서운 표정을 지음 | | |
| 13 | 사이버상에서 자신의 게임 아이템을 상대방에게 대신 키우도록 협박 | | |
| 14 | 야한 동영상을 캡처하여 자신이 싫어하는 학생에게 이메일로 보냄 | | |
| 15 | 싫은 학생의 운동화에 락스를 부음 | | |
| 16 | 지나갈 때 부딪히는 척하면서 가슴을 만지는 행동을 2~3번 반복함 | | |
| 17 | 조별 숙제를 하면서 같은 반 학생들이 한 학생을 의도적으로 배제시킴 | | |
| 18 | 선배가 자신의 생일이라고 비싼 선물을 달라고 해서 운동화를 사 줌 | | |
| 19 | 싫어하는 학생의 가방에 여러 번 뱀 모양의 모형을 넣어두어서 놀라게 함 | | |
| 20 | 여러 명이 한 명의 학생이랑 놀지 말자면서 인사도 받지 않음 | | |
| 21 | '걔네 집은 가난해서 놀이공원도 가지 못할 거야.' 라고 소문을 냄 | | |
| 22 | 수업 시간에 바로 뒷자리에서 샤프나 볼펜으로 계속 찌름 | | |
| 23 | 학교 화장실에서 일진 신고식을 한다며 학생들 뺨을 때림 | | |
| 24 | 일부러 소문을 내서 다른 학생들이 피해학생을 싫어하도록 조장함 | | |
| 25 | 게임 아이템을 주지 않으면 '가만 두지 않겠다' 고 협박하여 빼앗음 | | |

| 문항 | 1 | 2 | 3 | 4 | 5 | 6 | 7 | 8 | 9 | 10 | 11 | 12 | 13 |
|---|---|---|---|---|---|---|---|---|---|---|---|---|---|
| 정답 | ① | ① | ⑦ | ④ | ② | ③ | ② | ② | ① | ② | ③ | ② | ④ |
| 문항 | 14 | 15 | 16 | 17 | 18 | 19 | 20 | 21 | 22 | 23 | 24 | 25 | |
| 정답 | ① | ③ | ⑥ | ⑤ | ③ | ⑤ | ⑤ | ② | ① | ① | ⑤ | ③ | |

출처: 교육과학기술부(2012a), p. 40.

제2장

The Prevention and Countermeasures of School Violence

# 학교폭력의 실태 및 해결방안

## 1. 학교폭력의 실태

### 1) 실태조사 대상과 방법

최근 학교폭력 문제의 실태는 시간이 지날수록 점점 악화되고 있지만, 효과적인 대책 및 대응 방안은 효과를 거두지 못하고 있는 실정이다. 이에 교육과학기술부는 시·도교육감 협의회의 요청에 따라 8월 27일부터 10월 12일까지 한국교육개발원 주관으로 2차 학교폭력 실태조사를 실시하였다. 이번 조사는 불참 의사를 밝힌 전북교육청을 제외한 전국 16개 시·도의 초등학교 4학년부터 고등학교 3학년까지 약 514만 명의 학생을 대상으로 진행되었다. 학교폭력 실태조사 내용은 학교폭력 피해 경험, 가해 경험, 목격 경험, 학교, 지자체, 정부의 학교폭력 예방 노력의 효과 여부 등 총 15문항으로 구성되어 있다. 실태조사 방법은 시·도교육청별 나이스 학생서비스에 학생 개개인이 로그인하여 문항에 응답하는 방식이다.

1차 실태조사 참여 학생이 140만 명(25%)이었던 것에 비해 2차 학교폭력 실태조사에는 대상 학생의 73.7%인 379만 명이 참여하였다. 이와 같은 참여율 증가는 학생들의 참여가 용이하도록 학기 중 온라인 조사로 변경하고, 스마트폰용 어플의 보급으로 멀티미디어 콘텐츠를 활용한 예방교육 기능이 추가되고 단위학교별 학생들을 대상으로 2차 학교폭력 실태조사에 참여하도록 홍보를 강화했기 때문이다.

#### (1) 학교폭력 피해 현황

**[1] 학교폭력 피해 경험**

피해 경험이 있는 것으로 응답한 학생은 전체 응답 학생의 8.5%인 32만

1,000명으로, 이 중 13만 6,000명(42.4%)이 2개 유형 이상 중복피해 경험이 있는 것으로 나타났다. 이는 1차 실태조사 피해응답인 16만 8,000명(12.3%)보다 감소한 것이다.

피해응답 학생은 초등학생이 13만 4,000명(11.1%), 중학생이 13만 6,000명(10.0%), 고등학생이 5만 1,000명(4.2%)으로 나타났다. 성별로는 남학생(203,000명, 10.5%)이 여학생(118,000명, 6.4%)보다 피해 경험이 훨씬 많은

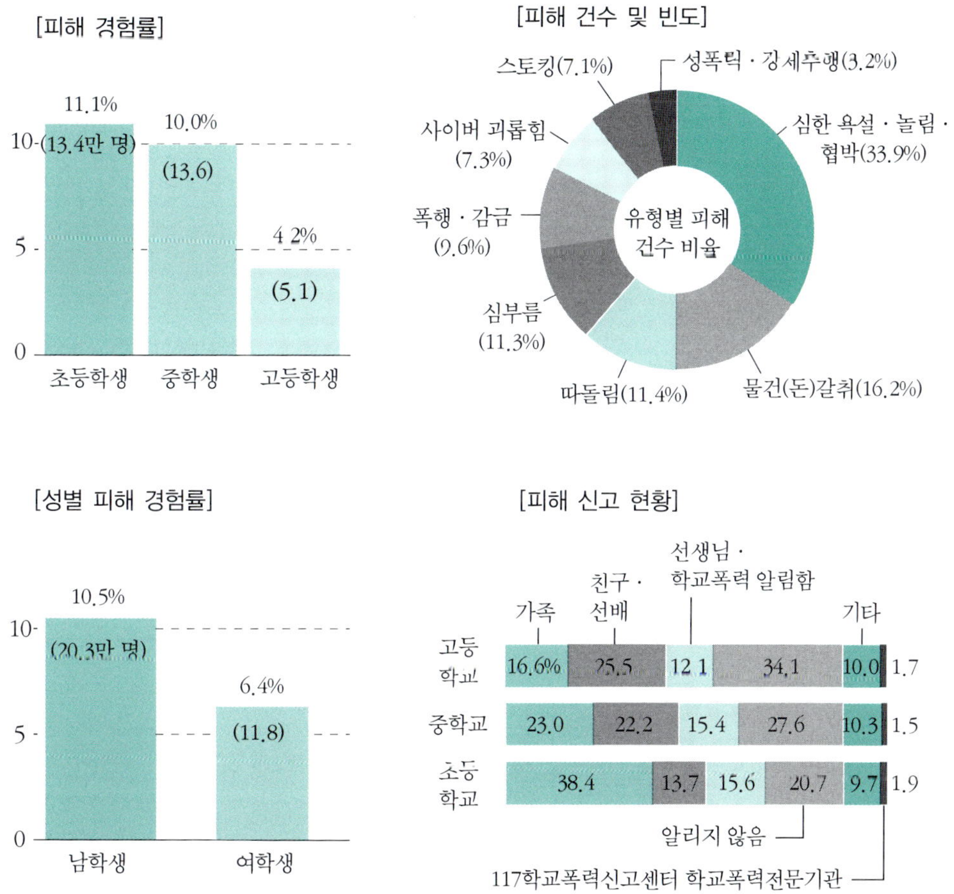


그림 2-1 학교폭력 실태조사 주요 내용

출처: 연합뉴스(2012. 11. 16.).

것으로 나타났다.

### 2 학교폭력 유형별 피해 건수 및 피해 빈도

유형별 피해 건수는 총 56만 건으로, 심한 욕설(190,000건, 33.9%), 물건(돈) 빼앗김(91,000건, 16.2%), 집단따돌림(64,000건, 11.4%) 순으로 응답했다. 1차 실태조사에서도 심한 욕설(37.9%), 물건(돈) 빼앗김(12.8%), 집단따돌림(13.3%) 순이어서 유사한 현황을 보였다.

특히 심한 욕설 등 언어폭력은 57%가 다른 유형의 학교폭력과 함께 발생하는 것으로 나타났다. 피해 빈도(1주일 1~2회 이상)나 지속 정도(4개월 이상)가 심각한 피해는 11만 건(전체 피해의 19.6%)에 달해, 학교폭력 문제에 대한 적극적 해결 노력과 관심이 지속적으로 필요한 상황이다.

### 3 학교폭력으로 인한 후유증

학교폭력으로 인한 피해학생들의 정서적 고통 역시 상당하여, 피해학생의 46.4%(149천 명)가 피해 경험 이후 '힘들었다' 고 응답했다. 특히 '집단따돌림'(75.2%)과 '사이버 괴롭힘'(65%)에 대한 주관적 심각성이 가장 높은 것으로 나타났다. 또한 피해학생의 경우 학교 및 가정 생활 만족도가 매우 낮게 나타났고, 피해학생의 24.2%(77,000명)가 가해 경험도 있는 것으로 응답했다.

### 4 학교폭력 피해 장소 및 도움 요청 행동

학교폭력은 주로 학교 안(61.6%), 일과시간 중(53.3%)에 발생했고, 피해 사실은 가족(28.5%), 친구 · 선배(19.1%), 학교(15.0%) 순으로 알리는 것으로 나타났으며, 알리지 않는 경우도 25.7%나 되는 것으로 나타났다.

### (2) 학교폭력 가해 및 목격 현황

#### 1 학교폭력 가해 경험

학교폭력 가해 경험을 가진 학생은 전체 응답의 4.1%인 15만 6,000명이었다. 가해행동은 여럿이 가해했다고 응답한 비율이 62.6%로, 혼자 가해했다고 응답한 비율 37.4%에 비해 높아 집단적으로 발생하는 경향이 높은 것을 알 수 있다. 또한 가해학생의 69.9%는 '피해학생이 힘들었을 것'이라고 응답하였다.

#### 2 학교폭력 목격 경험

목격응답 학생은 전체 응답의 17.5%인 64만 4,000명으로, 학교폭력을 목격한 학생 중 66%는 신고하거나 가해학생을 말리는 등 적극적으로 대응했다고 응답했으나, 학교폭력에 대해 '모른 척했다'고 응답한 학생도 31.3%나 되었다.

### (3) 학교폭력 예방교육 효과

학교폭력 개념 및 신고 방법 등 학교폭력 예방교육에 대해서는 응답학생의 91.5%가 긍정적(그렇다, 매우 그렇다)으로 응답하였으며, 특히 초등학생은 97%가 긍정적 응답을 하였다. 또한 응답학생의 94.4%가 앞으로 학교폭력이 발생하면 도움을 요청하거나 신고하는 등 적극 대응하겠다고 답변했다. 특히 당초 피해 또는 목격 후 알리지 않거나 모른 척한 학생들 역시 약 90%가 앞으로는 적극 대응하겠다는 인식 변화를 보였다.

〈학교폭력 읽기자료 3〉

## 학교급별 학교폭력의 특징

### 초등학교

- 장난과 폭력을 구별하지 못하는 경우가 많음
- 성과 관련된 폭력이 많아 체계적 성교육 필요: 바지를 벗기거나 치마를 들치는 등의 사례 많음
- 담임교사 없을 때, 학교폭력 발생: 특활시간, 급식, 방과 후 등 담임교사 부재 시 학교폭력 발생
- 기절놀이, 수술놀이, 노예놀이, 왕따 대물림 등 새로운 폭력의 유형 등장
- 선후배관계를 이용한 폭력 및 금품갈취 심각

### 중학교

- 성폭력 사건(성희롱, 성추행)이 자주 발생
- 욕설 등 언어폭력으로 시작해 신체폭력으로 진행되는 사례가 많음
- 빵 셔틀, 금품 상납 요구 등 금품갈취 사례 많음
- 장애인에 대한 괴롭힘 및 외모로 인한 집단따돌림이 심각
- 폭력 서클을 통한 금품 상납 등 금품갈취 및 신체폭행이 이루어짐
- 사이버 폭력이 심각

### 고등학교

- 선후배 간 군기 잡기 · 금품갈취 등 학교폭력 행사
- 집단따돌림 및 성폭력(성희롱) 사례 많음
- 조직적으로 운영되는 폭력서클 존재
- 남학생은 금품갈취와 폭행 등 겉으로 드러나는 사례가 많고, 여학생은 따돌림, 욕설과 같은 은근한 폭력 사례가 많음
- 기숙사 생활을 하는 학생들의 경우 기숙사 내 금품갈취, 괴롭힘, 심부름과 같은 사례가 드러남

출처: 교육과학기술부(2012a), p. 36.

## 2. 학교폭력의 사례

학교폭력을 바라보는 시각에 따라 그 심각성과 이해의 정도가 다를 수 있다. 통계자료의 수치만으로도 학교폭력의 심각성을 이해할 수 있지만 학교폭력의 실제 사례를 통해 학교폭력의 심각성을 실감할 수 있을 것이다. 따라서 학교폭력의 심각성을 알기 위해 언론매체를 통해 보도된 학교폭력의 사례를 살펴보기로 한다.

### 1) 학교폭력의 사례

#### (1) 학교폭력으로 인한 지살

동아일보(2012. 9. 20.)에 따르면, 학교폭력에 시달리던 고교생이 목숨을 끊었다. 충남 공주시 Y고교 1학년 박 모 군(17)이 18일 오후 10시 22분경 공주시 신관동 한 아파트 화단에 숨져 있는 것을 주민들이 발견해 신고했다. 경찰은 폐쇄회로(CC) TV 조사 결과 박 군이 이 아파트 23층에서 몸을 던진 것으로 보고 있다. 박 군은 자살하기 이틀 전 친구들로부터 심하게 폭행당해 이를 비관해 왔던 것으로 밝혀졌다.

올해 3월 학기 초부터 박 군을 괴롭혀 온 것으로 지목된 같은 반 친구 A 군 등 5명은 19일 오전 Y고교 진로교육상담실로 불려 나온 자리에서 "왜 그렇게 집요하게 괴롭혔느냐?"는 유족들의 질문에 "심심하고 재미있어서 괴롭혔다."고 말했다. 이들 가운데 B 군은 "내가 주로 괴롭히는 C 군이 있는데, 박 군은 그에 비하면 많이 괴롭힌 것은 아니다."라고 말했다.

A 군 등은 박 군의 의자나 샤프펜슬 같은 학용품에 본드를 붙여 놓거나 뭉친 종이나 공으로 박 군의 머리를 맞히고 박 군 이름의 이니셜을 속옷 이름에 빗대어 놀려 댄 것으로 드러났다. 급우들은 박 군이 이 별명을 무

척 싫어해 제발 좀 부르지 말라고 호소했지만 A 군 등은 전혀 아랑곳하지 않았다고 했다.

이들 말고도 같은 반 친구인 D 군 등 3명은 박 군이 자살하기 이틀 전인 16일 오후 7시 반경 교내 화장실로 박 군을 끌고 가 주먹 등으로 16대가량을 때린 것으로 드러났다. D 군 등이 수업을 빼먹은 사실을 박 군이 교사에게 고자질했다며 폭력을 행사한 사실도 확인됐다. 15일 오후 자습시간에 교사가 들어와 "왜 이렇게 학생들이 없느냐." 고 물었을 때 박 군이 "주변 공주보에서 영페스티벌이 열린다." 고 대답했는데, 이를 D 군 등은 고자질로 규정했다. 박 군은 폭력을 당한 뒤 친구들에게 보낸 카카오톡 메시지에서 "나는 그냥 공주보에서 축제를 한다던데……." 라고 말했을 뿐이라며 억울함을 호소했다.

박 군은 어깨와 다리 등 멍든 부위를 스스로 사진으로 찍어 다른 고교에 진학한 중학교 동창에게 카톡으로 보냈다. 카톡에서 박 군은 "암튼 지금 왼쪽 어깨가 시리고……." "숨쉬기가 힘들어." 등의 말로 고통을 하소연했다. "(사진의) 상처가 잘 안 보일 테니까 다운 받아서 확대해서 봐." 라며 위로를 받고 싶어 하는 말을 하기도 했다.

박 군은 자신의 휴대전화에 "중학교 2학년 시절의 흑역사(어두운 과거)가 밝혀져 장래가 없다. 별생각 없이 (나를) 이렇게 내몬 그들을 미워하지 마라." 는 내용의 메모를 남겼다. 박 군이 D 군 등으로부터 폭행을 당한 당일 자살을 하려고 했다가 카톡 메시지를 받은 친구들의 만류로 일단 미뤘던 것이 그가 보낸 카톡에서 드러났다.

유족들은 그가 투신했을 때 손에 꼭 쥐고 있던 메모지에는 유서 내용이 담긴 자신의 휴대전화의 위치를 어머니에게 알리는 내용이 적혀 있었다고 전했다. 박 군은 투신한 날 어머니의 어깨를 주물러 주고 여동생에게 자신의 용돈 7,000원을 주고 떡을 사 주는 등 아들과 오빠로서의 마지막 역할을 하려는 모습을 보였다.

하지만 박 군의 자살 직후 학교 측은 "박 군이 중학교 때부터 소심하고 예민한 성격이었다."며 자살의 원인을 성격 탓 등으로 돌려 유족들을 분노하게 했다.

YTN(2011. 12. 23.)의 보도에 따르면, 2011년 12월 20일 대구에 사는 한 중학생인 K 군이 자신의 아파트에서 몸을 던져 스스로 목숨을 끊었다. K 군은 숨지기 하루 전에 친구와 다음과 같이 통화했다. "○○야, 오늘 엄청 맞았다. 하루 이틀도 아니고 정말 괴로워 죽겠다. 하지만 선생님께는 말씀드리지 마. 그러면 나 맞아 죽는다. 혹시 나한테 무슨 일 생기면 우리 부모님께 얘기해 줘." 그날은 가해학생들로부터 가장 심하게 구타와 가혹 행위를 당한 날이었다.

경찰에 따르면, 그날 오후 4시쯤 K 군의 집에 온 S 군과 W 군이 "윽, 짜증나! 너 게임 안 할래?"라고 하며 K 군이 보고 있던 교과서를 빼앗았다. 그러고는 라디오 전원을 뽑아 K 군의 목에 묶어 끌고 다니더니 무릎을 꿇고 바닥의 과자 부스러기를 주워 먹도록 했다.

오후 5시 20분쯤에는 K 군을 피아노 의자에 엎드리게 하더니 K 군이 격투기를 배우며 구입한 목검과 권투 글러브 등으로 마구 때렸다. 문구용 칼로 팔에 상처를 내려다 실패하자 일회용 라이터에 불을 붙여 몸에 대기도 했다. 그뿐 아니라 세숫대야에 물을 받아 물고문을 하기도 했다.

오후 6시쯤 그들이 돌아가고 난 뒤 K 군은 친구들에게 괴로움을 호소하는 전화를 걸었다. 이후 방에 들어가 유서를 썼고, 어머니 몰래 어머니 휴대전화에 저장된 자기 번호를 지웠다. 이튿날 아침 어머니가 출근하고 난 뒤 거실을 깨끗이 치워 놓은 다음 어머니가 핸드백을 놓아두는 곳에 유서를 두고 베란다로 가 투신 자살했다. 폭행당하기 하루 전인 18일 밤 11시엔 S 군으로부터 "내일 너 죽인다……. 내일 맞으면서 소리 내기만 해 봐."라는 문자를 받았다. 숨진 K 군의 A4용지 4장 분량의 유서에서 9개월 동안 같은 반 친구 2명으로부터 40여 차례에 걸쳐 노예처럼 괴롭힘을 당했고, "내일 죽이겠다." "요즘 안 맞아서 영 맛이 갔네." 등의 협박과 강요를 일삼는 300여 차례의 휴대전화 문자메시지를 받은 것으로 드러났다. 다음은 유서를 간추린 내용이다.

> 제가 그동안 말을 못했지만, 매일 라면이 없어지고, 먹을 게 없어지고, 갖가지가 없어진 이유가 있어요. 제 친구들이라고 했는데 ○○○하고 □□□이라는 애들이 매일 우리 집에 와서 절 괴롭혔어요. 12월에 들어서 자살하자고 몇 번이나 결심을 했는데 그때마다 엄마, 아빠가 생각나서 저를 막았어요.
>
> 저는 저 자신이 비통했어요. 매일 화내시지만 사실 알고 보면 마음씨 착한 우리 아빠, 나에게 베푸는 건 아낌도 없는 우리 엄마, 나에게 잘 대해 주는 우리 형을 둔 저는 정말 운이 좋은 거예요.
>
> 제가 일찍 철들지만 않았어도 저는 아마 여기 없었을 거예요. 매일 장난기 심하게 하고 철이 안 든 척했지만, 속으로는 무엇보다 우리 가족을 사랑했어요. 아마 제가 하는 일은 엄청 큰 불효인지도 몰라요.
>
> 저는 정말 엄마한테 죄송해서 자살도 하지 않았어요. 어제(12월 19일) 혼날 때의 엄마의 모습은 절 혼내고 계셨지만 속으로는 저를 걱정하시더라고요. 저는 그냥 부모님한테나 선생님, 경찰 등에게 도움을 구하려 했지만 걔들의 보복이 너무 두려웠어요. 대부분의 학교 친구는 저에게 잘 대해 줬어요.
>
> 항상 저를 아껴 주시고 가끔 저에게 용돈도 주시는 아빠, 고맙습니다. 매일 제가 불효를 했지만 웃으면서 넘어가 주시고 저를 너무나 잘 생각해 주시는 엄마, 사랑합니다.
>
> 항상 그 녀석들이 먹을 걸 다 먹어도 나를 용서해 주고 나에게 잘해 주던 우리 형, 고마워.

모두들 안녕히 계세요.

매일 남몰래 울고 제가 한 짓도 아닌데 억울하게 꾸중을 듣고 매일 맞던 시절을 끝내는 대신 가족들을 볼 수가 없다는 생각에 벌써부터 눈물이 앞을 가리네요. 그리고 제가 없다고 해서 슬퍼하시거나 저처럼 죽지 마세요. 우리 가족들이 슬프다면 저도 분명히 슬플 거예요. 부디 제가 없어도 행복하길 빌게요.

- 우리 가족을 너무나 사랑하는 막내 ○○○ 올림-

P.S. 부모님께 한번도 진지하게 사랑한다는 말 못 전했지만 지금 전할게요. "엄마, 아빠 사랑해요!!!!"

➡ 한 중학생을 자살로 몰고 갔던 이 사건을 통해 학교폭력의 심각성이 국가적인 관심사로 주목받게 되었다. 무엇보다 가해학생들은 자신들이 한 모든 일을 단순한 장난이라고 말하며 피해자에게 책임을 돌리는 모습을 보이기까지 했다. 특히 자신들이 미성년자임을 들어 사태의 심각성을 모르고 친구의 자살을 대수롭지 않게 여긴 문자메시지가 공개되면서 논란이 가중되기도 하였다. 가해학생들이 미성년자의 범죄 처벌이 가벼운 것을 알고 이용하는 경우 학생들을 얼마만큼 보호해 줘야 할 것인지 사회적인 논의가 필요하다.

### (2) 집단따돌림

조선일보(2012. 1. 2.)에 따르면, 2010년 경기도 용인시 N중학교 1학년이던 둘째 딸 이 모 양(15)은 입학 직후부터 8개월간 따돌림을 당했다. 학교에서 따돌림을 당하다 정신병(외상후 스트레스 장애)까지 앓은 딸을 둔 어머니 조 모(53) 씨는 울분을 토했다. "그날 이후 나는 딸을 잃었고 우리 가족은 망가졌습니다. 딸이 왕따폭력을 당한 2010년 11월 8일을 결코 잊을 수 없어요."

이 양이 수학 문제를 푸는 것을 보고 친구 한 명이 "답안지 보고 풀었지? 답안지 베끼는 애."라고 소문을 낸 것이 발단이었다. 이후 다른 친구들도 '커닝걸' '더럽다' '감염자'라고 계속해서 놀렸다. 괴롭힘은 점점 더 심해져, 아이들은 이 양의 머리나 등짝을 툭툭 쳤고 남학생들은 발로 차기까지 했다.

이 양은 가해학생을 멀리서 보기만 해도 가슴이 쿵쾅거렸고 선 채로 오줌을 싸기도 했다. 이 양은 선생님도 미웠다. 이혼해 따로 사는 아버지와 찍은 사진이 담긴 USB를 가해학생이 창밖으로 던져 버렸을 때, 선생님은 "USB가 얼마지? ○○아, 돈 줘라."라고 말했다. 왕따폭력이 8개월간 지속되던 그해 11월 8일, 여학생 5명이 이 양을 둘러싸고 머리, 등, 발을 수없이 때렸을 때도 "너희들 모두 잘못했다."며 이 양까지 반성문을 쓰게 했다.

결국 이 상황을 견디지 못한 이 양은 한 달여 정신병원 폐쇄병동에 입원했다. 조 씨는 딸을 간호하느라 근처 찜질방에서 며칠씩 밤을 지새웠다. 남편과 이혼한 뒤 정수기 관리인을 하며 어렵게 살던 조 씨는 직장도 그만둬야 했다. 이 양은 당시 고등학교 3학년이던 언니에게 "왜 나를 지켜 주지 않았냐?"고 울부짖었다. 동생 일로 충격을 받은 이 양의 언니는 도저히 공부를 할 수 없어 그해 수능시험을 제대로 보지 못했다.

➡이 사건에서는 학교폭력이 피해학생뿐만 아니라 가족들의 삶까지 파괴한다는 것을 알 수 있다. 또한 교사가 학교폭력을 가벼이 여겨 가해학생들에게 힘을 실어 주고 피해학생을 보호해 주지 못했을 때 학급 내 학교폭력이 만연할 수 있음을 알려 준다.

### (3) 집단 구타 및 동영상 촬영

한국일보(2012. 1. 31.)에 따르면, 서울 성북구의 모 중학교 3학년 A 군(15)은 자신이 매 맞는 모습이 담긴 CCTV 화면을 보면서도 경찰관에게 폭행이 아닌 '기절놀이'를 한 것이라고 우겼다. 친구들에게 맞아 코뼈가 부러지고 이틀 동안 감금을 당하고도 A 군은 겁에 질려 세 차례의 경찰 조사에서 계속 맞은 사실을 부인했다. 경찰은 "A 군은 보복뿐 아니라 함께 다니던 또래집단에서 자신이 쫓겨나는 데 대한 두려움이 컸다."고 말했다.

B 군(15) 등 10대 5명이 A 군을 처음으로 폭행한 것은 지난달 28일. 부모의 이혼으로 조부모와 함께 살며 학교에서 '왕따'처럼 지내던 A 군은 초등학생 때 알게 된 C 군(15)의 소개로 지난달 21일부터 B 군 등 5명과 어울리게 됐다. A 군은 약속시간에 늦게 오고 거짓말을 했다는 이유 등으로 그들로부터 매를 맞았다.

A 군은 이를 자신의 할아버지에게 말했고, 할아버지는 지난 4일 자신이 운영하는 정육점으로 C 군 등 2명을 불러 "A와 놀지 말라."고 훈계했다. 할아버지에게 폭행 사실을 알린 데 화가 난 C 군 등은 이날 성북구 길음동 A 군의 집 담을 넘어 들어가 A 군의 할머니에게 심한 욕을 하며 "A 군을 데려가겠다, 말리지 마라."고 협박했다. 겁에 질린 할머니가 정육점에 할아버지를 데리러 간 사이 C 군 등은 A 군을 인근 아파트 지하주차장으로 끌고 가 1시간 동안 잔혹하게 폭행했다. 그들은 A 군을 바닥에 엎드리게 한 뒤 주먹과 발로 때리고 대걸레자루와 우산으로 허벅지를 후려쳤다. 또 A 군의 엉덩이에 라이터 불을 갖다 댔다. 폭행에 가담한 한 학생은 자신의 여자친구에게 영상 통화로 폭행 상황을 보여 주기도 했다. 더욱이 그들은 A 군이 피투성이가 돼 집에 들어가면 어른들이 폭행 사실을 안다는 이유로 사흘 동안 아파트 지하주차장과 PC방 등으로 A 군을 끌고 다니며 감금했다.

경찰조차 친구를 짓밟은 이들 10대의 잔혹성에 혀를 내둘렀다. 경찰 관계자는 "가해학생 대부분이 PC방에서 폭력적인 게임인 '서든데스'를 자주 했다고 진술했다."며 "CCTV를 보면 실제로 같은 방식으로 맞은 경험이 있거나 그런 장면을 목격하지 않은 사람이라면 상상할 수 없는 방식으로 A 군을 폭행했다."고 말했다. 경찰은 또 "이 집단에서 우두머리 격인 B 군은 A 군뿐 아니라 다른 친구들도 폭행해 왔다."며 "B 군을 제외하곤 모두 폭행 피해자이자 가해자."라고 덧붙였다. A 군은 폭행으로 코뼈가 부러지는 등 전치 4주의 상처를 입고 정서적으로도 매우 불안정한 상태라 상담 및 심리치료를 받고 있다. 해당 경찰서는 30일 A 군을 집단으로 폭행 · 감금한 혐의로 B 군 등 10대 3명을 구속하고 2명을 불구속 기소했다.

➡이 사건은 학교폭력 가해학생들이 학교폭력 행동을 놀이나 장난으로 생각하고 있음을 보여 준다. 가해학생의 특징 중 하나가 공감 능력의 부족인데, 자신이 장난 혹은 놀이로 한 행동이 피해학생에게는 얼마나 큰 신체적 · 심리적 고통인지를 잘 인식하지 못한다. 그 결과 죄책감을 느끼지 못하고 자신의 잘못된 행동을 개선하려는 노력을 하지 않게 된다는 것을 알 수 있다. 따라서 전교생 및 학급 단위로 학기별 1회 이상 학교폭력 예방교육을 해야 할 것이다.

### (4) 협박 · 갈취

조선일보(2012. 1. 5.)에 따르면, 하급생 수십 명을 상습 폭행하며 금품을 갈취하고 가출 여중생을 집단 성폭행한 중학생들, 그리고 같은 학년인 지적장애 여학생을 상습적으로 괴롭혀 온 남학생 6명이 경찰에 붙잡혔다. 경기도 여주경찰서는 4일 모 중학교 3학년 김 모 군(15) 등 4명에 대해 공갈 · 갈취 및 성폭력특별법 위반 등의 혐의로 구속영장을 신청하고 18명을 불구속 입건했다. 김 군 등은 작년 9월 26일 오후 여주공설운동장 옆 야산에서 자신의 여자친구를 비하했다는 이유로 같은 학교 후배 A 군(13) 등 10명의 입에 옷을 물리고 집단 폭행하는 등 작년 한 해 34명에게 61차례 폭력을 휘두르고 266만 원 상당의 금품을 빼앗은 혐의를 받고 있다.

김 군 등은 작년 11월 8일 B 군 등 7명을 상대로 세 차례에 걸쳐 자위행위와 머리박기(일명 원산폭격)를 시키기도 했다. 김 군과 박 모 군 등 6명은 작년 11월 4일과 6일 가출한 중1 여학생 2명에게 술을 먹여 초등학교 운동장 등에서 집단 성폭행하며 휴대전화로 촬영한 혐의도 받고 있다.

그들의 범행은 피해를 당한 2학년 학생 10여 명이 작년 11월 4일 학교폭력 실태 설문조사에서 피해 내용을 적은 뒤 선생님을 찾아가 "더 이상 못 참겠으니 처벌해 달라."고 도움을 청하면서 드러났다.

➡ 이 사건에서 보듯이, 최근 학교폭력의 가해 양상은 폭행, 강도, 갈취, 협박 등 성인과 다름없이 흉악화되어 가고 있다. 공격성을 부추기는 매체물, 이혼, 별거 등 가정 붕괴로 인한 결손가정의 증가 등 현재의 사회 · 문화 환경의 개선을 위한 노력이 필요함을 알 수 있다.

### (5) 성추행

머니투데이뉴스(2012. 1. 13.)에 따르면, 서울 강서구에 사는 L 모 군(13)은 지난해 3월 K중학교에 입학했다. 초등학교를 졸업하고 새로운 친구들과 선생님을 만날 기대에 부풀었던 L 군은 입학날부터 끔찍한 경험을 하기 시작했다. 지난해 1년간 같은 반 친구들로부터 왕따폭행을 당한 서울 강서구 K중학교 1학년 L 모 군이 작성한 '폭행과 괴롭힘을 당한 일람표'에는 무려 148차례의 각종 폭행과 성추행, 갖가지 가혹행위가 A4용지 38장에 빠짐없이 정리돼 있다. L 군은 폭행을 당한 날짜와 장소, 가해자 이름 등을 모두 기록했다. 서울남부지검은 지난달 10일쯤 이 서류를 제출받아 조사 중이다.

L 군은 폭행에 맞서지는 못했지만 아무도 도와주지 않는 상황에서 혼자만의 싸움을 했다. L 군은 3일 기자와 만나 "'왕따'를 당하는 상황에서도 새벽 3시까지 공부를 했다. 공부로라도 나를 괴롭힌 애들을 이기고 싶었다."고 말했다. L 군은 지난해 3월 시험에서 수학 점수가 40점이었지만 지난해 12월 기말고사에서 92점을 맞았다. L 군의 아버지는 지체장애 2급이

고, 가족은 기초생활수급자를 위한 서울 강서구 가양동 공공임대아파트에 살고 있다. L 군은 지난해 말부터 정신과 치료를 받고 있다.

L 군은 지난해 3월 초 같은 반 K 군으로부터 머리가 짧다는 이유로 쉬는 시간마다 '대머리 독수리'라고 놀림을 받으며 맞았다. 얼마 뒤 가해학생들은 7명으로 늘었다. L 군은 "내가 동네북이 된 것 같다."고 썼다. L 군은 쉬는 시간, 점심시간, 방과 후까지 폭행을 당했다. 하지만 당시 반 학생 누구도 말려 주지 않았다고 L 군은 기록했다. 그들은 점심시간에는 L 군에게 바닥에서 밥을 먹으라고 강요했다.

성추행도 자주 벌어졌다. 지난해 6월 가해학생들은 교실에서 L 군의 바지를 내리고 성기를 잡아당겼다. L 군은 성추행을 당한 날 "니들이 인간이야. 미쳐버리겠다."고 썼다. L 군은 그들이 성추행을 거부하면 주먹질을 해 댔다고 적었다. 학교 측은 L 군이 당한 고통을 외면했다. L 군은 일람표에 "10월 하순 선생님이 소원수리를 하라고 해서 괴롭힌 사람을 적었다. 근데도 아무런 조치가 없었다."라고 적었다.

이 학교 교장은 4일 L 군이 당한 성추행에 대해 "성기 만지기와 바지 내리기는 어린 학생들이 자연스럽게 하는 장난이다. 일명 '고추 만지기'가 일상적인 장난이다. 여름에는 운동장에서 벌어지기도 한다. 모두 웃는 분위기다."라고 말했다.

J 군(13) 등 가해학생들은 L 군의 바지를 벗기고 성기에 전기 충격을 주고 교실에서 다른 학생들이 지켜보는 가운데 성행위를 하는 흉내를 내기도 했다. 또 L 군을 학교 인근 골목길로 데려가 머리를 때리고 발로 배를 차기도 했다. 이 사실을 알게 된 L 군의 아버지(49)는 J 군을 불러 야단을 치고 학교에 진정을 넣었다. 이를 알게 된 J 군의 아버지가 집으로 찾아와 난동을 부리며 L 군을 위협했고, L 군 가족은 두려움을 떨치지 못해 경기 남양주의 한 교회로 몸을 피했다. L 군의 아버지는 거동이 불편한 지체장애인인데다 집안 형편도 어렵지만 아들을 위해 현재 이사를 준비하고 있다.

지난해 12월 8일에는 학교 인근 놀이터에서 L 군이 J 군(13)에게 폭행당하는 것을 본 K중학교 졸업생이 두 학생을 데리고 학교 생활지도부를 방문해 "적절한 조치를 취해 달라."고 했지만 학교 측은 별다른 조치를 하지 않았다. 당시 생활지도교사는 두 학생에게 서로 잘못이 있으니 화해하라는 말을 하고 돌려보냈다고 학교관계자는 밝혔다.

➡ 이 사건을 통해 학교폭력에 대하여 학교 당국이 안이하게 대처하고 있음을 알 수 있다. 또한 성기 만지기와 같은 성추행을 학교폭력으로 인식하지 못하고 학생들이 크는 과정에서 흔히 있을 수 있는 자연스러운 행동으로 인식하고 있음을 알 수 있다.

### (6) 사이버 폭력

광주타임즈뉴스(2012. 2. 15.)에 따르면, 광주지방경찰청은 사이버상 학교폭력을 근절하기 위해 사이버안전드림팀을 구성하여 운영 중에 같은 반 학생들에 대해 집단적으로 욕설을 하는 등 전국 인터넷 '안티카페' 110개를 단속하고, 학부모 또는 학교에 통보하여 카페 폐쇄조치 및 문자폭력의 정도에 따라 내사 착수하여 선도조건부 훈방할 예정이라고 밝혔다.

단속된 안티카페는 주로 이름, 학교명, 반명 등 별칭을 이용하여 초등학생 50%, 중학생 41%, 고등학생 9%가 개설하였으며, 개설 동기별로는 외모나 행동 등이 미워서 40%, 싸우고 나서 31%, 편가르기 15%, 기타 14% 등으로 나타났다.

주요 사례는 다음과 같다. 지난 2011년 7월 8일경 강원도 원주시 소재 중학교에 다니는 A 학생(15세, 남)이 같은 학교 B 학생(15세, 남)을 따돌릴 목적으로 카페를 개설하고 친구 16명과 함께 "오늘도 서○○를 보았다. 기분이 ×같다."라는 등 친구를 비방하는 게시글을 올렸다. 2011년 11월 17일경 전남 화순군 소재 중학교에 다니는 C 학생(14세, 여)이 같은 학교 D

학생(14세, 여)을 따돌릴 목적으로 카페를 개설하고 친구 9명과 함께 욕설 등 비방글을 올려 카페를 폐쇄 조치하고 사랑의 교실 참여 등 선도조건부 불입건할 예정이다.

➡ 이 사건을 통해 우리 사회에서 인터넷과 휴대전화를 통하여 '21세기 폭력(twenty-first century bullying)'이라고 불리는 사이버 폭력을 당하기 쉽다는 것을 알 수 있다. 사이버 폭력은 학교폭력 가해학생이 피해학생에 대한 허위사실이나 비방의 글을 블로그나 카페 등 웹사이트상에서 꾸며 내기 때문에 잠재적으로 더 많은 사람이 허위사실을 보게 된다는 측면에서 매우 위험하다고 할 수 있다.

### (7) 조직폭력 및 상납 요구

중앙일보(2012. 1. 10.)에 따르면, 서울 강남 일대 학교 수십 곳에 상납액을 정해 주고 하청을 주는 피라미드식으로 거액의 금품을 갈취해 온 학교폭력 조직이 적발됐다. 서울 서초경찰서는 중·고교생 후배들을 때리고 위협해 장기간에 걸쳐 조직적으로 금품을 상납받은 혐의로 이 모 씨(21)에 대해 구속영장을 신청하는 등 일당 8명을 붙잡아 조사하고 있다고 10일 밝혔다.

경찰에 따르면, 이 씨는 동네 및 학교 후배인 김 모 군(18세, 구속) 등 4명에게 금품을 상납하도록 요구해 명품 의류와 MP3 플레이어, 현금 등 수천만 원에 달하는 금품을 받아 챙긴 혐의를 받고 있다. 이 씨는 후배들이 말을 듣지 않으면 유도복을 입히고 대리석 바닥에 수십 차례 내리꽂거나 손발로 온몸을 마구 때리는 등 폭행했으며, "신고하면 병신을 만들어 버리겠다."고 협박하기도 한 것으로 조사됐다.

이 씨로부터 상납을 요구받은 청소년들은 다시 주변에서 금품을 갈취하는 등 10대 청소년 50여 명이 이 조직에 연루됐으며, 강남권 일대 20여개 중 · 고등학교의 학생 700여 명이 수억 원에 이르는 피해를 봤을 것으로 경찰은 추정하고 있다. 이 씨의 지시를 받은 김 군은 자신의 후배들을 오피스텔로 불러 손발을 묶은 채 쇠파이프로 때리는 방법 등으로 위협해 돈을 뜯어낸 뒤, 일부는 상납금으로 내고 나머지는 자신의 생활비와 유흥비로 사용했다.

이에 신 모 군(17)과 황 모 군(17) 등은 김 씨가 시킨 대로 강남 일대에서 각자 담당할 학교를 나눠 학생들에게서 수시로 돈을 빼앗는 등 피해가 확대 · 재생산됐다. 주범인 이 씨는 예전에 폭력조직으로부터 영입 제의를 받은 적도 있는 것으로 알려졌다. 피해학생들은 수차례 자살충동을 느끼기도 했다고 경찰에서 진술했다.

➡ 이 사건에서 보듯이, 학교폭력이 조직적이고 집단적인 형태를 보이고 있을 뿐만 아니라 학교 밖의 성인이 일진 학생들을 조직적으로 관리하며 상납을 받고 이를 거부할 경우 폭력을 행사하고 있다. 따라서 안전한 학교를 만들기 위한 교육 당국과 경찰 당국 및 행정 당국의 긴밀한 협조가 필요함을 알 수 있다.

### (8) 가상 게임을 통한 폭력

조선일보(2012. 2. 6.)에 따르면, 지난해 12월 '왕따폭력'으로 자살한 대구의 중학생 김 모 군 사건도 '메이플스토리' 게임에서 비극이 시작됐다. 김 군을 괴롭힌 가해학생 2명은 김 군에게 "같이 게임을 키우자."고 접근한 뒤, 아이템을 산다며 돈을 빼앗고 게임 레벨(각 게임을 하는 능력 수준)을 올리라며 자신들 ID로 접속해 게임을 하도록 했다. 김 군은 유서에서 "그때부터 매일 컴퓨터를 많이 하게 됐다……. 게임을 너무 많이 한다고 (부모님이) 혼내실 때 부모님을 원망하기보단, 그 녀석들에게 당하고 사는 내가 원망스러웠다."고 적었다.

서울의 한 초등학교 5학년 A 군도 작년부터 학교 친구들에게 '메이플스토리' '테일즈러너' '던전앤파이터'의 게임 아이템을 상납하고, 친구의 ID로 접속해 게임 레벨을 올려 주고 있다. A 군은 "게임 아이템을 친구들에게 빼앗기는 게 화가 났지만 안 그러면 친구들이 괴롭힌다."고 말했다.

서울의 중학생 B 군은 2010년 같은 학교 친구들과 함께 '던전앤파이터' 게임을 하다가 게임머니인 '골드'를 빼앗겼다. 게임과 동시에 채팅을 하던 중 몇몇 아이가 게임머니를 달라고 했다. B 군이 거절하자 채팅창에는 갑자기 험악한 말들이 뜨기 시작했다. '나중에 만나면 ×나 팰 거다.' '당장 나와라. 죽여 버리겠다.' 결국 현금 6만 원 상당의 아이템을 빼앗긴 A 군은 "몇 달 동안 모은 돈으로 산 아이템인데 너무 억울했다."며 "하지만 안 주겠다고 버티다가 오프라인(실제 현실)에서 맞거나 왕따당하는 아이들도 많다."고 말했다.

➡ 이 사건에서 보듯이, 왕따폭력의 상징적 용어 중 하나인 '빵 셔틀'은 게임에서 왔다. 이 같은 학생 간 폭력과 갈취의 관계는 최근에 게임을 대신 해 주거나 아이템(게임에 사용되는 도구 · 무기)을 상납하는 '게임 셔틀' '아이템 셔틀' 등으로 확산되고 있다. 우리 사회의 고질적 문제인 '왕따폭력'의 배후에 게임이 있는 것이다.

### 2) 학교폭력 사례를 통해 본 최근 학교폭력의 특징

학교폭력으로 인한 자살, 집단따돌림, 집단구타 및 동영상 촬영, 협박 · 갈취, 성추행, 사이버 폭력, 조직폭력 및 상납 요구, 가상 게임을 통한 폭력의 여덟 가지 학교폭력 사례를 통해 알 수 있는 최근 학교폭력의 특징은 다음과 같다(김종운, 김효은, 이태곤, 2008; 조정실, 차명호, 2010).

첫째, 학교폭력의 피해학생이 가해학생이 되는 경우가 증가하고 있다. 최근 발생하는 학교폭력은 저연령화, 집단화, 폭력에 대한 인식 부족, 폭력의 흉포화 등으로 심각성을 더해 가고 있다. 또한 가해학생들의 학교폭력에 대한 인식이 무뎌지고, 일상화되어 폭력으로 인식하지 못하고 목격학생 역시 이를 제지하거나 신고하는 등과 같이 학교폭력에 적절하게 대처하지 못하고 있다. 더욱이 학교폭력 피해학생이 가해학생이 되는 비율이 증가하고 있다.

둘째, 학교폭력으로 인한 피해학생의 심리적 고통이 심각한 수준이다. 학교폭력은 피해학생의 힘만으로 막기에는 역부족이다. 특히 피해학생은 학교폭력으로 인하여 많은 심리적 고통을 겪기 때문에 이를 해결하기 위한 역량이 부족한 것이 특징이다. 따라서 신고절차의 간소화, 신고창구의 개설, 신고자에 대한 비밀 유지, 피해학생에 대한 신속한 보호조치, 목격학생들이 학교폭력을 제지하거나 신고할 수 있도록 학교폭력 예방교육 실시 등이 이루어져야 한다.

셋째, 학교폭력으로 인한 자살이 증가하고 있다. 학교폭력 가해학생의 지속적이고 교묘한 집단따돌림과 신체폭행 및 금품갈취로 인하여 피해학생이 더 이상 학교나 교사 심지어 부모에게 도움을 요청하지 못하고 있다. 이러한 절망적인 상태에서 학교폭력 피해학생이 극단적으로 자살을 선택하는 경우가 증가하고 있다.

넷째, 학교폭력이 저연령화되고 있다. 최근 초등학교에서도 중·고등학교 못지않은 수준의 학교폭력이 발생하고 있는 양상이다. 초등학생들은 중·고등학생들에 비해 학교폭력에 대한 대처 능력이 떨어지고 쉽게 가해학생의 행동에 동조하는 경우가 많으므로 학교 당국과 교사 및 학부모의 예방교육과 관심이 필요하다.

다섯째, 학교폭력이 집단화되고 있다. 학교폭력의 가해학생이 2인 이상인 경우가 증가하고 있으며, 집단따돌림이나 집단폭행으로 인하여 피해학생은 심리적 지지원인 친구로부터 멀어져 홀로 남게 된다. 또한 학교폭력을 목격하고도 자신도 피해학생과 같이 될지 모른다는 두려움에 신고하지 못하고 불안한 마음으로 학교에 다니게 된다.

여섯째, 인터넷과 휴대전화의 대중화로 사이버 폭력이 증가하고 있다. 우리 사회에서는 인터넷과 휴대전화를 통하여 21세기 폭력이라고 불리는 사이버 폭력을 당하기 쉽다는 것을 알 수 있다. 사이버 폭력은 학교폭력 가해학생이 피해학생에 대한 허위사실이나 비방의 글을 블로그나 카페 등의 웹사이트에서 꾸며 내기 때문에 잠재적으로 더 많은 사람이 허위사실을 보게 된다는 측면에서 매우 위험하다고 할 수 있다. 또한 피해학생에게 3G 통신 데이터를 무제한으로 쓸 수 있는 휴대전화 요금제에 가입하게 한 뒤, 스마트폰의 테더링 또는 핫스팟 기능을 통해 자신들은 공짜로 인터넷을 사용한다거나 문자메시지를 통해 협박하는 글 또는 사진을 보내는 등 가정에서도 학교폭력을 당하는 경우가 증가하고 있다.

## 3. 학교폭력의 예방 및 해결방안

학교폭력을 예방하고 해결하기 위해 국가 및 정부 차원, 지역사회 차원, 교사 및 학교 차원, 가정 차원에서 노력해야 할 점은 다음과 같다(권문일, 2012; 김태진, 2007; 박동호, 2011; 정종진, 2012; 정현미, 2009; 한국교육신문, 2013. 2. 25.).

### 1) 국가 및 정부 차원

학교폭력이 발생했을 때 가해학생과 피해학생에 대한 신속한 조치뿐만 아니라 학교 풍토가 반폭력적이고 안전한 장소가 될 수 있도록 범국가적 노력이 이루어져야 할 것이다. 국가와 정부 차원에서 학교폭력을 예방하고 대처하기 위해 노력할 일을 살펴보면 다음과 같다.

첫째, 정부는 학교폭력 예방교육 콘텐츠를 개발 · 실행할 수 있는 인적 · 물적 지원을 확대해야 한다. 최근 핵가족화와 맞벌이 부부의 증가로 인한 자녀의 가정교육 소홀, 극심한 경쟁으로 인한 열악한 교육환경, 디지털 산업과 IT 문화의 발달에 따른 개인주의 및 이기주의의 팽배, 공격성 및 폭력성을 조장하는 문화 등의 영향으로 청소년들이 폭력에 무방비 상태로 노출되고 있다. 따라서 실효성 있는 학교폭력 예방을 위한 다양한 콘텐츠를 청소년 발달 수준에 맞게 개발하여 효율적으로 활용할 수 있도록 인적 · 물적 지원을 위해 적극 노력해야 한다.

둘째, 학교폭력 대책을 지속적으로 추진하기 위해서는 정규예산을 기반으로 하는 정책 및 사업 추진이 될 수 있도록 적극적인 방안을 모색해야 한다. 학교폭력 예방과 근절을 위해서는 특별사업 형태가 아닌 지속적인 정책 및 사업으로 추진될 수 있도록 정규예산을 기반으로 한 계획 수립이 필요하다. 학교폭력은 일시적으로 발생했다가 사라지는 현상이 아니며, 방치하면 지속적이고 고질적인 사회적 문제로 번지기 때문이다. 따라서 학교폭력 정책은 지속적으로 추진되어야 한다.

셋째, 전국에 화해조정 기관의 설립을 위한 법적 근거를 마련해야 한다. 현행법에서는 학교폭력대책자치위원회에서 분쟁조정이 실패한 경우, 피 · 가해자 측은 화해 · 조정 · 중재의 기회를 잃게 되거나 가해학생은 고소 · 고발하거나 민사상 소송을 제기해서 학교폭력 문제 해결을 더욱 어렵게 하는 경우가 허다하다. 따라서 보다 효율적인 문제의 해결을 위해 전국에 화해조정 기관을 설립하여 분쟁을 해결하는 방안을 모색하는 것이 필요하다.

분쟁조정 시 가해학생 측의 욕구는 형사처벌과 지나친 손해배상 부담에서 벗어나는 것이며, 피해학생 측의 욕구는 재발 방지와 손해배상(치료비, 위자료 등)이라 할 수 있다. 따라서 분쟁이 조기에 해결될수록 가해학생이나 피해학생 모두 학교에 복귀하여 정상적으로 학업에 전념할 수 있으므로 사회적 비용도 절감하는 효과가 있을 것으로 예상된다.

넷째, 가해학생 및 학부모 교육을 수행할 수 있는 전문기관의 확대가 필요하다. 「학교폭력예방 및 대책에 관한 법률」 제17조(가해학생에 대한 조치), 제1항제5호에서는 '학내외 전문가에 의한 특별교육 이수 또는 심리치료', 그리고 제9항에서는 '특별교육 이수 또는 심리치료'를 받아야 한다고 정하고 있다. 따라서 가해학생과 학부모 교육을 수행할 수 있는 전문기관을 발굴하고 확대해 나가는 것이 필요하다. 그러기 위해서는 전문기관에 대한 명확한 역할과 기능을 명시하고 합리적이고 체계적인 관리 시스템을 구축해야 한다.

다섯째, 학교폭력 전담경찰의 지속적인 인력 배치 및 교육을 통하여 합리적이고 체계적으로 학교폭력에 대처할 수 있는 국가적 의지가 필요하다. 현재 전국의 학교 수는 1만 1,000여 개다. 경찰청에서 발표한 자료에 의하면, 학교폭력 전담경찰관 1인당 35개가 넘는 학교를 담당하게 되어 실질적인 효과를 거두기 어려운 실정이다. 미국의 경우 경찰 1인이 3개의 학교를 담당하고 있어 어느 정도 효과를 올리고 있음을 고려할 때, 학교폭력 전담경찰관을 지정하여 학교와 함께 유기적인 연계 협력을 통해 효율적인 학교폭력 대응방안을 모색해야 한다. 이를 위해서는 보다 적극적인 국가적 의지가 필요하다.

여섯째, 교육 본연에 충실할 수 있는 교육체제를 만들어 갈 필요가 있다. 교실 내에는 다양한 성향의 학생이 존재하는데, 현재와 같은 성적 위주의 입시정책이 학생들의 치열한 경쟁을 유도했고, 그 결과 가장 교육적이어야 할 학교가 인성교육이 경시되고 비교육적인 장소가 되었다. 그러므로 배려, 공감, 나눔, 소통, 화합 등 공동체 생활에 필요한 인성교육을 강화하여 교육 본연의 기능에 충실한 교육 시스템을 만들어 가도록 하는 국가정책이 필요하다.

일곱째, 교사의 권위를 존중하는 교육환경을 만들어 갈 필요가 있다. 최근 학교 교사들의 명예퇴직 신청이 늘었고 몇몇 조사에서는 교직 만족도가 현저히 떨어졌다고 한다. 교육의 성패는 교사에게 달려 있다는 말과 같이 학교폭력의 근절도 교사의 권위를 살려 주어야 성공할 수 있다. 이를 위해 국가는 수업과 생활지도라는 교사 본연의 식무에 충실할 수 있도록 잡무를 줄이는 방안과 학생지도에 대한 책임과 권한을 부여할 수 있는 대책을 수립할 필요가 있다.

여덟째, 신고의 활성화를 위한 국가체제를 구축할 필요가 있다. Olweus는 학교폭력 가해학생이 폭력을 휘두를 엄두가 나지 않도록 하는 집단 압력이 존재하는 사회적 분위기가 폭력 예방에 있어 중요하다는 점을 강조하고 있다. 이러한 사회적 분위기의 형성과 정착에 가장 중요한 개념이 신고(report)다(문용린 외, 2006 재인용). 신고의 활성화를 위해 피해학생뿐만 아니라 목격학생이 학교폭력을 학교, 경찰 및 관련 기관에 즉각적으로 제보할 수 있는 시스템을 구축하는 것이다.

### 2) 지역사회 차원

범죄행동은 사회적으로 해체된 지역사회에서 빈번히 발생한다. 즉, 폭력적 지역사회 환경에 노출된 청소년들은 그렇지 않은 청소년들에 비해 폭력행동, 우울, 불안, 분노 등 전반적인 정서적 고통의 수준이 더 높은 반면 자존감과 사회적 능력은 더 낮은 것으로 나타난다는 것이다. 폭력적인 가정과 학교, 상대적으로 빈곤한 사회, 자연환경을 제공하는 놀이 공간의 감소, 청소년에게 비친화적인 도시계획, 유해 주거환경, 지역사회의 폭력적 환경 등 폭력과 친한 사회적 환경에 의해서 청소년의 폭력 성향이 조장될 수 있다. 이처럼 우리 사회가 학생들의 폭력행동을 너무 방관해 온 감이 없지 않다. 사회 차원에서 학교폭력을 예방하고 대처하기 위해서 해야 할 일을 몇 가지 제시하면 다음과 같다.

첫째, 학교폭력에 여전히 관대한 시민들의 인식 개선이 시급하다. 청소년폭력예방재단의 2011년 전국 학교폭력 실태조사에 의하면, 학교폭력이 왜 발생하는지에 대한 질문에 청소년의 12.9%가 '교사, 학부모 등 어른의 무관심'이라고 응답하였다. 우리 사회는 대중매체가 폭력에 대하여 관대하며, 이를 멋있는 행동이라고 치부하기도 한다. 이런 의식은 청소년에게도 그대로 적용되어 학교폭력으로 나타나고 있다. 폭력에 관대한 시민들의 인식 개선이 필요하다.

둘째, 지역사회 내 청소년 기관 및 단체, 청소년시설(수련관, 문화의집 등)의 효율적인 연계활동이 필요하다. 학교폭력 예방을 효과적으로 추진하기 위해서는 지역사회 내에 위치하여 활동하고 있는 청소년단체, 청소년시설, 청소년 관련 기관 등이 상호 연계하는 것이 매우 중요하다. 특히 청소년의 동아리활동, 봉사활동, 진로활동, 자율활동 등의 창의적 체험활동을 학교와 연계하고 단체 및 시설 간 특성화 영역을 공유하며 노력한다면 학교폭력 예방의 시너지 효과가 나타날 것이다.

셋째, 어떤 폭력도 정당화되지 않는다는 사회적 분위기를 조성해야 한다. 집단구타, 금품갈취, 따돌림과 같은 폭력행위의 과정에서 많은 학생이 폭력의 희생양이 되고 있으며, 그로 인해 정신적 충격과 학교공포증, 대인기피증, 우울증, 자살 및 보복살인으로 연결되는 악순환을 거듭하고 있다. 또한 '아이들은 싸우면서 큰다.' 혹은 '싸우면서 친해진다.'는 관념이 우리 사회의 폭력을 조장한다. 따라서 폭력에 대한 사회 전반적 인식과 고정관념을 바로잡는 분위기의 조성이 필요하다.

넷째, 정의와 평화가 가득한 사회를 만들 필요가 있다. 폭력적인 영화나 드라마를 보면 가해자는 멋지고 영웅적으로 묘사되고, 사회지도층의 폭력적이고 표리부동한 언행과 부정부패 개입 등이 폭력을 미화·묵인하거나 학생들의 기성세대에 대한 분노를 촉발시켜 학교폭력을 조장하는 원인이 될 수 있다. 이처럼 학교 안팎에서 발생하고 있는 학생들의 폭력은 사회에서 발생하는 불법성과 부당성의 축소판이라고 할 수 있다. 그러므로 의식적이든 무의식적이든 폭력을 미화·묵인하는 우리 사회의 분위기를 쇄신할 필요가 있다.

다섯째, 학생, 교사, 학부모, 학교, 지역사회, 경찰, 검찰, 시민단체의 유기적인 협조가 필요하다. 지역사회 주민뿐만 아니라 학생, 교사, 학부모, 유관기관은 물론 온 국민이 나서서 자녀들이 다니는 학교에서 폭력이 발생하지 않도록 감시하고 이를 캠페인으로 전개하는 노력이 필요하다.

### 3) 교사 및 학교 차원

학교는 학교폭력 문제의 예방과 해결의 중심에 있다. 학교폭력을 예방하고 대처하기 위해 교사 및 학교 차원에서 노력해야 할 일은 다음과 같다.

첫째, 학교 내외에서 학교폭력을 감시하고 방관하지 않도록 학생들의 자조모임을 활성화한다. 학교에서 학생 중심의 학교폭력 감시단 또는 청소년 또래지킴이 봉사단 등과 같은 자치활동 및 동아리를 조직하고 해당 학생들을 동아리활동으로 활성화되도록 유도함으로써 교사, 학부모, 청소년지도자 등 성인들과 함께 학교폭력 예방활동에 주도적으로 참여하도록 하는 것이 학생들의 자조모임의 한 예가 된다.

둘째, 학교폭력 전담기구 및 자치위원들에게 전문적 교육을 실시하기 위한 다각적인 노력이 필요하다. 현재 「학교폭력예방 및 대책에 관한 법률」에 근거하여 피해학생 보호와 가해학생 선도·교육을 결정해야 할 자치위원들의 전문성이 절실히 요구된다. 객관성과 공정성을 지닌 위원으로 구성될 수 있도록 교육을 실시하고 이에 필요한 재원 확보 등 다각적인 노력이 필요하다.

셋째, 학교 및 교사의 적극적인 대처 노력이 필요하다. 학교폭력을 당한 장소에 대한 질문 결과, '학교교실'이라고 응답한 학생이 54.0%로 가장 많았으며, 다음으로는 '학교복도(11.2%)' '학교화장실(4.2%)' '학교운동장(8.9%)' 순으로 응답하였다. 즉, 교내에서 학교폭력을 당한 경우가 78.3%로 교내에서의 학교폭력이 심각함을 알 수 있다.

학교폭력 피해 시간 역시 '쉬는 시간(52.4%)' '점심시간(14.2%)' '등하교 시간(14.2%)' 등으로 총 80.8%에 해당되는 피해가 교사 부재 시에 발생되어 학생들을 위한 적극적인 대처 노력이 절실하다. 이에 교육과학기술부에서 제시한 '복수담임제도'가 실효성 있게 시행되도록 함으로써 교내에서 청소년 보호가 이루어져야 한다.

넷째, 학교생활 전반에 걸친 인권 친화적인 학교문화를 조성한다. 학교폭력을 근본적으로 해결하고 학교가 참된 교육의 장이 되도록 하기 위해서는 교과과정뿐만 아니라 학교생활 전반에 걸쳐 인권 존중의 틀이 마련되도록 할 필요가 있다.

다섯째, 학교폭력이 발생하지 않도록 예방교육에 역점을 둔다. 최근 개정 · 시행된 「학교폭력예방 및 대책에 관한 법률」에 의하면, 학교는 학생, 교직원 및 학부모를 대상으로 학교폭력 예방교육을 학기당 1회 이상 실시하여야 한다.

여섯째, 인성교육을 강화한다. 학생들의 발달 특성에 맞추어 타인에 대한 이해와 배려 및 공감 능력을 길러 주기 위해 인성교육을 제대로 실시해야 한다. 생각의 공유, 지지적 언행의 격려, 타인을 있는 그대로 수용하기, 타인의 의견을 존중하기 등 인성교육을 지속적이고 장기적으로 실시하는 것이 학교폭력의 예방과 지도에 효과적이다.

일곱째, 학교폭력 관련 법률을 가르친다. 전교생이 학교폭력은 곧 범죄라는 것을 명확하게 인식할 수 있도록 법 교육을 실시해야 한다. 예컨대, 빵 셔틀과 단순한 놀림도 학교폭력에 해당된다는 사실을 정확하게 알려주고, 학교폭력이 행해졌을 때 「학교폭력예방 및 대책에 관한 법률」 및 「소년법」에 따라 가해학생이 어떻게 처벌받게 되는지를 교육해야 한다.

여덟째, 학교폭력을 목격하고도 아무런 조치도 취하지 않는 것도 가해임을 교육한다. 학교폭력을 목격했을 때 이를 외면하거나 방관하는 것은 폭력을 유발하는 교실 안의 잘못된 권력을 지탱하는 일종의 가해행위라는 것을 인식하도록 해야 한다.

아홉째, 학교에서 학교폭력이 발생하면 즉각적이고 적극적으로 대처한다. 모든 학생은 안전한 학교생활을 할 권리가 있고 학교폭력을 멈추게 할 책임을 갖고 있다. 따라서 학교폭력이 발생하면 처벌에 대한 두려움으로 은폐하려 하기보다 즉각 대처해야 한다.

열째, 피해학생이 학교나 학급 내에 있는지 수시로 관찰하고 감독을 철저히 한다. 학교폭력은 은밀히 일어나기 때문에 교사가 관심을 갖지 않으면 발견하기 어렵다. 그러므로 건설적이고 효과적인 관리 · 감독을 세심하고 주의 깊게 해야 한다.

특히 쉬는 시간이나 점심시간에 복도나 운동장에서 발생한 다툼은 가해학생들에 의해 충동질되고, 수업시간으로까지 연장되며, 이후 많은 학생에게 영향을 줄 수 있기 때문에 철저한 관리 · 감독이 필요하다. 또한 불시검문은 학생들로 하여금 언제 교사가 나타날지 모른다는 부담을 줄 수 있기 때문에 교사는 화장실이나 학교 뒤뜰, 운동장의 가장자리 등 학교폭력이 발생하기 쉬운 구조화가 낮은 지역(low structured area)에 대해 불시검문을 한다.

열한째, 피해학생에 대해 공감해 준다. 피해학생이 교사에게 피해 상황을 알린 경우, 흥분하여 바로 가해학생을 불러 혼을 내는 것은 피해야 한다. 그렇지 않으면 피해학생이 교사에게 피해 사실을 고자질했다는 이유로 더 심한 폭력을 당하지 않을까 공포심을 갖게 된다. 학생이 교사에게 학교폭력의 피해 사실을 말하기를 꺼리는 이유 중 하나가 바로 이것을 걱정하기 때문이란 점을 명심해야 한다. 교사는 먼저 겪었을 심리적 고통과 현재 처한 어려운 입장을 충분히 공감해 주어야 한다. 그 후 피해학생이

하고자 하는 말을 충분히 할 수 있는 분위기를 조성한다.

열두째, 학교폭력 피해 사실을 확인한 후에는 그것을 학교폭력 책임교사나 학교장에게 보고한다. 교사가 피해학생의 말을 공감적으로 경청해 주면 피해학생은 서서히 자신이 겪었던 일을 하나씩 꺼내 놓는다. 이 과정에서 교사는 피해 사실을 확인하고 신체적 · 정신적 피해 정도를 가늠할 수 있어야 한다. 그런 다음 신속히 학교폭력 책임교사나 학교장에게 보고한다.

열셋째, 학교폭력 예방교육을 학기당 1회 이상 실시한다. 학기 초에 학교폭력과 관련된 주제를 가지고 모둠활동, 전체 토론, 역할극 등을 할 기회를 제공하고, 학교폭력을 당하거나 목격하였을 경우 개입하거나 신고할 수 있도록 지도한다.

### 4) 가정 차원

가정 차원에서 부모나 보호자가 학교폭력을 예방하고 대처하기 위해 노력할 일은 다음과 같다.

첫째, 학부모는 학교폭력에 대한 심각성을 인식하여 학교폭력 관련 교육을 이수하는 등 학교폭력 예방활동에 적극적으로 참여하고 대처해야 한다. 청소년폭력예방재단의 2011년 전국 학교폭력 실태조사에 따르면 학교폭력 피해를 입었을 경우 도움을 요청한 방법의 1순위가 부모님, 2순위가 학교 담임선생님으로, 학교폭력 발생 시 학생들은 부모 및 교사에게 제일 먼저 도움을 요청함을 알 수 있다. 따라서 학부모가 학교폭력 발생 시 대처요령 및 법적 절차 등에 대한 교육을 받는 등 학교폭력 예방 및 대처를 위해 적극적으로 참여해야 한다.

둘째, 가정에서는 자녀와의 깊이 있는 대화와 지지가 필요하며, 자녀의 정서적 안정을 위한 노력이 필요하다. 자녀의 1차적 생활 영역이라 할 수 있는 가정에서 부모는 자녀와의 깊이 있는 대화와 지지를 통해 학교폭력에 대한 조기 인식이 가능하도록 해야 하며, 학교폭력 발생 시에도 혼자만의 문제가 아니라는 심리적 안정감과 지지를 얻을 수 있도록 노력해야 한다. 그리고 문제 해결과 합리적인 방안 모색을 위해 학교 및 학교폭력 관련 전문기관과의 연계 협력을 모색하는 것이 필요하다.

셋째, 자녀에게 세상을 살아가는 도리와 삶의 기술을 가르쳐야 한다. 부모는 자녀에게 일방적으로 공부만 강요할 것이 아니라 세상을 살아가는 데 필요한 삶의 기술(skills for life)을 가르쳐야 한다. 학교폭력을 예방하고 해결하기 위해서 필요한 기술은 다른 사람과 소통하는 기술, 분노를 조절하는 기술, 스트레스 대처기술, 우정을 쌓는 기술, 자기의 의사를 적절히 표현하고 주장하는 기술, 타인을 공감하고 배려하는 기술, 공동체의 삶에서 법과 규칙을 실천하는 기술 등이다.

넷째, 학교폭력이란 무엇인지 자녀에게 설명해 주어야 한다. 자녀에게 다른 아이를 괴롭히는 것은 나쁜 행동이므로 해서는 안 된다는 것을 분명히 설명해 주어야 한다. 그뿐 아니라 자녀에게 누군가를 따돌리는 행동도 나쁜 것이며 해가 된다는 것을 인식하도록 해야 한다.

다섯째, 학교폭력을 경험하거나 목격했을 때 어떻게 해야 하는지를 가르친다. 학교폭력 등 옳지 않은 행위를 교사에게 알리는 것은 누군가가 곤경에 처하도록 하는 고자질이 아니라 누군가가 해를 당하지 않도록 막는 중요한 방법이자 용기 있는 행동이라는 것을 설명해 준다.

여섯째, 자녀에게 공감의 중요성을 가르친다. 학교폭력 가해학생들은 공감 능력이 부족하다. 학교폭력을 당했을 때 피해학생의 심정이 어떠할지 이해할 수 있다면 학교폭력 행동을 할 가능성이 적다.

일곱째, 자녀가 학교폭력 피해자임을 알게 되었을 경우 감정적으로 대처하지 않아야 한다. 자녀가 피해자일 경우, 학교폭력을 당한 자녀가 가장 큰 피해자라는 것을 알고 자녀의 이야기를 침착하게 듣고 피해 상황을 파악해야 한다. 이때 다그치거나 흥분하는 태도를 보이지 않는다.

또한 피해 사실을 듣고 흥분하여 바로 가해학생에게 달려가 욕설을 하고 혼을 내는 것을 피해야 한다. 자녀가 부모에게 학교폭력의 피해 사실을 말하기를 꺼리는 이유 중 하나가 바로 이 점을 걱정하기 때문이란 것을 명심해야 한다. 담임교사, 전문상담교사, 학교폭력 책임교사 등과의 면담을 통해 대책을 강구하고 자녀에게 부모나 가족이 든든한 지원군임을 인식시켜 주어야 한다.

여덟째, 학교폭력을 행하는 자녀를 용납해서는 안 된다. 흔히 부모는 자녀가 학교폭력 가해자라는 것을 인지하더라도 자녀의 잘못을 인정하지 않고 "괜히 그랬겠느냐? 걔가 뭔가 잘못했으니까 그랬겠지."라며 학교와 피해학생 및 피해학생의 부모에게 되레 호통을 치는 경우가 많다. 그러므로 부모가 평소에 자녀의 학교생활이 어떤지 잘 살펴 폭력을 행하는 버릇이 생기지 않도록 엄격하게 가르쳐야 한다.

〈학교폭력 읽기자료 4〉

## 학교폭력에 대한 오해

학교폭력을 근절하고 문제를 신속히 해결하기 위해서는 교사가 가지고 있는 학교폭력에 대한 오해를 먼저 알아보고 이를 수정하여야 한다.

**오해1. 우리 반에는 학교폭력이 없고, 학생들 간의 사소한 싸움은 학교폭력이 아니다.**

설문조사 결과, 교사의 40.6%는 '학교폭력의 수준이 심각하지 않다'고 생각하지만, 학생의 경우에는 33.7%만이 '학교폭력의 수준이 심각하지 않다'에 응답한 결과가 나왔다. 이것은 학교폭력 심각성에 대한 교사와 학생의 인식이 다름을 나타낸다. 교사나 어른들에게는 사소하게 보이는 장난, 괴롭힘 등이 당하는 학생들에게는 큰 상처가 될 수 있다. 또한 알면서도 말하지 못하거나 가해를 하고도 행동수정의 기회를 가지지 못한 학생들의 경우 차후에 큰 문제를 가질 수 있다. 학교폭력 문제는 예방교육과 더불어 학생들이 사소한 싸움을 시작할 때부터 적절하게 대처해야 한다.

**오해2. 애들 싸움은 애들끼리 해결해야 한다.**

일반적인 학생들 간의 싸움은 양쪽이 가지고 있는 힘이 어느 정도 비슷하나. 그러나 학교폭력에서는 피해학생과 가해학생 간 '힘의 불균형'이 존재한다. 상대적으로 힘이 약한 피해학생은 폭력을 당한 후에 외부의 상처는 물론 심리 · 정서적인 큰 충격을 겪게 된다. 그러므로 학교폭력이 발생했을 때 교사, 보호자가 개입하여 피해 · 가해학생에 대한 조치를 취해야만 학교폭력을 중단할 수 있다.

**오해3. 학생들은 원래 싸우면서 크고, 그러한 행동은 어른이 되면 없어진다.**

흔히 '애들은 원래 싸우면서 커, 다 그러면서 크는 거야.'라고 생각한다. 그러나 학교폭력 가해학생의 경우 그대로 두면 폭력성향이 심화되어 성인이 되었을 때 사회적으로 범죄를 일으킬 위험성이 높아진다. 따라서 폭력이 발생하였을 때에 즉각적인 개입이 필요하다.

**오해4. 우리 어렸을 때도 학교폭력이 있었지만 지금은 다들 잘 산다.**

학교폭력 피해 경험을 가지고 있는 사람은 그 아픔을 오래도록 기억한다. 성인이 되어 잘 살고 있는 것처럼 보이지만, 그것은 단지 학교폭력 경험을 말하지 않을 뿐이다. 피해 경험은 평생 피해의식으로 남을 수 있으며, 사회나 대상에 대한 부정적인 인식이 생겨서 성인이 되어서도 정상적인 사회생활을 하는 데 어려움을 겪을 수 있다.

출처: 교육과학기술부(2012a), p. 37.

제3장

The Prevention and Countermeasures of School Violence

# 학교폭력의 징후 및 조기 감지

## 1. 학교폭력의 징후

학교폭력이 발생한 상황에서는 가해학생과 피해학생 및 목격학생이 존재하기 때문에, 학교폭력에는 피해학생, 가해학생, 목격학생이 직접적인 관련 당사자가 될 수 있다. 여기에서는 피해학생과 가해학생의 특성과 징후를 살펴본 다음, 목격학생의 행동에 영향을 미치는 요인에 대해서 살펴보기로 한다.

### 1) 피해학생

학교폭력의 피해학생은 기본적으로 수동적이며 공격을 받더라도 보복하지 않는 경향이 있으며, 가해학생에게 자신이 불안하고 안전하지 못하다는 신호를 보내는 경향이 있다(정종진, 2012). 그러므로 학교폭력의 가해자들은 자신의 힘을 과시하기 위해 신체적 혹은 정서적으로 약해 보이고 작은 괴롭힘에도 쉽게 감정 조절을 못하고 울거나 소리 지르는 학생을 학교폭력의 대상으로 삼는다.

여러 연구에 의하면, 학교폭력의 피해학생들은 부모나 교사로부터 지나치게 과잉보호를 받고 있으며, 나름의 대처기술을 발달시키지 못한 경우가 많다. 또한 괴롭히는 가해학생들과 상호작용하는 데 있어서 비효과적인 시도를 한다.

#### (1) 피해학생의 유형

학교폭력을 당하는 학생들은 수동적 피해자(passive victims), 도발적 피해자(provocative victims), 피해-가해자(victims and offenders)의 세 가지 유형으로 분류할 수 있다(정종진, 2012).

첫째, 수동적 피해자는 부모의 지나친 보호를 받으면서 자신의 의견보다는 어른의 의견을 중요시하는 특성을 가진다. 외모가 단정하지 못하고, 정서적으로 나약해 보이며, 상황에 맞는 적절한 대처 능력이 부족하다. 또한 겁이 많고 자주 불안해하며 자신을 보호할 능력이 없어 공격의 내상이 된다.

학교에서 주로 혼자 지내며 친구가 거의 없는 편이고 신체적으로 허약하다. 또한 주위로부터 관심을 얻고 싶어 하며 부모뿐만 아니라 교사로부터 과잉보호를 받는 것으로 보인다. 그러므로 상대를 자극할 만한 행동도 하지 않지만 자신을 방어하지도 않는다.

둘째, 도발적 피해자는 비교적 그 수가 적은 편이나 주변에서 쉽게 만날 수 있다. 반항적이고 산만하며 화를 잘 내고 적대적인 귀인양식을 보이는 경우가 많다. 이들 학생은 또래와 어울리고 싶어 하지만 친구들을 귀찮게 하거나 방해하는 등 또래와 함께하는 상황에서 부적절한 행동양식을 보인다. 또한 잘난 척하거나 이기적이고 공격을 받았을 때 가만히 있지 않고 저항한다. 이런 이유로 타인과 어울리지 못하고 자신의 문제를 인식하지 못해서 다른 학생들로부터 소외당한다.

셋째, 피해-가해자는 학교폭력의 피해자였다가 자신보다 더 약한 학생을 발견하면 폭력을 행사함으로써 자신이 받은 피해를 보상하고 자신의 힘을 과시하려는 경향을 보인다. 최근 이러한 학교폭력의 유형이 증가하고 있다. 피해학생이면서 동시에 가해학생인 이런 학생은 단순 피해학생이나 가해학생에 비해 주관적인 심리적 불편감이 높다.

### (2) 교사와 부모가 발견할 수 있는 피해학생의 징후

교사가 수업시간 중, 점심시간과 쉬는 시간, 등하교 시간 및 기타 상황에서 발견할 수 있는 피해학생의 징후는 다음과 같다(교육과학기술부 학교폭력 예방 종합포털사이트, 2013; 조정실, 차명호, 2010).

1 수업시간 중에 발견할 수 있는 징후

- 교과서가 없거나 필기도구가 없다.
- 교과서와 노트, 가방에 낙서가 많다.
- 지우개나 휴지, 쪽지가 특정 아이를 향한다.
- 자주 준비물을 챙겨 오지 않아 야단을 맞는다.
- 자주 등을 만지고 가려운 듯 몸을 자주 비튼다.
- 평상시와 달리 수업에 집중하지 못하고 불안해 보인다.
- 옷 등에 낙서나 욕설이나 비방이 담긴 쪽지가 붙어 있다.
- 종종 무슨 생각에 골몰해 있는지 정신이 팔려 있는 듯 보인다.
- 특정 아이를 빼고 그 아이를 둘러싼 아이들이 이유를 알 수 없는 웃음을 짓는다.
- 옷이 젖어 있거나 찢겨 있을 때 그에 대해 물어보면 별일 아니라고 대답한다.
- 코피가 나거나 얼굴에 생채기가 있을 때 그에 대해 물어보면 괜찮다거나 별일 아니라고 한다.

2 점심시간과 쉬는 시간에 발견할 수 있는 징후

- 자주 점심을 먹지 않는다.
- 점심을 혼자 먹을 때가 많고 빨리 먹는다.
- 친구들과 자주 스파링 연습, 격투기 등을 한다.
- 교실 안보다 교실 밖에서 시간을 보내려 한다.
- 자기 교실에 있기보다 이 반, 저 반 다른 반을 떠돈다.
- 같이 어울리는 친구가 거의 없거나 소수의 학생과 어울린다.
- 친구들과 어울리기보다 교무실이나 교과전담실로 와서 선생님과 어울리려 한다.

③ 등하교 시간 및 기타 상황에서 발견되는 징후

- 무단결석을 한다.
- 자주 지각을 한다.
- 학교 성적이 급격히 떨어진다.
- 이전과 달리 수업에 흥미를 보이지 않는다.
- 작은 일에도 예민하고 신경질적으로 반응한다.
- 자신의 집과 방향이 다른 노선의 버스를 탄다.
- 다른 학생보다 빨리 혹은 아주 늦게 학교에서 나간다.
- 수련회, 수학여행 및 체육대회 등 학교 행사에 참석하지 않는다.

한편 학부모가 학교생활, 친구관계, 신체적 영역, 정서 · 행동적 영역에서 발견할 수 있는 피해학생의 징후는 다음과 같다(조정실, 차명호, 2010).

① 학교생활 영역에서 발견할 수 있는 징후

- 학교 성적이 급격히 떨어진다.
- 학원이나 학교에 무단결석을 한다.
- 노트나 가방, 책 등에 낙서가 많이 있다.
- 옷이 더럽혀져 있거나 찢겨 있는 경우가 많다.
- 학용품이나 교과서가 자주 없어지거나 망가져 있다.
- 갑자기 학교에 가기 싫어하고 학교를 그만두거나 전학을 가고 싶어 한다.
- 학교에 가거나 집에 올 때 엉뚱한 교통 노선을 이용해 시간이 많이 소요된다.

② 친구관계에서 발견할 수 있는 징후

- 문자를 하거나 메신저를 할 친구가 없다.

- 친구 생일 파티에 초대를 받는 일이 드물다.
- 친구의 전화를 받고 갑자기 외출하는 경우가 많다.
- 전화벨이 울리면 불안해하며 전화를 받지 말라고 한다.
- 다른 아이들이 괴롭힘 때문에 입은 피해에 대해 자주 말한다.
- 자신이 아끼는 물건(휴대폰, MP3, 전자사전, 닌텐도, 옷 등)을 자주 친구에게 빌려 주었다고 한다.

**3 신체적 영역에서 발견할 수 있는 징후**

- 몸에 상처나 멍 자국이 있다.
- 머리나 배 등이 자주 아프다고 호소한다.
- 학교에서 돌아와 배고프다며 폭식을 한다.
- 집에 돌아오면 피곤한 듯 주저앉거나 누워 있다.
- 작은 일에도 깜짝깜짝 놀라고 신경질적으로 반응한다.
- 몸을 움직이는 일을 하지 않으려 하고 혼자 자기 방에 있기를 좋아한다.
- 밤에 잠을 제대로 자지 못하며 식은땀을 흘리면서 잠꼬대 앓는 소리를 한다.

**4 정서 · 행동적 영역에서 발견할 수 있는 징후**

- 부모와 눈을 잘 마주치지 않고 피한다.
- 내성적이고 소심하며 초조한 기색을 보인다.
- 전보다 화를 자주 내고 눈물을 자주 보인다.
- 복수나 살인, 칼이나 총에 대해 관심을 보인다.
- 갑자기 격투기나 태권도 학원에 보내 달라고 한다.
- 전보다 자주 용돈을 달라고 하며, 때로는 훔치기도 한다.
- 쉬는 날 밖에 나가지 않고 주로 컴퓨터 게임에 몰두하며 게임을 과도

하게 한다.

## 2) 가해학생

가해학생들은 학교 운동장, 교실, 식당, 복도, 화장실, 등하굣길 등에서 자신의 힘의 우월을 과시하기 위한 수단으로 싸움놀이나 공격적 행동을 한다. 이러한 학교폭력 행위는 가해학생과 다른 학생 간 힘의 불균형에서 비롯되며 가해학생이 타인에게 자신의 힘을 과시하고 싶은 욕구에서 시작된다.

힘은 집단 내에서 긍정적 영향을 미치는 데 필요한 사회화된 힘과 한쪽은 승자, 다른 한쪽은 패자가 되는 상황에 필요한 개인화된 힘으로 나눌 수 있다(McClelland, 2003). 이 중에서 개인화된 힘은 폭력 상황에서 작용하는 부정적인 힘이다. 이러한 부정적인 힘은 폭력을 행사하는 가해학생과 힘과 폭력을 당하는 피해학생의 공포감 사이에 균형을 이룬다. 즉, 피해학생의 무력감과 나약함의 표시가 가해학생으로 하여금 지배를 위한 권력 지향적인 수단과 방법을 사용하도록 허용하는 공생적인 관계를 형성하게 된다.

### (1) 가해학생의 특성

학교폭력의 가해학생은 죄의식이나 공감을 갖지 않고 폭력을 가한다. 부모의 양육태도가 지나치게 허용적이거나 엄격한 가정환경에서 양육된 경우가 많다. 또한 자신에게 필요한 물건이나 돈을 얻는 등의 긍정적 이익이 제공되기 때문에 가해를 즐겨 행하며, 약물 복용, 흡연, 유흥업소 출입과 같은 비행에 연루된 경우가 많다(곽금주, 1999).

이러한 특성 외에도 학교폭력 피해를 많이 경험한 학생일수록 가해 경험을 많이 갖고 있는 경우가 많았다(최윤자, 김아영, 2003). 이는 폭력을 당한 경험이 있는 피해학생들은 공격에 대한 사회적 학습의 결과로 일반 아동에 비해 더욱 공격적이며 폭력적이라는 여러 선행 연구의 설명을 지지하는 결과다. 또한 학교폭력 피해에 따른 분노와 좌절감을 다른 학생에 대한 가해행위를 통해 표출하게 되는 악순환이 나타나게 된다.

가해학생들은 다음과 같은 행동 특성을 나타낼 가능성이 높다(정종진, 2012).

- 자주 싸움을 건다.
- 싸움에서 상처를 입는다.
- 타인의 소유물을 훔치거나 파괴한다.
- 음주와 흡연을 한다.
- 학교를 무단 결석하고 중퇴한다.
- 학업 성취도가 저조하다.
- 학교 풍토를 부정적으로 지각한다.
- 흉기를 소지한다.

### (2) 교사와 부모가 발견할 수 있는 가해학생의 징후

교사가 수업시간 중 혹은 점심시간과 쉬는 시간에 발견할 수 있는 가해학생의 징후는 다음과 같다(교육과학기술부 학교폭력 종합포털사이트, 2013).

**1 수업시간 중에 발견할 수 있는 징후**

- 교사와 눈길을 자주 마주치며 수업 분위기를 독점하려 한다.
- 교사가 질문을 할 때 다른 학생의 이름을 대며 그 학생이 대답하게끔 유도한다.
- 체육시간이나 야외활동 시간에는 친구들과 과격한 싸움을 하려는 행동을 보인다.

- 친구들에게 화를 잘 내고, 왜 그러냐고 물으면 이유와 핑계가 있다.

[2] 점심시간과 쉬는 시간에 발견할 수 있는 징후

- 비싼 시계를 선물받았다고 하면서 많은 학생 앞에서 자랑을 한다.
- 손이나 팔에 붕대를 감고 등교한다.
- 다른 학생들을 자주 괴롭히거나 위협한다.
- 쉽게 흥분하고 다른 학생들을 때리며 힘을 과시하려는 행동을 보인다.
- 마음속에 항상 저항과 분노를 품고 학교 규칙을 지키지 않는 행동을 한다.

한편 학부모가 학교생활, 친구관계, 신체적 영역, 정서 · 행동적 영역에서 발견할 수 있는 가해학생의 징후는 다음과 같다.

[1] 학교생활 영역

- 공부를 안 하는데 갑자기 성적이 오른다.
- 다른 학생들을 괴롭히거나 위협하는 행동이 목격된다.

[2] 친구관계 영역

- 친구와의 비밀 만남이나 전화 통화가 증가한다.
- 외출이 잦고 친구들의 전화에 신경을 많이 쓴다.
- 등하교 시 책가방을 들어 주는 친구나 후배가 있다.
- 비행 전력이 있는 친구, 폭력집단의 친구들과 자주 어울린다.

[3] 신체적 영역

- 육체적 활동, 체육 등을 좋아하며 힘을 발휘하는 것을 즐긴다.
- 손이나 팔 등에 종종 붕대를 감고 다니거나 문신이 있다.

④ 정서 · 행동적 영역

- 갑자기 돈 씀씀이가 커진다.
- 밤늦도록 잠을 자지 않는다.
- 술, 담배 또는 약물을 접한다.
- 참을성이 없고 말투가 거칠다.
- 성미가 급하고, 충동적이며 공격적이다.
- 자주 화를 내며 이유와 핑계가 많아진다.
- 귀가시간이 늦어지고 불규칙적인 생활을 한다.
- 작은 칼 등 흉기를 가지고 다니는 경우가 있다.
- 절도나 반항 등 다른 일탈(비행)행동을 자주 일으킨다.
- 다른 학생을 종종 때리거나 동물을 괴롭히는 모습을 보인다.
- 사 주지 않은 물건을 가지고 있어 물어보면 친구에게 받았다고 한다.
- 부모나 교사에 대해 공격적이고 적대적인 태도 및 행동이 나타난다.
- 부모에게 이유 없이 화를 내며, 비밀이 많고 대화를 잘 하지 않는다.
- 자신의 문제행동에 대해서 이유와 핑계가 많고, 과도하게 자존심이 강하다.

## 3) 학교폭력의 목격학생

### (1) 목격학생의 유형

학교폭력 현장에서 가해학생과 피해학생 외에 중요한 역할을 하는 집단이 있는데, 바로 학교폭력 상황에서 폭력행동을 목격한 학생(bystander)이다. 학교폭력 상황에서는 목격학생이 대부분을 차지하는데, 그들이 취하는 행동에 따라 동조자(assistant), 강화자(reinforcer), 방관자(outsider), 방어자(defender)의 네 가지 유형으로 분류된다(Salmivalli et al., 1996; 정종진, 2012 재인용).

첫째, 동조자는 폭력 상황을 목격했을 때 가해학생에 동조하여 폭력행동에 적극적으로 참여한다. 다양한 방법으로 폭력을 행사하는 가해학생을 돕고, 다른 학생이 폭력을 가하면 함께 폭력에 가담한다.

둘째, 강화자는 폭력 상황의 주변에서 폭력행동을 부추기는 욕설이나 야유를 통해 폭력행동을 간접적으로 강화하는 바람잡이 역할을 한다. 그들은 폭력행동을 보면 부추기는 말을 하면서, 폭력을 가하는 것을 보려고 주변으로 가서 그것을 즐긴다.

셋째, 방관자는 학교폭력 상황을 목격하고도 마치 아무런 일이 없다는 듯이 혹은 자신과는 상관이 없다는 듯이 아무런 행동 반응을 보이지 않는다. 그들은 폭력 상황에서 어느 편도 들지 않고 못 본 척하며, 자신도 폭력을 당할 수 있다는 두려움에 폭력 상황을 애써 외면해 버린다.

넷째, 방어자는 피해학생을 다양한 방법으로 도와줌으로써 피해학생을 폭력으로부터 방어하는 역할을 한다. 폭력행동을 멈추게 하기 위해 다방면으로 노력하며, 피해학생을 위로하거나 교사나 부모에게 말하도록 격려하며, 나아가 신고하기도 한다.

〈학교폭력 읽기자료 5〉

### 제노비스 신드롬

사회심리학 용어 중에 '제노비스 신드롬'이란 말이 있다. 1964년 미국 뉴욕에서 키티 제노비스라는 20대 여성이 야근을 하고 귀가하던 중 성신이상자에게 까닭 없이 칼부림을 당하고 죽은 사건에서 유래한 것으로, 군중이 되면 용기를 얻게 된다는 통념과는 달리 도리어 군중 속의 한 사람이 되었을 때 책임감이 엷어지는 현상을 이르는 것이다.

당시 제노비스라는 한 여성에게 행해진 광란극은 35분이나 계속되었고, 그 광경을 목격한 사람들은 38명이었지만 한 사람도 그녀를 돕기 위해 제지하는 등의 직접적 행동을 하지 않았고, 심지어 경찰에 위급한 상황을 신고한 사람도 없었다. 그것을 계기로 해서 한 심리학자가 비슷한 상황을 연출하여 실험을 하였는

데, 위급한 상황을 목격한 사람들이 많을수록 그 상황을 당한 사람을 도와주려는 사람은 도리어 적어진다는 실험 결과가 도출되었다.

그것은 특정 집단의 규모가 커질수록 군중을 이루고 있는 사람들이 대담해진다는 이제까지의 통념과는 전혀 다른 것으로, 도리어 목격자가 많을수록 해당 상황에 대해 사회의 구성원으로서 자신이 져야 할 책임감의 무게가 가벼워지기(분산되기) 때문에 위급한 상황을 해소하기 위해 대처할 가능성이 줄어든다는 것이다. '나 아니어도 누군가는 하겠지.'라며 자기합리화를 하다가 기회를 놓쳐 버리게 되는 것이라고 한다. 이런 사회심리학적 현상을 '제노비스 신드롬' 혹은 '방관자 효과'라고 한다.

### (2) 목격학생의 행동에 영향을 미치는 집단역학

학교폭력이 집단현상이라는 점에서 집단 상호작용 변인은 학교폭력 상황에서 학생의 행동을 이해하는 데 사용될 수 있다. 학생이 집단에 참여할 때 긍정적인 행동을 할 책임은 참여하는 모든 아동 사이에 똑같이 주어진다. 집단역동(group dynamics) 원칙은 학생이 집단 속에 있을 때 따돌림을 막을 개인적 책임을 느끼지 않을 수 있다는 것을 보여 준다. 개개 학생이 학교폭력 사건을 목격한 다섯 명 중 한 명이라면 그 학생은 따돌림에 대해 행동을 취할 단지 20%의 책임을 느낄 것이다. 이것이 책임감의 희석(diffusion of responsibility) 원칙이다(Parks & Sanna, 1999). 이 개념은 목격학생의 행동을 이해하는 데 도움을 주어 왔다.

도움을 줄 수 있는 사람이 많을수록 개개 학생들은 따돌림을 막기 위해 행동을 덜 취할 것이다. 개개 학생은 집단의 크기가 커질수록 협력이나 노력을 줄인다. 이것을 사회적 덩어리(social loafing) 현상이라고 한다. 또한 집단이 클수록 그 집단이 개개 구성원에게 가하는 압력은 더 커지고, 각 개인은 집단에 더 작은 영향을 미친다(Pettijohn, 1998). 개개 학생은 따돌림을 목격할 때 집단 속에서보다는 혼자 있다면 책임 있게 행동하기가 더 쉽다. 연구자들은 학생들이 집단 안에 있을 때 집단의 다른 구성원으로부터 따돌림에 반응하는 법에 관해 단서를 얻는다(Salmivalli, Huttunen, & Lagerspetz, 1997).

목격학생들은 누군가가 가해자에게 맞설 책임을 가질 것이라고 생각하거나 혹은 보기는 하되 행동하지는 않는다. 그 학생은 자신이 걱정하고 있음에도 불구하고 그 집단이 지켜보고 있는 학교폭력 상황에 관해 다른 사람들은 걱정하지 않을 것이라고 생각할 수도 있다. 이것을 다수의 무시(pluralistic ignorance)현상이라고 한다. 다수의 무시현상은 개개인이 어떻게 자신의 개인적 가치와 일치되지 않는 방식으로 행동하는지를 설명한다(Prentice & Miller, 1993). 따라서 목격학생은 다른 사람이 그것을 지지하는 것이 괜찮다고 생각한다는 신념 때문에 그것을 멈추려고 시도하지 않고 심지어 지지하게 된다.

집단역동의 원칙들은 따돌림 현상을 이해하는 데 유용한 것으로 이미 제안되고 있다. Olweus(1991)가 연구해 온 집단 심리과정(group mechanism)은 사회적 전염(social contagion), 탈제지(disinhibition), 책임감의 희석 그리고 지각에서 변화(changes in perception) 원칙들을 포함한다. Olweus(1999)는 집단에서 많은 지위를 갖고 있지 않고 지위를 갖기를 원하는 불안정한 혹은 의존적 학생들은 가해자에게 끌릴 수 있다고 주장한다. 그들은 사회적 전염 현상에 민감하다. 사회적 전염은 집단의 한 사람으로부터 다른 사람에게로 정서와 행동이 확산되는 것과 관련이 있다.

특히 Olweus(1999)는 또래들이 가해자가 보상되는 것을 볼 때 그것을 모델링하여 관여하게 된다고 한다. 그는 전형적으로 '멋진 아이(nice kids)'인 학생들이 집단 속에 있고 특히 그 공격성을 나타내는 학생이 두려움 없이 터프하고 강할 때, 다른 사람이 공격적으로 행동하는 것을 관찰하고 난 후 보다 더 공격적으로 행동하기 때문에 학교폭력 행동에 끌리게 될 수 있다고 한다. 불안정한 가해자이거나 혹은 집단에서 낮은 지위를 가졌지만 또래로부터 수용되기를 원하는 학생들은 학교폭력 행동에 가장 잘 이끌린다. 집단의 크기가 커짐에 따라 학교폭력을 지지하거나 혹은 가담하는 학생들은 죄책감을 덜 느낄 것이다. 특히 어떤 학생이 반복적으로 학교폭력을 당하게 되면 그 집단은 그 학생이 학교폭력을 당할 만하니까 당한다고 생각하기 시작한다(Olweus, 1991).

단지 우연히 학교폭력 가해행동에 가담하는 학생들은 다른 학생들이 그들보다 더 많이 혹은 더 심하게 친구들을 괴롭힌다고 말한다. 이런 현상이 허위여론 효과(false consensus effect)다. 허위여론 효과는, 개개 학생이 자신들의 행동은 보편적이고 적절하고 다른 사람은 부적절하다고 생각하는 현상이다(Ross, 1996). 사회적 영향(social influence)의 원칙은 다른 사람들이 피해자를 돕고 있지 않기 때문에 실제로는 심각한 문제가 아니라고 생각하는 경우를 말한다. 또한 목격학생은 자신이 학교폭력을 멈추려고 시도하여 실패했을 때의 당혹감을 걱정한다. 이것은 청중억제(audience inhibition)의 원칙이다. 청중억제의 원칙은 한 사람이 다른 사람을 참으로 도울 확률은 그 사람이 혼자 있을 때와 비교해서 그 사람이 집단 속에 있을 때 감소된다는 것을 잘 보여 준다.

## 2. 학교폭력의 감지와 조치

청소년기의 학생들은 그들 사이에서 일어난 일을 교사에게 잘 드러내려고 하지 않는다. 따라서 교사는 학생들로부터 신고를 기다리기보다는 조기 감지 테스트나 학급환경에 대한 민감한 변화 점검 등을 통하여 폭력 예방에 힘써야 한다.

### 1) 교사의 학교폭력 조기 감지

담임교사의 학교폭력에 대한 조기 감지는 학생들이 가해든 피해든 잠재적 학교폭력에 노출되는 것을 방지할 수 있다. 교육과학기술부는 각급 학교에 구성된 학교폭력 전담기구를 통해 매년 학교폭력에 대한 실태조사를 실시해 오고 있다.

먼저 학교폭력에 대한 조기 감지를 위해 교사는 개인상담으로 학생 개개인의 학급 생활 및 적응 정도를 알고 학생이 학급의 생태 체계적인 환경의 어떠한 위치에서 생활하고 있는지를 파악하여야 한다. 학교폭력은 단순히 가해학생과 피해학생만의 관계가 아니라 학생 개인을 중심으로 복잡한 환경적인 요인이 작용하므로, 교사는 이러한 전제하에 학생의 학교폭력 위험도를 감지하도록 할 필요가 있다. 학교폭력 실태조사를 위한 설문지를 활용하여 실태조사를 할 때에는 비밀보장이 철저하게 이루어진 상태에서 작성하게 하여야 한다. 또한 학생의 생활은 늘 변화 가능성을 가지고 있으므로 답변 내용이 학생 개인에게 낙인이 되지 않도록 하여야 한다(문용린 외, 2006).

담임교사는 학급 내의 학교폭력 실태를 다음과 같은 체크리스트를 통하여 조기에 감지할 수 있다.

[학교폭력 조기 감지를 위한 체크리스트]

다음 중 학급 내에서 발생하는 문제에 체크해 주세요.

___ 수업시간을 학생들이 엄수하지 않는다.
___ 학생들 간에 언어폭력이나 신체폭력이 일어나고 있다.
___ 학교규칙 위반을 하는 학생이 있다.
___ 결석을 자주 하는 학생이 있다.
___ 학교물건을 파손하는 학생이 있다.

___ 물건을 도둑맞는 경우가 종종 있다.
___ 학생들 간에 힘 싸움이 있다.
___ 옷이 자주 망가지는 학생이 있다.
___ 안색이 안 좋고 평소보다 기운이 없어 보이는 학생이 자주 있다.
___ 친구가 시키는 대로 그대로 따르는 학생이 있다.
___ 주변의 학생이 험담을 해도 반발하지 않는 학생이 있다.
___ 성적이 갑자기 떨어지는 학생이 있다.
___ 비싼 옷이나 운동화 등을 자주 잃어버리는 학생이 있다.
___ 몸에 다친 상처나 멍 자국이 발견되고, 물어보면 그냥 넘어졌다거나 운동하다 다쳤다고 말하는 경우가 있다.
___ 교과서나 일기장에 '죽어라' 또는 '죽고 싶다'와 같은 폭언이나 자포자기식의 표현이 있다.

출처: 박명진(2006), pp. 435-436.

담임교사가 체크한 문항의 수가 평균 7개 이하일 경우에는 그 학급을 저위험 집단으로, 평균 7개 이상일 경우에는 고위험 집단으로 분류할 수 있다(박명진, 2006). 이 중 고위험 집단의 경우에는 학급 내 학교폭력의 위험에 처한 학생이 많다는 것이며, 따라서 가해학생 및 피해학생에 대하여 할 수 있는 예방 프로그램을 연계하도록 한다.

고위험 집단의 경우 전문적인 예방교육 및 치료 프로그램 외에도 학급 내에서 실시할 수 있는 프로그램으로 정기적 학급회의, 학급 내 포돌이 경찰 임명, 역할극, 학생자치법정, 또래상담자 활성화, 집단토론 등이 있다.

정기적 학급회의나 학급 내 포돌이 경찰 임명을 통하여 학급 내에서 폭력이 발생할 수 있는 가능성을 줄이고, 역할극 및 학생자치법정을 통하여 가해학생 및 피해학생의 상황을 서로 바꾸어 놓고 이해하도록 할 수 있다. 또한 갈등이 발생한 경우 또래상담자를 통하여 해결해 가는 과정을 활성화하여 스스로 갈등 해결 상황을 긍정적으로 이끌어 갈 수 있도록 한다(문용린 외, 2006). 그뿐 아니라 학교폭력 상황에서 학생들의 집단심리 역동을 이해할 수 있도록 교과목 수업과 연계하여 집단토론의 기회를 줄 수 있다.

### 2) 교사의 학교폭력 지도와 상담

학교폭력 사건이 발생하였을 때 무엇보다도 중요한 것은 교사가 학교폭력 사건을 객관적이고 이성적으로 판단하여야 한다는 점이다. 이때 교사가 학교폭력 사건을 모른 척하거나 회피하려고 한다면, 문제는 해결되지 않고 오히려 사건이 커질 뿐만 아니라 교사는 비난이나 심지어 징계를 받을 수 있다. 학교폭력에 대해 교사가 적극적으로 대처하려는 태도는 피해학생뿐만 아니라 가해학생 및 수많은 목격학생에게도 교육적 효과를 줄 수 있다.

학교폭력 사건이 발생했을 초기에 교사가 고려해야 할 점은 다음과 같다.

첫째, 여러 경로로 학교폭력이 발생됨을 알게 된 경우 교사는 사실을 객관적으로 받아들여 이성적으로 상황을 파악하는 것이 중요하다. 또한 학교폭력 상황에 대해 누설하지 않도록 주의하여야 한다.

둘째, 정보를 얻기 위해서 피해학생과 드러나지 않는 면담을 하도록 한다. 이때 교사는 피해학생이 안심할 수 있는 분위기를 만들어 주고 충분히 심리적으로 지지하고 있음을 알게 해야 한다.

셋째, 가해학생과 피해학생을 대질시키는 것은 하지 말아야 한다. 이런 일이 한 번 발생하면 피해학생은 더 이상 폭력 상황에 대해 누구에게도 말하지 못하고 가해학생의 폭력 강도는 더욱 심해져 상황이 악화될 가능성이 매우 높다.

넷째, 피해학생의 이야기를 들으며 사실을 파악할 때에는 육하원칙에 의거하여 자세하고 객관적으로 진술을 기록하여야 한다. 폭력의 범위(폭력 발생 장소, 피해학생 수, 가해학생 수, 피해학생과 가해학생 간 관계, 폭력기간, 폭력서클 등)와 원인이나 형태(말로 괴롭히는 것인지, 신체적 폭력을 가하는 것인지, 금전이 관계된 것인지 등)를 파악하여야 한다. 특히 이러한 사실을 다른 학생이 알고 있는지 파악하는 것도 병행하여야 한다.

다섯째, 학교폭력이 한 학급 내에서 일어났다고 하여 그 학급의 담당교사의 지식과 경험에만 의존하여 학교폭력 문제를 해결하려는 것은 매우 위험하다. 특히 기존의 생활지도 경험에 비추어 처리한 것이지만 관련 법률이나 규정을 위반하는 경우도 빈번하게 발생하고 있다. 따라서 교장과 담임, 학생부장과 학교폭력 책임교사, 보건교사와 전문상담교사 등이 유기적으로 연결되어 학생의 생활 실태를 파악하고, 교직원 상호 간에 긴밀한 정보 교환이 이루어져야 한다.

### 3) 학생에 대한 조치

#### (1) 피해학생의 징후를 보이는 경우

학교폭력 사건이 발생한 경우 피해학생 혼자서 해결하려 하지 말고 부모에게나 교사에게 도움을 청하도록 지도하여야 한다. 혹시 학교나 부모에게 알리기 힘든 경우에는 전문상담기관을 이용하는 것도 가능함을 사전에 알려 주는 것이 필요하다. 또한 이렇게 피해를 신고하는 것은 마마보이나 고자질을 하는 것이 아니라 자신을 지키려는 정당한 행동임을 알게 하여야 한다.

한편 피해 상황이 될 수 있는 환경에서 벗어나도록 지도하여야 한다. 만일 등하굣길에 학교폭력의 가해학생이 출몰하는 경우에는 혼자 다니지 말고 친구들과 무리 지어 다니거나 가해학생이 없는 곳을 찾아다니도록 지도하여야 한다.

#### (2) 가해학생의 징후를 보이는 경우

가해학생이 폭력행위를 한 원인과 자신의 행동에 대해서 생각해 보도록 하여야 한다. 폭력행위의 원인이 분명할 경우 그것의 해소를 위해서 노력하도록 지도하고, 원인을 찾아낼 수 없거나 그것을 스스로 제거할 수 없는 경우에는 부모님 혹은 교사에게 도움을 요청할 수 있음을 주지시킨다. 이러한 학생들에게는 스트레스를 해소하기 위한 방법을 찾아서 자신의 화난 마음을 표출해 보도록 하는 것도 좋은 방법이 된다.

또한 「학교폭력예방 및 대책에 관한 법률」을 설명하고 학교폭력의 가해학생은 어떤 절차를 거쳐 어떤 처벌을 받게 되는지 설명해 주는 것도 바람직하다. 또한 학교생활기록부에 자치위원회의 심의결정 결과가 어떻게 기재되며 향후 상급학교 진학이나 취업에서 그것이 어떤 불리한 결과를 가져오는지에 대해서도 설명한다.

#### (3) 목격학생의 경우

학교폭력에서는 목격하는 학생들의 역할도 중요하다. 이런 학생들의 경우 폭력에는 개입하지 않지만 그러한 폭력 상황을 목격하면서도 그대로 묵인하여 사태를 더욱 악화시키는 경우가 많다. 폭력 자체가 나쁜 것이라는 인식을 가지고 그러한 사실을 교사 등에게 알리는 것은 고자질이 아니라는 생각을 갖도록 지도하여야 한다. 자신이 당한 일이 아니라고 방관하게 되면, 어느 순간 자신도 동일한 피해의 상황에 처할 수 있고 아무도 자신과 같이 돕지 않는 경우 커다란 상처를 입을 수 있다는 것을 학생들이 알도록 지도하여야 한다.

## 3. 장애학생의 보호

### 1) 장애학생의 보호와 의미

「학교폭력예방 및 대책에 관한 법률」에서는 그동안 장애학생을 보호하기 위한 내용이 규정되지 않았다. 대신 장애학생도 학생이기 때문에 「학교폭력예방 및 대책에 관한 법률」이 그대로 적용되고 있었다. 하지만 장애학생의 경우 특성상 일반학생보다 더 많은 보호가 필요하다는 인식하에 법 개정을 통해서 장애학생에 대한 보다 구체적인 내용이 규정되었다. 하지만 장애학생의 경우에도 기본적으로 예방에서의 사안처리에 있어서는 일반학생과 동일하다.

우선 「학교폭력예방 및 대책에 관한 법률」에서는 장애학생에 대하여 "신체적 · 정신적 · 지적 장애 등으로 「장애인 등에 대한 특수교육법」 제15조에서 규정하는 특수교육을 필요로 하는 학생"으로 정하고 있다. 이 법률에 포함되는 특수교육 대상자는 시각장애, 청각장애, 정신지체, 지체장애, 정서 · 행동장애, 자폐성장애(이와 관련된 장애를 포함한다), 의사소통장애, 학습장애, 건강장애, 발달지체, 그 밖에 대통령령으로 정하는 장애를 말한다. 하지만 특수교육을 받지 않는 학생이라 하더라도 이러한 장애가 다소 있는 학생의 경우 이런 입법 취지를 고려하여 보다 세심한 주의를 기울여야 할 대상이라는 점에 유의하여야 한다.

### 2) 장애학생의 보호조치

#### (1) 장애학생에 대한 폭력행사 금지

「학교폭력예방 및 대책에 관한 법률」 제16조의2제1항은 장애 등을 이유로 누구든지 장애학생에게 학교폭력을 행사하여서는 안 된다고 규정하고 있다. 하지만 학교폭력은 학생 간의 폭력사안이므로 결국 학생이 장애학생에게 폭력을 행사하는 경우에만 이 내용이 적용된다고 할 것이다. 그러나 누구든지 어떠한 경우에도 폭력 자체가 정당화되지 않는다는 점, 장애학생도 비록 장애가 있지만 학교폭력에서 보호받아야 하는 학생이라는 점을 감안하면 장애학생에 대한 이러한 규정은 장애학생에 대해 보다 세

심한 보호를 하여야 한다는 선언적인 규정이라 할 것이다.

### (2) 자치위원회의 장애학생에 대한 보호조치 요청

자치위원회는 전문상담자의 상담이나 장애인 전문치료기관의 요양조치를 학교장에게 요청할 수 있다. 학교폭력 피해학생에 대한 보호조치 중 하나인 '심리상담 및 조언'과 '치료를 위한 요양'은 장애학생의 경우에도 당연히 적용된다.

학교폭력과 관련하여 현행 「초 · 중등교육법」 제19조의2에서는 전문상담교사나 전문상담순회교사를 두어 성폭력 · 진로상담 등 학생들이 직면하는 다른 문제와 함께 전문적인 상담을 받을 수 있도록 시행하고 있다. 그럼에도 불구하고 「학교폭력예방 및 대책에 관한 법률」에서 장애학생에 대한 조치를 특별히 규정한 것은 과거 조치를 포함하여 그 이상의 특별한 조치가 있어야 한다는 필요에 의한 것이다. 따라서 장애학생의 경우에는 자치위원회가 '심리상담 및 조언'과 '치료를 위한 요양'에 대해 일반적인 조치(「학교폭력예방 및 대책에 관한 법률」 제16조) 이외에 장애학생에 대한 특화된 조치(「학교폭력예방 및 대책에 관한 법률」 제16조의2), 즉 학교폭력으로 피해를 입은 장애학생의 보호를 위하여 장애인 전문상담자의 상담 또는 장애인 전문치료기관의 요양 조치를 학교장에게 요청할 수 있다.

### (3) 학교장의 보호조치 이행과 비용 부담

학교장은 자치위원회에서 요청한 장애학생에 대한 보호조치를 반드시 이행하여야 한다. 학교장이 일반학생에 대한 보호조치를 반드시 이행하여야 하는 것은 아니다. 이와 달리 장애학생과 관련하여 자치위원회에서 요청한 보호조치에 대해서는 반드시 따라야 한다. 이는 장애학생이 학교폭력의 피해에 대해 보다 특별한 보호를 받을 수 있도록 하기 위한 것이다.

## 4. 학교폭력 사건에 대한 담임교사의 종결

### 1) 담임교사의 종결 가능 여부

가해행위로 인해 피해학생에게 신체 · 정신 또는 재산상의 피해가 있었다고 볼 객관적인 증거가 없고, 가해학생이 즉시 잘못을 인정하여 피해학생에게 화해를 요청하고 피해학생이 그에 응하는 경우에는 담임교사가 처리할 수 있다. 담임교사는 조치사항에 대하여 학교폭력 전담기구에 알리고 종결할 수 있다. 예를 들어, 학생 A는 학생 B가 말다툼 도중에 때리려고 했다는 이유로 117 학교폭력 신고센터에 학교폭력으로 신고를 하였다. 신고를 받은 경찰이 학교로 출동하였고, 학교폭력 신고가 들어왔으니 학교에서 처리해 달라며 통보를 하고 돌아갔다. 이후 담임교사가 사실을 확인해 보니 실제 폭행이 일어나지도 않았고 단순한 말다툼이었다. 이처럼 117에 신고되어 학교에 통보된 사안이라 하더라도 담임교사가 종결할 수 있는 사안에 해당된다면 담임교사가 사건을 종결할 수 있다.

### 2) 담임교사 종결 이후 필요한 조치

담임교사가 종결할 수 있는 사안에 해당하여 담임교사가 종결 처리하는 경우 반드시 가해학생 및 피해학생의 보호자를 만나 화해 및 재발 방지에 대한 약속을 하고, 필요한 경우 확인서를 작성하여 향후 이차 분쟁이 발생하지 않도록 한다. 또한 담임교사가 종결한 사안의 경우에도 반드시 학교폭력 전담기구에 보고하여 담임교사가 자체 종결한 사안을 학교가 인지할 수 있도록 해야 한다.

### 3) 담임교사가 종결한 학교폭력 사건에 대한 자치위원회 개최

학교폭력 사안이 단순한 말다툼이어서 두 학생이 화해한 경우 담임교사가 사안을 종결할 수 있어 보이나, 만약 학생 간에 욕설 등 언어폭력이 있어 피해학생이 모욕을 느끼는 등 심리적 고통을 호소하는 경우는 명백한 학교폭력 사안으로 담임교사가 자체 종결하지 못한다. 이때 전담기구 소속 교사에게 사실을 알려 학교폭력 사안 조사를 진행해야 한다. 또한 담임교사가 종결한 사안이라 할지라도 이후에 피해학생 및 그 보호자가 자치위원회 개최를 요구할 경우에는 자치위원회를 개최하여야 한다(「학교폭력예방 및 대책에 관한 법률」 제13조제2항).

Q 학생 A와 B가 다투었으나, 담임교사가 확인한 결과 담임교사가 자체 종결 처리할 수 있는 사안이라 판단되어 A, B 학생의 부모에게 이 사실을 알린 후 자체 종결하고 전담기구에 보고하였습니다. 그런데 며칠 뒤 두 학부모 간에 말다툼이 벌어졌고, A 학생 부모는 B 학생 부모가 진심으로 사과하지 않고 태도가 맘에 들지 않는다며 다시 문제를 삼아 자치위원회를 개최할 것을 요구하였습니다. 이 경우 다시 자치위원회를 열어야 합니까?

A 담임교사가 종결 처리하는 것은 「학교폭력예방 및 대책에 관한 법률」에서 규정하고 있는 행위나 처분은 아니기 때문에 가해학생 및 피해학생 측에 대하여 구속력이 없습니다. 그러므로 피해학생 및 그 보호자가 자치위원회 개최를 요청하는 경우 자치위원회가 개최되어야 합니다.

제4장

The Prevention and Countermeasures of School Violence

# 학교폭력과 교육감 및 교장의 임무

## 1. 학교폭력대책 위원회와 지역위원회 및 지역협의회

### 1) 학교폭력대책위원회의 설치

#### (1) 학교폭력대책위원회의 설치 및 기능

「학교폭력예방 및 대책에 관한 법률」은 학교폭력의 예방 및 대책에 관한 다음 각 호의 사항을 심의하기 위하여 국무총리 소속으로 학교폭력대책위원회(이하 '대책위원회'라 한다)를 둔다.

- 학교폭력의 예방 및 대책에 관한 기본계획의 수립 및 시행에 대한 평가
- 학교폭력과 관련하여 관계 중앙행정기관 및 지방자치단체의 장이 요청하는 사항
- 학교폭력과 관련하여 교육청, 제9조에 따른 학교폭력대책지역위원회, 제10조의2에 따른 학교폭력대책지역협의회, 제12조에 따른 학교폭력대책자치위원회, 전문단체 및 전문가가 요청하는 사항

#### (2) 학교폭력대책위원회의 구성

대책위원회는 위원장 2명을 포함하여 20명 이내의 위원으로 구성된다. 위원장은 국무총리와 학교폭력 대책에 관한 전문지식과 경험이 풍부한 전문가 중에서 대통령이 위촉하는 사람이 공동으로 되고, 위원장 모두가 부득이한 사유로 직무를 수행할 수 없을 때에는 국무총리가 지명한 위원이 그 직무를 대행한다. 또한 위원은 다음 각 호의 사람 중에서 대통령령이 위촉하는 사람으로 한다. 다만 제1호의 경우에는 당연직 위원으로 한다.

1. 기획재정부장관, 미래창조과학부장관, 교육부장관, 법무부장관, 안전행정부장관, 문화체육관광부장관, 보건복지부장관, 여성가족부장관, 방송통신위원회 위원장, 경찰청장
2. 학교폭력 대책에 관한 전문지식과 경험이 풍부한 전문가 중에서 제1호의 위원이 각각 1명씩 추천하는 사람
3. 관계 중앙행정기관에 소속된 3급 공무원 또는 고위공무원단에 속하는 공무원으로서 청소년 또는 의료 관련 업무를 담당하는 사람
4. 대학이나 공인된 연구기관에서 조교수 이상 또는 이에 상당한 직에 있거나 있었던 사람으로서 학교폭력 문제 및 이에 따른 상담 또는 심리에 관하여 전문지식이 있는 사람
5. 판사 · 검사 · 변호사
6. 전문단체에서 청소년보호활동을 5년 이상 전문적으로 담당한 사람
7. 의사의 자격이 있는 사람
8. 학교운영위원회 활동 및 청소년보호활동 경험이 풍부한 학부모

#### (3) 학교폭력대책위원회의 운영

대책위원회의 위원장을 포함한 위원의 임기는 2년으로 하되, 1차에 한하여 연임할 수 있다. 위원회의 효율적 운영 및 지원을 위하여 간사 1명을 두되, 간사는 교육부장관이 된다. 위원회에 상정할 안건을 미리 검토하는 등 안건 심의를 지원하고, 위원회가 위임한 안건을 심의하기 위하여 대책위원회에 학교폭력대책실무위원회(이하 '실무위원회'라 한다)를 둔다. 그 밖에 대책위원회의 운영과 실무위원회의 구성 · 운영에 필요한 사항은 대통령령으로 정한다.

### 2) 학교폭력대책지역위원회의 설치

「학교폭력예방 및 대책에 관한 법률」에는 학교폭력의 예방과 대처에 대한 지역사회의 역할이 강조되어 있다. 이러한 취지가 법에 반영되어 있는 것이 학교폭력대책지역위원회다. 지역사회의 학교폭력 문제를 해결하

기 위하여 시 · 도에 학교폭력대책지역위원회(이하 '지역위원회'라 한다)를 둔다. 지역위원회는 학교폭력에 대해 그 지역의 교육기관이 아닌 자치단체장이 전면에 나선다는 큰 특징이 있다. 따라서 지역위원회는 시 · 도의 교육청이 아닌 특별시 · 광역시 · 시 · 도 · 특별자치도에 설치된다.

### (1) 학교폭력대책지역위원회의 구성

#### 1 지역위원회의 구성

지역위원회는 위원장 1인을 포함한 11인 이내의 위원으로 구성된다(「학교폭력예방 및 대책에 관한 법률 시행령」 제9조제3항). 위원장은 해당 지역의 특별시 · 광역시 · 시 · 도 · 특별자치도의 부단체장이 법에 의하여 수행하게 된다(「학교폭력예방 및 대책에 관한 법률 시행령」 제4조제1항).

#### 2 지역위원회의 위원

지역위원회의 위원은 학식과 경험이 풍부하고 청소년 보호에 투철한 사명감이 있는 사람으로서 다음의 요건에 해당하는 사람 중 시 · 도 지사가 해당 시 · 도의 교육감과 협의하여 임명하거나 위촉한다(「학교폭력예방 및 대책에 관한 법률 시행령」 제4조제4항). 위원은 2년 동안 활동하게 되고 연임할 수 있다(「학교폭력예방 및 대책에 관한 법률 시행령」 제4조제5항). 「학교폭력예방 및 대책에 관한 법률」은 지역위원회의 효율적인 운영을 위하여 실무위원회를 둘 수 있도록 정하고 있다(「학교폭력예방 및 대책에 관한 법률」 제9조제2항). 실무위원회는 7명 이내의 학교폭력 예방 및 대책에 관한 실무자 및 민간의 전문가로 구성된다.

- 해당 시 · 도 청소년보호 업무 담당국장 및 시 · 도교육청 생활지도 담당국장
- 해당 시 · 도의회 의원 또는 교육위원회 위원
- 시 · 도 지방경찰청 소속 경찰공무원
- 학생 생활지도 경력이 5년 이상인 교원
- 판사 · 검사 · 변호사
- 「고등교육법」 제2조에 따른 학교의 조교수 이상 또는 청소년 관련 연구기관에서 이에 상당한 직위에 재직하고 있거나 재직하였던 사람으로서 학교폭력 문제에 대하여 전문지식이 있는 사람
- 청소년 선도 및 보호 단체에서 청소년보호활동을 5년 이상 전문적으로 담당한 사람
- 학교운영위원회 및 청소년보호 활동을 하고 있거나 활동한 경험이 있는 학부모 대표
- 그 밖에 학교폭력 예방 및 청소년 보호에 대한 지식과 경험을 가진 사람

### (2) 학교폭력지역위원회의 역할

지역위원회는 기본적으로 운영 및 활동에 관하여 시 · 도의 교육감과 협의하여야 한다. 지역위원회에서 하는 일은 크게 세 가지다.

첫째, 지역의 학교폭력 예방대책 수립이다. 지역위원회는 중앙정부의 학교폭력 5개년 기본계획에 따라 지역의 학교폭력 예방대책을 매년 수립한다.

둘째, 학교폭력 사건에 대한 자료 요청이다. 지역위원회는 해당 지역에서 발생한 학교폭력에 대하여 교육감 및 지방경찰청장에게 관련 자료를 요청할 수 있다. 주의할 점은 지역위원회가 학교폭력 사건을 해결하는 것이 아니라는 점이다. 학교폭력 사건이 해당 지역의 문제이고 이를 지역의 대표가 알고 예방대책을 수립하는 데 반영하기 위해서 자료 요청을 할 수 있는 것으로 이해할 수 있다.

셋째, 피해학생 및 가해학생에 대한 치료 및 교육 담당기관 지정이다. 지역위원회의 가장 중요한 기능은 피해학생과 가해학생에 대해 이루어지는 치료 및 교육 담당기관을 지정하는 것이다.

### 3) 학교폭력대책지역협의회의 설치

학교폭력 예방대책을 수립하고 기관별 추진계획 및 상호협력 · 지원방안 등을 협의하기 위하여 시 · 군 · 구에 학교폭력대책지역협의회(이하 '지역협의회'라 한다)를 둔다. 지역협의회는 위원장 1명을 포함한 20명 내외의 위원으로 구성한다.

#### (1) 학교폭력대책지역협의회의 구성

지역협의회의 위원장은 시 · 군 · 구의 부단체장이 되며, 회의를 소집하고 그 의장이 된다. 위원장이 부득이한 사유로 직무를 수행할 수 없을 때에는 위원장이 미리 지정하는 위원이 그 직무를 대행한다. 지역협의회의 위원은 학식과 경험이 풍부하고 청소년 보호에 투철한 사명감이 있는 사람으로서 다음과 같은 요건에 해당하는 사람 중에서 시장 · 군수 · 구청장이 해당 지역교육청의 교육장과 협의하여 임명하거나 위촉한다.

- 해당 시 · 군 · 구의 청소년보호 업무 담당국장 및 지역교육청 생활지도 담당국장
- 해당 시 · 군 · 구의회 의원
- 해당 시 · 군 · 구를 관할하는 경찰서 소속 경찰공무원
- 학생 생활지도 경력이 5년 이상인 교원
- 판사 · 검사 · 변호사
- 「고등교육법」 제2조에 따른 학교의 조교수 이상 또는 청소년 관련 연구기관에서 이에 상당한 직위에 재직하고 있거나 재직하였던 사람으로서 학교폭력 문제에 대하여 전문지식이 있는 사람
- 청소년 선도 및 보호 단체에서 청소년보호활동을 5년 이상 전문적으로 담당한 사람
- 학교운영위원회 및 자치위원회 위원으로 활동하거나 활동한 경험이 있는 학부모 대표
- 그 밖에 학교폭력 예방 및 청소년 보호에 대한 지식과 경험을 가진 사람

### (2) 학교폭력대책지역협의회의 운영

지역협의회 위원의 임기는 2년으로 한다. 다만 지역위원회 위원의 사임 등으로 새로 위촉되는 위원의 임기는 전임위원 임기의 남은 기간으로 한다. 지역협의회에는 사무를 처리하기 위해 간사 1명을 두며, 간사는 지역협의회의 위원장과 교육장이 시 · 군 · 구 또는 지역교육청 소속 공무원 중에서 협의하여 정하는 사람으로 한다.

## 2. 교육감의 임무

### 1) 전담부서의 설치 · 운영 등에 관한 교육감의 임무

학교폭력과 관련된 전담부서의 설치 · 운영과 관련된 교육감의 주요 임무는 다음과 같다(김용수, 2012).

첫째, 교육감은 시 · 도교육청에 학교폭력의 예방과 대책을 담당하는 전담부서를 설치 · 운영하여야 하며, 관할 구역 안에서 학교폭력이 발생한 때에는 해당 학교의 장 및 관련 학교의 장에게 그 경과 및 결과의 보고를 요구할 수 있다. 교육감은 관할 구역 안의 학교폭력이 관할 구역 외의 학교폭력과 관련이 있는 때에는 그 관할 교육감과 협의하여 적절한 조치를 취하여야 하며, 학교의 장으로 하여금 학교폭력 예방 및 대책에 관한 실시계획을 수립 · 시행하도록 하여야 한다. 「학교폭력예방 및 대책에 관한 법률」 제12조에 따른 자치위원회가 처리한 학교의 학교폭력 빈도를 학교의 장에 대한 업무 수행평가의 부정적 자료로 사용하여서는 아니 된다.

둘째, 교육감은 제17조제1항제8호에 따른 전학의 경우 그 실현을 위하여 필요한 조치를 취하여야 하며, 제17조제1항제9호에 따른 퇴학처분의 경우 해당 학생의 건전한 성장을 위하여 다른 학교 재입학 등의 적절한 대책을 모색하여야 한다.

셋째, 교육감은 대책위원회 및 지역위원회에 관할 구역 안의 학교폭력의 실태 및 대책에 관한 사항을 보고하고 공표하여야 하며, 관할 구역 밖의 학교폭력 관련 사항 중 관할 구역 안의 학교와 관련된 경우에도 학교폭력의 실태 및 대책에 관한 사항을 보고하고 공표하여야 한다.

넷째, 교육감은 학교폭력 실태를 파악하고 학교폭력에 대한 효율적인 예방대책을 수립하기 위하여 학교폭력 실태조사를 연 2회 이상 실시하여야 하며, 학교폭력 등에 관한 조사, 상담, 치유 프로그램 운영 등을 위한 전문기관을 설치 · 운영할 수 있다.

다섯째, 교육감은 관할 구역 안에서 학교폭력이 발생한 때에 해당 학교의 장 또는 소속 교원이 그 경과 및 결과를 보고함에 있어 축소 및 은폐를 시도한 경우에는 「교육공무원법」 제50조(징계위원회의 설치) 및 「사립학교법」 제62조(교원징계위원회의 설치)에 따른 징계위원회의 징계의결을 요구하여야 한다.

여섯째, 「학교폭력예방 및 대책에 관한 법률」 제11조에 근거하여 교육감은 관할 구역 안에서 학교폭력의 예방 및 대책 마련에 기여한 바가 큰 학교 또는 소속 교원의 근무성적 평정에 가산점을 부여하거나 상훈을 수여할 수 있다.

## 2) 그 밖의 교육감의 임무

### (1) 전담부서의 구성

「학교폭력예방 및 대책에 관한 법률」 제11조제1항에 따라 ① 학교폭력 예방과 근절을 위한 대책의 수립과 추진에 관한 사항, ② 학교폭력 피해학생의 치료 및 가해학생에 대한 조치에 관한 사항, ③ 그 밖의 학교폭력의 예방 및 대책과 관련하여 교육감이 정하는 사항의 업무를 수행하기 위하여 시 · 도교육청 및 지역교육청에 과 · 담당관 또는 팀을 둔다.

### (2) 학교폭력 실태조사

「학교폭력예방 및 대책에 관한 법률」 제11조제8항에 따라 교육감이 실시하는 학교폭력 실태조사는 교육부장관과 협의하여 다른 교육감과 공동으로 실시할 수 있으며, 교육감은 학교폭력 실태조사를 교육 관련 연구 · 조사기관에 위탁할 수 있다.

### (3) 전문기관의 설치

「학교폭력예방 및 대책에 관한 법률」 제11조제9항에 따라 교육감은 시 · 도교육청 또는 지역교육청에 ① 「학교폭력예방 및 대책에 관한 법률」 제11조의2제1항에 따른 조사 · 상담 등의 업무, ② 학교폭력 피해학생 · 가해학생에 대한 치유 프로그램 운영의 업무를 수행하는 전문기관을 설치 · 운영할 수 있다.

교육감은 「학교폭력예방 및 대책에 관한 법률 시행령」 제1항제2호에 따른 치유 프로그램 운영 업무를 다음의 어느 하나에 해당하는 기관 · 단체 · 시설에 위탁하여 수행하게 할 수 있다.

- 「청소년복지 지원법」 제31조제1호에 따른 청소년쉼터, 「청소년 보호법」 제35조제1항에 따른 청소년 보호 · 재활센터 등 청소년을 보호하기 위하여 국가 · 지방자치단체가 운영하는 시설
- 「청소년활동진흥법」 제10조에 따른 청소년활동시설
- 학교폭력의 예방과 피해학생 및 가해학생의 치료 · 교육을 수행하는 청소년 관련 단체
- 청소년 정신치료 전문인력이 배치된 병원
- 학교폭력 피해학생 · 가해학생 및 학부모를 위한 프로그램을 운영하는 종교기관 등의 기관
- 그 밖에 교육감이 치유 프로그램의 운영에 적합하다고 인정하는 기관

### (4) 학교폭력 조사 · 상담

교육감은 학교폭력 예방과 사후조치 등을 위해 다음과 같은 임무를 수행할 수 있다.

- 학교폭력 피해학생 상담 및 가해학생 조사
- 필요한 경우 가해학생 학부모 조사
- 학교폭력 예방 및 대책에 관한 계획의 이행 지도
- 관할 구역 학교폭력서클 단속
- 학교폭력 예방을 위한 민간 기관 및 업소 출입 · 검사
- 그 밖의 학교폭력 등과 관련하여 필요로 하는 사항의 조사 · 상담 등

또한 학교폭력 조사 · 상담 등의 업무를 대통령령으로 정하는 기관 또는 단체에 위탁할 수 있다. 이때 「학교폭력예방 및 대책에 관한 법률」 제11조제2항에 따라 학교폭력 예방에 관한 사업을 3년 이상 수행한 기관 또는 단체 중에서 학교폭력 예방 및 사후조치 등을 수행하는 데 적합하다고 인정하는 기관 또는 단체에 학교폭력 피해학생 상담 및 가해학생 조사의 업무를 위탁할 수 있다. 교육감 및 조사 · 상담 등의 업무를 위탁받은 위탁기관의 장이 조사 · 상담 등의 업무를 수행함에 있어 필요한 경우 관계 기관의 장에게 협조를 요청할 수 있다. 조사 · 상담 등을 하는 관계 직원은 그 권한을 표시하는 증표를 소지하고 관계인에게 제시하여야 하며, 조사 결과는 학교의 장 및 보호자에게 통보하여야 한다.

### (5) 관계 기관과의 협조

「학교폭력예방 및 대책에 관한 법률」 제11조의3에 따라 교육부장관, 교육감, 지역 교육장, 학교의 장은 학교폭력과 관련한 개인정보 등을 경찰청장, 지방경찰청장, 관할 경찰서장 및 관계 기관의 장에게 요청할 수 있다.

이때 「학교폭력예방 및 대책에 관한 법률 시행령」 제12조에 따라 학교폭력과 관련된 개인정보 등의 협조를 요청할 때에는 문서로 하여야 한다.

#### (6) 분쟁조정

「학교폭력예방 및 대책에 관한 법률」 제18조제6항, 제7항에 따라 시·도교육청 관할 구역 안의 소속 학교가 다른 학생 간에 분쟁이 있는 경우에는 교육감이 해당 학교의 자치위원회 위원장과의 협의를 거쳐 직접 분쟁을 조정한다. 또한 관할 구역을 달리하는 시·도교육청 소속 학교의 학생 간에 분쟁이 있는 경우에는 피해학생을 감독하는 교육감이 가해학생을 감독하는 교육감 및 관련 해당 학교의 자치위원회 위원장과의 협의를 거쳐 직접 분쟁을 조정한다.

## 3. 학교장의 임무

### 1) 전문상담교사 배치 및 전담기구 구성에 관한 학교장의 임무

「학교폭력예방 및 대책에 관한 법률」에 근거할 때, 전문상담교사 배치 및 전담기구 구성에 관한 학교장의 의무와 책임은 다음과 같다.

첫째, 학교의 장은 학교에 대통령령으로 정하는 바에 따라 상담실을 설치하고, 「초·중등교육법」 제19조의2(전문상담교사의 배치 등)에 따라 전문상담교사를 둔다. 전문상담교사는 학교의 장 및 자치위원회의 요구가 있을 때에는 학교폭력에 관련된 피해학생 및 가해학생과의 상담 결과를 보고하여야 한다.

둘째, 학교의 장은 교감, 전문상담교사, 보건교사 및 학교폭력 책임교사 등으로 학교폭력 문제를 담당하는 전담기구(이하 '전담기구'라 한다)를 구성하며, 학교폭력 사태를 인지한 경우 지체 없이 전담기구 또는 소속 교원으로 하여금 가해 및 피해 사실 여부를 확인하도록 한다.

셋째, 전담기구는 학교폭력에 대한 실태조사와 학교폭력 예방 프로그램을 구성·실시하며, 학교의 장 및 자치위원회의 요구가 있을 때에는 학교폭력에 관련된 실태조사 결과 등 활동 결과를 보고하여야 한다. 피해학생 또는 피해학생의 보호자는 피해 사실 확인을 위하여 전담기구에 실태조사를 요구할 수 있다.

넷째, 학교의 장은 전담기구에 행정적·재정적 지원을 할 수 있다. 또한 국가 및 지방자치단체는 실태조사에 관한 예산을 지원하고, 관계 행정기관은 실태조사에 협조하며, 학교의 장은 전담기구에 행정적·재정적 지원을 할 수 있다.

다섯째, 「학교폭력예방 및 대책에 관한 법률」 제14조에 따라 전담기구는 성폭력 등 특수한 학교폭력 사건에 대한 실태조사의 전문성을 확보하기 위하여 필요한 경우 전문기관에 그 실태조사를 의뢰할 수 있다. 이 경우 그 의뢰는 자치위원회 위원장의 심의를 거쳐 학교의 장 명의로 하여야 한다.

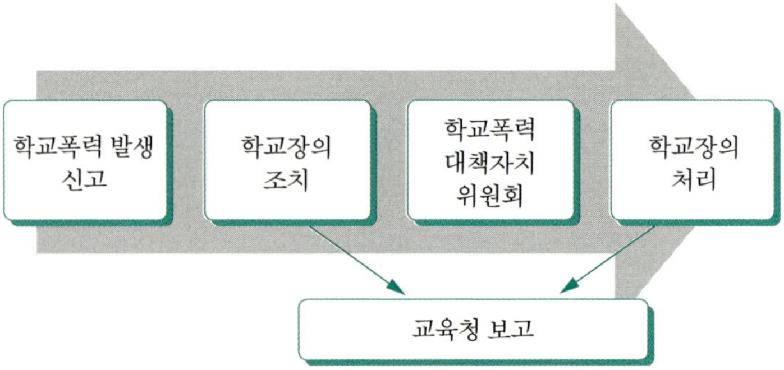


[그림 4-1] 학교폭력 발생 시 학교장의 임무

### 2) 상담실 설치 및 전담기구 운영

「학교폭력예방 및 대책에 관한 법률」 제14조제1항에 따라 상담실은 ① 인터넷 이용시설, 전화 등 상담에 필요한 시설 및 장비, ② 상담을 받는 사람의 사생활 노출 방지를 위한 칸막이 및 방음시설을 갖추어 상담활동이 편리한 장소에 설치하여야 한다.

「학교폭력예방 및 대책에 관한 법률」 제14조제3항에 따라 전담기구는 가해 및 피해 사실 여부에 관하여 확인한 사항을 학교의 장 및 자치위원회(단, 자치위원회의 요청이 있는 경우)에 보고하여야 한다.

### 3) 학교폭력 예방교육

학교폭력 예방교육 및 예방교육의 기준을 마련하기 위한 학교장의 주된 임무는 다음과 같다.

첫째, 학교의 장은 학생의 육체적·정신적 보호와 학교폭력의 예방을 위해 학교폭력의 개념, 실태, 대처방안 등을 포함한 학생들에 대한 교육을 학기별로 1회 이상 실시하여야 한다. 학교의 장은 학교폭력의 예방 및 대책 등을 위해 교직원에 대한 교육을 실시하여야 한다.

둘째, 「학교폭력예방 및 대책에 관한 법률」 제14조제1항에 따라 학교의 장은 학교폭력 예방교육 프로그램의 구성 및 그 운용 등을 전담기구와 협의하여 전문단체 또는 전문가에게 위탁할 수 있다. 또한 교육장은 학교폭력 예방교육 프로그램의 구성과 운용계획을 학부모가 쉽게 확인할 수 있도록 인터넷 홈페이지에 게시하고, 그 밖의 다양한 방법으로 학부모에게 알릴 수 있도록 노력하여야 한다.

셋째, 「학교폭력예방 및 대책에 관한 법률」 제15조제5항에 따라 학교의 장은 학생과 교직원 및 학부모에 대한 학교폭력 예방교육을 학기별로 1회 이상 실시한다. 이때 교육 횟수 · 시간 및 강사 등 세부적인 사항은 학교 여건에 따라 학교의 장이 정한다. 학생에 대한 학교폭력 예방교육은 학급 단위로 실시함을 원칙으로 하되, 학교 여건에 따라 전체 학생을 대상으로 한 장소에서 동시에 실시할 수 있다. 그리고 학생과 교직원, 학부모를 따로 교육하는 것을 원칙으로 하되, 내용에 따라 함께 교육할 수 있다.

넷째, 「학교폭력예방 및 대책에 관한 법률」 제17조에 따라 학교폭력 예방교육은 강의, 토론 및 역할연기 등 다양한 방법으로 하고, 다양한 자료나 프로그램 등을 활용하여야 한다. 교직원에 대한 학교폭력 예방교육은 학교폭력 관련 법령에 대한 내용, 학교폭력 발생 시 대응요령, 학생 대상 학교폭력 예방 프로그램 운영방법 등을 포함하여야 한다. 그리고 학부모에 대한 학교폭력 예방교육은 학교폭력 징후 판별, 학교폭력 발생 시 대응요령, 가정에서의 인성교육에 관한 사항을 포함하여야 한다.

### 4) 피해학생의 보호와 학교장의 임무

「학교폭력예방 및 대책에 관한 법률」 제16조에 따라 자치위원회는 피해학생의 보호를 위하여 필요하다고 인정하는 때에는 피해학생에 대하여 심리상담 및 조언, 일시보호, 치료 및 치료를 위한 요양, 학급교체, 그 밖에 피해학생의 보호를 위하여 필요한 조치 중 어느 하나에 해당하는 조치(수개의 조치를 병과하는 경우를 포함한다)를 할 것을 학교의 장에게 요청할 수 있다. 이때 자치위원회는 학교의 장에게 조치를 요청하기 전에 피해학생 및 그 보호자에게 의견 진술의 기회를 부여하는 등 적정한 절차를 거쳐야 한다.

다만 학교의 장은 피해학생의 보호를 위하여 긴급하다고 인정하거나 피해학생이 긴급보호를 요청하는 경우에는 자치위원회의 요청 전에 심리상담 및 조언, 일시보호, 그 밖의 피해학생의 보호를 위하여 필요한 조치를 할 수 있다. 이 경우 자치위원회에 즉시 보고하여야 한다.

보호가 필요한 학생에 대하여 학교의 장이 인정하는 경우 그 조치에 필요한 결석을 출석일수에 산입할 수 있다. 학교의 장은 성적 등을 평가함에 있어서 제3항에 따른 조치로 인하여 학생에게 불이익을 주지 아니하도록 노력하여야 한다.

### 5) 가해학생에 대한 조치와 학교장의 임무

자치위원회는 피해학생의 보호와 가해학생의 선도 · 교육을 위하여 가해학생에 대하여 다음 각 호의 어느 하나에 해당하는 조치(수개의 조치를 병과하는 경우를 포함한다)를 할 것을 학교의 장에게 요청하여야 한다.

가해학생에 대한 조치를 할 때 학교의 장은 가해학생에 대한 선도가 긴급하다고 인정할 경우 우선 피해학생에 대한 서면사과(제1호), 피해학생에 대한 접촉, 협박 및 보호행위의 금지(제2호), 학교에서의 봉사(제3호), 학내외 전문가에 의한 특별교육 이수 또는 심리치료(제5호), 출석정지(제6호)를 할 수 있다. 이때 제5호와 제6호는 병과 조치할 수 있다. 이 경우 자치위원회에 즉시 보고하여 추인을 받아야 한다. 그리고 학교의 장이 조치를 한 때에는 가해학생과 그 보호자에게 이를 통지하여야 하며, 가해학생이 이를 거부하거나 회피하는 때에는 「초 · 중등교육법」 제18조에 따라 징계하여야 한다.

한편 가해학생이 학교에서의 봉사(제3호), 사회봉사(제4호), 학내외 전문가에 의한 특별교육 이수 및 심리치료(제5호)의 규정에 따른 조치를 받은 경우, 이와 관련된 결석은 학교의 장이 인정하는 때에는 그것을 출석일수에 산입할 수 있다.

## 6) 그 밖의 학교장의 임무

### (1) 장애학생의 보호와 학교장의 임무

자치위원회는 학교폭력으로 피해를 입은 장애학생의 보호를 위하여 장애인 전문상담가의 상담 또는 장애인 전문치료기관의 요양조치를 학교의 장에게 요청할 수 있다. 자치위원회의 요청이 있을 때에는 학교의 장은 해당 조치를 하여야 한다. 이 경우 「학교폭력예방 및 대책에 관한 법률」 제16조제6항을 준용하여 피해학생의 치료 및 치료를 위한 요양비용은 학교안전공제회 또는 시 · 도교육청이 부담하고 가해학생의 보호자에게 구상권을 행사할 수 있다.

### (2) 학교폭력 결과보고 및 학교폭력단체 결성 예방에 대한 학교장의 임무

학교의 장은 교육감에게 학교폭력이 발생한 사실 및 피해학생에 대한 보호, 가해학생에 대한 조치 및 그 결과를 보고하고, 관계 기관과 협력하여 교내 학교폭력단체의 결성 예방 및 해체에 노력하여야 한다.

### (3) 학교폭력의 신고에 관한 학교장의 임무

「학교폭력예방 및 대책에 관한 법률」 제20조에 따라 학교폭력 신고에 따른 통보를 받은 소속 학교의 장은 이를 자치위원회에 지체 없이 통보하여야 한다.

〈학교폭력 읽기자료 6〉

## 학교폭력 사안처리 10대 유의사항

- 학교폭력은 예방이 최우선이지만, 만약 사안이 발생한다면 법령에 근거한 절차에 따라 신속하게, 적극적으로 대응하는 것이 중요하다.
- 아래 사항은 학교폭력 예방 컨설팅, 국민신문고 등을 통해 확인한 민원의 주요 원인을 분석하여 정리한 것이다.
- 주요 민원 사항을 숙지하여, 학교폭력 사안의 장기화를 방지하고 불필요한 민원 발생을 줄이는 데 도움이 되길 바란다.

1. 학교폭력 사안조사는 방과 후 등 수업시간 이외의 시간을 활용한다.
   ➞ 수업시간 중 조사로 인한 '학습권 침해' 민원 방지
2. 사안조사를 할 때 강압적인 언사를 사용하지 않는다.
   ➞ "교사 강요에 의한 진술이므로 증거능력이 없다."는 민원을 제기하는 것을 막고, 학부모와의 불필요한 감정적 소모전으로 확산되는 것을 예방
3. 학교폭력대책자치위원회를 개최할 경우, 가·피해학생 출석은 반드시 서면으로 요청하고 서면진술, 진술권 포기 동의 등 불출석 시 조치방법을 안내한다
   ➞ 전담기구 조사결과에 대한 가·피해학생 측 '진술기회 제한' 민원 방지
4. 학교폭력대책자치위원회 결과는 반드시 '학교장 명의'로 서면 통보하고, 재심 등 불복절차(「행정절차법」 제24조제1항, 「학교폭력예방 및 대책에 관한 법률」 제17조의2)를 안내한다.
   ➞ 학교폭력 사안처리의 '절차적 하자'를 제기하는 민원 방지
5. 학교폭력 사안은 선도위원회에서 다루는 것은 법령 위반이라는 점을 유의한다.
   ➞ 피해학생(보호자)이 학교폭력 사안을 선도위원회에서 조치하는 것은 학교폭력 은폐·축소, 학생부 기재 회피를 위한 것이라는 민원을 제기하는 것을 예방
6. 자치위원회에서 피해학생에 대한 조치 결정 시 피해학생 및 보호자의 의견을 반드시 청취한다.
   ➞ 피해학생(보호자)이 반대하는 조치 결정 시 거부 민원 예방
7. 자치위원회 회의록과 같이 법률상 근거가 있는 경우를 제외하고, 가·피해 당사자, 목격자 등의 진술서 등 사안조사 자료는 비공개를 원칙으로 한다.
   ➞ 「학교폭력예방 및 대책에 관한 법률」 제21조 비밀누설 금지의무 위반 예방 및 사안 관련 학생·학부모(특히 목격자) 보호
8. 일사부재리의 원칙을 적용하여 동일한 사안에 대하여 재심 성격의 자치위원회는 개최하지 않는다.
   ➞ 학교폭력 사안처리의 절차상 하자로 인한 민원 방지
9. 성범죄 관련 사안을 인지한 경우 반드시 수사기관에 즉시 신고한다.
   ➞ 「아동·청소년의 성보호에 관한 법률」 제22조제2항에 따른 신고의무 위반 방지
10. 학교폭력 사안 발생 시 초기에 학교폭력 사안처리를 적극적으로 하는 등 가·피해학생의 학부모와 신뢰를 구축하기 위해 노력해야 한다.
    ➞ 사안 관련 학부모가 학교, 교사에 대해 신뢰하지 못할 경우 학교의 사안처리에 만족하지 못하고 사안이 장기화되는 사례가 많아 특별히 유의

출처: 교육과학기술부(2012b).

제5장

The Prevention and Countermeasures of School Violence

# 학교폭력대책자치위원회

## 1. 자치위원회의 기능 및 역할

### 1) 자치위원회의 법적 근거

「학교폭력예방 및 대책에 관한 법률」 제12조제2항에 따르면, 학교폭력 사건에 관한 조치는 반드시 자치위원회의 심의를 거쳐 이루어져야 하며, 당해 학교의 교칙, 선도규정 혹은 학생생활지도 규정 등에 의거하여 선도위원회를 거쳐 결정이 이루어졌다면 위법이다. 자치위원회와 선도위원회는 그 성격과 구성이 완전히 다르기 때문에 학교폭력 사건을 선도위원회에서 처리할 수 없다.

「학교폭력예방 및 대책에 관한 법률」은 가해학생과 그 보호자 또는 피해학생과 그 보호자의 의사와 관계없이 학교폭력이 발생하면 반드시 적용되어야 하는 법률이며, 피해학생 측과 가해학생 측이 합의를 했다고 하더라도 적용이 유보되거나 배제될 수 없다. 따라서 피해학생 측이 자치위원회 개최를 원하지 않거나, 서로 싸운 경우와 같이 가해학생이자 피해학생인 경우 양측이 자치위원회 개최를 원하지 않는다 하더라도 반드시 자치위원회를 개최하여야 한다.

또한 학교폭력이 조직적 혹은 지속적으로 행해졌거나 피해 사실이 경미하여 중대한 경우가 아니라고 학교의 장이 판단하여 자치위원회의 소집을 요청하지 않는다면 비공식적으로 학교폭력 사건을 처리하게 될 개연성이 크다.

처음에는 학교폭력 사건이 피해가 크지 않고 심각하지 않은 것으로 보인다 하더라도, 사건의 원인과 더 이상의 피해 방지를 위하여 일단 자치위원회를 소집하여 적절한 조치를 심의해야 한다.

「학교폭력예방 및 대책에 관한 법률」 제12조제1항에 따라 학교폭력의 예방 및 대책에 관련된 사항을 심의하기 위하여 학교에 학교폭력대책자치위원회를 둔다. 다만 자치위원회 구성에 있어 대통령령으로 정하는 사유가 있는 경우에는 교육감에 대한 보고를 거쳐 둘 이상의 학교가 공동으로 자치위원회를 구성할 수 있다.

### 2) 자치위원회와 선도위원회의 비교

종래 일선 학교에서는 학교폭력 사건이 발생한 경우 대개 선도위원회 등을 통하여 가해학생에 대한 선도 및 교육조치들을 취해 왔으며, 중재위원회 등을 통하여 학교폭력 사건의 중재 역할을 담당해 왔다. 하지만 선도

■ 표 5-1 ■ 자치위원회와 선노위원회의 비교

| 구분 | 자치위원회 | 선도위원회 |
| --- | --- | --- |
| 설립 사유 | 학교폭력 사건의 처리 | 음주, 흡연, 도박, 도벽, 기물파손, 부정행위, 불건전한 이성관계, 교사지시 불이행, 교사폭행 등의 처리 |
| 조치 · 징계 | 가해학생에 대한 조치<br>1. 피해학생에 대한 서면사과<br>2. 피해학생 및 신고 · 고발 학생에 대한 접촉, 협박 및 보복행위의 금지<br>3. 학교에서의 봉사<br>4. 사회봉사<br>5. 학내외 전문가에 의한 특별 교육 이수 또는 심리치료<br>6. 출석정지<br>7. 학급교체<br>8. 전학<br>9. 퇴학처분 | 징계의 종류<br>1. 학교 내의 봉사<br>2. 사회봉사<br>3. 특별교육 이수<br>4. 1회 10일 이내, 연간 30일 이내의 출석정지<br>5. 퇴학처분 |
| 근거규정 | 「학교폭력예방 및 대책에 관한 법률」 제17조 | 「초 · 중등교육법」 제18조제1항, 「초 · 중등교육법 시행령」 제31조제1항 |

출처: 김용수(2012), p. 108.

위원회나 중재위원회 등과 같은 교내기구들은 법에 근거를 둔 기구가 아니어서 그 구성 및 운영이 학교의 재량에 맡겨져 있었다. 법적 기구가 아닌 학교 재량에 맡겨진 기구에서 학교폭력 사건을 처리하는 상황에서는 각종 분쟁이 끊이지 않았다. 결국 이를 해결하고자 학교폭력대책자치위원회를 신설하였다. 학교폭력대책자치위원회(이하 '자치위원회'로 한다)는 학교폭력 사건이 발생하기 전에 학교폭력의 예방 및 대책을 위한 체제를 구축하고, 학교폭력 사건이 발생한 경우에는 사건이 민·형사상의 법적 분쟁으로 확대되기 전에 일차적으로 개입하여 피·가해학생에게 필요한 조치를 결정하며, 분쟁조정을 통해 당사자 간의 원만한 합의를 도모한다.

설립 사유, 조치·징계, 근거규정에 따라 자치위원회와 선도위원회를 비교하면 〈표 5-1〉과 같다(김용수, 2012).

### 3) 자치위원회의 심의사항

자치위원회는 학교폭력의 예방 및 대책 등을 위하여 ① 학교폭력의 예방 및 대책 수립을 위한 학교체제 구축, ② 피해학생의 보호, ③ 가해학생에 대한 선도 및 징계, ④ 피해학생과 가해학생 간의 분쟁조정, ⑤ 학교폭력 문제를 담당하는 책임교사 또는 학생회의 대표가 건의하는 사항을 심의한다. 학교폭력이 발생하였을 경우 「학교폭력예방 및 대책에 관한 법률」 제12조에 근거하여 가해자와 피해자를 대상으로 자치위원회를 소집하여 분쟁을 해결하고 대응하며, 가해자의 행동을 처벌 혹은 치료하고 피해자가 치유되어 학교생활을 정상적으로 할 수 있도록 도와준다. 또한 자치위원회는 「학교폭력예방 및 대책에 관한 법률」 제12조제3항에 근거하여 해당 지역에서 발생한 학교폭력에 대하여 학교장 및 관할 경찰서장에게 관련 자료를 요청할 수 있다.

자치위원회가 학교폭력 사건을 접수하여 전담기구에서 사안조사를 하였으나 학교폭력으로 볼 만한 사건이 아닌 경우, 자치위원회를 개최하여 사안조사 결과 학교폭력 사건이 아니며 가해학생이나 피해학생이 존재하지 않으므로 어떠한 조치도 필요하지 않은 사항이라고 의결하는 것이 바람직하다.

## 2. 자치위원회의 구성 및 운영

### 1) 자치위원회의 구성

자치위원회는 위원장 1인을 포함하여 5인 이상 10인 이하의 위원으로 구성하되, 대통령령으로 정하는 바에 따라 전체 위원의 과반수를 학부모 전체회의에서 직접 선출된 학부모대표로 위촉하여야 한다. 다만 학부모 전체회의에서 학부모대표를 선출하기 곤란한 사유가 있는 경우에는 학급별 대표로 구성된 학부모대표회의에서 선출된 학부모대표로 위촉할 수 있다(「학교폭력예방 및 대책에 관한 법률」 제13조제1항).

「학교폭력예방 및 대책에 관한 법률」 제13조제1항에 따른 자치위원회의 위원은 다음 각 호의 어느 하나에 해당하는 사람 중에서 해당 학교의 장이 임명하거나 위촉한다.

- 해당 학교의 교감
- 해당 학교의 교사 중 학생생활지도 경력이 있는 교사
- 법 제13조제1항에 따라 선출된 학부모대표
- 판사 · 검사 · 변호사
- 해당 학교를 관할하는 경찰서 소속 경찰공무원
- 의사 자격이 있는 사람
- 그 밖에 학교폭력 예방 및 청소년보호에 대한 지식과 경험이 풍부한 사람

**위 촉(임 명) 장**

성명:

주소(소속):

위촉(임명)기간: 20 년 월 일 ~ 20 년 월 일

위 사람을 학교폭력예방 및 대책에 관한 법률 제9조의 규정에 의하여 ○○학교의 학교폭력대책자치위원회 위원으로 위촉(임명)합니다.

년 월 일

○○ 학교장 (인)

그림 5-1 학교폭력대책자치위원 위촉장

**학교폭력대책자치위원회 위원 위촉동의서**

| 성 명 | | 생년월일 | |
|---|---|---|---|
| 소 속 | | 직급 | |
| 주 소 | | | |
| 연락처 | 근무처 | E-mail | |
| | 자택 | 휴대전화 | |
| 위촉기간 | 20 년 월 일 ~ 20 년 월 일 | | |
| 비고 | 학부모 위원( ), 외부 전문가 위원( ), 교사 위원( ) | | |

상기 본인은 ○○학교의 학교폭력대책자치위원회 위원 위촉에 동의하며, 위원으로서의 직무를 성실히 수행하겠습니다.

20 년 월 일

성 명 (서명)

○○ 학교장 귀하

그림 5-2 학교폭력대책자치위원 위촉동의서

또한 자치위원회 위원장은 위원 중에서 호선(mutual vote)하며, 위원장이 부득이한 사유로 직무를 수행할 수 없을 때에는 위원장이 미리 지정하는 위원이 그 직무를 대행한다.

학교폭력대책자치위원 임명장 및 학교폭력대책자치위원회 위원 위촉동의서 양식은 [그림 5-1], [그림 5-2]와 같다.

## 2) 자치위원회의 운영

### (1) 자치위원회의 개최

자치위원회는 분기별 1회 이상 회의를 개최하고 자치위원회의 위원장은 필요하다고 인정하는 다음의 경우에 회의를 소집하여야 한다(「학교폭력예방 및 대책에 관한 법률」 제13조제2항).

- 자치위원회 재적위원 4분의 1 이상이 요청하는 경우
- 학교의 장이 요청하는 경우
- 피해학생 또는 그 보호자가 요청하는 경우
- 학교폭력이 발생한 사실을 신고받거나 보고받은 경우
- 가해학생이 협박 또는 보복한 사실을 신고받거나 보고받은 경우
- 그 밖에 위원장이 필요하다고 인정하는 경우

학교폭력대책자치위원회 참석을 요청하는 양식은 [그림 5-3]과 같다. 또한 자치위원회는 회의의 일시, 장소, 출석위원, 토의내용 및 의결사항 등이 기록된 회의록을 작성 · 보존하여야 하며, 회의록 양식은 [그림 5-4]와 같다.

학교폭력대책자치위원회 참석 요청

본 위원회는 학교폭력예방 및 대책에 관한 법률 제12조에 의거하여 제○회 학교폭력대책자치위원회를 아래와 같이 개최하고자 하오니 참석하여 수시기 바랍니다.

1. 일시: 년 월 일 시

2. 장소:

3. 안건:

년 월 일

학교폭력대책자치위원회 위원장 (직인)

그림 5-3 자치위원회 참석 요청 양식

제○회 ______학교 학교폭력대책자치위원회

회 의 록

○ 일 시: 년 월 일( 요일) 시 분
○ 장 소:
○ 위원정수: 명
○ 참석위원: 명
○ 불참위원: 명

○ 회 순
1. 개회 2. 국민의례 3. 위원장 말씀
4. 안건발의 5. 안건심의 6. 기타 협의
7. 폐회

○ 의사일정(부의된 안건)
1.
2.

○ 회의내용
(발언 순서에 따라 기재)

○ 확인
위원장 __________ ㊞
위원 __________ ㊞ 위원 __________ ㊞
위원 __________ ㊞ 위원 __________ ㊞
위원 __________ ㊞ 위원 __________ ㊞
위원 __________ ㊞ 위원 __________ ㊞
위원 __________ ㊞ 위원 __________ ㊞

그림 5-4 자치위원회 회의록 양식

Q 지역신문 기자가 최근 언론을 통해 보도된 학교폭력 사건에 대해 자치위원회 회의록 공개를 요구해 왔습니다. 자치위원회의 회의록을 공개해야 합니까?

A 언론에 자치위원회 회의록을 공개해서는 안 됩니다. 「학교폭력예방 및 대책에 관한 법률」 제21조제3항은 "피해학생 · 가해학생 또는 그 보호자가 회의록의 열람 · 복사 등 회의록 공개를 신청한 때에는 학생과 그 가족의 성명, 주민등록번호 및 주소, 위원의 성명 등 개인정보에 관한 사항을 제외하고 공개하여야 한다."라고 규정하고 있습니다. 따라서 개인정보 처리자인 단위학교에서 회의록을 공개할 때에는 공개 시 개인정보가 침해되지 않는지 여부를 판단하여 침해되지 않는 범위 내에서 공개하여야 합니다. 여기서 개인정보란 학생과 그 가족의 성명, 주민등록번호 및 주소, 위원의 성명뿐만 아니라 다른 정보와 쉽게 결합하여 특정 개인을 알아볼 수 있는 정보를 포함합니다. 다만 피해 · 가해학생은 관계 법령의 입법 취지에 비추어 해당 회의록을 자신의 적법한 권리행사(민 · 형사상 조치, 재심, 행정심판 등)를 위해서만 사용하여야 하며 언론 등 외부 유출 및 공개를 할 수 없습니다.

### (2) 자치위원회 위원의 제 사항

자치위원회 위원의 임기는 2년으로 한다. 다만 자치위원회 위원의 사임 등으로 새로 위촉되는 위원의 임기는 전임위원 임기의 남은 기간으로 한다. 자치위원회의 회의는 재적위원 과반수의 출석으로 개의하고, 출석위원 과반수의 찬성으로 의결한다.

자치위원회 위원장은 해당 학교의 교직원에서 자치위원회의 사무를 처리할 간사 1명을 지명한다. 자치위원회의 회의에 출석한 위원에게는 예산의 범위에서 수당과 여비를 지급할 수 있다. 다만 공무원인 위원이 그 소관 업무와 직접적으로 관련하여 회의에 출석한 경우에는 그러하지 아니하다. 또한 자치위원회 위원장은 회의 일시를 정할 때 일과 후, 주말 등 위원들이 참석하기 편리한 시간으로 정하여야 한다.

#### (3) 자치위원회의 설치 및 심의 사항

「학교폭력예방 및 대책에 관한 법률」 제12조제1항의 단서에서 '대통령령으로 정하는 사유가 있는 경우'란 학교폭력 피해학생과 가해학생이 각각 다른 학교에 재학 중인 경우를 말한다. 「학교폭력예방 및 대책에 관한 법률」 제12조제2항제5호에서 '대통령령으로 정하는 사항'이란 학교폭력의 예방 및 대책과 관련하여 법 제14조제3항에 따른 책임교사 또는 학생회의 대표가 건의하는 사항을 말한다.

## 3. 자치위원회의 자격과 구성

### 1) 자치위원회 위원의 구성

#### (1) 학교장의 자치위원 참여 가능 여부

각급 학교의 장이 학교폭력 예방 및 청소년 보호에 지식과 경험을 가지고 있을지라도 「학교폭력예방 및 대책에 관한 법률」에서 학교장을 자치위원회에서 제외한 목적은 자치위원회와 학교의 장을 엄격하게 분리하기 위한 것이므로 학교의 장은 어떠한 경우에도 자치위원회 위원이 될 수 없다. 따라서 자치위원이 학교의 장을 수임인으로 하여 자치위원회에서 심의하거나 의결하도록 권한을 위임하는 것도 금지된다.

#### (2) 자치위원회의 구성 비율

「학교폭력예방 및 대책에 관한 법률 및 동법 시행령」에서는 위원의 자격요건을 규정하고 있을 뿐, 위원의 정수 및 구성 비율에 대해서는 규정하고 있지 않다. 자치위원 위촉권은 원칙적으로 학교의 장에게 맡겨져 있기 때문에 위원의 자격요건을 갖춘 사람 중에서 누구를 위촉할 것인가는 학교장의 재량이다.

그러나 학교와 지역사회가 유기적으로 협력하여 학교폭력 문제를 자율적으로 해결하고자 마련된 자치위원회 제도의 취지를 살리기 위해서는 위원회의 중립성 · 객관성 · 전문성이 보장되어야만 하므로, 가급적이면 자치위원회의 학교 밖 전문가 위원의 비율을 높게 구성하는 것이 바람직하다.

### 2) 위원의 결격과 자격 상실 및 사임과 결원

#### (1) 위원의 결격

「학교폭력예방 및 대책에 관한 법률」은 위원이 될 수 없는 자에 대해 규정하고 있지 않다. 그러나 자치위원회 위원 직무의 성질상 「국가공무원법」에 규정되어 있는 결격 사유는 다음과 같다.

- 금치산자 또는 한정치산자
- 파산자로서 복권되지 아니한 자
- 금고 이상의 형을 받고 그 집행이 종료되거나 집행을 받지 아니하기로 확정된 후 5년을 경과하지 아니한 자
- 금고 이상의 형을 받고 그 집행유예의 기간이 완료된 날로부터 2년을 경과하지 아니한 자
- 금고 이상의 형의 선고유예를 받은 경우에 그 선고유예 기간 중에 있는 자
- 법원의 판결 또는 다른 법률에 의하여 자격이 상실 또는 정지된 자
- 징계에 의하여 파면의 처분을 받은 때로부터 5년을 경과하지 아니한 자
- 징계에 의하여 해임의 처분을 받은 때로부터 3년을 경과하지 아니한 자

#### (2) 위원의 자격 상실

자치위원회 위원은 개인적인 사정으로 위원직을 계속 수행하기 어려운

경우 본인의 의사에 따라 자유롭게 사임할 수 있다. 사임의 의사를 위원장에게 서면 또는 구두로 표명함으로써 곧바로 위원직에서 탈퇴할 수 있으며, 자치위원회의 허가는 필요하지 않다.

또한 자치위원으로 위촉된 후 아래와 같은 사유가 발생한 경우에는 해당 위원의 위원자격이 상실된다. 위원의 자격 상실의 경우 추가로 위원을 위촉하는 등의 조치가 필요하지만, 나머지 위원으로도 위원회 운영이 가능한 경우에는 반드시 위촉하여야 하는 것은 아니다.

- 교사인 위원이 전근, 퇴근 등으로 인하여 당해 학교에 소속하지 않게 된 경우
- 경찰공무원인 위원이 전근, 퇴근 등으로 인하여 당해 학교를 관할하는 경찰서에 소속하지 않게 된 경우
- 학부모 위원이 자녀의 졸업 및 전학·퇴학 등을 이유로 운영위원 자격을 상실하는 경우
- 각 학교의 자치위원회 규정에 명시된 위원자격 상실 요건에 해당하는 경우의 사유가 발생한 경우

### (3) 자치위원의 결원 충원

자치위원의 자격 상실 혹은 사임으로 인하여 자치위원회에 결원이 생긴 경우 위원장은 자치위원회 운영에 지장이 없도록 신속하게 새로운 보궐위원을 위촉하여야 한다. 다만 결원이 생겼더라도 「학교폭력예방 및 대책에 관한 법률」과 그에 따른 해당 학교의 자치위원회 규정이 정해 놓은 최소 위원 수에 미달하지 아니하고 위원의 임기가 얼마 남지 않은 시점이라면 굳이 보궐위원을 위촉하지 않아도 무방하다.

## 4. 학교폭력 사건의 처리절차

학교폭력 사건의 처리는 학교폭력 사건이 발생하여 피해자 또는 목격자 등이 그 사실을 신고함과 동시에 시작되며, 모든 사안이 처리되어 교육청에 보고될 때까지 여러 절차를 거치게 된다. 학교폭력 사건의 구체적인 처리절차는 다음과 같다.

### 1) 학교폭력 발생 신고

학교폭력 사안처리는 사안의 피해자 또는 목격자 등이 그 사실을 학교나 경찰 등 관계 기관에 신고함으로써 시작된다. 신고 없이 학교나 자치위원회가 나서서 사안을 처리하는 것은 사실상 어렵다. 그럼에도 불구하고 학교폭력 사안에 있어서 피해자나 목격자들이 적극적으로 신고하는 것을 꺼리는 경향이 있다.

「학교폭력예방 및 대책에 관한 법률」 제20조제1항, 제3항은 학교폭력과 그 예비 · 음모에 대해서도 신고하도록 규정하고 있다. 즉, 제1항에는 "학교폭력 현장을 보거나 그 사실을 알게 된 사람은 학교 등 관계기관에 이를 즉시 신고하여야 한다.", 그리고 제3항에는 "누구라도 학교폭력의 예비 · 음모 등을 알게 된 자는 이를 학교장 또는 자치위원회에 고발할 수 있다. 다만, 교원이 이를 알게 되었을 경우에는 학교장에게 보고하여야 한다."라고 규정되어 있다. 이러한 학교폭력 신고의무 위반에 대해 처벌규정은 없다. 그러므로 일반인이 신고를 하지 않았더라도 처벌을 받지 않는다. 다만 교원의 경우에는 다른 법률에 의해 처벌이나 징계를 받을 수 있다.

교사가 학생들을 지도 · 상담하는 과정에서 학교폭력의 사실을 알게 되었지만 사건이 경미한 경우에는 학교장에게 보고하지 않고 교사가 직접 중재에 나서서 가해학생 측으로부터 사과문이나 각서를 받고, 경우에 따라서는 치료비 등을 배상토록 한 후 사건을 종결하는 경우가 많이 있다. 그러나 이러한 행동은 공무원법상 성실의무 등을 위반한 것이기 때문에 교원의 경우에는 징계 등의 불이익을 받을 수 있다.

### 2) 신고접수 및 학교장 보고

학교폭력의 신고를 받은 기관은 이를 가해학생 및 피해학생의 보호자와 소속 학교장에게 통보하여야 한다(「학교폭력예방 및 대책에 관한 법률」 제20조제2항). 즉, 학교폭력 사건이 경찰 등의 수사기관 혹은 교육청 등에 신고된 경우에 신고를 받은 기관은 해당 학교의 장에게 통보를 하여야 한다. 통보를 받은 학교의 장은 이를 자치위원회에 지체 없이 통보한다. 또한 학교폭력 전담기구는 신고된 사안을 신고대장에 반드시 기록하고, 학교장 및 담임교사에게 보고하며 가 · 피해학생 학부모에게 통지한다.

### 3) 즉시조치

학교폭력 사건이 발생했을 때 학교 및 관계 기관은 1차적으로 해당 학생들 및 주변 학생들이 신체적 · 심리적 상처를 입지 않도록 보호하고 격리시키는 등의 안전조치를 취해야 한다. 또한 신고 · 고발한 학생도 피해학생의 수준에서 가해학생으로부터 보복행위를 당하지 않도록 조치하여야 한다.

### 4) 사안조사

학교폭력 사안에 대한 조사책임은 원칙적으로 자치위원회에 있지만,

학교폭력 사안의 통보를 받은 자치위원회는 학교폭력 전담기구에 우선적으로 해당 사안에 관한 조사를 착수하도록 지시하여야 한다. 학교폭력 사건의 처리과정에 있어서 초기 단계에서 중요한 것은 사건의 진실을 밝히는 것이다. 학교폭력 사건의 정확한 진실이 밝혀지고 잘잘못이 가려져야만 피해 · 가해학생에 대한 적절한 조치, 공정한 중재가 가능하다.

Q 학교에서 학교폭력 사안을 인지하기 전에 가해학생이 이미 다른 학교로 전학을 간 경우에는 어떻게 해야 합니까?

A 가해학생이 학교의 학교폭력 사안 인지 이전에 이미 전학을 갔다면 학교폭력으로 인한 가해학생과 피해학생이 각각 다른 학교에 재학 중인 경우에 해당합니다. 따라서 교육감에게 즉시 보고하고 둘 이상의 학교가 공동으로 자치위원회를 개최해야 합니다.

### 5) 가 · 피해학생 부모면담

학교폭력 사안의 조사가 종결됨과 동시에 자치위원회는 조사결과 보고서를 작성하고, 조사 결과를 피 · 가해학생의 보호자에게 통보한다. 이때 자치위원회의 지시를 받은 학교폭력 전담기구 혹은 담임교사가 학교폭력 사안 조사 결과에 대해 가 · 피해학생 학부모에게 알리고 향후 처리절차 등에 대해 통보한다.

### 6) 처리방향 심의 및 결정

자치위원회의 조사가 종료되면 지금까지의 조사 결과를 토대로 자치위원회 회부 여부를 결정하고 전담기구의 심의 결과를 바탕으로 자치위원회의 개최를 결정한다.

## 7) 자치위원회 개최 및 조치

자치위원회는 위원회를 개최하여 가 · 피해학생 및 보호자에게 의견 진술의 기회를 부여하고, 조치 의결 후 학교장에게 피 · 가해학생 소치를 요청한다. 자치위원회의 전체 진행과정은 [그림 5-5]와 같다(교육과학기술부, 2012a).

|  |  |
|---|---|
| 개최 알림 | 신행사가 자치위원회 개회를 알린다. |
| 자치위원회 개요 안내 | 자치위원회의 목적, 자치위원 소개, 회의 진행절차, 회의 주의사항을 전달한다. |
| 사건조사 보고 | 책임교사가 사건조사서를 보고한다. |
| 피해 측 진술 | 피해자 측에 진술시간을 준다. 먼저 사건을 진술하고 피해학생 측의 입장을 말하도록 한다. |
| 가해 측 진술 | 가해자 측에 진술시간을 준다. 사건을 진술하고 가해학생 측의 입장을 말하도록 한다. |
| 질의 응답 | 참석자들이 사건을 중립적으로 볼 수 있도록 한다. |
| 합의 조정 | 치료비 등 합의금에 대해 합의 조정한다. |
| 합의 결정 | 피해 · 가해학생 측 퇴실 후 자치위원 협의를 통해 피해학생에 대한 보호조치와 가해학생에 대한 선도조치의 내용과 수위를 결정한다. |
| 피 · 가해학생 조치 결정 | 합의 내용을 고려하되 조치는 반드시 하여야 한다. |

그림 5-5 자치위원회 전체 진행과정

출처: 교육과학기술부(2012a), p. 108.

### 8) 결정 통보 및 재심 안내

자치위원회의 결정을 보고받은 학교장은 가 · 피해학생 및 그 보호자에게 통보하고 통보 시 재심을 받을 수 있는 방법을 상세히 안내한다.

### 9) 조치 실행 및 교육감 보고

학교장은 자치위원회의 조치 요청에 따른 조치를 실행한다. 이때 피해학생에 대한 조치는 보호자의 동의를 얻어 7일 이내에 조치를 취하고, 가해학생에 대한 조치는 14일 이내에 조치를 취한다. 교육감에게 조치 및 그 결과를 보고한다.

학교폭력 사건의 처리절차는 다음과 같다(교육과학기술부, 2012a).

| 단계 | 처리 내용 | 담당 | 근거규정 |
|---|---|---|---|
| 폭력 사건 발생 인지 | 사건현장 목격, 117신고센터 통보, 신고 등을 통해 사건 발생을 인지한 교사, 학생, 학부모 등은 학교폭력 전담기구(책임교사 등)에 신고 | – | •「학교폭력예방 및 대책에 관한 법률」(이하 '학폭법') 제20조제1항 |
| 신고 접수 및 학교장 보고 | • 학교폭력 전담기구는 신고된 사안을 신고대장에 반드시 기록하고, 학교장, 담임교사에게 보고한 후 가 · 피해학생 학부모에게 통지<br>• 사안이 중대한 경우, 학교장 및 자치위원장에게 즉시 보고 | • 학교폭력 전담기구 | 「학폭법」 제20조 제2항, 제3항 |
| 즉시 조치 | • 피해학생과 가해학생 즉시 격리<br>• 신고 · 고발한 학생도 피해학생의 수준에서 가해학생으로부터 보복행위를 당하지 않도록 조치<br>≪피해학생≫<br>•「아동 · 청소년의 성보호에 관한 법률」에 따라 성폭행에 대해서는 반드시 수사기관에 신고하고, 성폭력 전문상담기관 및 병원을 지정하여 정신적 · 신체적 피해 치유<br>• 학생의 신체적 · 정신적 피해를 치유하기 위한 조치 실시<br>≪가해학생≫<br>• 2인 이상의 학생이 고의적 · 지속적으로 폭력을 행사하 | • 학교장<br>• 학교폭력 전담기구<br>• 담임교사 | 「학폭법」 제17조, 제14조제7항, 「학폭법 시행령」 제21조 |

| | | | |
|---|---|---|---|
| | 는 등에 해당하는 사안의 경우 학교장은 가해학생에 대해 출석정지<br>• 가해학생의 선도가 긴급한 경우, 「학교폭력예방 및 대책에 관한 법률」 제17조제4항에 따라 학교장은 가해학생에 대한 조치를 취한 후 자치위원회에 즉시 보고하여 추인 | | |
| 사안조사 | • 학교폭력 전담기구에서 구체적인 사안조사 실시<br>– 가 · 피해학생 면담, 주변학생 조사, 설문조사, 객관적인 입증자료 수집 등<br>• 가 · 피해학생 심층상담<br>• 조사한 결과를 바탕으로 가해자와 피해자 확정<br>• 성폭력의 경우 비밀유지에 유의 | • 학교폭력 전담기구<br>• 담임교사 | 「학폭법」 제14조, 「학폭법 시행령」 제16조 |
| 가 · 피해 학생 부모면담 | • 조사결과에 대해 부모에게 알리고, 향후 처리 절차 등에 대해 통보 | • 학교폭력 전담기구<br>• 담임교사 | – |
| 처리방향 심의 | • 자치위원회 개최 시기 결정 | • 학교폭력 전담기구 | – |
| 처리방향 결정 | • 전담기구의 심의결과를 바탕으로 자치위원회 개최 요구 | • 학교장 | 「학폭법」 제13조, 「학폭법 시행령」 제17조 |
| 자치위원회 개최 및 조치 | • 가해학생 및 보호자에게 의견진술의 기회를 부여하는 등 적절한 절차를 거쳐야 함<br>• 자치위원회를 개최하여 가 · 피해학생에 대한 조치 결정 | • 자치위원회 | 「학폭법」 제16조, 제17조 |
| 결정통보 및 재심안내 | • 자치위원회의 결정을 가해자와 피해자 및 그 보호자에게 통보<br>• 통보시 재심을 받을 수 있는 방법 안내 | • 학교장 | 「학폭법」 제16조, 제17조, 17조의2 |
| 조치 실행 및 사후 관리 | • 학교장은 자치위원회의 조치 요청이 있는 경우 14일 이내에 해당 조치를 해야 함<br>• 가해학생과 그 보호자가 조치를 거부하거나 회피하는 경우 관련 법령에 따라 징계 또는 재조치<br>• 교육감에게 조치 및 그 결과 보고<br>• 가 · 피해학생이 안정적인 학교생활을 할 수 있을 때까지 심리치료, 재활치료, 생활지도 등 실시<br>• 가 · 피해학생 소속 학급, 필요시 학생 전체를 대상으로 학교폭력 예방교육 실시 | • 학교장<br>• 담임교사<br>• 전 교원 | 「학폭법」 제17조, 제19조 |

## 5. 자치위원회의 사안조사 및 회의 진행

### 1) 자치위원회의 소집과 사안조사

#### (1) 자치위원회 개의 정족수와 위임장

자치위원회의 개의 정족수를 위임장으로 대체 가능한지는 문제가 된다. 자치위원회 구성에서 외부위원의 위촉은 학교 구성원만으로 위원회를 개최할 경우 부족할 수 있는 객관성을 확보하고자 하는 조치다. 자치위원회 외부위원의 경우, 매번 참석하기 힘들어 부득이 참석이 불가능할 경우에만 제한적으로 위임장을 제출할 수 있다. 그러나 외부위원이 아닌 경우에는 위임장만으로 출석을 인정할 수 없다. 그러므로 모든 위원의 위임장으로 회의 개의에 필요한 정족수를 충족하였다고 볼 수 없다.

#### (2) 자치위원회의 심의 · 의결과 위임장

학교폭력 사안의 심의 · 의결은 위원장이 단독으로 결정하는 것이 아니라 출석한 자치위원들이 한다. 그러므로 위원장이 아닌 출석위원 과반수가 실제로 출석한 후 심의하는 것이 법의 취지와 법 적용의 객관성을 확보할 수 있다. 외부위원에 대한 위임장의 인정 부분은 자치위원회 개의의 융통성을 부여한 것이지 위임장이 학교폭력 사안의 심의 · 의결 권한까지 인정한 것은 아니라고 볼 수 있다. 가령 해당 학교에서 5명의 위임장을 출석으로 인정하여 학교폭력 사안을 심의 · 의결하였다면 자치위원회 개의 정족수와 의결 정족수를 충족하였다고 볼 수 없을 것이다.

#### (3) 자치위원회 소집방식

자치위원회 소집은 원칙적으로 위원장이 서면으로 통보한다. 이때 미리 자치위원들에게 전화로 안건에 관해 간략하게 설명하고 구체적인 일시와 장소를 협의한 후 서면 통보하는 것이 일반적이다. 서면통보서에는 회의의 일시, 장소, 구체적인 안건이 명시되어 있어야 한다. 특히 긴급을 요하는 사안이 있는 경우에는 전화 통화 등을 이용하여 신속하게 소집을 통보할 수 있다.

### (4) 사안조사 착수

자치위원회가 소집되면 우선적으로 당해 사안에 관한 조사에 착수하여야 한다. 학교폭력 사건의 처리과정에 있어서 초기 단계에서 중요한 것은 사건의 진실을 밝히는 일이다. 학교폭력 사건의 정확한 진실이 밝혀져야만 피·가해학생에 대한 적절한 조치나 공정한 중재를 할 수 있다.

학교폭력 사안에 대한 조사책임은 원칙적으로 자치위원회에 있지만,

학교폭력 사안 조사보고서

| 사건발생 일시 | | | | | | |
|---|---|---|---|---|---|---|
| 학교폭력의 유형 | | | | | | |
| 1. 가해학생 신상 | 성명 | | 성명 | | 주민번호 | |
| | 가족상황 | | | | 출결상황 | |
| | 학년/반 | | | | 전화번호 | |
| | 주소 | | | | | |
| 2. 피해학생 신상 | 성명 | | 성명 | | 주민번호 | |
| | 가족상황 | | | | 출결상황 | |
| | 학년/반 | | | | 전화번호 | |
| | 주소 | | | | | |
| 3. 피해학생 주장 | -사건의 발단<br>-사고 과정<br>-사고결과<br>-요구사항 | | | | | |
| 4. 가해학생 주장 | | | | | | |
| 5. 피해학생 보호자의 주장 | | | | | | |
| 6. 가해학생 보호자의 주장 | | | | | | |
| 7. 참고인(목격자) 의견 | | | | | | |
| 8. 책임교사 의견 | | | | | | |
| 9. 전문상담교사 의견 | | | | | | |
| 10. 특기사항 | | | | | | |
| 11. 문제점 진단 | | | | | | |

그림 5-6 학교폭력 사안 조사보고서 양식

위 임 장

성 명 : ○ ○ ○

위 본인은 20○○년 ○○월 ○○일 ○○시에 개최되는 학교폭력대책자치위원회 회의에 불참하게 되어, 자치위원회의 모든 심의 및 의결에 동의하므로 위임장을 제출합니다.

20○○년 ○○월 ○○일

○○학교폭력대책자치위원회
성명: 서명 또는 날인

○○학교폭력대책자치위원회위원장 귀하

그림 5-7 자치위원회 위임장 양식

직접적인 조사는 자치위원회의 지시를 받아 학교폭력 전담기구의 학교폭력 책임교사가 담당한다. 학교폭력 책임교사는 피·가해학생의 담임교사 및 전문상담교사 등의 협조를 얻어 사안의 진상을 조사하고, 증인 및 물증을 확보하며, 조사된 내용에 대한 보고서를 작성하여 자치위원회에 보고하고 필요한 지시를 받는다. 학교폭력 책임교사가 학교폭력 사안에 대해서 조사한 후 자치위원회에 보고할 보고서의 양식은 [그림 5-6]과 같고, 자치위원회의 위임장 양식은 [그림 5-7]과 같다.

Q 자치위원회의 지시에 따른 학교폭력 전담기구의 사안조사만 가능합니까, 아니면 자치위원회에서도 조사가 가능합니까?

A 자치위원회는 학교폭력 피해 사실 확인을 위해 학교폭력 전담기구에 조사를 지시할 수 있습니다. 또한 학교폭력 전담기구의 조사와는 별도로 자치위원회의 조사를 진행할 수도 있습니다.

### (5) 자치위원회의 심의

자치위원회의 조사가 종료되면 지금까지의 조사 결과를 토대로 피해학생 및 가해학생에 대한 조치를 심의·의결하여 학교의 장이 이를 이행하도록 요청한다. 또한 학교폭력 사건과 관련하여 분쟁의 당사자가 조정을 신청한 경우에는 분쟁조정을 위한 심의도 진행한다. 경우에 따라 피·가해학생에 대한 조치의 심의와 분쟁조정 관련 심의가 동일한 기회에 진행될 수도 있다. 다만 이 경우에 피해학생에 대한 조치, 가해학생에 대한 조치, 분쟁조정 관련 심의는 각각 별도의 안건으로 다루어져야 한다.

### (6) 조사활동의 중지

분쟁 당사자가 고소·고발을 하거나 민사상 소를 제기한 경우라고 하더라도 원칙적으로 학교 차원에서 피·가해학생에 대한 조치는 가능하다. 이때 공정한 수사나 재판에 영향을 미칠 수 있는 조사활동은 중지하는 것이 바람직하다. 가해학생에 대한 선도 및 징계조치와 관련하여 지금까지 자치위원회의 조사 결과에서 가해학생에 대한 혐의 내용이 분명히 규명되지 못한 경우에는 가해학생에 대한 최종 조치를 사법적 판단이 내려진 이후로 유보하고 일시적인 조치만 취하는 것이 바람직하다. 그리고 분쟁조정에 있어 분쟁 당사자가 고소·고발을 하거나 민사상 소를 제기한 경우 자치위원회는 분쟁조정의 개시를 거부하거나 이미 개시된 분쟁조정을 중단할 수 있다.

#### (7) 학생 신분이 아닌 자에 대한 조사 금지

학생 신분이 아닌 자에 대해서는 자치위원회가 조치를 심의·의결할 수 없으며 분쟁조정의 권한도 행사할 수 없다. 학교폭력 사건에 학생 신분이 아닌 자가 개입되어 있을 경우에는 학생신분이 아닌 자를 제외한 가·피해학생에 대해서만 각각 해당 학교의 자치위원회에서 조치를 심의한다.

## 6. 자치위원회 개최 준비 및 진행의 유의사항

### 1) 자치위원회 개최 준비

#### (1) 서류 준비 및 입증방법 준비

전담기구가 조사한 사안조사서, 피해학생의 진단서, 가·피해학생 및 목격학생 등 관련 학생 진술서, 학교폭력 사안을 입증할 수 있는 증거자료 등 자치위원들이 가해학생에 대한 조치나 피해학생에 대한 보호조치를 의결할 수 있는 자료 등 필요한 서류를 사전에 준비한다. 자료를 충분히 숙지한 후에 의결할 수 있도록 위의 준비한 자료들을 자치위원회 시작 전에 자치위원과 위원장에게 배포한다.

### (2) 회의 장소

자치위원들의 좌석 배치 등은 회의의 원활한 진행과 피해학생 측과 가해학생 측의 감정 대립 등을 완화할 수 있도록 적절히 배치한다. 피해학생 및 보호자와 가해학생 및 보호자가 의견 진술을 할 수 있는 기회를 갖기 위하여 자치위원회에 참석을 할 경우, 책임교사가 미리 피해학생 측과 가해학생 측이 의견 진술을 할 때까지 대기할 수 있는 장소를 지정하여 안내자를 배정한다.

### (3) 자치위원의 수당과 여비

자치위원회에 출석한 위원들에게는 예산의 범위 내에서 수당과 여비를 지급할 수 있다. 학교의 장이 학교 회계예산 편성 시 자치위원회에 출석한 자치위원에게 현실성 있는 수당이나 여비가 지급될 수 있도록 하는 것이 자치위원들의 참석률을 높이는 방법이 될 수 있다.

## 2) 자치위원회 진행절차

자치위원회는 위원장의 개회 선언으로 회의를 시작한다. 학교폭력 책임교사(이하 '책임교사'라 한다)는 참석자를 소개하고 자치위원회 개최의 목적, 진행절차, 비밀유지 의무, 주의사항 등을 알린다. 이어서 책임교사는 전담기구의 학교폭력 사안조사 결과를 보고한다.

사안조사 결과를 보고받은 자치위원회는 피해학생 및 보호자에게 의견 진술의 기회를 부여한다. 이때 자치위원들은 피해학생 및 보호자에게 질문을 할 수 있다. 피해학생 및 보호자는 의견 진술이 끝나면 회의 장소에서 퇴실한다. 이어서 가해학생 및 보호자를 입장하게 하여 의견 진술의 기회를 부여한다. 이때 자치위원들은 가해학생 및 보호자에게 질문을 할 수 있다. 가해학생 및 보호자는 의견 진술이 끝나면 회의 장소에서 퇴장한다.

이후 자치위원들은 피해학생에 대한 보호조치, 가해학생에 대한 선도 · 징계조치 및 가해학생 보호자에 대한 특별교육 이수 등의 조치에 대하여 논의하여 의결한다. 이때 자치위원회에서 피해학생에 대한 조치 및 가해학생에 대한 조치 외에 분쟁조정까지 할 수 있으며, 분쟁조정만을 별도의 사안으로 자치위원회를 개최하여 진행할 수도 있다.

끝으로, 자치위원회는 조치 결과를 학교장에게 통보한다. 통보를 받은 학교장은 피해학생에 대한 조치의 경우에는 피해학생 보호자의 동의를 얻어 학교의 장이 7일 이내에 조치를 취해야 하며, 가해학생에 대한 조치의 경우에는 14일 이내에 조치를 취해야 한다. 조치를 취한 경우 학교장은 자치위원회에 보고하여야 한다.

### 3) 자치위원회 진행 중 유의사항

#### (1) 자치위원 및 진행자의 유의사항

자치위원회 진행 중 자치위원 및 진행자의 유의사항은 다음과 같다(법무부, 교육과학기술부, 부산광역시교육청, 2011; 학교폭력SOS지원단, 2008).

- 진술 시 사실관계에 대한 질문을 주로 한다. 객관적인 사실 여부에 대한 질문을 주로 하고 감정이 상할 수 있는 질문은 하지 않도록 하여야 한다.
- 특별히 피해자가 가해자와의 만남에 대한 불안 정도가 높을 경우 피해자는 참석하지 않고, 양측 학부모와 가해학생만 참석하도록 하는 것이 좋다.
- 양측이 회의 전까지는 별도의 공간에서 따로 기다리도록 하는 것이

좋다. 이는 아직 감정이 상해 있는 경우에는 학생 또는 학부모 간에 고성이 오가거나 폭행이 발생하여 사건이 더욱 복잡해질 수 있기 때문이다.

- 피해학생 측과 가해학생 측 모두가 서로의 감정을 자극하는 언행을 가급적 자제하도록 한다.
- 중립적인 가치기준과 객관적인 태도로 임한다. 양측이 자신의 입장을 충분히 이야기하도록 진술의 기회를 제공하되, 지나치게 자신만의 입장을 고집할 경우 중립자의 입장에서 현실적인 한계와 교육적인 입장을 알린다.
- 진술방법에 있어서 진행자는 양측이 서로의 진술시간에 말을 끊고 중간에 개입하는 것을 제한하고, 각자의 의견을 제안할 때는 손을 들어 진행자의 허락하에 말할 수 있도록 한다.
- 학생의 학교 적응에 초점을 둔다. 이를 위해 학부모의 감정적 요구보다 피 · 가해학생 당사자의 학교 적응에 초점을 맞추도록 설득한다.
- 사건의 진실을 밝히기 위해 철저한 사건조사 및 증거자료를 확보하도록 한다.

### (2) 피해학생 측의 유의사항

자치위원회 진행 중 피해학생 측의 유의사항은 다음과 같다(법무부, 교육과학기술부, 부산광역시교육청, 2011; 학교폭력SOS지원단, 2008).

- 피해학부모는 자치위원회에 참석하는 경우 피해학생의 진술서, 주변인의 증언 및 진술서 등 사건과 관련된 증거자료를 준비한다.
- 비록 감정적으로 불편하고 힘들어도 가해학생 측의 감정을 자극하고 인격을 모독하는 언행은 삼가는 것이 사건 해결에 도움이 된다.
- 피해학생 보호 및 향후 학교 적응을 위한 현실적이고 합리적인 조치

사항을 미리 정리하고 피해학생 측 진술시간에 요구사항을 전달한다.

- 가해학생에 대한 처벌 및 조치에 대해 감정적인 요구보다 가해학생이 진심으로 반성하고 향후 재발하지 않도록 하는 것에 초점을 두는 것이 좋다.
- 신체폭행으로 치료비의 문제가 있을 경우 자치위원회 참석 이전에 미리 진단서를 준비하고 향후 진료에 대한 전문의의 소견서를 첨부하는 것이 좋다.
- 치료비는 진단서를 기준으로 기본적인 치료비를 요구하는 것이 좋다.
- 정신적 피해보상금은 객관적으로 증명할 수 있는 범위 내에서 가능하다. 정신적 피해에 대한 진단서는 2주 이상 정신과 병동에 격리되어 정신 감별을 받아야만 가능하므로 정신 감별보다는 심리진단서를 발급받는다. 피해학생의 정시적 어려움과 심리적 문제가 학교폭력으로 인한 것인지 여부가 객관적으로 증명되면 학교폭력으로 인한 피해로 인한 직접적인 치료비를 요청할 수 있다.

### (3) 가해학생 측의 유의사항

자치위원회 진행 중 가해학생 측의 유의사항은 다음과 같다(법무부, 교육과학기술부, 부산광역시교육청, 2011; 학교폭력SOS지원단, 2008).

- 가해학생의 진심 어린 사과가 문제 해결에 가장 중요한 요소이므로 자치위원회를 통해 피해학생과 학부모에게 공식적으로 사과하도록 한다.
- 피해학생에게 원인 제공의 문제를 들어 감정을 상하지 않도록 주의하고, 가해행동은 어떠한 이유에서도 용납되지 않음을 인정하고 사과하도록 한다.
- 피해학생이 병원에 입원해 있는 경우 병문안을 통해 피해학생 측의

상한 감정을 위로하도록 한다.

- 피해학생이 치료비를 요구하기 전에 치료비에 대한 언급을 먼저 하는 것이 상식적이며, 진단서를 기준으로 치료비를 지급하도록 한다.
- 자치위원회에서 합의된 치료비의 금액과 지급기간은 반드시 지키도록 한다.
- 사실에 근거하여 사건을 처리하고 가해학생이 자신의 잘못에 대해 책임지도록 지도하되, 부모로서 자녀의 잘못을 함께 책임지려는 모습을 보여 주는 것이 자녀의 도덕적 판단기준과 인성교육에 도움이 된다.

Q 중학교 3학년 학생 5명이 1학년 3명을 학교 체육관 뒤로 집합시켜 겁을 주던 중, 3학년 학생 2명이 말다툼을 하다 서로 폭행을 하여 자치위원회가 소집되었고, 피해학생 및 가해학생의 보호자가 변호사, 기자를 대동하고 자치위원회에 참석하여 사안조사 자료를 요구함과 동시에 촬영을 요구하고 있습니다. 이 경우 학교 측에서는 어떻게 대응해야 합니까?

A 가해학생 및 피해학생에 대한 조치를 위한 자치위원회 회의는 비공개로 진행됩니다. 따라서 변호사, 기자의 참석 및 촬영은 불가합니다. 피해학생 · 가해학생 또는 그 보호자가 회의록의 열람 · 복사 등 회의록 공개를 신청한 경우, 학교는 개인정보에 관한 사항을 제외하고 공개하여야 하나, 변호사, 기자에게는 공개할 의무가 없습니다. 또한 CCTV 자료, 담임교사의 사건경위서, 가해학생 보호자가 피해학생과의 대질을 요구할 경우, 학교에서는 이에 대해 응할 의무가 없습니다.

출처: 교육과학기술부(2012b).

제6장

The Prevention and Countermeasures of School Violence

# 학교폭력 예방교육과 학교폭력 전담기구

## 1. 학교폭력 예방교육

### 1) 학교폭력 예방교육의 준비

#### (1) 학교폭력 예방교육의 법적 근거

학교의 장은 학생의 육체적 · 정신적 보호와 학교폭력의 예방을 위한 학생들에 대한 교육(학교폭력의 개념 · 실태 및 대처방안 등을 포함하여야 한다)을 학기별로 1회 이상 실시하여야 한다(「학교폭력예방 및 대책에 관한 법률」 제15조제1항). 또한 학교의 장은 학교폭력의 예방 및 대책 등을 위한 교직원 및 학부모에 대한 교육을 학기별로 1회 이상 실시하여야 한다(「학교폭력예방 및 대책에 관한 법률」 제15조제2항).

학교의 장은 학교폭력 예방교육 프로그램의 구성 및 그 운용 등을 전담기구와 협의하여 전문단체 또는 전문가에게 위탁할 수 있다. 교육장은 예방교육 프로그램의 구성과 운용계획을 학부모가 쉽게 확인할 수 있도록 인터넷 홈페이지에 게시하고, 가정통신문이나 학부모회 연수 등 다양한 방법으로 학부모에게 알릴 수 있도록 노력하여야 한다.

#### (2) 학교폭력 예방교육의 목적

학교폭력 예방교육의 목적은 궁극적으로 학교폭력에 대한 청소년들의 그릇된 인식과 태도를 변화시켜 가해학생 또는 가해의 위험 징후가 있는 학생들에게 학교폭력은 범죄라는 인식을 심어 주고 바람직한 태도 변화를 유도하거나, 일반학생들에게는 언제 당할지 모를 학교폭력에 대해 효과적으로 대처할 수 있도록 교육시킴으로써 학교폭력의 잠재적 가능성을 최소화하여 안전하고 즐거운 학교를 만드는 데 있다.

#### (3) 학교폭력 예방교육의 의의

학교폭력 예방교육은 교사에게 학급 내 학교폭력 사건에 대한 신속한 대처 능력을 길러 주어 학교폭력 사건이 확대되지 않으면서 원만하게 해결될 수 있도록 하며, 사건 자체의 발생 가능성도 줄일 수 있는 역할을 하게 된다. 또한 학교폭력 예방교육은 학교폭력 사안이 교사나 학교의 책임 여부에 대한 법적 분쟁으로 확대되는 경우에 스스로를 보호할 수 있는 최소한의 조치가 될 수 있다. 즉, 학교폭력 사안에서 교사의 책임과 관련된 사건 발생의 예측 가능성과 그에 따른 적극적인 조치를 이행하였는가의 판단에 있어서 학교폭력 예방교육은 학교에서 취할 수 있는 적극적인 조치 중의 하나로 제시될 수 있다.

#### (4) 학교폭력 예방교육의 주의시항

교사와 학생을 대상으로 하는 학교폭력 예방교육은 학기별로 1회 이상 실시하여야 한다. 학교의 사정이 있다고 하여 다음 학기로 연기하거나 하지 않을 수 있는 것이 아니다. 이는 「학교폭력예방 및 대책에 관한 법률」에서 규정하고 있는 것으로 학교의 사정, 학교장의 결정 등의 이유로 연기하거나 실시하지 않으면 법을 위반하게 된다.

학교폭력 예방교육은 담임교사나 학교장이 독자적으로 하여야 할 일이 아니며 생활지도부만의 역할도 아니므로 그것의 추진을 모든 교사가 하게 된다. 하지만 각급 학교에 설지된 전담기구의 주요 역할 중 하나가 이러한 예방교육에 대한 프로그램의 구성 및 실시이므로 전담기구의 역할이 중요하다.

### 2) 학교폭력 예방교육의 실시

학생과 교직원 및 학부모에 대한 학교폭력 예방교육은 학기별로 1회 이상 실시하되, 교육 횟수, 시간 및 강사 등 세부적인 사항은 학교의 여건에 따라 학교의 장이 정한다.

### (1) 학생 대상 예방교육

학생 대상 예방교육은 학교장이 학생의 육체적 · 정신적 보호와 학교폭력의 예방을 위하여 학기별로 1회 이상 실시하도록 법적으로 의무화하고 있다. 학생을 대상으로 하는 학교폭력 예방교육은 학급단위로 실시하는 것이 원칙이나, 학교의 여건에 따라 전체 학생을 대상으로 한 장소에서 집합교육을 실시할 수도 있다. 예를 들면, 학년 전체 학생을 대상으로 학교폭력의 개념, 실태, 대처방안에 대해 예방교육을 실시하고, 이후 학급단위로 친구들을 배려하는 방법, 학급 내 폭력 발생 시 대처요령, 학교폭력 피해학생과 가족의 고통 등에 대하여 토의하는 방식으로 진행할 수 있다.

### (2) 교직원 대상 예방교육

교직원 대상 교육은 기본적으로 학생 대상 교육과 분리하여 진행하여야 한다. 학교장은 학교폭력의 예방 및 대책 등을 위한 교직원 대상 교육을 학기별로 1회 이상 실시하여야 한다. 여기서 교직원이라 함은 담임교사나 생활지도 교사에 한정되는 것이 아니라 모든 교사와 학교의 직원까지도 포함된다. 교직원에 대한 학교폭력 예방교육은 학교폭력 관련 법령에 대한 내용, 학교폭력 발생 시 대응요령, 학생 대상 학교폭력 예방 프로그램 운영방법 등을 포함하여야 한다.

### (3) 학부모 대상 예방교육

학교의 장은 「학교폭력예방 및 대책에 관한 법률」 제15조제5항에 따라 학생과 교직원 및 학부모에 대한 학교폭력 예방교육을 학기별로 1회 이상 의무적으로 실시해야 한다. 이때 학생과 교직원, 학부모를 따로 교육하는 것을 원칙으로 하되, 내용에 따라서는 함께 교육할 수도 있다. 학부모를 대상으로 하는 학교폭력 예방교육도 학생과 교직원에 대한 예방교육과 마찬가지로 강의, 토론 및 역할연기 등 다양한 방법으로 하고, 다양한 자료나 프로그램 등을 활용하여야 한다. 학부모에 대한 학교폭력 예방교육에 포함되어야 할 내용은 학교폭력 징후 판별, 학교폭력 발생 시 대응요령, 가정에서의 인성교육에 관한 사항 등이다.

맞벌이 부부, 취약계층 학부모가 학부모교육에 참여하기 곤란한 점을 고려하여, 학교에서는 다양한 방법으로 학부모 대상 학교폭력 예방교육을 실시하여야 한다. 단위학교는 가능한 한 교육의 개최 횟수를 늘리고, 개최 시기도 일과 후, 주말 등 다양하게 운영하여 다수의 학부모가 참여할 수 있도록 노력해야 한다. 또한 학교로 방문하기 힘든 학부모를 위해 학교 홈페이지에 동영상 교육자료 탑재, 가정통신문 또는 이메일 발송 등 다양한 방안을 강구하여야 한다.

### (4) 학교폭력 예방교육의 위탁

「학교폭력예방 및 대책에 관한 법률」 제15조제5항에 따라 학교의 장은 학교폭력 예방교육 프로그램의 구성 및 그 운용 등을 전담기구와 협의하여 전문단체 또는 전문가에게 위탁할 수 있다. 그리고 지역교육지원청의 교육장은 학교폭력 예방교육 프로그램의 구성과 운용계획을 학부모가 쉽게 확인할 수 있도록 인터넷 홈페이지에 게시하고, 그 밖에 다양한 방법으로 학부모에게 알릴 수 있도록 노력하여야 한다.

## 2. 학교폭력 전담기구

### 1) 전담기구의 설치

학교폭력 전담기구(이하 '전담기구'라 한다)는 그 업무 수행에 있어서 많은 지원이 필수적이다. 따라서 「학교폭력예방 및 대책에 관한 법률」에서는 국가 및 지방자치단체가 조사에 관한 예산을 지원할 수 있도록 규정하고 있다. 또한 해당 학교장이 전담기구에 행정적 · 재정적 지원을 할 수 있도록 하고 있다(「학교폭력예방 및 대책에 관한 법률」 제14조제6항). 따라서 학교장은 전담기구가 실태조사 등을 하는 경우에 행정 업무 조정, 회의실 등 기자재 사용 허락 등 적극적인 협조를 하여야 한다.

학교폭력의 주된 장소는 학교다. 따라서 학교폭력의 문제 해결에서 교사의 중요성은 크다. 그러나 교사 입장에서는 과중한 수업시간과 재량권의 제한, 입시 위주의 교과과정 등으로 학생과의 친근한 신뢰관계를 형성하기가 매우 어렵고, 학교 내 상담문화의 부재로 학교폭력 문제에 적극적으로 대처하는 것 역시 쉬운 일이 아니다. 이를 해결하기 위하여 「학교폭력예방 및 대책에 관한 법률」은 각급 학교에 전담기구를 신설하고 예방교육을 실시하게 하는 등 예방조치에 대한 많은 내용을 담고 있다. 전담기구는 학교폭력 예방에 대한 많은 조치를 결정하고 운영하는 모임으로 각급 학교의 학교폭력 예방에 있어서 가장 핵심적인 기능을 한다.

#### (1) 전담기구의 구성원

학교장은 전문상담교사, 보건교사 및 책임교사 등으로 학교폭력 문제를 담당하는 전담기구를 구성하여야 한다(「학교폭력예방 및 대책에 관한 법률」 제14조제3항). 여기서의 책임교사는 학교폭력 문제를 담당하는 교사를 의미한다. 보통 학교에서는 생활지도부를 구성하고 이에 교사가 부장과 부원으로 참여하게 된다. 또한 생활지도부에 속하는 교사 중 참여 의사가 있다면 전담기구에 참여할 수 있다. 이러한 교사를 중심으로 다른 교사 등이 참여하여 전담기구를 구성하게 된다.

학교의 장은 대통령령으로 정하는 바에 따라 학교에 상담실을 설치하고, 「초 · 중등교육법」 제19조의2(전문상담교사의 배치 등)에 따라 전문상담교사를 둔다(「학교폭력예방 및 대책에 관한 법률」 제14조제1항). 전문상담교사는 학교의 장 및 자치위원회의 요구가 있을 때에는 학교폭력에 관련된 피해학생 및 가해학생과의 상담 결과를 보고하여야 한다(「학교폭력예방 및 대책에 관한 법률」 제14조제2항).

Q 학교에 전문상담교사가 없는 경우 계약직 전문상담사가, 보건교사가 없는 경우는 보건업무 담당교사나 수석교사가 전담기구에 참여 가능합니까?

A 「학교폭력예방 및 대책에 관한 법률」 제14조제3항에서는 전담기구는 교감, 전문상담교사, 보건교사 및 책임교사 등으로 구성하도록 하고 있습니다. 따라서 계약직 전문상담사, 보건업무 담당교사, 수석교사 등의 참여가 가능합니다. 이때 학교폭력 사안 조사 및 상담과 관련된 업무를 수행할 수 있는 전문성이 있는 교원이 전담기구의 구성원으로 참여하도록 해야 합니다.

### (2) 상담실 설치

상담실은 인터넷 이용시설, 전화 등 상담에 필요한 시설 및 장비와 상담을 받는 사람의 사생활 노출 방지를 위한 칸막이 및 방음을 위한 시설 및 장비를 갖추어 상담활동이 편리한 장소에 설치하여야 한다.

### (3) 전담기구의 역할

전담기구는 학교폭력에 대한 실태조사, 학교폭력 예방 프로그램의 구성 및 실시, 학교장 및 자치위원회의 요구가 있는 경우 학교폭력 조사 결과 보고, 피해 사실의 확인을 위한 학교폭력 사건 조사의 네 가지 업무를 수행하게 된다(「학교폭력예방 및 대책에 관한 법률」 제14조제4항, 제5항).

### 1 학교폭력에 대한 실태조사

해당 학교의 학교폭력에 대한 실태조사를 전담하여 실시하게 된다. 그동안 학기 초 또는 학기 말 등에 전교생을 대상으로 실시하던 학교폭력 관련 설문 등의 실태조사를 전담기구에서 담당하게 된다. 이러한 실태조사는 그 시기 등에 대해서는 규정되어 있지 않다. 따라서 학교의 상황이나 발생한 학교폭력 사건에 따라 수시로 실태조사를 실시할 수 있다. 예를 들어, 중학교에서 인근 고등학교 학생에게 괴롭힘을 당한 폭력사건이 발생한 경우에는 해당 중학교 학생들을 대상으로 유사한 사건이 없었는지에 대한 실태조사를 실시할 수 있다.

### 2 학교폭력 예방 프로그램의 구성 및 실시

학교폭력 예방교육이 강화되고 의무화되면서 기존에 이를 담당하던 생활지도 부장 등 담당교사만으로는 이를 수행하기 힘들게 되었다. 따라서 전담기구의 학교폭력 책임교사는 강화된 학교폭력 예방교육을 전담하여 그 구성에서 실시까지를 총괄하게 된다.

### 3 학교장 및 자치위원회의 요구 시 학교폭력 조사 결과 보고

학교장이나 자치위원회가 전담기구의 학교폭력 조사 결과에 대해 자료를 요청하는 경우 전담기구는 그 결과를 보고하여야 한다. 이 경우 학교장이나 자치위원회 모두 자료 요청의 권한이 있다. 이러한 보고에는 전담기구에서 실시한 학교폭력 조사 결과뿐만 아니라 그동안의 활동 결과까지 포함된다.

④ 피해 사실의 확인을 위한 학교폭력 사건의 조사

전담기구의 구성원은 학교에서 학교폭력에 대해 전문성을 지닌 사람들로 구성되어 있다. 이러한 전문성을 활용하기 위하여 법에서는 피해학생이나 피해학생의 보호자가 피해 사실 확인을 위해 전담기구에 조사를 요구할 수 있도록 하고 있다. 전담기구는 이미 직권으로 해당 학교의 학교폭력 실태조사를 실시하고 있다. 그러나 이러한 실태조사와는 별도로 피해학생 또는 피해학생의 보호자에게도 피해 사실 확인을 위한 조사 요구 권한을 부여하여 학교폭력 피해자의 권리를 보다 강화하려는 것이다.

⑤ 전문기관 실태조사 의뢰

전담기구는 성폭력 등 특수한 학교폭력 사건에 대한 실태조사의 전문성을 확보하기 위하여 필요한 경우 전문기관에 그 실태조사를 의뢰할 수 있다. 이 경우 그 의뢰는 자치위원회 위원장의 심의를 거쳐 학교장의 명의로 하여야 한다(「학교폭력예방 및 대책에 관한 법률」 제14조제7항).

## 2) 자치위원회 조사 시 구성원의 역할

### (1) 학교장의 역할

학교폭력 사안 조사 내용을 수시로 보고받고 확인하여 사안을 이해하고, 학생, 교원 등의 적극적인 협조를 유도하여 원활하게 조사가 이루어질 수 있도록 한다.

### (2) 위원장의 역할

학교폭력 사안 조사 시 책임교사와 함께 진행과정 및 문제점을 점검하여 방향을 제시하고 책임교사의 보고를 통해 사안을 정확하게 파악한다.

#### (3) 담임교사의 역할

담임교사는 사건 초기에 조사를 실시한다. 담당학생에 대한 사실 확인 및 신체적 · 정신적 상태를 파악하여, 정서적 · 교육적 개입을 통해 사안의 악화를 방지하고 초기 조사의 내용을 책임교사에게 보고한다. 또한 피 · 가해학생과 주변 학생들을 세심하게 관찰하고 지도하며, 피 · 가해학생 부모에게 자치위원회에 출석하여 진술할 것을 통보한다.

원칙적으로 학교폭력에 대한 조사 및 조치는 자치위원회의 권한이므로 담임교사의 역할은 제한적이다. 그럼에도 불구하고 피해학생이나 가해학생을 잘 아는 담임교사가 1차적으로 개입하는 것은 학교폭력 사안의 악화를 막고 문제 해결을 하는 데 중요하다.

#### (4) 전담기구 소속 교사의 역할

책임교사는 피 · 가해학생의 담임교사 및 전문상담교사 등의 협조를 얻어 사안의 진상을 조사하고 증인 및 물증을 확보하며, 조사된 내용을 정리하여 자치위원회에 보고한다. 상담교사는 책임교사의 요청이 있는 경우 피 · 가해학생에 대한 심리검사 및 상담을 실시하여 학생에 대한 소견을 밝힌다. 보건교사는 피해학생의 신체적 피해 정도를 파악하고 진단서 및 소견서를 확인한다.

### 3) 학교폭력 전담기구의 사안조사

학교폭력 사안이 접수되면 학교폭력 전담기구는 사안을 조사하여 자치위원회에 보고하고, 자치위원회는 피해학생 보호자 및 가해학생 보호자에게 자치위원회 개최 일시 및 장소를 통보한다. 학교폭력 전담기구의 사안조사는 다음과 같은 네 가지 원칙에 따라 이루어진다. 먼저 서면조사, 해당 학생 및 증인의 면담조사, 사안현장조사 등을 모두 실시한다. 둘째,

면담조사의 경우에는 관련자들의 진술서를 받는다. 셋째, 전담기구 소속 교사는 학생, 학부모, 목격자, 담임교사 등을 면담 조사한 후에 면담조사 일지를 작성한다. 끝으로, 학생 조사 및 지도는 학생의 수업권이 침해되지 않도록 수업시간 이외에 하는 것을 원칙으로 하되, 부득이한 경우에는 조사 대상 학생의 동의를 구하고 조사시간에 해당하는 교과 담당교사에게 사전에 협조를 구한 후 수업시간에 할 수 있다.

### (1) 피 · 가해학생 면담 및 조사 방법

피 · 가해학생에 대한 면담 및 조사 방법은 다음과 같다(교육과학기술부, 2012b).

첫째, 신뢰감과 안정감을 주어야 한다. 처음부터 바로 사안 파악을 위한 질문을 하면 학생이 부담감을 느끼고 움츠러들 수 있으므로, 대화는 자연스럽게 진행하되 최근 학교생활의 근황 등을 물어보는 것으로 시작한다.

둘째, 심리 및 정서 상태를 파악한다. 일반적인 경우에 교사는 학생들의 언행에 대한 주의 깊은 관찰을 통해 심리 · 정서적 상태를 파악할 수 있다. 해당 학생의 눈 맞춤, 눈빛, 손 떨림, 목소리 크기나 떨림 등을 통해 학생의 불안, 분노, 우울 등을 파악한다. 필요한 경우 전문상담교사에게 학생의 심리 · 정서적 상태를 파악하도록 도움을 요청한다.

진단 및 조치가 필요한 경우에는 학교 내 전문상담교사를 통해 전문적인 심리검사를 받도록 하거나 인근 신경정신과, 성신보건센터, 상담 관련 전문기관 등에 연계하도록 한다.

셋째, 사안에 대한 정보를 수집한다. 먼저 피해학생의 학년, 성별, 인적 사항, 피해학생 수, 교우관계, 장애 유무, 평소 학교생활, 특이사항 등을 파악한다. 다음으로 가해학생에 대해서 학년, 성별, 인적 사항, 가해학생 수, 가해 동기, 다른 피해자 및 유사 사안의 관련 유무 등을 파악한다.

넷째, 사안에 대한 상황을 파악한다. 신체폭행, 금품갈취, 따돌림 등의 폭력 유형, 집단폭력, 일대일 폭력 등의 폭력 형태, 일회적인 사안 또는 지속적 사안인지 여부, 발생 시간과 장소, 발생 원인, 정황, 치료비, 피해 금액 등을 파악한다.

### (2) 면담 시 고려할 사항

#### ① 피해학생 면담 시 고려할 사항

피해학생에 대한 면담에서 고려할 사항을 살펴보면, 먼저 피해학생에게 적절한 위로와 지지를 해 주고 피해 상황과 요구를 파악하며 면담 내용에 대해서는 비밀이 보장된다는 사실을 안내한다. 또한 가해학생으로부터 보복을 당하지 않도록 교사가 책임감을 가지고 보호한다는 사실을 주지시켜 준다.

다음으로 자치위원회 절차 및 내용에 대해서 설명해 주고 진행과정, 준비사항, 보호조치의 종류와 내용 등을 설명해 준다. 그리고 피해학생의 진술 내용에 대하여 가해학생 혹은 목격학생의 진술과 비교하여 객관적 자료를 확보하도록 한다.

#### ② 가해학생 면담 시 고려할 사항

가해학생 면담 시 고려할 사항을 살펴보면, 먼저 폭력에 대한 왜곡된 인식을 교정해 주기 위해 폭력은 어떠한 경우라도 용인되지 않으며 가해학생이 저지른 행동은 법을 어긴 잘못된 행위라는 사실을 알려 준다. 또한 피해학생이 당한 충격과 상처를 이해시키고 가해학생들이 폭력을 사용하게 된 정황에 대해 충분히 탐색하며 듣는다.

다음으로 가해학생에게 어떤 과정을 거쳐 조치가 내려지는지 조치의 종류와 내용 및 절차를 알려 준다. 추후에 가해행동이 재발되지 않도록 주의를 주고, 재발할 경우 심각한 수준의 처벌을 받을 수 있음을 알려 준다.

특히 면담 내용에 대한 비밀이 보장된다는 사실을 알려 주고 조사과정에서 가해학생을 낙인찍거나 체벌해서는 안 된다. 끝으로 피해학생에 대한 면담과 같이 가해학생의 진술 내용에 대하여 피해학생 혹은 목격학생의 진술과 비교하여 객관적 자료를 확보하도록 한다.

### 3 관련 학생 면담 시 고려할 사항

전담기구는 학교폭력에 가담한 학생에 대해서는 관련 정황을 구체적으로 진술시에 쓰도록 한다. 진술 내용에 대하여 피해학생 혹은 가해학생의 진술과 비교하여 객관적 자료를 확보한다. 또한 목격한 학생에 대해서는 관련 정황을 구체적으로 진술서에 쓰도록 하고, 피해학생 혹은 가해학생의 진술을 비교하고 확인하여 객관적 자료를 확보한다. 특히 목격학생의 경우 진술서를 확보하기 전에 비밀보장에 대해 충분히 안내하여 보복에 대한 두려움을 갖지 않도록 하는 것이 무엇보다 중요하다.

### 4 피 · 가해학생 학부모 면담 시 고려할 사항

피해학생 학부모를 면담할 때는 확인된 사실을 부모가 정확하게 알고 있는지 혹은 오해가 있는지 등에 대해 파악한다. 조사한 사실에 대한 추가 의견이나 자료 여부에 대해 확인하고 학부모의 학교에 대한 요구사항이 있는지 질문한다. 피해학생 측이 가해학생 측을 직접 만났을 경우에는 흥분한 상태에서 갈등이 심화되거나 다른 문제가 생길 수 있으므로 주의한다.

가해학생 학부모를 면담할 때 그 부모가 '우리 아이도 피해자다.'라고 주장하는 경우에는 명확한 자료를 근거로 의견을 말하도록 요청하고, 조사한 사실에 대한 추가 의견이나 자료 여부를 확인하고 학부모의 학교에 대한 요구사항이 있는지를 질문한다.

5 성폭력 사건의 경우 고려할 사항

전담기구는 학교폭력과 관련된 성폭력 사건의 경우에는 성폭력 전문기관 또는 성폭력 피해자 보호시설과 연계하여 전문적인 사안 조사 및 처리의 도움을 받는 것이 효과적이다. 성폭력 피해자는 우선적으로 가해자와 분리하여 심리적인 안정을 취하도록 한다. 조사를 한 번에 끝낼 수 있도록 철저히 준비하고 피해학생의 동의하에 진술을 녹음할 수 있다.

또한 전담기구는 성폭력 등 특수한 학교폭력 사건에 대한 조사의 전문성을 확보하기 위하여 필요한 경우 전문기관에 그 실태조사를 의뢰할 수 있다. 이 경우 그 의뢰는 자치위원회의 심의를 거쳐 학교장 명의로 하여야 한다.

### (3) 증거자료의 확보방법

전담기구가 학교폭력 사건의 증거자료를 확보하기 위해 활용할 수 있는 구체적인 방법은 다음과 같다.

- 피해 및 가해 학생 진술서, 목격학생 진술서를 육하원칙에 따라 기재한다.
- 해당 학급 및 학생을 대상으로 설문조사를 한다.
- 이메일, 채팅, 블로그, 미니홈피, 게시판 게시글이나 화면을 캡처하여 출력하는 등 사이버상의 자료를 확보한다.
- 문자메시지, 사진, 동영상 자료 보관 및 출력, 음성메시지 보관 및 녹음 등 휴대폰에 저장된 자료를 확보한다.
- 폭력 피해를 증명할 수 있는 신체적 · 정신적 진단서, 의사 소견서, 관련 사진 등을 확보한다.
- 상대방의 말을 녹음해 두거나 기록한 녹취 및 축어록을 확보한다.
- 증거자료가 없을 때에는 설문조사를 실시하여 증거를 확보하거나 학

교폭력 사건이 발생한 장소의 주변을 탐문하여 목격자를 확보한다.

### (4) 정황 파악 및 보고서 작성

전담기구가 학교폭력 사건에 대한 증거자료를 확보하였으면 그 진위 여부, 요구 및 정황 파악을 하여야 한다. 먼저 진위 파악을 위해 고려할 사항은 다음과 같다.

- 피해학생 측과 가해학생 측이 면담에서 진술한 것과 정보 수집을 통해 밝혀낸 결과들이 일치하는지를 파악한다.
- 조사 결과를 가해학생 측과 피해학생 측이 서로 인정하는지를 파악한다.
- 목격학생 등 주변 진술과 피해학생 및 가해학생 측의 진술이 일치하는지를 파악한다.

다음으로, 요구 및 정황 파악을 위해 고려할 사항은 다음과 같다.

- 학생과 학부모의 사안 해결에 대한 요구를 파악한다. 피 · 가해 상황에 대한 수용 정도 및 사과, 처벌, 치료비 등에 대한 합의 요구 및 재발 방지에 대한 요구를 파악한다.
- 피해학생의 현재 상태에 대한 대처 능력, 적응 능력 및 피해학생 측의 현재까지의 대처 상황을 확인하고, 가해학생 측의 대응방법 등을 파악한다.

관련 학생과 학부모 및 담임교사를 면담한 후에는 면담일지를 작성하고, 조사가 끝난 후에는 보고서를 작성해 학교장과 소속 교육청에 보고하도록 한다.

제7장

The Prevention and Countermeasures of School Violence

# 학교폭력 피해학생에 대한 조치

## 1. 피해학생에 대한 보호조치

### 1) 피해학생에 대한 조치의 기본 절차

자치위원회는 피해학생의 보호를 위하여 필요하다고 인정하는 때에는 피해학생에 대하여 일정한 보호조치(수개의 조치를 병과하는 경우를 포함한다)를 할 것을 학교의 장에게 요청할 수 있다(「학교폭력예방 및 대책에 관한 법률」 제16조제2항). 이러한 자치위원회의 요청이 있는 경우 학교장은 피해학생 보호자의 동의를 얻어 당해 조치를 취할 수 있다(「학교폭력예방 및 대책에 관한 법률」 제16조제2항). 즉, 자치위원회의 요청만으로 바로 조치를 취하는 것이 아니라 반드시 피해자의 동의를 받은 후 당해 조치를 취할 수 있다.

자치위원회가 의결하였지만 학부모가 동의하지 않는다면 학교장은 당해 보호조치를 취할 수 없다. 만약 피해학생의 보호자가 다른 조치를 요구하는 경우라면 자치위원회로 하여금 이를 재심의하도록 하는 것이 바람직하다. 보호조치에 수반되는 비용의 부담 문제와 관련하여 피해학생 측과 가해학생 측 사이에 분쟁이 있는 경우에는 일정한 절차에 따라 자치위원회가 분쟁을 조정할 수 있다.

Q 명백히 가해학생이 있는 학교폭력 피해도 학교 안전사고로 인정됩니까?

A 「학교폭력예방 및 대책에 관한 법률」 제16조제6항에 근거할 때, 피해학생이 전문단체나 전문가로부터 심리상담 및 조언, 일시보호, 치료 및 치료를 위한 요양 등을 받는 데에 사용되는 비용은 학교안전공제회 또는 시·도교육청이 부담하고 가해학생 보호자에게 구상권을 행사할 수 있습니다. 따라서 학교폭력도 학교 안전사고이며 학교안전공제회의 공제급여를 지급받을 수 있습니다.

### 2) 피해학생에 대한 조치

「학교폭력예방 및 대책에 관한 법률」이 정하고 있는 피해학생의 보호조치로는 다음의 다섯 가지가 있다. 이러한 조치는 상황에 따라 여러 개를 동시에 부과하는 것도 가능하다(「학교폭력예방 및 대책에 관한 법률」 제16조제1항). 자치위원회의 요청이 있는 때에는 학교의 장은 피해학생 보호자의 동의를 받아 7일 이내에 해당 조치를 하여야 하고 이를 자치위원회에 보고하여야 한다(「학교폭력예방 및 대책에 관한 법률」 제16조제3항).

■ 표 7-1 ■ 피해학생에 대한 조치와 내용

| 조치 | 조치 내용 | 관련 규정 | 학교장의 긴급 조치 가능 여부 |
|---|---|---|---|
| 심리상담 및 조언 (제1호) | • 학교폭력으로 받은 정신적 · 심리적 충격으로부터 회복할 수 있도록 하기 위하여 학교 내의 교사 혹은 학교 외의 전문상담기관의 전문가에게 심리상담 및 조언을 받도록 하는 조치<br>• 피해학생이 심리적 · 정신적 충격을 겪고 있다고 판단될 때 내리는 조치로 학교 내 상담교사가 없을 경우에는 외부 상담기관과 연계 | • 피해학생이 전문단체나 전문가로부터 제1항제1호부터 제3호까지의 규정에 따른 상담 등의 비용은 가해학생의 보호자가 부담. 다만 피해학생의 신속한 치료를 위하여 학교의 장 또는 피해학생의 보호자가 원하는 경우에는 「학교안전사고 예방 및 보상에 관한 법률」 제15조에 따른 학교안전공제회가 부담하고 이에 대한 구상권을 행사 | ○ |
| 일시보호 (제2호) | • 지속적인 폭력이나 보복의 우려가 있는 경우 일시적으로 보호시설이나 집 또는 학교상담실 등에서 보호를 받을 수 있도록 하기 위한 조치<br>• 일시보호는 30일까지 가능함 | • 학교의 장 또는 피해학생의 보호자는 필요한 경우 「학교안전사고 예방 및 보상에 관한 법률」 제34조의 공제급여를 학교안전공제회에 직접 청구 | ○ |
| 치료 및 치료를 위한 요양 (제3호) | • 학교폭력으로 인하여 생긴 신체적 · 정신적 상처의 치유를 위하여 일정 기간 출석을 하지 아니하고 의료기관 등에서 치료를 받도록 하는 조치 | • 학교안전공제회 또는 시 · 도교육청이 부담하는 피해학생의 지원범위<br>① 교육감이 정한 전문심리상담기 | |

| | | | |
|---|---|---|---|
| | • 치료기간이 명시된 진단서 또는 관련 증빙자료를 첨부하여 자치위원회에 제출하도록 학부모에게 안내<br>• 치료 기간은 2년까지 인정되며, 2년간의 치료 지원에도 불구하고 추가적인 치료가 필요하여 피해자 또는 그 보호자로부터 요청이 있는 경우에는 '학교안전공제보상심사위원회'의 심의를 거쳐 1년 범위 안에서 상담 및 치료 기간을 연장할 수 있음 | 관에서 심리상담 및 조언을 받는 데 필요한 비용<br>② 교육감이 정한 기관에서 일시보호를 받는 데 필요한 비용<br>③「의료법」에 따라 개설된 의료기관,「지역보건법」에 따라 개설된 보건소·보건의료원 및 보건지소,「약사법」에 따라 등록된 약국 및 같은 법 제91조에 따라 설립된 한국희귀의약품센터에서 치료 및 치료를 위한 요양을 받거나 의약품을 공급받는 데 필요한 비용 | |
| 학급교체<br>(제4호) | • 지속적인 학교폭력 상황으로부터 벗어나도록 하기 위해서, 또는 학교폭력으로 인해 생긴 정신적 상처에서 벗어나도록 하기 위해서 피해학생을 동일 학교 내의 다른 학급으로 소속을 옮겨 주는 조치<br>• 피해학생 입장에서는 새로운 학급에 적응해야 하는 부담이 있으므로, 피해학생이 적극 원하는 경우와 다른 조치로 피해학생의 보호가 어렵다고 판단되는 경우에 고려함이 타당 | | |
| 전학권고<br>(제5호) | 삭제 | | |
| 그 밖에<br>피해학생의<br>보호를<br>위하여<br>필요한 조치<br>(제6호) | • 법에는 규정하고 있지 않지만 피해학생을 위하여 필요하다고 판단되는 다양한 조치를 할 수 있음<br>(치료 등을 위한 의료기관에의 인도, 수사기관의 조사 및 법원의 증인신문에의 동행, 법률 구조기관 등에 필요한 협조와 지원요청, 등하굣길에서의 동반) | | ○ |

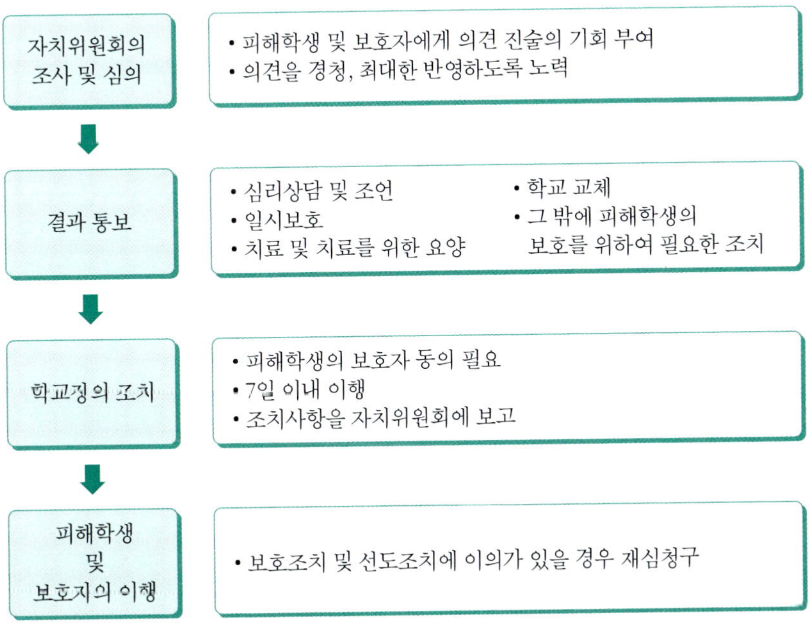


그림 7-1 피해학생에 대한 조치의 기본 절차

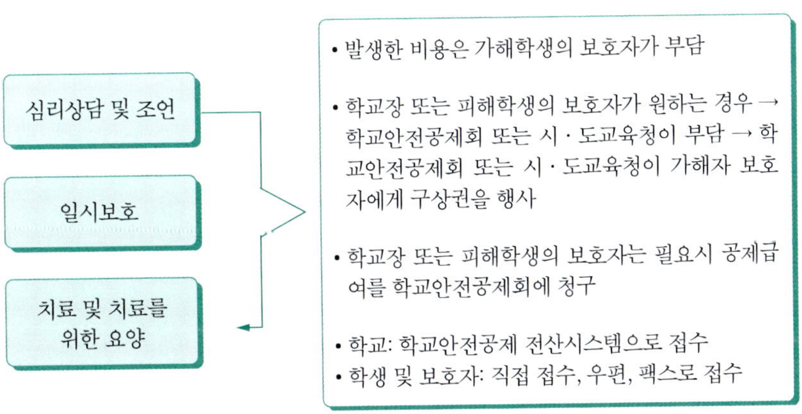


그림 7-2 비용이 발생할 수 있는 조치

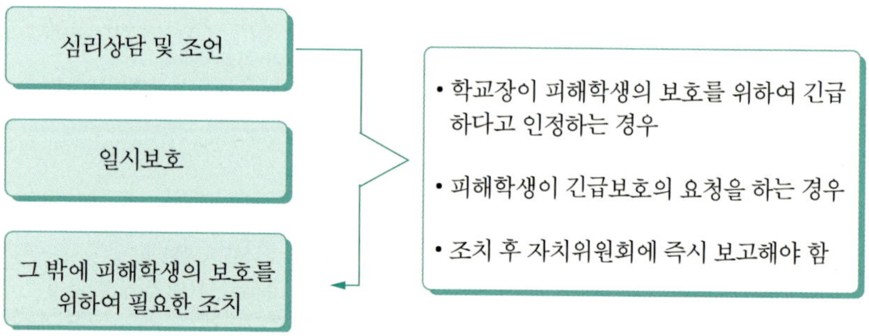


그림 7-3 선조치 후보고를 할 수 있는 조치

## 2. 피해학생 및 보호자의 재심청구

### 1) 재심청구 절차

자치위원회 또는 학교의 장이 「학교폭력예방 및 대책에 관한 법률」 제16조제1항 및 제17조제1항에 따라 내린 조치에 대하여 이의가 있는 피해

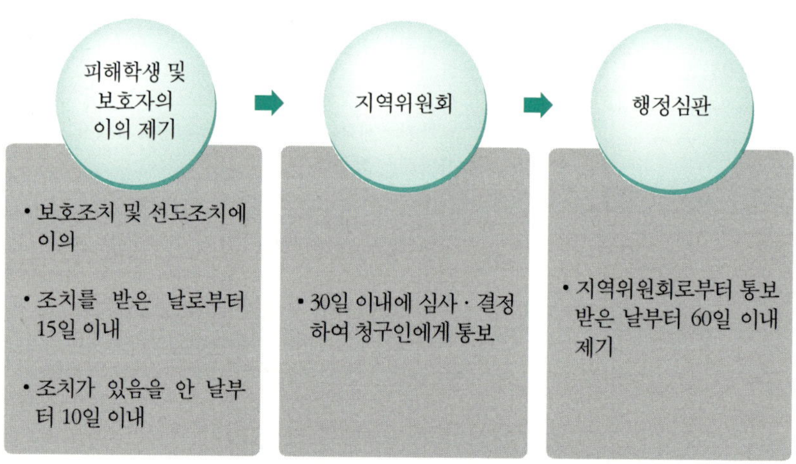


그림 7-4 피해학생 및 보호자의 재심청구 절차

학생 또는 그 보호자는 그 조치를 받은 날부터 15일 이내, 그 조치가 있음을 안 날부터 10일 이내에 지역위원회에 재심을 청구할 수 있다(「학교폭력예방 및 대책에 관한 법률」 제17조의2제1항). 지역위원회는 재심청구를 받은 때에는 30일 이내에 이를 심사 · 결정하여 청구인에게 통보하여야 한다. 또한 지역위원회의 결정에 이의가 있는 청구인은 그 통보를 받은 날부터 60일 이내에 행정심판을 제기할 수 있다. 피해학생 및 보호자의 재심청구 절차는 [그림 7-4]와 같다.

### 2) 재심청구 사유

피해학생 및 그 보호자에 의한 재심청구는 피해학생에 대하여 내려진 조치뿐만 아니라 가해학생에 대해서 내려진 조치에 대해서도 지역위원회에 재심을 청구할 수 있도록 한 규정이다. 재심청구의 발생 사유는 다음의 몇 가지로 살펴볼 수 있다(김용수, 2012).

첫째, 자치위원회가 아무런 조치도 취하지 않은 경우다. 자치위원회가 자치위원회를 개최하여 가해학생이나 피해학생이 존재하지 않는다고 판단한 경우, 즉 학교폭력 사건이 아니라고 보고 어떠한 조치도 취하지 않은 경우가 있을 수 있다. 이에 대해 피해학생 및 그 보호자는 재심을 청구할 수 있다. 이는 자치위원회가 개최되었지만 가해학생에 대해 경미한 조치를 취한 경우와 같은 맥락으로 볼 수 있기 때문이다.

둘째, 자치위원회 진행 시 법률을 위반한 경우다. 피해학생 또는 그 보호자가 「학교폭력예방 및 대책에 관한 법률」 제16조제1항에 의거하여 내린 자치위원회의 피해학생에 대한 조치에 대해서 재심을 청구할 수 있는 대표적인 경우는 동법 제16조제2항의 "자치위원회는 제1항에 따른 조치를 요청하기 전에 피해학생 및 그 보호자에게 의견진술의 기회를 부여하는 등 적정한 절차를 거쳐야 한다."는 규정, 또는 동법 제16조제3항에 따른 "요청이 있는 때에는 학교의 장은 피해학생의 보호자의 동의를 받아 7일 이내에 해당 조치를 하여야 하고 이를 자치위원회에 보고하여야 한다."는 규정을 위반한 경우다.

그러나 피해학생 및 그 보호자가 가해학생이 지나치게 과중한 조치를 받았다고 생각할 경우에는 재심을 청구할 수 없다. 「학교폭력예방 및 대책에 관한 법률」에 의거하여 지역위원회에 재심을 청구할 수 있도록 한 취지는 자신에게 불리한 처분에 대해서 불복할 수 있도록 한 것이라 할 수 있다.

피해학생 재심청구서

| 청구인 | 성명 | | 연락처 | 자택:<br>휴대폰: | 관계 | 본 인(　　)<br>보호자(　　)<br>※해당란에 ○ |
|---|---|---|---|---|---|---|
| | 주소 | | | | | [보호자의 구체적 관계] |
| | 피해학생 | 성명 | | 소속 | | (학교, 학년/반) |
| 가해학생 | | | | | | (학교, 학년/반, 성명, 성별) |
| 피청구인 | 학교명 | | 소재지 | | 학교장 | |
| 해당 조치를 받은 날 | | 년　월　일 | 해당 조치가 있음을 안 날 | | | 년　월　일 |
| 청구의 취지 (목적, 원하는 사항) | | | | | | |
| 청구 이유 (재심을 청구하게 된 이유) | | | | | | |

학교폭력예방 및 대책에 관한 법률 제17조의2 제1항에 근거하여 위 조치에 대한 재심을 청구합니다.

년　월　일

청구인:　　　　(서명)
○○학교폭력대책지역위원회 귀중

◎ 참고사항

1. 학교의 장이 학교폭력예방 및 대책에 관한 법률 제16조제1항에 따라 내린 피해학생의 보호조치, 동법 제17조제1항에 따라 내린 가해학생에 대한 조치에 대하여 이의가 있는 피해학생 또는 그 보호자는 그 조치를 받은 날로부터 15일 이내에 또는 그 조치가 있음을 안 날부터 10일 이내에 ○○학교폭력대책지역위원회에 서면으로 그 재심을 청구할 수 있습니다.
2. '조치를 받은 날'은 학교의 장이 조치를 시행하는 문서가 해당 학생에게 도달된 날을 의미하며, '조치가 있음을 안 날'은 관련 학생이 현실적으로 처분이 있었음을 안 날을 의미합니다.
3. 지역위원회는 청구인이나 피청구인에게 심사에 필요한 자료 또는 정보의 제출을 요구할 수 있고, 청구인이나 피청구인은 특별한 사유가 없는 한 이를 즉시 제출하여야 합니다.

그림 7-5 피해학생 재심청구서

**Q** 피해학생 및 그 보호자가 자치위원회의 가해학생에 대해 취한 조치에 이의가 있어 재심청구를 한 경우, 재심청구 기관인 지역위원회는 자치위원회의 심의 결과보다 가벼운 조치를 할 수 있습니까?

**A** 피해학생 및 그 보호자가 재심청구를 한 경우, 지역위원회는 그 청구한 바와 같이 보다 가중된 조치를 할 수 있는지 여부만을 심사하여 가중 사유가 있는 경우에만 해당 조치를 학교장에게 요청하여야 합니다. 즉, 지역위원회는 자치위원회의 결정을 존중해야 하기 때문에 자치위원회의 심의 결과보다 가벼운 조치를 할 수 없습니다.

### 3) 불이익 금지

보호조치로 인하여 피해학생이 오히려 불이익을 입지 않도록 하기 위해서 「학교폭력예방 및 대책에 관한 법률」은 그 기간을 출석일수에 산입할 수 있으며, 성적평가 등에서 불이익을 주지 못하도록 정하고 있다.

#### (1) 출석인정

피해학생이 학교폭력으로 인해 장기간 학교에 나오지 못한 것과 같은 상당한 이유가 있을 경우에는 학교의 장이 인정하면 출석으로 인정할 수 있다. 원칙적으로 자치위원회의 결과조치의 하나로 피해학생이 치료 및 요양을 할 수 있으나, 자치위원회 소집 전에 피해학생이 등교 거부를 하는 경우도 있다. 이때 학교의 장은 피해학생이 그 기간 동안 병원의사의 진단서 등을 통해 치료를 받은 것이 증명된다면 출석일수로 산입하는 것이 바람직하다. 피해학생에 대한 조치 및 출석인정 처리의 예시는 〈표 7-2〉와 같다(법무부, 교육과학기술부, 부산광역시교육청, 2011).

■ 표 7-2 ■ 조치에 따른 출석일수 인정 처리

| 조치 | 처리 |
|---|---|
| 일시보호, 치료 및 치료를 위한 요양 조치로 인한 결석 | • 학교장이 인정하는 경우 이를 출석일수에 산입 가능(「학교폭력예방 및 대책에 관한 법률」 제16조제3항) |
| 심리상담 및 조언이나 그 밖의 보호조치로 인한 결석 | • 「학교폭력예방 및 대책에 관한 법률」에는 규정이 없으나, 현행 '초 · 중 · 고등학교 학교생활기록부전산처리및관리지침'(교육과학기술부훈령 제61호)은 '기타 부득이한 사유로 학교의 장의 허가를 받아 결석하는 경우'에는 출석)인정을 규정하고 있으므로 학교장이 인정 시 출석인정 가능 |

출처: 법무부, 교육과학기술부, 부산광역시교육청(2011), p. 91.

#### (2) 성적평가 및 학습권 보장

학교의 장은 피해학생에 대한 조치로 인해 성적 등의 평가에서 피해학생이 불이익을 받지 않도록 노력해야 한다. 보호조치를 받았다는 사실 자체가 성적평가 등에서 불이익으로 작용하지 않도록 노력해야 한다. 일시보호나 치료 및 치료를 위한 요양 조치 등으로 인하여 피해학생이 장 · 단기간 결석하게 되어 부득이하게 성적평가를 위한 시험에 응시하지 못하게 된 경우에도 학교에서 마련된 학업성적 관리규정에 의거하여 불이익이 없도록 조치해야 한다. 또한 피해학생에 대한 보호조치 등으로 인해 피해학생이 결석하게 되는 경우 학교장은 학생의 학습권이 유지되도록 가정학습에 대한 지원 등 교육상 필요한 조치를 마련해 주는 것이 바람직하다.

### 4) 「학교폭력예방 및 대책에 관한 법률」에 따른 피해학생의 보호규정

개정된 「학교폭력예방 및 대책에 관한 법률」에 의거한 피해학생의 보호규정은 〈표 7-3〉과 같다(김용수, 2012).

■ 표 7-3 ■ 피해학생에 대한 보호규정

| 구분 | 개정 전 | 개정 후 | 근거규정 |
|---|---|---|---|
| 가해학생에 대한 우선 출석정지 등 | 근거규정 없음 | • 학교장은 가해학생에 대한 선도가 긴급하다고 인정할 경우에 나음과 같은 조치를 취할 수 있다. 이때 학교의 장은 출석정지 조치를 하려는 경우에는 해당 학생 또는 보호자의 의견을 들어야 한다. 다만, 학교의 장이 해당 학생 또는 보호자의 의견을 들으려 하였으나 이에 따르지 아니한 경우에는 그러하지 아니한다.<br>① 2명 이상의 학생이 고의적 · 지속적으로 폭력을 행사한 경우<br>② 학교폭력을 행사하여 전치 2주 이상의 상해를 입힌 경우<br>③ 학교폭력에 대한 신고, 진술, 자료제공 등에 대한 보복을 목적으로 폭행한 경우<br>④ 학교의 장이 피해학생을 가해학생으로부터 긴급하게 보호할 필요가 있다고 판단하는 경우 | 「학폭법」 제17조 제4항, 「학폭법 시행령」 제21조 |
| 피해학생에 대한 전학권고 폐지 | 「학폭법」 제16조 제1항제5호 | 삭제 | |
| 피해학생, 가해학생 동일학교 진학금지 | 동일학교 배정 | • 상급학교 진학 시 피해학생과 가해학생이 동일학교에 배정되지 않도록 법적 근거 마련<br>• 교육감 또는 교육장은 전학 조치된 가해학생과 피해학생이 상급학교에 진학할 때에는 각각 다른 학교에 배정하여야 하며, 이때 피해학생이 입학할 학교를 우선 배정한다. | 「학폭법」 제20조 제4항 |
| 피해학생 심리상담 및 조언, 일시보호, 치료 및 치료를 위한 요양 | 가해학생 보호자와 합의 혹은 피해학생 자비부담 및 일정 제약하에 학교안전공제회 등에 청구 | • 「학폭법」 제16조제6항에 따른 학교안전공제회 또는 시 · 도교육청이 부담하는 피해학생의 지원범위<br>① 교육감이 정한 전문심리상담기관에서 심리상담 및 조언을 받는 데 필요한 비용<br>② 교육감이 정한 기관에서 일시보호를 받는 데 필요한 비용<br>③ 「의료법」 등에 따라 개설된 의료기관, 「약사법」에 따라 등록된 약국 등에서 치료 및 치료를 위한 요양을 받거나 의약품을 공급받는 데 필요한 비용 | 「학폭법」 제16조 제6항, 「학폭법 시행령」 제18조 |

출처: 김용수(2012), pp. 147-148.

Q 지역위원회의 재심 결정에 이의가 있는 피해학생 및 그 보호자가 행정심판을 제기하는 경우 심판기관은 어디가 되는 것입니까?

A 지역위원회는 시 · 도지사가 실질적인 운영주체로서 지역위원회의 재심 결정에 대해 시 · 도행정심판위원회가 판단하는 경우 재결의 공정성 확보에 있어 문제가 있을 수 있고, 처분청의 처분에 대해 원칙적으로 독립된 행정심판위원회 또는 감독청에 두는 행정심판위원회에 심리 · 재결하도록 한 「행정심판법」 취지에도 반할 수 있습니다.
따라서 지역위원회의 재심 결정에 대한 행정심판 청구는 「행정심판법」 제6조제2항에 따라 국민권익위원회에 두는 중앙행정심판위원회에서 심리 · 재결해야 하는 것이 타당합니다.

출처: 교육과학기술부(2012b).

## 3. 행정심판 청구

### 1) 행정심판의 방법과 절차

행정심판이란 행정청의 위법 · 부당한 처분 및 그 밖의 공권력의 행사 · 불행사 등으로 인하여 권리나 이익을 침해받은 국민이 행정기관에 제기하는 권리구제 절차를 말한다. 피해학생의 행정심판 처리는 중앙행정심판위원회에서 관할하며, 가해학생의 행정심판 처리는 시 · 도교육청에 설치된 행정심판위원회에서 관할한다. 재심 및 행정심판의 방법은 [그림 7-6]과 같다(교육과학기술부, 2012b).

행정심판은 법원의 행정소송에 비하여 비용이 무료이고 절차가 간편하며 신속하게 처리된다는 장점이 있다. 행정심판의 구체적인 절차는 [그림 7-7]과 같다.

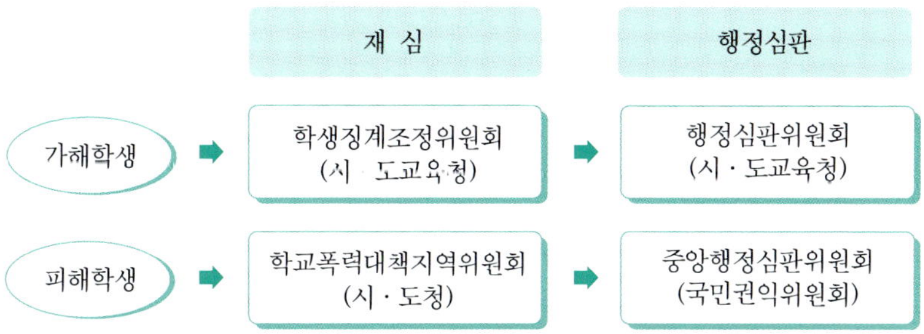


그림 7-6 재심 및 행정심판 방법

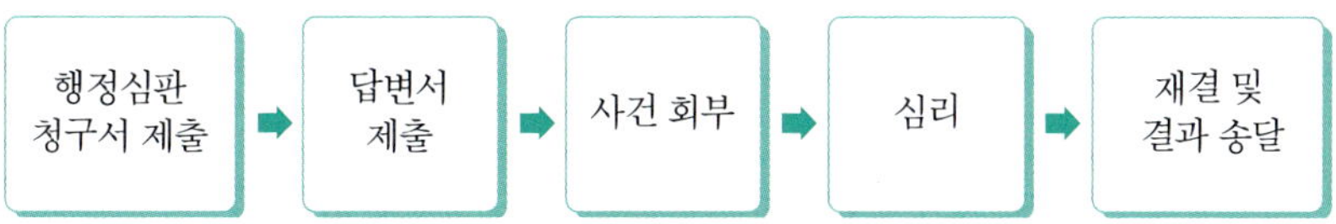


그림 7-7 행정심판의 절차

### (1) 행정심판의 청구서 제출

행정심판청구서를 작성하여 처분을 한 행정기관(처분청)이나 위원회에 2부를 제출하면 된다. 행정심판은 처분이 있음을 안 날로부터 70일 이내 또는 처분이 있은 날로부터 180일 이내에 제기하여야 하며, 정당한 사유 없이 위의 기간 중 하나라도 경과하여 행정심판을 청구하면 부적법한 청구가 된다. 다만 처분청이 심판청구 기간을 알리지 아니한 때에는 처분이 있은 날로부터 180일 이내에 청구할 수 있다.

### (2) 답변서 제출

청구인의 행정심판 청구가 있으면 행정심판의 상대방인 처분청은 청구인의 청구에 대한 답변서를 심판청구서를 받은 날로부터 10일 이내에 작성하여 심판청구서와 함께 위원회에 제출한다. 행정심판위원회는 피청구인의 답변서를 청구인에게 송달하여 청구인이 처분청의 주장을 알 수 있

행정심판 청구서

| | | | |
|---|---|---|---|
| 청구인 | ① 성명 | | |
| | ② 주소 (전화번호: ) | | |
| ③ 대리인 | | | |
| ④ 피청구인 | ※ 처분을 한 행정청 기재 | | |
| ⑤ 소관 행정심판위원회 | □ 중앙행정심판위원회<br>□ ( ) 시 · 도 행정심판위원회<br>□ 그 밖의 ( ) 행정심판위원회 | | |
| ⑥ 청구대상인 처분내용 (부작위의 전제가 되는 신청 내용 · 일자) | | | |
| ⑦ 처분 있음을 안 날 | ※ 처분을 받은 날 기재 | | |
| ⑧ 심판청구 취지 · 이유 | (별지 기재와 같음) | | |
| ⑨ 처분청의 고지 유무 | | ⑩ 고지내용 | |
| ⑪ 증거서류(증거물) | | | |
| ⑫ 근거법조 | 「행정심판법」 제28조, 같은 법 시행령 20조 | | |

위와 같이 행정심판을 청구합니다.

. . .

청구인 (서명 또는 인)

귀하

| | |
|---|---|
| ※ 첨부서류: 청구서부분 | 수수료 |
| | 없음 |

그림 7-8 행정심판 청구서

도록 한다.

### (3) 사건 회부

처분청은 제출된 청구인의 청구서와 답변서를 지체 없이 행정심판위원회에 회부하여 행정심판위원회가 심판청구 사건을 신속히 심리할 수 있도록 한다.

### (4) 심리

행정심판위원회는 처분청으로부터 회부된 사건에 대하여 청구인과 피청구인의 주장을 충분히 검토한 후, 심리기일을 정하여 행정처분의 위법 · 부당 여부를 판단하는 심리를 한다.

#### (5) 재결 및 결과 송달

행정심판위원회의 재결은 행정심판의 청구에 대하여 행정심판위원회가 행하는 판단을 의미한다. 행정심판위원회에서 심리가 이루어지고 그 심리 결과인 재결서를 처분청 및 청구인에게 송달한다. 이때 재결서가 송달이 되면 행정심판의 효력이 발생하게 된다.

### 2) 행정심판위원회

#### (1) 행정심판위원회의 운영목적

행정심판위원회는 행정심판 사건을 심리 · 재결하기 위하여 설치한 합의제 의결기관으로서 공정하고 객관적인 심리를 위하여 처분청이나 직급 상급 행정기관(각급 학교의 직급상급 행정기관은 지역교육지원청, 시 · 도교육청)으로부터 독립적으로 운영되고 있다. 또한 행정심판위원회 심리의 객관성과 공정성을 확보하기 위해 위원 중 과반수 이상은 공무원이 아닌 변호사, 교수, 기타 전문가 등 민간위원이 참석하도록 법으로 정하고 있다.

#### (2) 행정심판위원회의 종류

행정심판위원회는 국민권익위원회 소속하에 설치된 중앙행정심판위원회와 16개 특별시장, 광역시장, 도지사 소속하에 설치된 시 · 도행정심판위원회가 대표적이다. 그 외에 입법부 및 사법부 등에도 행정심판위원회가 운영되고 있다.

**1 중앙행정심판위원회**

각 부 · 처 · 청 등 중앙행정기관, 특별시 · 광역시 · 도, 중앙행정기관 소속 특별지방행정기관인 지방경찰청, 경찰서, 지방노동청 등의 처분 또는 부작위(행정청이 당사자의 신청에 대하여 상당한 기간 내에 일정한 처분을 하여야 할 법률상 의무가 있는데도 처분을 하지 아니하는 것)에 대한 심판청구 사건을 심리하여 의결한다.

② 시 · 도행정심판위원회

시 · 군 · 구의 처분 또는 부작위에 대한 심판청구 사건을 심리하고 의결한다.

③ 시 · 도교육청에 설치된 행정심판위원회

시 · 도학생징계조정위원회의 심의 · 의결에 대해 이의가 있어 불복할 경우 시 · 도교육청에 설치된 행정심판위원회에 행정심판을 제기할 수 있다.

Q 가해학생 측이 시 · 도학생징계조정위원회 심사 결정에 불복하여 행정심판을 제기할 경우 피청구인은 누구이며, 행정심판 관할은 어디서 합니까?

A 시 · 도학생징계조정위원회의 심사 결정에 대해 가해학생 측이 행정심판을 제기할 경우 피청구인은 시 · 도학생징계조정위원회가 됩니다. 또한 시 · 도학생징계조정위원회의 위원장은 실무상 대부분 당해 시 · 도의 학교폭력 업무 담당과장 또는 교육국장이 겸임하고 있어 시 · 도 교육행정심판위원회의 위원장인 부교육감과 지위가 중복되지 않아 공정성 확보에 문제가 없습니다. 따라서 시 · 도학생징계조정위원회의 결정에 대한 행정심판은 시 · 도교육감 소속인 시 · 도 교육행정심판위원회에서 관할하게 됩니다.

### (3) 행정심판에 대한 재심청구 및 행정소송 제기

시 · 도학생징계조정위원회는 재심청구일로부터 30일 이내에 이를 심리 · 의결하여 청구인에게 통보하여야 한다. 재심 결정에 이의가 있는 학생이나 그 보호자는 그 통보를 받은 날로부터 60일 이내에 학교장을 피청구인으로 하여 시 · 도에 행정심판을 청구할 수 있다.

행정심판에 불복할 경우 국 · 공립학교 학생의 경우에는 학교장을 피고로 하여 법원에 행정소송을 제기할 수 있으며, 사립학교 학생의 경우에는 사립 학교법인을 피고로 하여 법원에 민사소송을 제기할 수 있다.

**Q** 「학교폭력예방 및 대책에 관한 법률」 제17조의2에 따라 피해학생 측은 지역위원회에 재심청구를 하였고, 동시에 가해학생 측은 시 · 도교육청 교육행정심판위원회에 행정심판을 제기하였다면 어떻게 처리하여야 하나요?

**A** 피해학생 측은 지역위원회의 재심청구에 대하여 중앙행정심판위원회에 행정심판을 청구할 수 있다는 점에서 교육행정심판위원회의 행정심판의 재결 결과가 지역위원회의 재심 결과에 우선합니다. 따라서 가해학생 측이 제기한 행정심판의 재결 결과가 먼저 나온 경우 지역위원회는 행정심판의 결과와 모순된 재심 결정을 할 수 없습니다.

행정심판의 재결 이전에 지역위원회의 재심 결정이 나온 경우라 하더라도 행정심판의 재결 결과가 재심 결정에 우선하므로 행정심판의 재결 결과를 따라야 합니다. 이때 피해학생 측은 동일한 사안에 대해서 중앙행정심판위원회에 행정심판을 제기할 수 없으며, 다만 교육행정심판위원회 행정심판의 재결 결과에 대해 소송을 제기할 수 있습니다.

출처: 교육과학기술부(2012b).

제8장

The Prevention and Countermeasures of School Violence

# 학교폭력 가해학생에 대한 조치

## 1. 가해학생에 대한 조치

### 1) 가해학생에 대한 조치의 기본 절차

자치위원회는 피해학생의 보호와 가해학생의 선도·교육을 위하여 필요하다고 인정하는 때에는 가해학생에 대하여 일정한 조치를 취할 것을 학교장에게 요청할 수 있다(「학교폭력예방 및 대책에 관한 법률」 제17조제1항). 자치위원회가 가해학생에 대한 조치를 심의함에 있어서는 가해학생과 보호자에게 의견 진술의 기회를 부여하는 등 적정한 절차를 거쳐야 한다(「학교폭력예방 및 대책에 관한 법률」 제17조제5항).

자치위원회에서 가해학생에 대한 조치를 요청하면 학교장은 해당 학생에 대해 반드시 당해 조치를 취해야 한다(「학교폭력예방 및 대책에 관한 법률」 제17조제5항). 이러한 조치는 보호자의 동의를 얻을 필요가 없다는

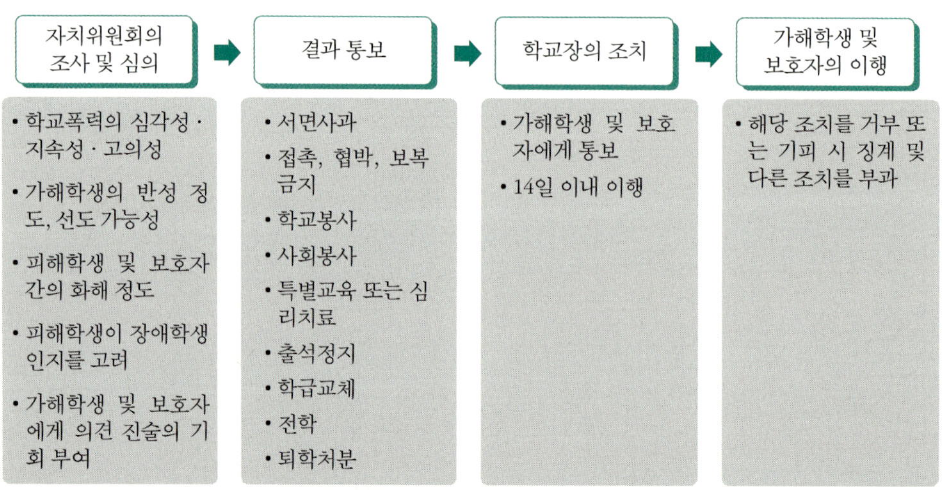


그림 8-1 가해학생에 대한 조치의 기본 절차

점에서 피해학생에 대한 보호조치의 경우와 다르다. 가해학생에 대한 조치의 기본 절차는 [그림 8-1]과 같다.

### 2) 가해학생에 대한 조치의 내용

가해학생에 대한 징계에 대해 「학교폭력예방 및 대책에 관한 법률」에서는 다양한 조치와 그 처리절차를 규정하고 있다. 법에서 정하고 있는 가해학생의 신도 및 교육조치로는 아홉 가지가 있다. 이들 조치 중에서 구체적인 사정에 맞게 가해학생의 선도 및 교육을 위하여 필요하다고 인정되는 조치를 취할 수 있으며, 여러 개의 조치를 동시에 부과하는 것도 가능하다(「학교폭력예방 및 대책에 관한 법률」 제17조제1항).

자치위원회가 학교의 장에게 가해학생에 대한 조치를 요청할 때 그 이유가 피해학생이나 신고 · 고발 학생에 대한 협박 또는 보복 행위일 경우에는 각 호의 조치를 병과하거나 조치 내용을 가중할 수 있다. 제2호부터 제4호까지 그리고 제6호부터 제8호까지의 처분을 받은 가해학생은 교육감이 정한 기관에서 특별교육을 이수하거나 심리치료를 받아야 하며, 그 기간은 자치위원회에서 정한다.

학교의 장은 가해학생에 대한 선도가 긴급하다고 인정할 경우 우선 제1호부터 제3호까지, 제5호 및 제6호의 조치를 할 수 있으며, 제5호와 제6호는 병과 조치할 수 있다. 이 경우 자치위원회에 즉시 보고하여 추인을 받아야 한다. 학교의 장이 긴급 선도조치(제1호~제3호, 제5호~제6호)를 한 때에는 가해학생과 그 보호자에게 이를 통지하여야 하며, 가해학생이 그것을 거부하거나 회피하는 때에는 「초 · 중등교육법」 제18조에 따라 징계하여야 한다.

가해학생이 제3호부터 제5호까지의 규정에 따른 조치를 받은 경우 이와 관련된 결석은 학교의 장이 인정하는 때에는 그것을 출석일수에 산입

■ 표 8-1 ■ 가해학생에 대한 조치의 종류와 내용

| 조치 | 내용 |
|---|---|
| 서면사과(제1호) | 가해학생이 피해학생에게 서면으로 폭력행위에 대하여 사과를 하도록 함으로써 서로 화해하도록 하는 조치 |
| 피해학생 및 신고, 고발 학생에 대한 접촉, 협박, 보복 금지(제2호) | 피해학생에 대한 가해학생의 접근을 막아 더 이상의 폭력이나 보복을 방지하기 위한 조치. 특히 학교폭력이 알려짐으로 인한 보복행위 금지도 규정함 |
| 학교에서의 봉사(제3호) | 봉사방법 및 기간은 자치위원회의 심의를 거쳐 학교장이 결정<br>[예] 교내 환경미화 작업, 교사들의 업무보조, 교재 · 교구정비, 교내 도서관에서의 도서정비 등 |
| 사회봉사(제4호) | 봉사방법 및 기간은 자치위원회의 심의를 거쳐 학교장이 정함<br>[예] 지역 행정기관에서의 봉사(환경미화, 교통안내, 거리질서 유지), 공공기관에서의 봉사(우편물 분류, 도서관 업무보조 등), 사회복지기관(노인정, 장애시설, 사회복지관 등)에서의 봉사 등 |
| 학내외 전문가에 의한 특별교육 이수 또는 심리치료(제5호) | 교내 · 외 전문가에 의한 특별교육을 이수하거나 또는 심리치료를 받도록 하는 조치. 이 경우 교내 특별교육과정을 이용할 수도 있고, 교육청의 대안교육 지원센터나 전문심리치료기관에 위탁하는 경우도 가능 |
| 출석정지(제6호) | 가해학생에게 학교에 출석하지 못하게 함으로써 반성의 기회를 주고 일시적으로 피해학생과 격리시킴으로써 피해학생을 보호하기 위한 조치. 출석정지된 학생은 결석한 것으로 처리되어 출결사항에서 불이익을 받음 |
| 학급교체(제7호) | 가해학생을 피해학생으로부터 격리시키고 피해학생에 대해 더 이상의 폭력행위를 하지 못하도록 하기 위하여 동일학교 내의 다른 학급으로 소속을 옮기는 조치 |
| 전학(제8호) | 가해학생을 피해학생으로부터 격리시키고 피해학생에 대해 더 이상의 폭력행위를 하지 못하도록 하기 위하여 다른 학교로 소속을 옮기도록 하는 조치 |
| 퇴학처분(제9호) | 학생의 신분을 강제로 상실시키는 조치. 단, 의무교육과정에서는 적용이 불가능하므로 고등학생에 대해서만 가능 |

출처: 법무부, 교육과학기술부, 부산광역시교육청(2011), p. 95

할 수 있다. 자치위원회는 가해학생이 특별교육을 이수할 경우 해당 학생의 보호자도 함께 교육을 받게 하여야 한다. 이를 위반한 보호자는 300만 원 이하의 과태료를 부과받게 된다. 또한 가해학생이 다른 학교로 전학을 간 이후에는 전학 전의 피해학생 소속 학교로 다시 전학 올 수 없도록 하여야 한다. 이것을 이해하기 쉽게 나타내면 [그림 8-2]와 같다.

1. 서면사과
2. 피해학생 및 신고, 고발학생에 대한 접촉, 협박, 보복 금지
3. 학교봉사
4. 사회봉사
5. 학내외 전문가에 의한 특별교육 이수 또는 심리치료
6. 출석정지
7. 학급교체
8. 전학
9. 퇴학처분

→ 제1호, 제2호, 제3호, 제5호, 제6호는 긴급선도조치 가능, 긴급선도조치 거부 시 「초·중등교육법」 제18조에 의거 징계

→ 제2호, 제3호, 제4호, 제6호, 제7호, 제8호 처분을 받은 가해학생은 특별교육 이수 및 심리치료 의무

→ 제3호, 제4호, 제5호 처분에 따른 결석은 학교장이 인정하면 출석일수에 산입 가능

→ 피해학생이나 신고·고발학생에 대한 협박, 보복 행위의 경우 병과하거나 조치 내용 가중 가능

→ 가해학생이 특별교육을 이수할 경우 보호자도 함께 교육받도록 의무화함. 이를 위반 시 300만 원 이하 과태료 처분

그림 8-2 학교폭력 가해학생에 대한 조치 요약

**Q** 중도 탈락학생, 휴학생, 유예생이 학교폭력 사안의 가해자일 경우에 자치위원회에서 조치할 수 있습니까? 그리고 추후 재입학 혹은 복학할 경우 학교생활기록부는 어떻게 기재해야 합니까?

**A** 「학교폭력예방 및 대책에 관한 법률」 제17조제1항에 의거, 제적 및 퇴학 조치된 학생은 해당 학교의 학생이 아니므로 자치위원회의 조치는 불필요하며 경찰에 신고하여 처리하여야 합니다.

휴학생이나 유예생의 경우에는 제적되거나 퇴학 조치된 학생이 아니므로 여전히 학생신분을 유지한다고 볼 수 있습니다. 따라서 자치위원회를 열어 조치하고 학교생활기록부에 관련 내용을 기재하여야 합니다. 그러나 유예생의 경우에는 학교생활기록부 기록이 불가능하고 유예 전에 기록된 학교폭력 사안도 이듬해 복학하게 되면 기록된 학교생활기록부 기재 내용이 갱신되므로 별도의 생활기록카드를 활용하여 관리하고, 복교 후 '행동특성 및 종합의견' 란에 관련사항을 반드시 기재하여야 합니다.

학교는 휴학생 또는 유예생과 그 보호자가 자치위원회에 참석할 수 있도록 출석요청서를 등기우편으로 보내는 등 충분한 안내를 하고 자치위원회의 조치 결과가 잘 이행될 수 있도록 지속적인 노력이 필요합니다.

출처: 교육과학기술부(2012b).

### 3) 가해학생에 대한 조치별 적용

#### (1) 가해학생에 대한 조치별 적용기준

「학교폭력예방 및 대책에 관한 법률」 제17조제1항의 조치별 적용기준은 ① 가해학생이 행사한 학교폭력의 심각성 · 지속성 · 고의성, ② 가해학생의 반성 정도, ③ 해당 조치로 인한 가해학생의 선도 가능성, ④ 가해학생 및 보호자와 피해학생 및 보호자 간의 화해의 정도, ⑤ 피해학생이 장애학생인지 여부를 고려하여 결정하고, 그 세부적인 기준은 교육과학기술부장관이 정하여 고시한다(「학교폭력예방 및 대책에 관한 법률 시행령」 제19조).

#### (2) 가 · 피해학생 쌍방이 다친 경우의 처리 문제

가해학생이란 가해자 중에서 학교폭력을 행사하거나 그 행위에 가담한 학생을 말한다(「학교폭력예방 및 대책에 관한 법률」 제2조제3호). 피해학생이란 학교폭력으로 인하여 피해를 입은 학생을 말한다(「학교폭력예방 및 대책에 관한 법률」 제2조제4호). 그런데 서로 싸우다가 어느 한 학생이 더 많이 다치고 다른 학생은 조금 덜 다친 경우라면 싸운 두 학생 모두 가해학생이자 피해학생이 된다. 가해학생과 피해학생에 대해서 어떠한 조치를 취할 것인가는 학교폭력대책자치위원회에서 의결한다.

이때 가해학생에게 반드시 「학교폭력예방 및 대책에 관한 법률」 제17조(가해학생에 대한 조치) 제1항의 조치를 취해야 하는 것은 아니며, 학교폭력 사안조사 결과 가해학생에게 선도 · 교육을 취해야 할 필요성이 있다고 인정하는 때에 제1항의 조치를 취한다.

### (3) 일사부재리의 원칙

일사부재리의 원칙이란 판결이 내려진 어떤 사건에 대해 두 번 이상 심리 혹은 재판을 하지 않는다는 형사상의 원칙을 말한다. 학생, 교사, 공무원 등 특별 권력관계에 있는 경우 하나의 의무위반 행위가 징계처벌의 대상이 됨과 동시에 형사처벌의 대상이 될 수 있다.

학교폭력 가해학생에 대해서 형사고소가 있거나 학교폭력 가해학생이 형사처벌을 받았다고 하더라도 「학교폭력예방 및 대책에 관한 법률」에 근거한 가해학생에 대한 조치를 내릴 수 있다. 이러한 조치는 일사부재리의 원칙에 위배되지 않는다.

Q 가해학생이 자치위원회 개최 또는 학교장의 조치가 시행되기 전에 다른 학교로 전학을 가려고 하는 경우 어떻게 조치하여야 합니까?

A 「학교폭력예방 및 대책에 관한 법률」 제12조제1항에 근거할 때, 가해학생 또는 가해추정학생이 자치위원회 개최 이전에 다른 학교로의 전학절차를 진행하는 경우, 가해학생이 전학 가기 전 소속학교(이하 '원 소속교')에서는 재학증명서, 학교생활기록부 등 전학에 필요한 서류의 발급을 보류하고 자치위원회를 개최하여 가해학생에 대한 조치를 하여야 합니다. 그리고 원 소속교에서는 반드시 가해학생에

대한 조치 및 특별교육과 학생생활기록부 기재를 완료한 후 재학증명서 발급 등 전학에 필요한 절차를 진행해야 합니다.
아울러 시·도교육청이나 교육지원청에서도 학교폭력 관련 조치를 회피하기 위한 전학신청을 인지한 경우에는 가해학생에 대한 원 소속교의 조치가 완료되는 시점까지 서류 검토, 학교 배정 등 전학관련 절차의 진행을 보류하여야 합니다.

출처: 교육과학기술부(2012b).

## 2. 특별교육 이수의 내용과 절차

학교생활에서 부적응, 비행, 폭행 등으로 징계를 받은 학생의 학교 적응력을 신장하고 학교생활에서 위기에 노출된 학생들의 심리적 치료와 정서적 성장을 지원하기 위해서는 상담 및 교육 프로그램을 운영하여 특별교육을 이수하도록 하여야 한다. 또한 자치위원회의 심의를 거쳐 학교장으로부터 교내·외 전문가에 의한 특별교육을 이수하도록 조치를 받은 학교폭력 가해학생은 교내 특별교육과정을 이용하여 특별교육을 이수할 수도 있고, 교육청의 대안교육 지원센터나 전문심리치료기관에 위탁하여 특별교육을 이수하는 것도 가능하다.

### (1) 법적 근거 및 대상

특별교육은 「초·중등교육법 시행령」 제31조제1항제3호에 의해 특별교육 이수명령을 받은 학생 및 「학교폭력예방 및 대책에 관한 법률」 제17조에서 특별교육 이수조치를 받은 학교폭력 가해학생을 대상으로 한다.

### (2) 운영 방침

대안교실, 학생교육원, Wee센터에 위탁하여 실시하거나 단위학교에서 자체적으로 실시할 수 있다. 단위학교에서 자체적으로 실시할 경우는 생활지도 담당부서가 주관하여 실시한다.

### (3) 학교폭력 가해학생의 특별교육 이수 수준

학교폭력 가해학생의 경우 수준별로 특별교육을 실시하여 이수하도록 체계화한다.

- 1수준(2~5호): 단위학교 및 지역아동센터 등
- 2수준(5~6호): 지역아동센터, 대안교실 등
- 3수준(5~8호): 대안교실, 학생교육원, Wee센터 등

### (4) 가해학생 보호자에 대한 특별교육

「학교폭력예방 및 대책에 관한 법률」 제17조제9항에 따른 자치위원회의 교육 이수조치를 따르지 아니한 보호자에게는 300만 원 이하의 과태료를 부과한다. 가해학생의 보호자가 특별교육에 불응할 경우 학교의 장은 법률에 의하여 과태료가 부과됨을 안내하고 특별교육을 이수할 것을 재통보하여야 한다.

재통보에도 불응하는 경우 학교의 장은 가해학생 보호자 명단을 교육감에게 보고하여야 하며, 교육감은 「학교폭력예방 및 대책에 관한 법률」 제22조제3항에 따라 300만 원 이하의 과태료를 부과한다. 가해학생 보호자에 대한 특별교육의 이수시간 및 운영은 〈표 8-2〉와 같다(교육과학기술부, 2012a).

■ 표 8-2 ■ 가해학생 보호자에 대한 특별교육의 구체적 내용

| 가해학생에 대한 조치 | 이수기간 | 교육 운영 | 기관 | 비고 |
|---|---|---|---|---|
| 제2~4호 처분 | 4시간 이내 | 일반 학부모 교육과 통합 가능 | 단위학교, Wee센터 등 | 이수증 제출 대체 |
| 제5~8호 처분 | 5시간 이상 | 가해학생 학부모 별도 과정 이수 | 단위학교, Wee센터, 학생교육원 등 | 학부모 · 학생 공동 교육 가능 |

### 특별교육이수 의뢰신청서

1. 학교

| 학교명 | | 연락처 | 사무실: |
|---|---|---|---|
| | | | 핸드폰: |
| 담당자 | | | 이메일: |

2. 학생 정보

| 성명 | | 성별 | □ 남 □ 여 | 부모님 | 자택: |
|---|---|---|---|---|---|
| | | | | | 핸드폰: |
| | | | | 학생 | |
| 학년 반 | 학년 반 | | 생년월일 | 년 월 일 | |

| 처분결과 | | □ 피해학생 및 신고 · 고발 학생에 대한 접촉, 협박 및 보복행위의 금지<br>□ 학교에서의 봉사 □ 사회봉사<br>□ 학내외 전문가에 의한 특별교육 이수 또는 심리치료<br>□ 출석정지 □ 학급교체 □ 전학 |
|---|---|---|
| 학생 개인의 특성 | 학업성취 정도 | 최근학기 성적: □ 상 □ 중 □ 하 |
| | 심리 정서적 측면 | □ 가족갈등 □ 사회성부족 □ 진로선택의 어려움 □ 주의력 결핍<br>□ 교우관계 □ 소극적 성격 □ 정서 불안/우울 □ 본인의 신체장애<br>□ 기타( ) |
| | 학교생활 태도의 문제 | □ 음주/흡연 □ 이성문제 □ 폭력사용 □ 약물남용 □ 수업태도 불량<br>□ 상습결석/지각 □ 학습부진 □ 가출 □ 도벽 □ 기타( ) |
| | 동거상태 | □ 아빠 □ 엄마 □ 조부모 □ 부모 □ 혼자 □ 기타( ) |
| | 아이의 특성 | |

| 상담경험 | 유 □ (학교내, 외) 무 □ | 시기 | 년 월 일 ~ 년 월 일 |
|---|---|---|---|
| | | 기관 | |

※의뢰경위(구체적으로 적어주세요)

상기인을 ○○교육지원청 Wee센터에 특별교육이수를 의뢰합니다.

년 월 일

학교장: (직인)

그림 8-3 특별교육 이수 의뢰신청서

### 가해학생 재심청구서

| 청구인 | 성명 | | 연락처 | 자택: | 관계 | 본 인( )<br>보호자( )<br>※해당란에 ○표 |
|---|---|---|---|---|---|---|
| | | | | 휴대폰: | | |
| | 주소 | | | | | [보호자의 구체적 관계] |
| | 퇴학/전학생 | 성명 | | 소속 | ( )학교 ( )학년 ( )반 | |
| 피청구인 | 학교명 | | | 소재지 | | 학교장 |
| 조치의 종류 | | 전학( )<br>퇴학처분( ) | 조치를 받은 날 | 년 월 일 | 조치가 있음을 안 날 | 년 월 일 |
| 청구의 취지<br>(목적, 원하는 사항) | | | | | | |
| 청구 이유<br>(재심을 청구하게 된 이유) | | | | | | |

초 · 중등교육법 제18조의2 및 동법 시행령 제31조의2, 학교폭력예방 및 대책에 관한 법률 제17조의2 제2항에 근거하여 퇴학처분(전학)에 대한 재심을 청구합니다.

년 월 일

청구인: (서명)

○○시 · 도학생징계조정위원회 귀중

◎ 참고사항

1. 학교의 장이 초 · 중등교육법 제18조 및 동법 시행령 제31조에 따라 내린 징계처분 중 '퇴학처분', 학교폭력예방 및 대책에 관한 법률 제17조제1항에 따라 내린 조치 중 '전학' '퇴학처분'에 대하여 이의가 있는 학생 또는 그 보호자는 그 조치를 받은 날로부터 15일 이내 또는 그 조치가 있음을 안 날부터 10일 이내에 ○○시 · 도 학생징계조정위원회에 서면으로 그 재심을 청구할 수 있습니다.
2. '조치를 받은 날'은 학교의 장이 조치를 시행하는 문서가 해당 학생에게 도달된 날을 의미하며, '조치가 있음을 안 날'은 관련 학생이 현실적으로 처분이 있었음을 안 날을 의미합니다.
3. 징계조정위원회는 청구인이나 피청구인에게 심사에 필요한 자료 또는 정보의 제출을 요구할 수 있고, 청구인이나 피청구인은 특별한 사유가 없는 한 이를 즉시 제출하여야 합니다.

그림 8-4 가해학생 재심청구서

**Q** 「학교폭력예방 및 대책에 관한 법률」 제22조제2항에 보면, 가해학생 보호자가 특별교육에 불응하거나 이수할 수 없을 때 과태료를 부과한다고 되어 있는데, 가해학생 보호자의 부재, 입원, 질병, 이수능력 부족 등으로 이수가 어려울 때는 어떻게 합니까?

**A** 「학교폭력예방 및 대책에 관한 법률」 제22조제2항에 의거, 가해학생 보호자가 학교장(1차 안내, 3개월 이내) 및 시 · 도교육감(2차 안내, 1개월 이내)으로부터 특별교육 이수 안내를 받았음에도 불구하고 특별한 사유 없이 특별교육에 불응할 경우, 시 · 도교육감은 과태료 부과 예고를 가해학생 보호자에게 서면으로 통보해야 합니다. 가해학생 보호자는 시 · 도교육감에게 과태료 부과 예고 통보를 받은 날로부터 15일 이내에 특별교육을 이수하고 이수증을 제출하거나, 특별교육에 불응한 타당한 사유를 제출해야 합니다. 가해학생 보호자가 15일 이내에 이수증 또는 의견을 제출하지 않을 경우 시 · 도교육감은 과태료 부과 및 징수 절차를 진행하게 됩니다.

다만 시 · 도교육청에서 가해학생 보호자가 거동이 불편한 경우 등 특별교육을 이수하기 어려운 상황이 명백한 경우, 담임교사 · 상담교사 등 학교장이 지정하는 교사나 Wee센터의 전문상담사 등이 보호자를 방문하여 상담하는 것도 특별교육 이수로 인정할 수 있도록 하는 등 적극적인 조치를 취해야 할 것입니다.

출처: 교육과학기술부(2012b).

## 3. 가해학생에 대한 이행강제와 재심

### 1) 가해학생에 대한 조치의 이행강제

자치위원회는 「학교폭력예방 및 대책에 관한 법률」 제17조제1항에 따른 제2호에서 제9호까지의 처분(② 피해학생 및 신고 · 고발 학생에 대한 접촉, 협박 및 보복행위의 금지, ③ 학교에서의 봉사, ④ 사회봉사, ⑤ 학내외 전문가에 의한 특별교육 이수 또는 심리치료, ⑥ 출석정지, ⑦ 학급교체, ⑧ 전학, ⑨ 퇴학처분)을 받은 가해학생이 해당 조치를 거부하거나 기피한다는 사실을 학교의 장으로부터 통보받은 날로부터 7일 이내에 추가로 다른 조치를 취할 것을 학교의 장에게 요청할 수 있다. 이때 학교장의 조치에 따른 불이행을 이유로 「초 · 중등교육법」 제18조 및 동법 시행령 제31조 또는 교칙에 의거하여 징계조치를 부과할 수 있고, 가해학생이 고등학생인 경우 퇴학처분까지 가능하다.

Q

「학교폭력예방 및 대책에 관한 법률」 제17조제7항에 보면, 가해학생이 조치를 거부할 경우 「초 · 중등교육법」 제18조에 따라 징계하여야 한다고 되어 있는데, 출석정지를 하고자 하는 경우 처분기간은 어떻게 됩니까?

A 「학교폭력예방 및 대책에 관한 법률」 제17조제7항에 따라 조치를 거부하거나 회피하는 때에는 「초·중등교육법」 제18조에 따라 선도위원회에서 징계할 수 있으며, 이 경우 「초·중등교육법 시행령」 제31조에 따라 1회 10일 이내, 연간 30일 이내의 범위 내에서 출석정지가 가능합니다. 이때 가해학생이 조치에 반발하여 무단결석을 하여 결석이 장기화되는 경우 출석일수 미달로 유급을 시키는 것도 가능합니다.

출처: 교육과학기술부(2012b).

## 2) 가해학생 및 보호자의 재심청구

### (1) 재심청구의 법적 근거와 한계

자치위원회의 「학교폭력예방 및 대책에 관한 법률」 제17조제1항에 따른 전학조치(제8호)와 퇴학처분(제9호)의 조치에 대하여 이의가 있는 학생 또는 그 보호자는 그 조치를 받은 날로부터 15일 이내, 그 조치가 있음을 안 날로부터 10일 이내에 「초·중등교육법」 제18조의3[1]에 따른 시·도학생징계조정위원회에 재심을 청구할 수 있다(「학교폭력예방 및 대책에 관한 법률」 제17조의2제2항[2]).

가해학생 또는 그 보호자가 가해학생에게 내려진 조치 중 전학과 퇴학처분에 대하여만 이의가 있는 경우 시·도학생징계조정위원회에 재심을

---

1 「초·중등교육법」 제18조의3(시·도학생징계조정위원회 설치) ① 제18조의2제1항에 따른 재심청구를 심사·결정하기 위하여 교육감 소속으로 시·도학생징계조정위원회(이하 '징계조정위원회'라 한다)를 둔다. ② 징계조정위원회의 조직·운영 등에 필요한 사항은 대통령령으로 정한다.

2 「초·중등교육법」 제18조의2(재심청구) ① 제18조제1항에 따른 징계처분 중 퇴학조치에 대하여 이의가 있는 학생 또는 그 보호자는 그 조치를 받은 날부터 15일 이내 또는 그 조치가 있음을 안 날부터 10일 이내에 제18조의3에 따른 시·도학생징계조정위원회에 그 재심을 청구할 수 있다. ② 제18조의3에 따른 시·도학생징계조정위원회는 제1항에 따른 재심청구를 받은 때에는 30일 이내에 이를 심사·결정하여 청구인에게 통보하여야 한다. ③ 제2항의 심사결정에 이의가 있는 청구인은 그 통보를 받은 날부터 60일 이내에 행정심판을 제기할 수 있다. ④ 제1항에 따른 재심청구, 제2항에 따른 심사 절차와 결정 통보 등에 필요한 사항은 대통령령으로 정한다.

청구할 수 있도록 한 규정이다. 따라서 가해학생 및 그 보호자는 전학과 퇴학처분 이외의 조치에 대해서는 재심을 청구할 수 없다.

### (2) 재심에 대한 심사 · 결정 기간

시 · 도학생징계조정위원회가 전학조치(제8호) 또는 퇴학처분(제9호)의 조치를 받은 가해학생 및 그 보호자로부터 재심청구를 받은 때에는 30일 이내에 이를 심사 · 결정하여 청구인에게 통보하여야 한다(「학교폭력예방 및 대책에 관한 법률」 제17조의2제3항). 재심사 결정에 이의가 있는 청구인은 그 통보를 받은 날로부터 60일 이내에 행정심판을 제기할 수 있다(「학교폭력예방 및 대책에 관한 법률」 제17조의2제4항). 이때 재심청구, 심사절차, 결정 통보 등은 「초 · 중등교육법」 제18조의2제2항에서 제4항까지의 규정을 준용한다(「학교폭력예방 및 대책에 관한 법률」 제17조의2제6항).

**Q** 가해학생이 전학 또는 퇴학 이외의 자치위원회 결정에 대하여 재심을 청구하고자 할 때의 방법과 절차는 어떻게 됩니까?

**A** 가해학생에 대해 전학 또는 퇴학 이외의 조치가 부과된 경우, 관계 법령에 재심청구에 관한 명시적 규정이 없으므로 재심청구를 할 수 없습니다. 다만 행정심판이나 행정소송은 가능합니다. 이는 전학 또는 퇴학 조치에 대해 재심청구를 보장한 취지는 가해학생의 전학 또는 퇴학 조치가 가해학생의 신분 변동에 영향을 크게 미치기 때문에 조치에 신중을 기하기 위함입니다.

한편 사립학교에 설치된 자치위원회의 전학 또는 퇴학 이외의 결정사항에 대해 이의가 있는 경우는 사립학교가 행정청으로서의 지위에 있지 않기 때문에 행정심판이나 행정소송이 불가능하고 민사소송을 제기해야 합니다.

### (3) 퇴학처분된 자의 재심청구

퇴학처분된 학생 또는 그 보호자가 시 · 도학생징계조정위원회에 재심을 청구할 때는 「초·중등교육법」 제31조의2(퇴학 조치된 자의 재심청구 등)에 의거, ① 청구인의 이름, 주소 및 연락처, ② 피청구인, ③ 퇴학처분이 있음을 안 날, ④ 청구의 취지 및 이유를 적어 서면으로 하여야 한다. 시·도학생징계조정위원회는 청구인이나 피청구인에게 심사에 필요한 자료 또는 정보의 제출을 요구할 수 있고, 청구인이나 피청구인은 특별한 사유가 없는 한 이를 즉시 제출하여야 한다.

시·도학생징계조정위원회는 직권 또는 신청에 따라 청구인, 피청구인 또는 관련 교원 등을 징계조정위원회에 출석하여 진술하게 할 수 있다. 시·도학생징계조정위원회는 필요하다고 인정하는 때에는 전문가 등 참고인을 출석하게 하거나 서면으로 의견을 들을 수 있다. 시·도학생징계조정위원회의 회의는 비공개를 원칙으로 한다.

시·도학생징계조정위원회는 재심청구에 대하여 결정을 하였을 경우 지체 없이 ① 사건번호 및 사건명, ② 청구인의 이름과 주소, ③ 퇴학 조치의 원인, ④ 결정 내용, ⑤ 결정의 이유, ⑥ 결정한 날짜를 적은 결정서의 정본을 청구인 및 피청구인에게 송부하여야 한다.

**Q** 가해학생에 대한 전학 또는 퇴학처분에 대하여 가해학생이 시·도학생징계조정위원회에 재심을 청구하였을 때, 결과가 나오기 전까지 가해학생은 어떻게 조치해야 합니까?

**A** 가해학생에 대한 조치인 전학 또는 퇴학에 대하여 가해학생이 시·도학생징계조정위원회에 재심을 청구하였을 경우, 시·도학생징계조정위원회의 재심 결정이 나올 때까지 전학 또는 퇴학처분 실행을 유보해야 합니다.

다만 가해학생에 대한 조치 실행을 유보하더라도 가해학생에 대한 조치 결과는 반드시 학생부에 기재해야 합니다. 이때 피해학생에 대한 보호조치는 철저히 하여야 하므로 재심 결정이 나올 때까지 해당 가해학생을 대안교육 위탁기관에 위탁하는 등의 조치를 해야 합니다.

### (4) 시 · 도학생징계조정위원회의 운영

시 · 도학생징계조정위원장은 「초 · 중등교육법」 제31조의4(징계조정위원회의 운영 등)에 의거하여 회의를 소집하고 그 의장이 된다. 위원장이 회의를 소집하는 경우에는 회의 개최 5일 전까지 회의 개최의 일시, 장소 및 안건을 각 위원에게 서면 또는 정보통신 매체 등을 이용하여 통지하여야 한다. 다만 긴급을 요하는 때에는 그러하지 아니하다.

시 · 도학생징계조정위원회는 위원장을 포함한 재적위원 과반수의 출석으로 개의하고, 출석위원 과반수의 찬성으로 의결한다. 시 · 도학생징계조정위원회의 사무를 담당하기 위하여 간사 1명을 두되, 간사는 시 · 도교육청 소속 공무원 중에서 위원장이 지명한다. 위원은 ① 퇴학처분된 학생 또는 그 보호자와 친족관계에 있거나 있었던 경우, ② 해당 퇴학처분에 관여한 경우에 해당하는 때에는 해당 사건에서 제척된다.

한편 청구인은 위원이 불공정한 결정을 할 우려가 있다고 인정되는 상당한 사유가 있는 때에는 그 사실을 서면으로 소명하고 기피를 신청할 수 있으며, 기피신청이 있는 때에는 징계조정위원회의 의결로 해당 위원의 기피 여부를 결정한다. 위원이 제척 또는 기피의 사유에 해당하는 경우에는 스스로 해당 사건의 심사 · 결정에서 회피할 수 있다.

회의에 출석한 위원, 전문가에 대하여는 예산의 범위에서 수당과 여비를 지급할 수 있다. 다만 공무원인 위원이 그 소관 업무와 직접적으로 관련하여 회의에 출석하는 경우에는 그러하지 아니하다. 그리고 위원회의 운영 등에 필요한 사항은 위원회의 의결을 거쳐 위원장이 정한다.

### (5) 퇴학학생의 재입학

교육감은 「학교폭력예방 및 대책에 관한 법률」 제17조제1항제9호에 따라 퇴학처분을 받은 학생에 대하여 해당 학생의 선도의 정도, 교육 가능성 등을 종합적으로 고려하여 「초 · 중등교육법」 제60조의3에 따른 대안학교로의 입학 등 해당 학생의 건전한 성장에 적합한 대책을 마련하여야 한다(「학교폭력예방 및 대책에 관한 법률 시행령」 제23조).

## 4. 학교폭력 가해학생에 대한 학교생활기록부 기재

### 1) 관련 규정 및 기재사항

#### (1) 관련 규정

학교폭력 사건이 발생할 경우 자치위원회는 자치위원회의를 열어 가해학생에 대한 서면사과에서 퇴학에 이르는 9단계의 조치사항을 결정하고 해당 조치를 시행한다. 이와 함께 교육과학기술부의 학교생활기록 작성 및 관리지침(「교육과학기술부훈령」 제239호제18조)에 의거해 조치사항을 학교생활기록부의 학적, 출결, 행동특성 및 종합의견란에 입력하고, 이 기재사항을 졸업 후에도 10년 동안 유지하여 해당 학생에 대한 이해와 상급학교 진학이나 취업의 경우에 자료로 활용하도록 한다.

가해학생 조치사항의 학교생활기록부 기재에 따른 보완사항을 보면, 현재 가해학생 조치사항을 학기 말과 학년 말에 기재토록 하고 있으나, 앞으로는 자치위원회 심의 결과를 즉시 학교생활기록부에 기재하여야 한다.

#### (2) 학교생활기록부 기재 사항

학교폭력대책자치위원회의 가해학생에 대한 조치사항은 반드시 학교생활기록부에 기재하여야 한다. 이는 2012년 3월 1일 이후 발생한 학교폭력 사안부터 적용한다. 그리고 학교생활기록 작성 및 관리지침[교육과학기술부훈령 제29호, 2014.1.16., 일부개정]에 의거하여 학교생활기록부에 기재된 1호, 2호, 3호, 7호의 조치에 대해서는 해당 학생의 졸업과 동시에 삭제 처리하며, 4호, 6호, 7호, 8호의 조치에 대해서는 해당 학생의 반성 정도와 긍정적 행동변화 정도 등을 고려하여 자치위원회 심의 후 졸업과 동시에 삭제할 수 있다. 그리고 졸업 시 삭제되지 않은 학생의 기록은 졸업 2년 후 삭제 처리하여야 한다. 자치위원회의 조치사항에 대한 학교생활기록부의 기재 사항, 졸업 시 조치 및 삭제 방식은 〈표 8-3〉과 같다(교육과학기술부, 2012b).

■ 표 8-3 ■ 학교생활기록부 기재 사항

| 학교생활기록부 기록 영역 | 가해학생 조치 사항 「학교폭력예방 및 대책에 관한 법률」 제17조1항 | 졸업 시 조치 | 삭제 |
|---|---|---|---|
| 학적사항 특기사항 | 8호(전학) | –학교폭력대책자치위원회에서 심의 후 졸업과 동시에 삭세 가능<br>–다만, 해당 학생의 반성 정도와 긍정적 행동변화 정도 등 고려 | 졸업 시 미삭제된 학생의 기록은 졸업2년후삭제처리 |
| 출결상황 특기사항 | 4호(사회봉사)<br>5호(특별교육이수 또는 심리치료)<br>6호(10일 이내의 출석정지) | –학교폭력대책자치위원회에서 심의 후 졸업과 동시에 삭제 가능<br>–다만, 해당 학생의 반성 정도와 긍정적 행동변화 정도 등 고려 | 졸업 시 미삭제된 학생의 기록은 졸업2년후삭제처리 |
| 행동특성 및 종합의견 | 1호(서면사과)<br>2호(접촉, 협박 및 보복행위 금지)<br>3호(학교에서의 봉사)<br>7호(학급교체) | –해당 학생의 졸업과 동시에 삭제 처리 | |

출처: 학교생활기록 작성 및 관리지침[교육과학기술부훈령 제29호, 2014.1.16., 일부개정]

### 1 학적사항

'특기사항' 란에는 학적 변동의 사유를 입력한다. 특기사항 중 학교폭력과 관련된 사항은 「학교폭력예방 및 대책에 관한 법률」 제17조에 규정된 가해학생에 대한 조치사항을 입력한다.

### [2] 출결상황

'특기사항' 란에는 결석 사유 또는 개근 등 특기사항이 있는 경우 학급 담임교사가 입력한다. 특기사항 중 학교폭력과 관련된 사항으로는 「학교폭력예방 및 대책에 관한 법률」 제17조에 규정된 가해학생에 대한 조치사항을 입력한다.

### [3] 행동특성 및 종합의견

행동특성 중 학교폭력과 관련된 사항은 「학교폭력예방 및 대책에 관한 법률」 제17조에 규정된 가해학생에 대한 조치사항을 입력한다.

## 2) 학교생활기록부의 주요 개정 내용

2012년 3월 1일부터 시행된 학교생활기록 작성 및 관리지침에 따른 학교폭력 사안의 기재와 관련된 주요 개정 내용은 〈표 8-4〉와 같다.

■ 표 8-4 ■ 2012 학교생활기록부 주요 개정 내용

| 항목 | 개정 내용 |
|---|---|
| 처리요령 | • 학교생활기록부 작성에 필요한 보조부(각종 누가기록부 등)는 교육정보시스템에서 관리하도록 하고, 누가기록 자료를 별도로 출력하여 결재받지 않으며 수기장부로 관리하지 않는다. |
| | • 2012학년도부터는 초 · 중 · 고등학교의 학교폭력대책자치위원회에서 결정된 가해학생에 대한 조치사항을 '학적사항'의 특기사항, '출결상황'의 특기사항, '행동특성 및 종합의견' 란에 입력한다. |
| | • 학교폭력대책자치위원회를 통해 조치를 받은 가해학생에 대해서는 이후 지속적으로 관찰하여 긍정적인 행동특성의 변화 내용이 있는 경우 '행동특성 및 종합의견' 란에 입력해 줌으로써 낙인효과를 예방한다. |

| | |
|---|---|
| 학적사항 | • '특기사항' 란에 학교폭력대책자치위원회에서 결정한 「학교폭력예방 및 대책에 관한 법률」 제17조(가해학생에 대한 조치사항) 제1항제8호, 제9호(2012. 04. 01 이전은 제1항제4호, 제9호)에 따른 조치사항, 「소년법」 제32조(보호처분의 결정) 제1항제9호, 제10호에 따른 학교폭력 관련 보호처분 내용을 입력한다. |
| 출결상황 | • '특기사항' 란에 학교폭력대책자치위원회에서 결정한 「학교폭력예방 및 대책에 관한 법률」 제17조(가해학생에 대한 조치사항) 제1항제4호 내지 제6호(2012. 04. 01 이전은 제1항제6호 내지 제8호)에 따른 조치사항, 「소년법」 제32조(보호처분의 결정) 제1항제6호 내지 제8호에 따른 학교폭력 관련 보호처분 내용을 입력한다. |
| | • 소년원과 소년분류심사원에서 운영하는 대안교육과정(비행예방 및 재범방지 또는 사회적응을 위한 체험과 인성위주의 교육과정) 대상 소년이 소년원 또는 소년분류심사원에서 정해진 교육과정을 이수하였을 때에는 그 기간을 재적학교의 출석일수로 인정한다(「보호소년 등의 처우에 관한 법률 시행령」 제85조). |
| 행동특성 및 종합의견 | • 학교폭력대책자치위원회에서 결정한 「학교폭력예방 및 대책에 관한 법률」 제17조(가해학생에 대한 조치사항) 제1항제1호 내지 제3호, 제7호(2012. 04. 01 이전은 제1항제5호)에 따른 조치사항, 「소년법」 제32조(보호처분의 결정) 제1항제1호 내지 제5호에 따른 학교폭력 관련 보호처분 내용을 입력한다. |
| | • 학교폭력 관련 조치사항 또는 보호처분을 받은 학생이 이후 긍정적인 변화 모습을 보일 경우, 변화된 내용 등을 균형 있게 입력한다. |
| 자료의 보존 | • 학교생활기록부(학교생활기록부 I)는 해당 학생 졸업 후 5년 동안 학교에서 보존·관리하고 이후 관할 교육청 자료관으로 이관하여 '기록물전문관리기관'으로 이관하기 전까지 보존·관리하여야 한다.<br>※ 학교생활기록부(학교생활기록부 I) 종이출력물이나 부본 전산매체를 학교에 보관하여 업무에 활용할 수 있음. |
| | • 학교생활세부사항기록부(학교생활기록부II)는 해당 학생 졸업 후 5년 동안 학교에서 보존·관리하고 이후 삭제한다. 단, 고등학교는 대학입학 전형자료로 사용할 수 있도록 5년간 추가 보존한 후 폐기처분한다.<br>※ 학교생활세부사항기록부(학교생활기록부II) 종이출력물은 5년의 보존기간 종료 후 폐기·처분함. |
| | • 재학생은 학년말에 업무승인 후 전산자료로 보관하고 학교생활기록부 종이출력물을 보관하지 않는다. |

| | |
|---|---|
| | • 졸업생은 졸업과 동시에 교육정보시스템에서 전자결재 후 학교생활기록부 Ⅰ · Ⅱ 모두를 출력하여 보관한다(전산자료와 종이출력물로 동시 관리).<br>※ 학교생활기록부 서식에 맞게 전체 항목을 출력함. |
| 별지 제8호 | • 소년분류심사원에서의 재소기간, 보호관찰소에서 명한 사회봉사 및 수강기간은 재적학교의 출석일수로 인정한다. |
| | • 「학교폭력예방 및 대책에 관한 법률」 제16조(피해학생의 보호) 제1항제2호, 제3호 및 제6호의 규정에 의거하여 학교폭력 피해학생에 대한 일시보호, 치료를 위한 요양 및 그 밖에 피해학생의 보호를 위하여 필요한 조치에 따른 결석은 학교의 장이 인정하는 경우 이를 출석일수에 산입할 수 있다. 그러나 동법 제17조(가해학생에 대한 조치) 제1항제6호[2012. 04. 01 이전은 제1항제8호(10일 이내의 출석정지)]의 출석정지 기간은 결석에 해당되며 '특기사항'란에 사유를 입력한다. |

제9장

The Prevention and Countermeasures of School Violence

# 학교폭력 분쟁조정

## 1. 학교폭력 분쟁조정제도의 의미와 필요성

### 1) 학교폭력 분쟁조정의 의미

「학교폭력예방 및 대책에 관한 법률」은 학교폭력과 관련하여 분쟁이 있는 경우에 자치위원회 또는 교육감이 그 분쟁을 조정할 수 있도록 정하고 있다(「학교폭력예방 및 대책에 관한 법률」 제18조제1항). 여기서의 분쟁조정이란 '소송'에 대한 대체적 분쟁 해결수단으로서, 중립적이고 전문적인 제3자의 주선을 통해 분쟁당사자 간에 자율적으로 타협과 화해에 이르는 제도를 말한다.

분쟁조정은 소송에 비해 절차 진행이 빠르고 간단하여 시간적 · 금전적으로 경제적이다. 또한 절차가 비공개로 진행되기 때문에 분쟁당사자들의 공개하고 싶지 않은 정보들에 대해 비밀을 유지할 수 있고, 유연하고 합리적인 문제 해결을 도모할 수 있다는 장점이 있다. 반면 분쟁조정에서는 조정자가 제시한 합의안이 구속력을 지니지 않는다는 문제가 있다. 따라서 당사자 중 어느 한쪽이라도 거부하게 되면 합의가 이루어지지 않으며, 관련 법률에 명문 규정이 없는 한 분쟁조정이 성립된다고 하더라도

■ 표 9-1 ■ 소송과 분쟁조정의 비교

| 구분 | 소송 | 분쟁조정 |
|---|---|---|
| 의미 | • 법률상의 판결을 법원에 요구(강제적 성격) | • 제3자의 주선을 통해 자율적으로 타협과 화해 유도(비강제적 성격) |
| 장점 | • 판결의 강한 구속력 | • 소송에 비해 신속한 처리가 가능하고 경제적임<br>• 절차의 비공개로 비밀유지 가능<br>• 유연하고 합리적인 문제 해결 |
| 단점 | • 소송비용의 부담<br>• 소송기간의 장기화 | • 합의 내용의 구속력 없음 |

'재판상 화해'와 같은 법적 효력은 인정되지 않아서 이러한 분쟁조정 결과만으로 강제집행을 할 수 없다는 한계가 있다. 즉, 분쟁조정을 통한 합의는 당사자 일방이 합의 내용을 이행하지 않는 경우 법원에 소송을 제기하여 판결을 통해 이행을 강제할 수밖에 없다. 따라서 분쟁조정은 비교적 경미한 분쟁의 해결 등의 경우에만 유효하고 적절한 수단이 된다.

### 2) 분쟁조정의 필요성

학교폭력 사안이 소송 외 분쟁조정을 통한 빠른 해결이 필요한 이유는 다음과 같다(김용수, 2012).

#### (1) 피 · 가해학생의 학습권 보장

학교폭력의 피해학생은 보호조치로 인하여, 가해학생은 조치사항으로 인하여 수업과 학교 방과 후 활동 및 시험에 참여하지 못하게 되어 학습 결손이 생기게 된다. 그뿐 아니라 가해학생의 경우 퇴학처분을 받게 될 경우 학교 중도탈락자가 되어 평생 학교교육의 기회를 갖지 못하게 될 수도 있다.

또한 학교 밖 청소년이 되어 사회악을 모방할 기회를 더 많이 가지게 되어 범죄를 저지르는 등 개인의 자아실현을 못하게 될 뿐만 아니라 사회적 비용을 증가시키게 된다. 옛말에 "죄는 미워하되 사람은 미워하지 말라."는 것처럼 학교폭력 가해자가 잘못을 저지르기는 하였으나 배움의 과정에 있는 학생이라는 사실을 염두에 둘 때 학습권 보장은 중요하다 하겠다.

#### (2) 피 · 가해학생 및 그 보호자의 경제적 부담 경감

소송은 절차 진행이 매우 느리고 변호사를 선임하는 등 시간적 · 금전적으로 비효율적이고 비경제적이다. 그리고 소송을 진행하면 재판과정이 일반인에게 공개되어 사적 정보나 신분이 노출되어 사생활 보호가 어렵다. 그러나 분쟁조정은 소송에 비해 절차 진행이 빠르고 시간적 · 금전적으로 경제적이다. 또한 절차가 비공개로 진행되기 때문에 분쟁당사자들의 공개하고 싶지 않은 정보들에 대해 비밀을 유지할 수 있고, 유연하고 합리적인 문제 해결을 도모할 수 있다는 장점이 있다.

#### (3) 불안정한 지위에서의 조기 해방

학교폭력 가해학생 및 그 보호자는 공소시효 및 불법행위 책임의 소멸시효가 남아 있는 한 형사처벌이나 손해배상 책임에서 자유로울 수가 없다. 그리고 가해학생의 보호자는 학교안전공제회 또는 시 · 도교육청이 구상권을 행사하는 경우 이에 응해야 하는 불안정한 지위에 놓여 있다. 더구나 자치위원회의 처분에 따라 가해학생이 특별교육을 이수할 경우 해당 학생의 보호자도 함께 교육을 받아야 한다. 따라서 분쟁조정은 가해학생 및 그 보호자가 민 · 형사상 책임에서 벗어나도록 돕는 하나의 제도적 장치가 될 수 있다.

#### (4) 피해학생 정신감정(psychiatric test)의 어려움

민사소송 과정에서 피해학생의 치료비와 정신적 피해에 대한 위자료를 청구하기 위해서는 일반적으로 1개월 정도 폐쇄병동에 갇혀 치료를 받아야 한다. 결국 피해학생의 학습권은 물론 학교생활과 사회생활을 통해 갖게 될 사회적 상호작용이 차단되어 정상적인 발달에 결손을 가져오게 된다.

#### (5) 피해학생 측과 가해학생 측의 불필요한 감정 대립의 방지

피해학생 측에서는 가해학생 측에서 먼저 찾아와서 사과도 하지 않는다고 생각하고, 가해학생 측에서는 작은 아이들끼리의 다툼을 가지고 한몫 크게 챙기려고 한다고 생각하기 쉽다. 이렇듯 피해학생 측과 가해학생 측이 자치위원회의 분쟁조정을 통해 사건 해결의 실마리를 풀어 나간다면 불필요한 법정 공방을 막을 수 있으며, 피해학생과 가해학생도 조기에 소송절차에서 자유로울 수 있으므로 정상적인 학교생활과 학습권을 보장받을 수 있다.

#### (6) 교사 및 학교의 불안정한 지위에서의 조기 해방

교사, 교감, 교장 등의 보호 · 감독 의무자는 학교 교육활동에서 학생이 당한 사고가 예측 가능성이 있는 경우에 손해배상 책임을 지기도 한다. 민 · 형사상 책임이 없다고 하더라도 도의적 책임을 언급하는 여론 등의 영향을 받게 된다. 따라서 분쟁조정을 통해 피 · 가해학생 측 쌍방이 합의를 하여 문제를 조기에 해결한다면 불필요한 시간과 비용 그리고 심적 에너지의 낭비를 막을 수 있다.

### 3) 분쟁조정 전 고려사항

#### (1) 분쟁조정의 관할권

자치위원회가 분쟁조정을 하고자 할 때에는 이를 피해학생 · 가해학생 및 그 보호자에게 통보하여야 한다. 또한 분쟁조정의 관할은 소속 학교가 같은 학생 간의 분쟁, 동일한 시 · 도교육청 관할 구역 안에 소속된 경우, 관할 구역이 다른 시 · 도교육청 소속의 경우 세 가지로 나눌 수 있다. 구체적인 내용은 〈표 9-2〉와 같다(교육과학기술부, 2012a).

■ 표 9-2 ■ 분쟁조정의 관할권

<table>
<tr><th colspan="2">구분</th><th>예시</th><th>조정처리</th><th>근거규정</th></tr>
<tr><td colspan="2">소속 학교가 같은 학생 간의 분쟁</td><td>A학교의 갑과 을 간의 다툼</td><td>해당 학교의 자치위원회에서 분쟁을 조정</td><td>「학폭법」 제18조제1항</td></tr>
<tr><td rowspan="2">소속 학교가 다른 학생 간의 분쟁</td><td>동일한 시·도교육청 관할 구역 안에 소속된 경우</td><td>서울시 A학교 갑과 B학교 을 간의 다툼</td><td>교육감이 해당 학교의 자치위원회 위원장과 협의를 거쳐 직접 분쟁을 조정</td><td>「학폭법」 제18조제6항</td></tr>
<tr><td>관할 구역을 달리하는 시·도교육청 소속의 경우</td><td>서울시 A학교 갑과 경기도 B학교 을 간의 다툼</td><td>피해학생을 감독하는 교육감이 가해학생을 감독하는 교육감 및 해당 학교의 자치위원회 위원장과의 협의를 거쳐 직접 분쟁을 조정</td><td>「학폭법」 제18조제7항</td></tr>
</table>

출처: 교육과학기술부(2012a), p. 150.

### (2) 분쟁조정 기간 및 회의 비공개 원칙

분쟁의 조정기간은 1개월을 넘지 못한다(「학교폭력예방 및 대책에 관한 법률」 제18조제2항). 1개월의 기간은 분쟁조정이 개시된 날로부터 기산한다. 분쟁조정이 개시된 날로부터 1개월이 경과하도록 조정이 성립되지 않은 경우 조정을 종료하여야 한다. 이 경우 사건이 해결되지 못하는 것이 아니라 재판 등의 정식절차를 통해 얼마든지 해결될 수 있다.

한편 분쟁조정을 위하여 자치위원회가 개최된 경우에는 회의록을 작성·보존하여야 한다(「학교폭력예방 및 대책에 관한 법률 시행령」 제6조제4항). 분쟁조정 업무를 수행하거나 수행하였던 자는 그 직무로 인하여 알게 된 비밀 또는 피해학생 및 가해학생과 관련된 자료를 누설하여서는 안 된다(「학교폭력예방 및 대책에 관한 법률」 제21조제1항). 또한 분쟁조정과 관련된 자치위원회의 회의는 공개하지 않는다(「학교폭력예방 및 대책에 관한 법률」 제21조제3항).

Q 자치위원회의 분쟁조정 이후 합의금에 불만을 제기하여 분쟁조정을 다시 요청하였다면 어떻게 해야 합니까?

A 「학교폭력예방 및 대책에 관한 법률」 제18조제2항에 의거, 자치위원회의 분쟁조정 기간은 1개월로 제한되어 있으므로 이후의 분쟁은 민사 등 사법절차에 의한 해결이 가능하며, 자치위원회의 추가적인 분쟁조정은 불가능합니다.

### (3) 분쟁조정 시작 전의 학교폭력 책임교사의 준비사항

학교폭력과 관련하여 발생한 분쟁을 자치위원회가 원만하게 해결하기 위해서는 자치위원회 위원들이 분쟁조정 절차 및 원칙들에 관해 잘 숙지하고 있어야 한다. 자치위원회는 외부인사의 참여가 무엇보다 중요하다. 그러나 외부인사의 경우에는 학교폭력 등의 처리에 대해 교사보다 경험이 부족하다. 더욱이 자치위원회의 위원장을 학교 외부인사가 하는 경우에는 그에 대한 법적 절차와 제도 등에 대해 제대로 파악하기 힘들다. 따라서 자치위원회를 구성할 때 학교장은 각 위원들에게 자치위원회의 의미와 역할 등을 상세히 설명하여야 할 뿐만 아니라, 분쟁조정의 과정이 어떻게 이루어지는지에 대해 전체적으로 사전에 안내를 하여야 한다.

학교에서는 자치위원회가 구성되면 위원들의 성명, 소속, 위촉일, 위촉기간, 연락처 등이 기록된 위원명부를 작성·보관하여야 한다. 이를 위해 각 위원들의 연락처(집 전화, 휴대폰, 이메일, 주소)를 휴대가 간편하도록 제작해서 각자에게 배부하여 사안 발생 시 원활하게 연락할 수 있도록 하는 것도 하나의 방법이 될 수 있다(부산광역시교육청, 2012).

## 2. 분쟁조정의 절차와 자치위원회의 조사

### 1) 분쟁조정의 절차

피해학생 또는 보호자가 자치위원회의 조치에 대해 이의가 있는 경우, 즉 피해학생 측에서 자치위원회의 결정에도 불구하고 가해학생에 대한 또 다른 처분이나 징계를 요구하는 경우에 자치위원회에 분쟁조정을 신청할 수 있다.

또한 피 · 가해학생 및 그 보호자가 손해배상에 관련된 합의를 하고자 할 때 분쟁조정을 신청할 수 있다. 즉, 피해학생 측에서 치료비와 요양비 등 금전적 손해에 대한 배상을 요구하는 경우와 가해학생 측에서 피해학생 측의 치료비 및 요양비에 대해 합의를 하고자 하는 경우에 자치위원회에 분쟁조정을 신청할 수 있다. 분쟁조정의 구체적인 절차는 [그림 9-1]과 같다(법무부, 교육과학기술부, 부산광역시교육청, 2011).

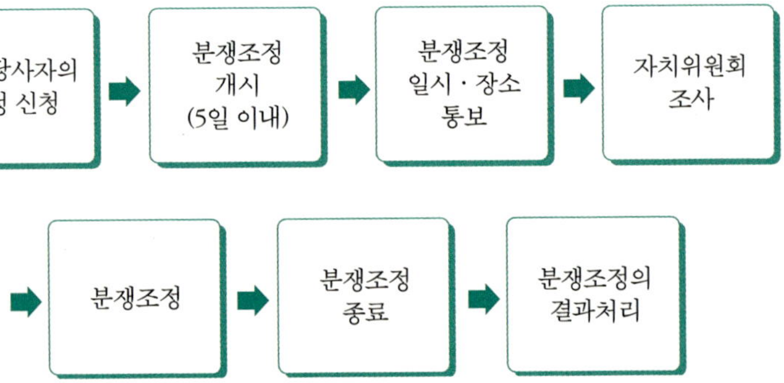


그림 9-1 분쟁조정의 절차 개요

출처: 법무부, 교육과학기술부, 부산광역시교육청(2011), p. 114.

### (1) 분쟁조정 신청

분쟁조정은 분쟁당사자의 신청으로 시작한다. 피·가해학생 및 그 보호자인 분쟁당사자는 조정 권한이 있는 자치위원회 또는 교육감에게 분쟁조정을 신청할 수 있다. 이때 신청서에는 분쟁조정 신청인의 주소 및 성명, 보호자가 있는 경우에는 그 주소 및 성명, 신청의 사유가 필수적으로 기재되어야 한다.

분쟁조정은 당사자의 서면신청이 있어야만 이루어질 수 있다. 그러나 분쟁당사자들이 학교에서 진행하는 분쟁조정제도에 관하여 미리 알지 못하여 제도를 제대로 활용하지 못하는 경우가 많이 있다. 따라서 학교는 적정한 안내를 통해 분쟁당사자들이 제도를 충분히 활용할 수 있도록 하여야 한다. 이를 위해 학교폭력 사건의 신고 또는 통보를 받은 학교는 피해 및 가해 학생의 보호자에게 사건에 관한 통보와 더불어 자치위원회의 분

분쟁조정 신청서

| | | | | | |
|---|---|---|---|---|---|
| 신청인 | 성명 | ( 남 · 여 ) | | | |
| | 주소 | | | | |
| | 소속 | 학교 학년 반 | | | |
| 보호자 | 성명 | | 관계 | | 전화번호 |
| | 주소 | | | | |
| 신청사유 | | | | | |

상기 본인은 위와 같이 분쟁조정을 신청합니다.

신청일: 년 월 일

신청인: (서명)

학교폭력대책자치위원회 위원장 귀하

그림 9-2 분쟁조정 신청서

학교폭력대책자치위원회 참석 요청

본 위원회는 「학교폭력예방 및 대책에 관한 법률」 제12조, 제10조에 의거하여 분쟁조정을 위한 학교폭력대책자치위원회를 아래와 같이 개최하고자 하오니 참석하여 주시기 바랍니다.

1. 일시: 년 월 일 시

2. 장소:

3. 안건:

년 월 일

학교폭력대책자치위원회 위원장 (직인)

그림 9-3 분쟁조정 회의 참석 요청서

쟁조정제도에 관해서도 안내를 해 주어야 한다. 이후에도 이러한 제도가 있다는 것을 수시로 알려 주어야 한다. 특히 분쟁당사자가 구두로 분쟁조정을 요청하는 의사를 밝힌 경우에는 분쟁조정 신청서를 작성할 수 있도록 안내해 주어야 한다(부산광역시교육청, 2012).

### (2) 분쟁조정 개시와 일시 · 장소 통보

분쟁조정의 신청이 있으면 자치위원회 또는 교육감은 분쟁조정을 신청받은 날로부터 5일 이내에 조정을 개시하여야 한다(「학교폭력예방 및 대책에 관한 법률 시행령」 제27조제1항). 자치위원회가 분쟁조정을 하고자 할 때에는 자치위원회 또는 교육감은 분쟁당사자에게 분쟁조정의 일시 및 장소를 통보하여야 한다(「학교폭력예방 및 대책에 관한 법률 시행령」 제27조제2항).

통지를 받은 분쟁당사자 중 어느 한쪽이 불가피한 사유로 출석할 수 없는 경우에는 자치위원회 또는 교육감에게 분쟁조정의 연기를 요청할 수 있다. 이 경우 자치위원회 또는 교육감은 분쟁조정의 기일을 다시 정하여야 한다. 자치위원회 또는 교육감은 자치위원회 위원 또는 지역위원회 위원 중에서 분쟁조정 담당자를 지정하거나, 외부 전문기관에 분쟁과 관련한 사항에 대한 자문 등을 할 수 있다.

### (3) 분쟁조정 기간

분쟁의 조정기간은 1개월을 넘지 못한다(「학교폭력예방 및 대책에 관한 법률 시행령」 제18조제2항). 1개월이란 기간의 계산은 「학교폭력예방 및 대책에 관한 법률」에서는 특별히 규정되어 있지 않기 때문에 일반규정인 「민법」 제155조를 따르게 된다. 예를 들어, 4월 3일 분쟁조정을 개시하였다면 5월 4일까지, 즉 5월 4일을 넘기지 못한다는 의미다.

### (4) 분쟁조정의 거부 · 중지 사유

분쟁조정 신청을 받은 자치위원회 또는 교육감은 ① 분쟁당사자 중 어느 한쪽이 분쟁조정을 거부한 경우, ② 피해학생 등이 관련된 학교폭력에 대하여 가해학생을 고소 · 고발하거나 민사상 소송을 제기한 경우, ③ 분쟁조정의 신청 내용이 거짓임이 명백하거나 정당한 이유가 없다고 인정되는 경우에는 분쟁조정의 개시를 거부하거나 이미 개시된 분쟁조정을 중지할 수 있다(「학교폭력예방 및 대책에 관한 법률 시행령」 제28조제1항).

그러나 분쟁조정의 거부 · 중지 사유가 있다고 해서 반드시 분쟁조정 시작을 거부 또는 중지해야 하는 것은 아니며, 자치위원회 또는 교육감의 판단에 따라 분쟁조정을 계속 진행할 수 있다. 즉, 피 · 가해학생 측의 어느 한쪽이 분쟁조정을 거부하는 의사를 표명했거나 민 · 형사상의 법적 절차를 시작한 경우라도, 자치위원회는 합의를 하는 것이 법적 절차에 따라 해결하는 것보다 서로에게 더 유리하다는 점을 설명하고 조정에 응하도록 권유할 수 있다.

### (5) 분쟁조정을 위한 자치위원회의 조사

자치위원회는 분쟁조정을 위하여 필요하다고 인정하는 때에는 관계 기관의 협조를 얻어 학교폭력과 관련된 사항을 조사할 수 있다. 조사 권한은 자치위원회에 있으나, 사실상 직접적인 조사는 자치위원회의 지시에 따라 학교폭력 전담기구의 소속 교사인 책임교사, 보건교사, 상담교사가 담당하는 것이 일반적이다.

자치위원회 또는 교육감은 자치위원회 위원 또는 지역위원회 위원 중에서 분쟁조정 담당자를 지정하거나 외부 전문기관에 분쟁과 관련된 사항에 대한 자문 등을 할 수 있다. 학교폭력 전담기구 소속 교사들이 학교폭력 사안의 진상을 파악하고 청소년상담기관, 의료기관, 수사기관 등의 협조를 얻어 분쟁당사자의 주장 내용을 조사한다. 조사가 마무리되면 조사된 내용을 정리하여 자치위원회에 보고한다.

### (6) 분쟁조정

사전에 통보된 일시 및 장소에서 분쟁당사자와 자치위원회 위원이 참석하여 분쟁조정이 진행된다. 조정이란 제3자인 조정권자와 분쟁당사자 및 그 보호자들이 함께 모여서 합의를 모색하는 과정이다. 그러나 필요에 따라서는 분쟁당사자들이 모두 한자리에 모이기 전에 미리 전문상담교사나 책임교사가 피해학생과 가해학생 및 그 보호자들을 차례로 면담하여 학생 및 보호자들의 심리적 안정을 도모하고, 현 상황이 어떻게 처리되기를 바라는지에 대해서 충분히 얘기를 하도록 하여야 한다. 또한 분쟁당사자 간의 합의과정에서 상대방의 감정을 자극하지 않으면서도 자신의 의견을 적절하게 표현할 수 있도록 돕는다.

본격적인 조정에 앞서 조정권자인 자치위원회 또는 교육감은 다음의 사항을 숙지하여야 한다.

〈학교폭력 읽기자료 7〉

#### 조정권자의 숙지사항

본격적인 조정에 앞서 조정권자인 자치위원회 또는 교육감은 다음의 사항을 숙지하여야 한다.

1 자치위원회의 조사결과를 바탕으로 분쟁당사자들에게 현재의 상황을 정확하게 주지시키고, 관련제도 및 법적 절차에 관하여 안내를 해 주어야 한다.

학교폭력사건의 진상, 각 당사자의 주장내용, 피해학생 및 가해학생에 대하여 학교 측의 조치가 어떻게 진행되고 있는지, 분쟁조정이 이루어지는 경우 합의내용은 어떠한 효력을 지니는지, 조정이 이루어지지 않는 경우 민·형사법적 절차는 어떻게 진행될 것인지 등에 관하여 설명을 해 주어야 한다. 사전에 담임교사, 책임교사, 상담교사, 학교장 등이 개별적으로 동일한 안내를 하였다고 하더라도, 관련자가 모두 한자리에 모여 조정을 시작하는 자리에서 다시 한 번 객관적이고 정확한 안내가 이루어져야 한다.

2 갈등해결을 위한 조정의 기본적인 원칙을 설정해야 한다.

서로를 존중하도록 하고, 어떠한 경우에도 욕을 하지 않으며, 각자의 이야기를 끝까지 듣고 난 뒤 자신의 의견을 말하도록 하는 등의 몇 가지 원칙을 정하고 이를 지키도록 하여야 한다.

3 분쟁당사자들에게 각자의 바라는 점을 얘기할 수 있도록 충분한 시간을 준 후에 서로가 합의점을 도출할 수 있도록 한다.

당사자들이 사전에 서면으로, 조정을 하는 자치위원회나 교육감에게 자신의 의견을 제시할 수 있도록 하는 것이 좋다. 이러한 내용을 토대로 사전에 조정을 준비하면 불필요한 시간을 줄일 수 있고, 쟁점이 되는 부분을 빨리 찾아내어 집중적인 논의가 가능하여 분쟁조정의 실효성을 확보할 수 있다.

4 당사자 간의 자발적인 합의를 유도하여야 하지만, 경우에 따라서는 조정권자가 객관적이고 중립적인 입장에서 조정안을 제시할 수도 있다.

당사자 간에 원만한 합의를 유도하는 것이 가장 중요하다. 그러나 폭력사건으로 서로에 대해 감정적으로 격해 있는 경우가 많이 있다. 이로 인해 당사자 간에 서로의 의견 주장만 있어 의견 조정이 쉽지 않을 수 있다. 이러한 경우에는 조정권자가 하나의 의견을 제시하고 이를 토대로 서로의 의견을 조정해 가는 것도 한 방법이다. 그러나 이러한 조정안은 객관적이고 중립적인 입장에서 나오도록 하여야 한다. 한쪽에 유리한 내용의 경우에는 조정권자의 공정성, 객관성에 대한 불신을 키우게 되어 합의를 이루기 어렵다.

출처: 법무부, 교육과학기술부, 부산광역시교육청(2011), p. 119.

### (7) 분쟁조정의 종료 및 종료의 통보

분쟁조정이 종료되는 경우는 크게 임의적 분쟁조정 종료와 필수적 분쟁조정 종료의 두 가지가 있다. 분쟁조정이 종료되는 사유에 대한 구체적인 내용은 다음과 같다.

#### 1 임의적 분쟁조정 종료 사유

다음에 해당하는 사유가 발생하는 경우에는 분쟁조정의 개시를 거부하거나 분쟁조정을 중지할 수 있다. 이는 임의적인 것으로 해당 사유가 있어도 분쟁조정을 계속할 수 있다(「학교폭력예방 및 대책에 관한 법률 시행령」 제28조제1항).

- 분쟁당사자 중 어느 한쪽이 분쟁조정을 거부한 경우
- 피해학생 등이 관련된 학교폭력 건에 대하여 가해학생을 고소 · 고발하거나 민사상 소송을 제기한 경우
- 분쟁조정의 신청내용이 거짓임이 명백하거나 정당한 이유가 없다고 인정되는 경우

2 필수적 분쟁조정 종료 사유

다음에 해당하는 사유가 발생하는 경우에는 분쟁조정권자는 분쟁조정을 종료하여야 한다. 이러한 사유에 해당한다면 반드시 종료하여야 하고 자치위원회의 결정 등으로 변경할 수 없다(「학교폭력예방 및 대책에 관한 법률 시행령」 제28조제2항).

- 분쟁당사자 간에 합의가 이루어지거나 자치위원회 또는 교육감이 제시한 조정안을 분쟁당사자가 수락하는 등 분쟁조정이 성립한 경우
- 분쟁조정 개시일부터 1개월이 경과하도록 분쟁조정이 성립하지 아니한 경우 분쟁조정 종료의 통보

자치위원회는 분쟁조정이 종료된 경우에는 그 사유를 분쟁당사자에게 통보하여야 한다. 분쟁조정 결과 통보서 양식과 합의서 양식은 [그림 9-4], [그림 9-5]와 같다.

분쟁조정 결과 통보서(거부/중지/종료)

귀하가 신청한 분쟁조정에 대하여 해당 학교폭력자치위원회는 다음과 같이 결정하였기에 그 결과를 다음과 같이 통보하여 드립니다.

| | | | | |
|---|---|---|---|---|
| 분쟁조정 신청인 | 학생 성명 | | 학교 및 학년 | |
| | 보호자 성명 | | 관계 | |
| | 연락처 | (집) | (H.P) | |
| | 주소 | | | |
| 피신청인 | 학생 성명 | | 학교 및 학년 | |
| | 보호자 성명 | | 관계 | |
| | 연락처 | (집) | (H.P) | |
| | 주소 | | | |
| 결과 | 거부, 중지, 종료 | | | |
| 구체적 사유 | | | | |
| | | | | |

년 월 일

학교폭력대책자치위원회 위원장 (직인)

그림 9-4 분쟁조정 결과 통보서

분쟁조정 합의서

| | | | | |
|---|---|---|---|---|
| 분쟁조정 신청인 | 학생 성명 | | 학교 및 학년 | |
| | 보호자 성명 | | 관계 | |
| | 연락처 | (집) | (H.P) | |
| | 주소 | | | |
| 피신청인 | 학생 성명 | | 학교 및 학년 | |
| | 보호자 성명 | | 관계 | |
| | 연락처 | (집) | (H.P) | |
| | 주소 | | | |

◎ 분쟁의 경위:

◎ 조정의 쟁점:

◎ 조정의 결과:

년 월 일

학교폭력대책자치위원회 위원장 ______ (서명)

학교폭력대책자치위원회 위원 ______ (서명)

______ (서명)

______ (서명)

______ (서명)

분쟁조정 신청인 ______ (서명)

분쟁조정 피신청인 ______ (서명)

그림 9-5 분쟁조정 합의서

## 3. 분쟁조정이 성립 · 불성립한 경우의 결과처리

### 1) 분쟁조정이 성립한 경우의 결과처리 및 강제이행

#### (1) 분쟁조정 합의서 작성

자치위원회 또는 교육감은 분쟁조정이 성립되면 합의서를 작성하여 자치위원회의 경우에는 분쟁당사자에게, 교육감의 경우에는 피해 · 가해학생 소속 학교 자치위원회 및 분쟁당사자에게 이를 통보하여야 한다. 합의서를 작성하는 것은 나중에 기억의 왜곡, 합의 내용 부인 등의 문제가 발생하는 것을 예방하는 의미가 있다. 분쟁조정 합의서의 기재사항은 〈표 9-3〉과 같다(법무부, 교육과학기술부, 부산광역시교육청, 2011).

■ 표 9-3 ■ 분쟁조정 합의서 기재사항

| | |
|---|---|
| 필수적 기재사항 | • 분쟁당사자의 주소와 성명<br>• 조정대상 분쟁의 내용과 조정의 결과<br>• 분쟁당사자와 분쟁조정 참가 자치위원의 서명 · 날인(자치위원회 조정)<br>• 분쟁당사자와 교육감의 서명 · 날인(교육감 조정) |
| 임의적 기재사항 | • 치료비 지급 시 구체적인 지급방법과 절차<br>• 학교 자체적으로 분쟁조정 결과가 이행되는지 확인요청<br>• 피해학생과 가해학생 간에 별도 화해 기회 제공 등 |

출처: 법무부, 교육과학기술부, 부산광역시교육청(2011), p. 121.

#### (2) 교육감에게 보고

자치위원회의 위원장은 분쟁조정의 결과를 교육감에게 보고하여야 한다. 이때 경우에 따라 합의서 사본을 제출하여 보다 구체적인 결과를 보고할 수도 있다(「학교폭력예방 및 대책에 관한 법률 시행령」 제29조제3항).

분쟁조정을 통하여 당사자들 간에 합의가 이루어진다 하더라도 이는 화해계약이 성립한 것에 지나지 않으므로 강제집행력은 인정되지 않는다. 피 · 가해학생 측의 어느 한쪽이 합의 내용을 이행하지 않는 경우 법원에 소송을 제기하여 이행을 강제하는 수밖에 없다. 그러나 합의금에 대해서 약속어음을 발행하고 집행공증을 하는 경우에는 약속어음의 만기로부터 3년 이내에 별도의 판결문 없이도 강제집행을 할 수 있다.

### 2) 분쟁조정이 불성립한 경우의 법적 절차

#### (1) 법적 절차의 안내

자치위원회 또는 교육감은 분쟁조정의 개시를 거부하거나 분쟁조정을 중지한 경우 및 분쟁조정 개시일부터 1개월이 지나도록 분쟁조정이 성립되지 아니한 경우에는 그 사유를 분쟁당사자에게 각각 통보하여야 한다(「학교폭력예방 및 대책에 관한 법률 시행령」 제28조제3항). 그리고 차후의 가능한 법적인 절차를 안내해 주는 것이 바람직하다. 그리고 이후에도 해당 교사나 학교는 피해학생이나 가해학생에 대해 학부모와 지속적인 연락을 취하여 같이 해결해 나가야 할 것이다.

### (2) 수사기관에 조사 결과의 전달 여부 결정

만약 당해 폭력사건에 대한 고소, 고발로 수사기관의 수사가 시작된 경우에 수사기관이 자치위원회에 조사 결과를 요청하는 때에는 자치위원회는 이를 심의하여 조사 결과를 전달할 수 있다. 「학교폭력예방 및 대책에 관한 법률」 제14조와 「학교폭력예방 및 대책에 관한 법률 시행령」 제7조에 따라 학교폭력을 담당하고 있는 책임교사가 건의하는 방식으로 그 전달 여부를 심의 · 결정한다. 전담기구에 의한 조사 결과를 전달하는지 여부도 이와 같다. 전담기구에서는 학교폭력에 관련된 조사를 할 수 있는 권한이 있다(「학교폭력예방 및 대책에 관한 법률」 제14조제3항). 이에 대한 조사 결과를 학교장에게 보고하도록 규정하고 있는데, 이러한 보고사항을 수사기관에 전달할 것인지에 대한 결정도 이와 같다.

### (3) 피 · 가해학생에 대한 조치 의결

분쟁의 조정이 성립되지 않은 경우에도 자치위원회는 원칙적으로 피해학생에 대한 보호조치 및 가해학생에 대한 선도 · 교육 조치를 의결할 수 있다. 분쟁조정과 피해학생에 대한 보호조치 및 가해학생에 대한 선도 · 교육 조치는 동일한 위원회에서 할 뿐 별개의 사안으로 다루어야 한다.

제10장

The Prevention and Countermeasures of School Violence

# 학교폭력과 교원의 보호 · 감독의무

## 1. 교사의 보호 · 감독의무

### 1) 교사의 보호 · 감독의무의 법적 근거

교사의 역할이란 교사가 수행해야 하는 교육적 행위를 의미하는데, 보다 쉽게 '교사는 무엇을 하는 사람인가?'라는 말로 요약될 수 있다. 즉, 교사의 역할이란 교사로서 해야 하는 혹은 할 것으로 기대되는 일을 말한다. 현대사회에서 교사는 단순한 지식이나 기능만을 가르치는 것이 아니라 학생 개개인의 원만한 인격 형성을 위한 제반 활동을 수행할 것이 요구된다. 즉, 교사의 역할은 학습지도뿐만 아니라 학생 개개인의 건전한 성장과 발달을 돕기 위한 전반적인 생활지도 활동까지를 포함한다. 그렇다면 학교폭력과 관련하여 교사들은 어떠한 역할을 할 것이 요구되는가?

교장, 교감, 교사 등 교원은 학생을 보호 · 감독할 의무가 있다. 이러한 보호 · 감독의무는 교육법에 따라 학생들을 친권자 등 법정감독의무자에 대신하여 보호 · 감독하는 의무다(법무부, 교육과학기술부, 부산광역시교육청, 2011). 법원은 학교와 관련된 폭력에 대하여 교사나 학교장의 책임 여부가 문제되는 사안에서 학교장이나 교사는 '교육법에 따라' 학생을 보호 · 감독할 의무를 진다고 판시하고 있다. 그러나 교육관계 법령에는 교장 또는 교사의 보호 · 감독의무에 관한 직접적인 규정은 없다. 다만 「초 · 중등교육법」 제20조[1]에서 학생을 교육하는 것이 교장, 교감, 교사의

---

1 제20조(교직원의 임무)

① 교장은 교무를 통할하고, 소속 교직원을 지도 · 감독하며, 학생을 교육한다. [개정 2004. 1. 29]

② 교감은 교장을 보좌하여 교무를 관리하고 학생을 교육하며, 교장이 부득이한 사유로 직무를 수행할 수 없는 때에는 그 직무를 대행한다. 다만, 교감을 두지 아니하는 학교의 경우에는 교장이 미리 지명한 교사가 그 직무를 대행한다. [개정 1999. 8. 31, 2004. 1. 29]

③ 교사는 법령이 정하는 바에 따라 학생을 교육한다. [개정 2004. 1. 29]

임무라고 규정하고 있을 뿐이다.

법원이 보호 · 감독의무에 있어서 교육법을 언급한 것은 교육관계 법령의 바탕에는 학생이 기본적 인권으로서 교육을 받을 권리를 향유하는 과정인 학교교육에서 생명이나 신체의 건강 등을 위협받지 아니한 채 안전하게 교육을 받을 권리를 보장하는 취지가 전제되고 있다고 보기 때문이다. 따라서 보호 · 감독의무는 교육관계 법령의 정신 내지 교사의 직무에서 당연히 생기는 것으로 볼 수 있다.

### 2) 교사 개인의 책임

법원은 교사의 보호 · 감독의무를 친권자 등 법정감독의무자에 대신하는 의무로 판단하고 있나. 따라서 책임 능력이 없는 학생들을 지도 · 담당하는 교사의 경우에는 「민법」 제755조제2항 소정의 법정감독의무자에 갈음한 책임무능력자의 대리감독자로서의 지위에 있게 되어, 그 지도 · 감독하에 있는 학생의 가해행위에 관하여 감독의무를 게을리하지 않았음을 입증하지 못하는 한 가해행위로 인한 손해를 배상할 책임을 지게 된다.

반면 가해학생이 책임 능력이 있는 경우에는 교사가 「민법」 제755조제2항에 의한 책임을 지지는 않지만 교사로서 그 지도 · 감독하에 있는 학생에 대한 보호 · 감독의무로 인해 「민법」 제750조의 일반불법행위자로서의 손해배상 책임을 부담하게 된다. 따라서 담당학생의 연령 및 사리분별 능력 등을 기준으로 한 책임 능력의 유무가 교사의 개인적 손해배상 책임의 성립 여부에 중요한 의미를 지니게 된다. 또한 교사의 개인 책임은 사립학교의 교사와 국 · 공립학교 교사 사이에도 차이가 있다.

④ 행정직원 등 직원은 교장의 명을 받아 학교의 행정사무와 기타의 사무를 담당한다. [개정 2004. 1. 29]

### 3) 국 · 공립학교 교사의 책임

대법원은 제한적이나마 보호 · 감독에 대한 책임을 인정하고 있다. 대법원(2000. 4. 11. 선고 99다44205 판결)은 지방자치단체가 설치 · 경영하는 학교의 교장이나 교사는 학생을 보호 · 감독할 의무를 지지만, 이러한 보호 · 감독의무는 교육법에 따라 학생들을 친권자 등 법정감독의무자에 대신하여 감독을 하여야 하는 의무로서, 학교 내에서의 학생의 전 생활관계에 미치는 것은 아니고 학교에서의 교육활동 및 이와 밀접 불가분의 관계에 있는 생활관계로 제한한다.

그 의무 범위 내의 생활관계라고 하더라도 교육활동의 때와 장소, 가해자의 분별 능력, 가해자의 성행(性行), 가해자와 피해자의 관계, 기타 여러 사정을 고려하여 사고가 학교생활에서 통상 발생할 수 있는 것으로 예측되거나 또는 예측 가능성(사고 발생의 구체적 위험성)이 있는 경우에 한하여 교장이나 교사가 보호 · 감독의무 위반에 대한 책임을 진다(대법원 2007. 4. 26. 선고 2005다24318 판결).

이에 의하면, 국 · 공립학교에서 발생한 학교폭력이나 성폭력 사고에 대하여 학교설치자인 국가 또는 지방자치단체가 배상책임을 부담하는 외

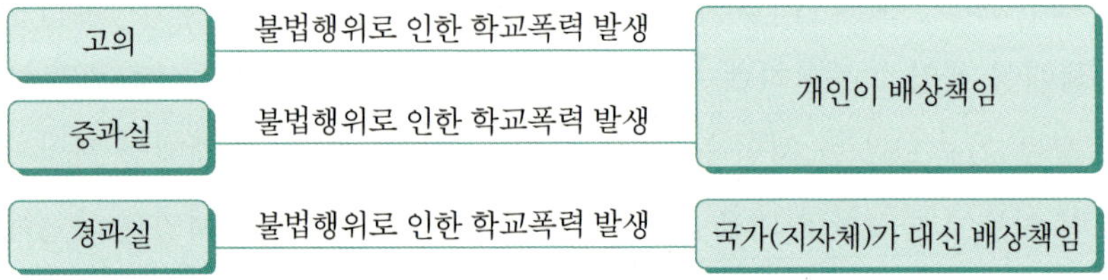


* 고의: 일정한 결과가 발생하리라는 것을 알면서도 감히 이를 행하는 것, 중과실: 약간의 주의를 한다면 손쉽게 손해 발생을 예견할 수 있었는데 이를 게을리한 것, 경과실: 가벼운 주의를 하지 않은 것.

그림 10-1 국 · 공립학교에서 교사의 책임

에 국 · 공립학교의 교사 개인도 고의나 중과실이 있는 경우에는 불법행위로 인한 손해배상 책임을 지게 된다. 그러나 교사가 과실뿐인 경우에는 교사 개인은 손해배상 책임을 부담하지 않는다. 여기서 교사의 중과실이라 함은 교사에게 통상 요구되는 정도의 상당한 주의를 하지 않더라도 약간의 주의를 한다면 손쉽게 위법, 유해한 결과를 예견할 수 있는 경우임에도 그것을 간과하는 경우와 같이 고의에 가까운 정도로 현저한 주의를 하지 않은 상태를 의미한다. 결국 국 · 공립학교의 교사가 책임을 지는 경우는 사실상 대폭 제한되고 있다.

이러한 취지에서 학교폭력에 대한 교사의 보호 · 감독책임을 물은 사례를 살펴보면, 또래 초등학교 6학년 학생들의 지속적인 폭행을 당한 초등학생이 이러한 폭력이 지속되자 견디지 못하고 결국 자살을 하였다. 이에 대해 법원은 교사가 그것을 알고도 적극적인 대처를 하지 않고 방치한 것으로 판단하였다. 즉, 가해학생들은 12세 정도의 초등학교 6학년 학생들로서 비록 책임을 변식할 지능을 갖추지 못하고 있다 하더라도 상당한 정도의 자율 능력, 분별 능력은 가지고 있다고 보아야 하기 때문에 그들에게도 책임을 물어야 한다고 판시하였다(손해배상 등은 결국 가해학생의 학부모가 부담하게 됨). 또한 이 사례에서 해당 교사에 대해 법원은 학교에서의 집단괴롭힘이 사회 문제화되어 해당 학교에서 이에 대한 예방교육이 실시되고 있었다는 점, 교사가 학교폭력에 대해서는 보다 주의 깊은 관심을 가져야 함에도 이를 소홀히 하였다는 점을 들어 교사의 손해배상 책임을 인정하였다(대법원 2007. 4. 26. 선고 2005다24318 판결).

### 4) 사립학교 교사의 책임

사립학교 교사는 학교폭력 사고의 발생에 있어 그에게 고의는 물론이고 과실이 있는 경우 그 과실이 중과실인지 혹은 경과실인지를 불문하고

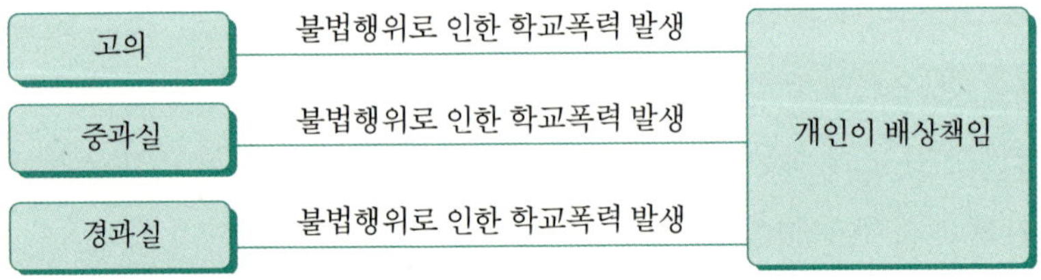


그림 10-2 사립학교에서 교사의 책임

손해배상 책임을 지게 된다. 이러한 점에서 「국가배상법」의 적용을 받는 국 · 공립학교의 교사에 비하여 상대적으로 불리한 지위에 있게 된다.

지금까지 실제 소송에 있어서는 손해배상 능력이 불확실한 교사 개인의 책임을 묻기보다는 자력이 확실한 학교설치자를 상대로 하는 경우가 대부분이어서 아직까지는 큰 문제가 되지 않을 뿐이다. 하지만 사립학교 교사의 경우에는 학교폭력이나 성폭력에 대한 주의에 보다 많은 관심을 기울여야 한다.

### 5) 학교경영자 구상권에 따른 교사의 책임

학교의 설치 · 경영자가 피해학생에 대하여 손해배상을 한 경우 보호 · 감독의무를 위반한 교사에 대하여 구상권을 행사하게 된다. 그러나 국 · 공립학교의 경우에는 앞서 본 바와 같이 「국가배상법」이 적용되는 결과로 교사에게 고의 또는 중과실이 있는 경우에 한하여 구상책임을 물을 수 있고, 사립학교의 경우에는 법률상 제한이 없어서 이론상으로는 경과실인 경우에도 구상권을 행사할 수 있다.

그러나 법원은 이러한 구상권의 행사에 대해 무조건으로 인정해 주지 않고 있다. 구상권 행사의 취지가 제반 사정을 모두 감안한 '손해의 공평한 분산'이라는 견지에서 신의칙(good faith)[2]상 상당하다고 인정되는 한도

| | |
|---|---|
| 국 · 공립 학교 | 고의 또는 중과실이 있는 경우에 한하여 교사에게 구상책임 |
| 사립학교 | 경과실인 경우에도 교사에게 구상책임 |
| 법원 | 신의칙상 인정되는 한도 내에서만 교사에게 구상책임 |

그림 10-3 학교경영자 구상권에 따른 교사의 책임

내에서만 해당 교사에 대하여 그 구상권을 행사할 수 있다고 제한한다. 예를 들면, 학교폭력 사건의 판례에 따르면 학교폭력 사건으로 학교에서 2천만 원을 배상한 경우 해당 교사에 내해 구상권 행사 시 그 액수는 2천만 원이 아닌 그 이하의 금액이 인정된다.

## 2. 학교폭력 사건에서 교사 책임에 대한 법적 판단

### 1) 학교폭력 사건에서 교사의 구체적 보호 · 감독의무

과거에는 학교폭력이 발생한 경우 법원에서 피해학생 측은 가해학생 측에게만 그 피해에 대해 책임을 요구하였다. 그러나 최근에는 학교폭력이 발생한 경우 법원에서 피해학생 측이 가해학생 측뿐만 아니라 교사와 학교에 대해서 발생한 학교폭력에 대해 일정한 책임을 묻는 경우가 많이

2 신의칙이란 신의성실의 원칙(信義誠實의 原則, good faith)으로도 불린다. 모든 사람이 사회 공동생활의 일원으로서 상대방의 신뢰에 반하지 않도록 성의 있게 행동할 것을 요구하는 법 원칙이다(위키백과, 2013).

발생하고 있다. 학교폭력 피해학생의 학부모가 학교를 방문하는 경우 "일이 이렇게 될 때까지 선생님들은 무엇을 하고 있었나요?" 라는 말을 하게 되는데, 이것이 법적 분쟁이 발생하게 되는 출발이 되는 것이다. 또한 교사가 폭력 등에 대한 책임을 지게 되었다는 언론보도를 통해서 교사 자신도 학교폭력이나 성폭력이 발생하면 그 정도의 차이가 있을 뿐 일정 부분 책임을 지는 것으로 생각하는 학습 효과가 있었던 것으로 보인다. 이로 인해 교사가 학교폭력이나 성폭력 사건이 발생한 경우 은폐하거나 소극적인 대처를 하는 경우가 빈번하게 발생하고 있다.

하지만 교사 혹은 학교관리자가 학교폭력이나 성폭력 사건의 피해학생에 대해 치료비 등의 법적 책임을 지는 경우는 모든 학교폭력 사건에서가 아니라 일정한 요건을 구비한 경우에만 가능하다. 법적으로 어떠한 의무가 있으며 구체적인 모습은 어떠한지를 알게 된다면, 단순히 교사의 책임 면피가 아니라 학교폭력에 대한 보다 적극적이고 효과적인 예방과 해결에 도움이 될 것이다.

### 2) 교사의 보호 · 감독의무 위반 여부에 대한 판단기준

학교폭력 사건에서 교사의 보호 · 감독의무 위반 여부의 판단기준은 교육활동과 관련된 생활관계 여부와 교사의 예견 가능성 여부의 두 가지로 나눌 수 있다(법무부, 교육과학기술부, 부산광역시교육청, 2011).

#### (1) 교육활동과 관련된 생활관계 여부

교사의 보호 · 감독의무 위반에 대해 법에서는 "학교에서의 교육활동과 이와 밀접한 생활관계인 경우이어야 한다." 고 명시하고 있다. 수업시간은 물론 소풍, 운동회, 체험학습, 수학여행, 고적답사 등 야외활동인 경우에도 장소가 교실이 아닐 뿐 교육활동 시간이라고 할 것이다. 또한 아침자습시간, 쉬는 시간, 점심시간, 청소시간 등은 직접적인 교육활동 시간은 아니지만 교육활동 시간과 밀접한 생활관계에 해당하는 경우라고 할 수 있다.

이처럼 학교에서의 폭력사건에 대해 교사가 책임을 지는 것은 당연하다. 그러니 토요일이나 일요일 학원에서 발생한 폭력사건, 방과 후 저녁시간에 집 근처에서 발생한 폭력에 대해서는 기본적으로 교사의 책임을 묻지 않는다.

### (2) 교사의 예견 가능성 여부

학교폭력 사건의 보호·감독의무 위반의 판단에 있어서, 교육활동과 관련된 생활관계인 경우라고 하여도 교사가 폭력 상황을 예견하였거나 예견할 수 있는 상황이어야 한다. 즉, 교사가 '학교폭력이 발생할 것을 알았거나 알 수 있었어야' 한다. 쉬는 시간에 학생 간에 우발적으로 발생한 폭력사건에 대해 교사가 책임을 지지 않는 것은 교육활동과 밀접한 생활관계에서 발생하였어도 그것이 발생할 것을 교사가 사전에 알았거나 알 수 있었다고 볼 수 없기 때문이다.

이처럼 교사의 보호·감독의무는 기본적으로 학교에서의 교육활동과 이와 밀접 불가분인 생활관계인지 여부와 예견 가능성 여부에 따라 달라진다. 그러나 이 두 가지 요건을 모두 충족하였다고 하여 반드시 교사가 책임을 지는 것은 아니다. 그 상황에 적합한 관련 예방조치들을 충분히 한 경우라면 법적인 책임을 지지는 않는다.

법원은 학생이 상당한 정도의 자율 능력이나 분별 능력을 가지고 있는 경우에는 단순하고 우발적인 장난이나 다툼 등에 의하여 일어난 학교폭력 사건에 대하여 교사 등 학교 측의 책임을 인정하지 않는다. 이런 경우에도 책임을 묻는다는 것은 법 적용의 형평상 지나치다는 인식하에 '구체적인 예견 가능성'이라는 개념을 매개로 교사의 책임을 가급적 제한하고 있다.

일반적으로 연령이 낮고 책임 능력이 인정되기 어려운 초등학교 저학년생의 경우 교사에게 보다 높은 주의의무가 요구된다고 할 것이다. 따라서 초등학교에 재학 중인 학생의 경우 분별 능력이 부족하여 충분한 보호 · 감독을 할 필요가 있다고 볼 수도 있다. 그러나 초등학교 6학년인 학생들 간의 우발적인 사고에 대해서 학교의 책임을 부정한 경우도 있어서 가급적이면 교사의 책임을 제한하려고 하고 있다.

일선 교사의 경우 사건의 구체적인 내용은 알지 못하고 단지 폭력이 발생하였고 그에 대해 교사가 책임을 진다는 간단한 언론보도를 접하게 되는 경우가 많다. 이로 인해 학교폭력이나 성폭력에 대해 교사가 정도의 차이는 있을지언정 책임을 지게 된다고 오해하는 것이다. 교사 및 학교관계자가 피해학생 및 피해학생의 부모로부터 폭력 사실이나 구제 요청을 받은 경우라면 교사의 폭력 발생에 대한 예견 가능성은 커진다. 만일 교내폭력이 공공연하여 교사나 학교관계자가 이를 알 수 있는 상황이라면, 또한 그 밖에 어떤 징표가 있어서 사고 발생을 쉽게 알 수 있는 경우라면 교사의 폭력사건 발생에 대한 예견 가능성은 매우 높다. 이는 학교폭력이나 성폭력 사건에 대해서 교사 등 학교 측에 책임을 지우는 특별한 사정이 될 수 있다.

### 3) 판례를 통해 본 교사의 보호 · 감독의무

학교폭력 사건에 대한 몇 가지 판례를 통해 교사의 보호 · 감독의무의 위반 여부를 어떻게 법적으로 판단하고 있는지 살펴보기로 한다(법무부, 교육과학기술부, 부산광역시교육청, 2011).

### (1) 수학여행에서 발생한 학교폭력 사건

[판결] 대법원 1999. 9. 17, 선고 99다23895 판결

[사건 개요] 고적답사를 겸한 졸업여행 중 숙소 내에서 휴식시간에 학생들 사이의 폭력사건이 발생하였다. 이로 인하여 피해학생은 한쪽 눈을 실명하게 되었다. 이에 피해학생 측에서는 보호·감독의무에 소홀하였다고 하며 인솔교사와 학교장을 상대로 배상을 요구하였다.

[법원의 판단] 법원은 가해자와 피해자를 포함한 학생들이 졸업여행을 떠나게 되어 평소와 달리 기분이 들뜨고 해이해지기 쉬운 상황에서 심한 장난을 한다든가 서로 간에 시비가 발생할 가능성이 존재할 수 있음을 인정하였다. 그러나 이 사건이 생활지도부장이나 담임교사의 입장에서 학교 측의 안전교육이나 사전 지시에 따르지 않고 돌발적으로 벌어진 사고라는 점에 주목하였다. 이러한 돌발적인 상황에 대해 인솔교사 등이 폭력을 예측하였거나 예측할 수 있었다고 보기 힘들다고 판시하였다. 따라서 교사의 보호·감독의무 위반의 책임을 부정하였다.

### (2) 청소시간에 발생한 학교폭력 사건

[판결] 대법원 1994. 8. 23, 선고 93다60588 판결

[사건 개요] 한 학생이 청소시간에 같은 반 학생에게 시비를 걸어 구타하고 밀어붙여서 칠판 모서리에 머리를 부딪혀 사망하게 하였다. 가해학생은 그동안 학생들에게 폭력적인 행동을 자주 하여 문제가 되고 있었다.

[법원의 판단] 법원은 담임교사에 대해 미성년자인 학생들을 그 친권자를 대신하여 보호·감독하고 교육하여야 할 담임교사로서 평소 가해학생

의 행실이 바르지 못하여 급우들을 괴롭히는 일이 잦아 특별히 관심을 갖고 주의 · 선도하는 등으로 교육하여야 함에도 이를 게을리한 과실이 있다고 인정하여 교사의 배상책임을 인정하였다.

### (3) 중학교에서의 집단폭력 사건

[판결] 울산지법 2006. 12. 21, 선고 2005가단35270 판결

[사건 개요] 공립중학교의 학생들이 같은 반 학생을 집단적으로 괴롭혀 상처를 입히고 우울증 등의 증상을 겪게 하였다. 이에 피해학생 측에서는 그 중학교의 설치 · 경영자인 지방자치단체를 상대로 배상을 요구하였다.

[법원의 판단] 공립중학교 학생들이 같은 반 학생을 집단으로 괴롭힌 이 사건에서 담임교사는 당시의 사회 분위기나 자신이 맡고 있는 학급 내 상황에 비추어 피해학생이 가해학생들로부터 집단괴롭힘이나 집단폭행을 당할 수도 있다는 것을 어느 정도 예상할 수 있었다. 따라서 담임교사는 수업시간 전후로 수시로 돌아보고 학급의 반장에게 학급 내에서의 집단괴롭힘이나 폭행사건이 발생할 경우 즉각적으로 보고하도록 하며, 학급 내에서 종종 또래 학생들을 괴롭히는 가해학생들에 대하여는 보다 적극적인 자세로 훈육을 하고 위와 같은 집단괴롭힘 등이 발생하지 않도록 필요한 예방조치를 취해야 할 주의의무가 있다. 그럼에도 불구하고 이를 소홀히 함으로써 결과적으로 피해학생이 집단따돌림을 당하도록 하는 상황에 이르게 하였으므로, 법원은 위 중학교의 설치 · 경영자인 지방자치단체가 「국가배상법」 제2조에 따라 소속 공무원인 담임교사의 위와 같은 위법한 공무 수행으로 인하여 피해학생 및 그 부모가 입은 손해를 배상할 책임이 있음을 인정하였다.

### (4) 체육시간 이후 발생한 학교폭력 사건

[판결] 대법원 2000. 4. 11, 선고 99다44205 판결

[사건 개요] 중학교 2년생인 A 군이 체육시간에 피해자 B 군의 잘못으로 체육교사로부터 단체기합을 받았다는 이유로 그 직후의 휴식시간에 피해자를 폭행하여 상해를 가하였다. 이에 피해학생 측의 부모가 체육교사 및 담임교사에게 배상을 요구하였다.

[법원의 판단] 법원은 만 14세 4개월 된 중학교 2학년생이 같은 반 학생에게 상해를 가한 이 사건에서 가해자의 성행, 피해자와의 관계, 단체기합의 정도 등에 비추어 체육교사 또는 담임교사 등에게 사고에 대한 예측 가능성이 없었다고 판시하였다. 따라서 교사의 보호 · 감독의무 위반의 책임을 부정하였다.

### (5) 집단따돌림으로 인한 자살사건

[판결] 대법원 2007. 11. 15, 선고 2005다16034 판결

[사건 개요] A, B, C, 을 4인은 같은 반 친구들로, 3월경부터 배타적으로 어울리는 작은 집단을 형성하여 지내다가 A가 이 집단을 주도하면서 을을 집단에서 배척하였다가 다시 끼워 주는 것을 되풀이하였다. 그러던 중 여름방학 이후부터는 을이 말을 걸어도 아무런 대답을 하지 않는 등 을을 의도적으로 배제하였고, 을이 교복을 줄여 입은 모습을 보면서 놀리거나 점심시간에 학교급식소에서 을이 같은 식탁에 앉아 식사하려고 할 때 다른 식탁으로 옮겨 피하기도 하였다. 이런 상황에서 2001년 9월 24일 을의 필통이 없어졌고, 을은 A와 B가 이를 숨긴 것으로 알고 다른 학생들 앞에서 그들에게 따졌다가 자신의 오해로 밝혀져 그들에게 사과하게 되었다. 그

러나 그들이 을의 사과를 받아 주지 않고 오히려 을을 몰아세움으로써 A 등과의 관계는 더욱 악화되었다.

2001년 9월 26일경 을은 교복 대신 검은 스웨터를 입고 오고 자율학습 시간에 자주 교실을 드나드는 등 상당히 불안한 모습을 보였다. 또한 을이 C에게 자신과 함께 놀아 달라고 하였는데 이를 알게 된 A, B로부터 "C가 니 쫑이냐?"라는 말과 함께 면박을 당하였다. 다음 날인 2001년 9월 27일 등굣길에 을은 다른 반 친구에게 전날 A 등으로부터 면박당한 일을 이야기하면서 "왕따를 당하니까 괴롭고 힘들다. 그들 중 한 명이 내가 니 쫑이냐고 말하여 상처받았다."고 말하였다.

또한 같은 날 점심시간에 A와 B가 다른 학생들에게 "을의 성격이 이상하니 같이 놀지 마라."며 학교급식소로 몰려가 자신만이 남게 되었고, 을은 어머니에게 전화하여 "엄마, 사실은 나 왕따야. 전학시켜 줘. 죽을 것 같아."라고 울면서 이야기하게 되었다. 같은 날 하굣길에 A와 B가 을에게 약을 올리며 몰아세우자 을은 귀가한 직후인 오후 5시경 자신이 살던 아파트에서 투신하여 자살하였다.

[법원의 판단] 법원은 교사에 대해 집단따돌림에 대한 손해배상을 인정하였다. 그러나 이는 집단따돌림으로 인해 학생이 생존 시 겪은 고통 등에 대한 손해배상이다. 자살에 대한 손해배상은 학생이 자살이라는 극단적인 행동을 선택한 것에 대해 교사가 예상하기 힘들었다고 보고 부정하였다.

## 3. 상황에 따른 구체적인 교사의 보호 · 감독의무

### 1) 학교폭력 사건에서 교사의 보호 · 감독의무 판단

법원의 판결을 통해서 살펴보면, 통상적인 교육활동이 아닌 휴식시간, 수업 시작 직전의 시간, 수업 종료 직후 시간의 사고에 대해서는 특별한 경우를 제외하고는 학교 측의 책임을 인정하는 경우가 그리 많지 않다. 앞과 같은 특별한 경우에도 그 시간이 교육활동과 질적이나 시간적으로 밀접 불가분한 관계에 있어 교사의 일반적 보호 · 감독의무가 미치는 것을 인정하면서도 구체적인 학교폭력 사고의 예견 가능성이 없다는 이유로 학교의 책임을 부정하고 있다. 그럼에도 불구하고 책임을 져야 한다는 교사의 오해 때문에 책임을 면하기 위하여 사건을 은폐하는 등의 행동을 하고 이러한 행동에 대해 책임을 지게 되는 경우가 발생하고 있다.

### 2) 일상적 교내생활의 경우

최근 수업시간 중에 학생이 폭력을 휘둘러 다른 학생이나 교사에게 해를 입히는 경우가 종종 발생하고 있다. 그러나 이러한 경우가 그리 많지 않고, 또한 이러한 사건이 재판 등 법적 절차에 들어가는 경우는 더욱 적다고 할 것이다. 이는 현실적으로 교사의 학생들에 대한 장악력이 가장 높은 시간인 수업시간에 폭력사고가 발생할 개연성이 아주 낮기 때문이다. 또한 수업시간 중 학생 간의 폭력사고는 교육활동 자체에 내재하는 위험이 현실화된 것이라기보다는 돌발적인 경우가 많아서, 담당교사가 구체적인 위험에 대해 알거나 알 수 있었던 경우가 아니라면 보호 · 감독의무를 위반한 것은 아니다.

평소 거칠고 난폭한 행동을 하거나 급우를 상대로 반복하여 장난을 걸어 다른 학생에게 위해를 가할 우려가 있는 학생에 대하여는 그 행동 관리에 충분한 배려와 지도를 하고, 효과가 없는 경우에는 친권자에게 알리고 상담을 하는 등 적절한 조치를 취하여야 한다.

〈학교폭력 읽기자료 8〉

### 평상시 요주의 학생에 대한 선도 미비에 대한 책임

법원은 가해학생의 부모가 친권자로서 미성년자인 가해학생이 평소 바른 생활을 하고 다른 사람을 괴롭히지 않도록 보호 · 감독하여야 할 주의의무가 있음에도 이를 게을리한 과실, 그리고 미성년자인 학생들을 그 친권자를 대신하여 보호 · 감독하고 교육하여야 할 담임교사가 평소 가해학생의 행실이 바르지 못하여 급우들을 괴롭히는 일이 잦아 특별히 관심을 갖고 주의 · 선도하는 등으로 교육하여야 함에도 이를 게을리한 과실을 인정하여 그 책임을 인정한 적이 있다(대법원 1994. 8. 23, 선고 93다60588 판결). 이 사건은 책임 능력 있는 미성년자의 학교폭력(불법행위)에 대하여 부모가 보호자로서 감독의무를 소홀히 한 것과 담임교사가 학생에 대한 보호 · 감독의무를 소홀히 한 것이 결합하여 이러한 사고가 발생했다고 파악한 것이라 할 수 있다.

마찬가지로 또래 학생들보다 신체적 · 정신적 능력이 열악하여 동급생들로부터 주목과 차별의 대상이 되기 쉬운 학생에 대하여도 담임교사 등이 평소 생활지도에 있어서 각별한 관심을 기울여야 한다.

〈학교폭력 읽기자료 9〉

### 신체적 문제가 있는 학생에 대한 지도와 책임

선천성 심장질환자인 고등학교 1학년생에 대하여 같은 반의 일부 학생이 1년여에 걸쳐 집단적 괴롭힘을 가한 사건에 대해, 법원은 담임교사가 피해학생에게 신체질환에 따른 특별한 배려가 필요하다는 것을 잘 알고 있었고 피해학생의 부모로부터 수차례에 걸쳐 피해학생이 집단괴롭힘을 당한다는 사실을 들었다면 별도의 조치가 이루어져야 한다고 하였다. 구체적으로는 가해학생들에게 훈계와 반성문 제출을 요구하는 데 그칠 것이 아니라 더 이상의 가해행위를 방지하기 위하여 보복성 폭행이 없는지 확인하고, 학급 내 다른 학생들과도 수시로 개인면담을 실시하거나 학급 반장에게 학급에서 일어나는 모든 일을 보고하도록 하는 한편, 교장이나 다른 교사와 상의하여 가해학생들에 대하여는 적절한 사후조치나 감독 등 특별한 관리를 하여야 한다. 이 사건에 대해 법원은 피해학생에 대하여 세심한 배려를 요청하는 등의 노력을 기울여야 함에도 이를 소홀히 하였고, 교장 등 다른 교사들도 가정통신문의 발송 등 형식적인 학교폭력예방조치에만 급급한 나머지 교실에서 장기간에 걸쳐 자행된 집단괴롭힘을 알아차려 이를 방지하지 못한 과실이 있음을 인정했다(서울고법 1999. 12. 7. 선고 98나65344 판결).

### 3) 외부 학교행사의 경우

최근에는 교실에서의 수업 이외에 다양한 외부활동을 하는 경우가 많이 있다. 초등학교 중심으로 이루어지던 외부활동이 중 · 고등학교에서도 과거에 비해 많이 이루어지고 있다. 따라서 교사는 이러한 경우에 주의하여야 할 다음의 내용을 숙지할 필요가 있다(법무부, 교육과학기술부, 부산광역시교육청, 2011).

#### (1) 보호 · 감독의무의 존재

수학여행 등 학교행사, 외부활동도 교육계획에 의한 교육활동의 일환으로 행하여진다. 따라서 이러한 활동 중에도 일반 수업시간과 마찬가지로 교사는 일반적 보호 · 감독의무가 있다.

### (2) 외부활동의 특징

주로 교외에서 이루어지는 외부활동에서는 학생들이 평소와는 달리 기분이 들뜨고 긴장이 느슨해지기 쉽다. 평상시 차분하던 학생도 외부활동에서는 들뜰 수 있다. 그리하여 안전사고를 비롯해 각종 사고가 발생할 확률이 상대적으로 매우 높아진다. 또한 중 · 고등학교의 경우에는 다른 학교 학생들과의 접촉과정에서 폭력사건이 발생하기 쉽다.

### (3) 학교폭력예방을 위한 대책

중 · 고등학생의 경우에는 다른 학교 학생들과의 접촉과정에서 폭력사건이 자주 발생하게 되므로 사전에 안전교육을 실시하는 등 각별한 주의를 기울여야 한다. 외부활동과 같은 경우에는 학교폭력 등의 사건이 발생할 것을 교사가 알 수 있을 가능성이 매우 높기 때문에 그 책임의 범위가 확대된다.

그런데 중요한 것은 외부활동이라고 하여 인솔교사가 반드시 책임을 지는 것은 아니라는 점이다. 보통 외부활동에서는 교사 1명이 학생들 20명 정도를 인솔한다. 이 경우 인솔교사가 지도하는 학생들 전부에 대해 일일이 파악하는 것은 불가능하다. 또한 그 정도의 지도를 하는 것이 반드시 요구되는 것은 아니다. 인솔교사가 학생지도에 있어서 기본적인 조치를 취한 경우에는 폭력사건이 발생하여도 그 인솔 등에 법적인 책임을 지게 되지 않는다.

〈학교폭력 읽기자료 10〉

#### 해외 봉사활동 시의 학교폭력 사건 발생과 책임

2004년 1월 필리핀으로 봉사활동을 갔을 때 하급생이 홈스테이 가정에서 식사를 하지 않았다는 이야기를 듣고 '학교를 대표해 왔는데 왜 성의를 무시했느냐'며 머리를 나무 막대기로 때렸다가 피해자가 두개골 출혈로 수술을 받고 고소하여 가해학생에게 손해배상금을 받은 후 학교에도 책임이 있다고 소송을 제기한 경우다. 이에 대해 서울중앙지법 민사30단독(김태훈 판사)은 "폭행 당사자들이 청소년으로서 낯선 외국에서 상당기간 합숙해야 하므로 학교에서보다 더 세심한 배려를 할 의무가 있다."고 하여 해당 학생의 담임선생님에게 35%의 책임이 있다고 판시하였다.

출처: 연합뉴스(2006. 2. 5).

### 4) 과외그룹 활동 및 자치활동의 경우

과외그룹 활동 및 자치활동은 정규수업 이외의 과외활동으로서 학생들의 자발적인 참여에 의하여 이루어진다고 하여도 학교의 교육활동의 일환으로 이루어지는 것이다. 따라서 담당 지도교사로서는 과외그룹에 속한 학생을 적절히 지도 · 감독하여 위험의 발생을 방지하여야 할 일반적인 주의의무가 있다.

〈학교폭력 읽기자료 11〉

**과외활동 중 교사의 보호 · 감독과 학생의 자율권 존중**

과외활동 등에서 발생하는 학교폭력 사고에 대해서는 평소 지도교사가 입회하고 있었더라면 위험을 알 수 있거나 사고 발생을 방지할 수 있는 가능성이 높다는 점에서 입회를 하여야 한다고 볼 수 있다. 그러나 과외활동의 경우 학생의 자주성이 존중되어야 하고, 사고 발생의 가능성이 정형적으로 존재하지 않는다는 특징이 있다. 따라서 과외활동 중에 사고가 발생할 위험성을 구체적으로 예견할 수 있는 특단의 사정이 없다면, 지도교사로서는 일상적인 개개의 활동에 대해 항상 입회, 감시, 지도하여야 하는 것은 아니다.

### 5) 자습시간과 등교시간의 경우

자습시간은 비록 담당교사가 부재하더라도 교육상 학생의 자주, 자율의 정신을 양성한다는 측면에서 적극적인 의미를 지닌다. 따라서 학년 및 연령, 이에 따른 학생의 자율적인 판단 능력의 정도, 경험 등에 따라 각각 다른 내용, 정도의 주의의무가 요구된다. 예를 들어, 중학교 학생과 고등학교 학생의 경우에는 자습시간 등에서의 주의의무 정도가 다르다고 할 것이다.

또한 등교 후 수업 시작 전의 자습시간 역시 교육활동과 불가분의 관계에 있다. 그래서 자습시간 중의 교실 내 학생의 행위에 대하여는 교사에게 일반적 보호 · 감독의무가 존재하지만, 책임을 묻기 위한 전제로 가해학생의 위험한 행위를 예측하거나 예측할 수 있었다고 볼 만한 사정이 존재하여야 한다.

### 6) 따돌림 상황의 경우

같은 반에서 주로 일어나는 친한 친구끼리의 따돌림은 교사나 다른 사람들의 눈에 쉽게 띄지 않아 장기화되는 경우가 많기 때문에 특별한 주의를 요한다. 따돌림 사안에 대한 교사의 초기 대응방법은 다음과 같다(교육과학기술부, 2012b).

1 피해학생 의사에 반하는 피해 사실 공개 금지하기

- 피해 사실이 확인되고 나서 바로 그것을 공개하면 피해학생이 당황하고 난처해질 수 있다. 교사는 피해학생과 깊이 있는 상담을 하여 피해학생의 욕구를 최대한 존중해 주는 방식으로 대처한다.
- 가해학생을 바로 불러서 야단치면 가해학생이 교사에게 일렀다는 명

목으로 피해학생을 더욱 심하게 괴롭히고 따돌리는 경우가 많다.

- 학급 전체에서 피해 · 가해학생의 이름을 대며 따돌림에 대해 훈계하면 피 · 가해학생 모두에게 낙인이 찍혀 문제 해결에 효과적이지 않다.

**2 심각한 피해일 경우 피해학생 설득하기**

- 만약 따돌림 정도가 심한데 피해학생이 보복이 두려워 사안의 공개나 처벌을 반대하거나, 따돌림을 당했을 때 아무 조치를 취하지 않으면 폭력은 점점 심해지고 지속되며 따돌림의 가해학생은 자신이 폭력을 행사하는 것을 인식하지 못하기 때문에 이를 알려 주어야 한다.

**3 피 · 가해학생이 함께 만나지 않게 하기**

- 피 · 가해학생들을 강제로 한자리에 불러 모아 화해시키거나 오해를 풀도록 하면 안 된다.
- 학생들끼리 얘기하라고 교사가 자리를 비우는 경우도 있는데 이는 적절치 않다. 따돌린 학생 다수와 따돌림 당한 한 학생이 한 공간에 있게 되면 피해학생은 더욱 심한 공포심과 위압감을 느끼게 된다. 따라서 피해학생과 가해학생은 교사가 개별적으로 불러 상담해야 한다.

### 7) 자살 등 위기 상황의 경우

집단따돌림으로 인하여 피해학생이 자살한 경우, 자살의 결과에 대하여 학교의 교장이나 교사의 보호 · 감독의무 위반의 책임을 묻기 위해서는, 피해학생이 자살에 이른 상황을 객관적으로 보아 교사 등이 예견하였거나 예견할 수 있었음이 인정되어야 한다. 사회통념상 허용될 수 없는 악질적이고 중대한 집단따돌림이 계속된 결과로 피해학생이 육체적 또는 정신적으로 궁지에 몰린 상황에 있었다는 것을 교사나 학교가 알았거나 알 수 있었던 경우에는 피해학생이 자살에 이른 상황에 대해서 충분한 예견이 가능하였다고 볼 것이다.

이와 반대로 집단따돌림의 내용이 자살에 이를 정도까지 이르지 않은 경우에는 교사 등이 집단따돌림을 알거나 알 수 있었다는 것만으로 피해학생의 자살에 대한 예견이 가능하였다고 볼 수는 없다. 결국 이러한 요건에 해당하지 않는다면 학생의 자살까지 그 책임을 부담하지는 않는다. 하지만 법적인 책임을 떠나 교사의 입장에서는 이러한 상황에 이르기까지 방치하지 않도록 학생지도에 더욱 신경을 써야만 한다.

## 4. 학교폭력 예방 및 대처를 위한 교사의 주의사항

### 1) 가해학생에 대한 조치와 관찰

가해학생은 피해학생이 피해 사실을 학부모나 교사에게 알렸다고 하여 전보다 더 심하게 괴롭힐 수 있다. 따라서 이러한 조치 이외에 다른 조치를 같이 하지 않는다면 오히려 사건을 더 크게 키울 수 있다. 학교폭력 피해학생이 자살을 하거나 사건이 커지는 경우에 있어서 교사의 사후조치가 미비하였던 경우가 많이 있다.

폭력 사실을 알게 된 교사는 교장이나 다른 교사와 상의하여 가해학생들에 대하여는 적절한 사후조치나 감독 등 특별히 관리를 하여야 한다. 예를 들면, 다른 교사들에게도 어떤 학생이 누구를 괴롭히는 것으로 보이니 평상시 이상한 징후 등이 보이면 즉시 이야기를 해 달라고 하고, 그들에 대해 좀 더 유심히 관찰해 줄 것을 부탁하는 것이 좋다.

### 2) 피해학생에 대한 주의와 관찰

더 이상의 가해행위를 방지하기 위하여 피해학생에 대한 보복성 폭행이 없는지 확인하여야 한다. 중 · 고등학교의 경우 개인면담에 대해 피해학생을 수시로 교무실로 부르는 것으로 한정해서 생각할 필요가 없다. 예를 들면, 등하교 시간 때나 쉬는 시간에 복도에서 만나게 되면 간단하게 물어보는 것도 좋은 방법이 될 수 있다. 개인면담은 피해학생이 큰 부담을 가지게 되지만 이런 방법은 그리 부담을 가지지 않는다. 또한 피해학생이 자신의 현 상황을 쉽게 알릴 수 있고, 교사와의 대화 상황을 보는 다른 학생들에게 교사가 피해학생에게 많은 관심을 가지고 있다는 것을 알리는 효과도 있다. 교사는 개인면담의 횟수보다는 다양한 방법으로 학생의 상황 등을 확인하는 것이 중요하다.

### 3) 학급 내 긴급 연락망 구축

초등학교의 경우에는 교사가 교실에 상주하기 때문에 학생들의 움직임 등에 대한 관찰이 용이하다. 그러나 중 · 고등학교의 경우는 쉬는 시간 등의 교실 상황을 교사가 파악하기가 쉽지 않다. 따라서 교실의 상황을 알려줄 수 있는 연락망을 만들어 두는 것이 중요하다. 연락망은 조직도 등 거창한 것이 요구되는 것이 아니다. 학생 중 한 명(수로 학급 반장)이 교실에서 문제되는 상황이 발생한 경우 이를 교사에게 알리고 수시로 교실에서 일어나는 학생들의 상황을 알려 주도록 하는 것을 말한다. 이러한 조치는 학교폭력이나 성폭력이 아니어도 교사가 학생지도를 위해 기본적으로 취하여야 할 조치다.

〈학교폭력 읽기자료 12〉

### 교사의 연락처를 학생들 휴대폰 단축번호에 입력하도록 하는 방법도 생각해 보자

학교에서 나누어 주는 학생증의 뒷면에는 학교의 교훈 정도가 적혀 있을 뿐 빈 공간이 많이 있다. 이러한 공간에 생활지도 교사나 학생이 개인적으로 친하게 지내는 교사의 연락처를 적어 두도록 하는 것도 상당한 효과를 낼 수 있다. 학생과 학부모에게 폭력사건 등이 발생한 경우 손쉽게 연락할 수 있다는 안도감을 주게 되고 교사에 대한 신뢰를 높일 수 있다. 최근에는 학생들의 휴대폰 사용이 보편화되어 있기 때문에 학생들의 휴대폰에 단축키로 저장하게 하는 것도 유용한 방법이다. 이러한 내용을 학생들에게 주지시키고, 가능하면 가정통신문 등을 통해 학부모에게도 알려 주는 것이 좋다.

### 4) 다른 학생의 피해 여부 확인

학교폭력이나 성폭력 사건을 접하게 되면 교사는 해당 사건에 온 관심을 기울이게 된다. 이러한 반응은 당연한 것이지만, 단순히 해당 사건에만 급급한 나머지 신경 쓰지 못하는 부분 중 가장 큰 다른 사건이 있지는 않은지 확인하는 작업이다. 우발적인 폭력이 아닌 집단따돌림, 상습적 폭행 등의 경우는 가해학생이 한 학생만을 괴롭힌 경우가 드물고, 다만 그러한 경우 중 일부만 교사가 알고 있을 수 있다. 따라서 가해학생 등을 고려하여 이러한 사건이 다른 학생에게도 일어났을 가능성이 높은 경우 일반학생들을 대상으로 간단한 방식으로라도 유사 사건이 있는지 조사할 필요가 있다.

### 5) 교사의 적극적인 대응 자세

학교폭력이나 성폭력 예방 차원에서 가정통신문을 발송하는 경우가 많이 있다. 보통 발송되는 폭력 관련 가정통신문은 '학교폭력 추방의 날 행사 안내' '학교폭력 자진 신고기간 안내' 정도로 학교마다 그리 큰 차이는 없다. 이러한 가정통신문은 교사 입장에서는 큰 조치라고 생각할 수 있지만 실효성 면에서는 교사의 기대보다는 낮다.

가정통신문의 전형적인 형태를 그대로 사용한다면 그것을 통해서 얻고자 하는 바를 얻기는 매우 힘들다. 가정통신문 제작 시 해당 학교나 지역에서 문제된 것들을 구체적으로 기록하고 이러한 사건을 예방하고 주의할 것을 당부하는 내용이 추가되거나 주를 이루도록 하여야 한다. 예를 들면, 인근 중학교나 고등학교 학생들이 초등학교 학생들을 대상으로 폭행을 하거나 돈을 빼앗는 경우가 발생한 경우 초등학교에서는 이러한 상황에 대해 학부모의 주의를 바란다는 내용이 들어가는 것이 좋다.

### 6) 피해학생 학부모 면담방법

피해학생의 학부모는 자녀의 피해 사실에 대하여 놀라고 당황스러워하는 한편 가해학생에 대한 분노와 원망, 억울함, 자신의 자녀에 대한 미안함 등으로 부모가 자녀를 대신하여 무엇이라도 해 주고 싶은 마음이 들 수 있다. 그뿐 아니라 학교 당국과 교사가 피해를 당하도록 방치했다고 생각하여 학교와 교사에 대해 원망, 불만, 불신을 나타내 보일 수 있다. 가해학생의 학부모는 피해학생에게도 잘못이 있고 교사나 학교가 자신의 자녀를 나쁘게 본다고 생각하는 경향이 있다. 이런 피해학생 및 가해학생 보호자를 면담할 때 주의할 사항은 다음과 같다(교육과학기술부, 2012a).

- 확인된 사실을 부모가 정확히 알고 있는지, 오해가 있는지 등에 대해 파악한다.
- 조사한 사실에 대한 추가 의견이나 자료 여부에 대해 점검한다.
- 피해학생 측이 가해학생 측과 면담을 요청할 경우는 교사나 전문가 입회하에 면담을 실시하도록 한다. 왜냐하면 단독으로 피해학생 측과 가해학생 측이 만날 경우 갈등이 심화되거나 다른 문제가 생길 수 있다.
- 피해의 재발 방지에 대해 안심할 수 있도록 한다.
- 피해를 당한 학생의 심리적 안정을 위해 가정에서의 부모 역할을 안내한다.
- 학교의 공정한 진행절차에 대해 안내한다.
- 피해학생 학부모의 감정이 격앙됨을 이해하고 학부모에게 정서적 지지를 보낸다.
- 피해학생 학부모가 말하는 학생의 피해 사실에 대해 객관적으로 인지하고 피해 사실을 구체적으로 메모한다.
- 학생의 피해에 대해 진심 어린 사과와 유감을 표현한다.
- 피해학생과 학부모가 현재 무엇(화해, 사과, 전학, 가해학생 처벌 등)을 원하는지 정확히 묻는다.
- 추후 처리과정에 대하여 설명하고 사실에 근거하여 문제를 해결할 것을 약속한다.
- 피해학생의 보호와 안정, 적응을 위해 노력할 것임을 약속한다.

학교 당국이나 교사가 피해학생 학부모와 면담할 때는 다음과 같은 표현들을 하지 말아야 한다(교육과학기술부, 2012a).

- 책임을 회피하려는 태도

- "이번 일은 조용히 넘어가길 바랍니다."
- "제 일이 아니어서……."
- "학교 책임은 없으니 법대로 하시지요."

● 학생과 가정의 책임으로 돌리는 태도

- "피해학생에게도 책임이 있습니다."
- "처음에 왜 이런 일이 일어났는지 아십니까? 학생이 사회성이 너무 없습니다."
- "괴롭힌 학생은 성적도 좋고 활발한 학생입니다. 그랬을 리 없습니다."
- "가정에서 잘 했으면 이런 일이 생겼겠어요?"

● 사안을 축소하려는 태도

- "이번만 참으시고 앞으로 한 번 더 일어나면 그때 처리하겠습니다."
- "학생은 다 싸우면서 크는 겁니다."
- "이건 학생들 일이니 학생들끼리 해결하도록 해야 합니다."

한편 학교 당국이나 교사가 가해학생 학부모와 면담할 때 주의할 사항은 다음과 같다(교육과학기술부, 2012a).

● 가해학생의 부모가 '우리 아이도 피해자다.'라고 주장하는 경우가 있다. 그럴 때는 명확한 자료를 근거로 의견을 말할 수 있도록 한다.
● 조사한 사실에 대한 추가 의견이나 자료 여부에 대해 점검한다.
● 학교폭력 사안처리의 진행절차에 대해 안내한다.
● 학교폭력 행위에 대하여 책임과 결과가 따른다는 인식을 갖도록 한다.
● 학교폭력 상황을 정확하게 전달한다.
● 학생의 보호를 위하여 어떤 노력을 할지 안내한다.
● 가해학생의 재발 방지에 대하여 가정에서의 부모 역할을 안내한다.

Q

학생 A가 같은 반 친구들을 부추겨 학생 B를 따돌린 경우가 여러 차례 있었는데, 학교 측에서는 모르고 있었던 상황에서 B의 부모와 친척들이 학교로 찾아와 담임교사에게 욕설과 협박을 하는 상황이 매일 반복되어 담임교사가 정신적으로 매우 힘들어하고 있습니다. 담임교사는 어떻게 하여야 할까요?

A

학생 A가 학생 B를 따돌린 행위는 「학교폭력예방 및 대책에 관한 법률」에 근거할 때 학교폭력 사안으로 볼 수 있기 때문에, 학교에서는 전담기구에서 구체적인 사안 조사를 거쳐 자치위원회를 개최하여 가해학생과 피해학생에 대해 적절한 조치를 해야 합니다.

한편 학교폭력 피해학생 보호자라고 하더라도 교사에 대한 협박, 모욕, 명예훼손 등은 형법상의 범죄행위가 성립할 수 있습니다. 또한 매일 학교에 찾아와 담임교사의 정상적인 업무를 방해하는 경우 학교에 대한 업무방해도 인정될 수 있습니다. 이 경우 담임교사는 욕설과 협박 행위를 자제할 것을 경고하고 이에 응하지 않을 경우 형사 고소뿐만 아니라 해당 담임교사가 피해학생 보호자들의 위와 같은 행위로 인하여 정신적인 충격에 따른 피해를 당하고 있다면 민사상의 불법행위에 의한 손해배상을 청구할 수도 있습니다(「민법」 제750조, 제751조, 제760조).

출처: 교육과학기술부(2012b).

# 제11장

The Prevention and Countermeasures of School Violence

# 학교폭력과 성폭력

## 1. 아동성폭력의 정의와 법적 근거

### 1) 아동성폭력의 정의

성폭력이란 성인 및 청소년이 자신의 성적 욕구를 충족하기 위해 힘의 차이, 즉 물리적인 힘뿐만 아니라 역할관계, 연령, 지적 수준, 사회적 지위 등을 이용하여 다른 청소년에게 가하는 모든 성적 행위를 의미한다. 또한 아동성폭력이란 '아동에게 가해지는 성폭력'으로, 넓게 보면 법적 미성년자인 20세 미만의 아동과 청소년에 대한 강간, 추행 등의 성폭력이라고 할 수 있고, 좁게 보면 13세 미만의 아동에 대한 성적인 행위라고 할 수 있다(여성가족부, 2009).

성폭력은 접촉행위와 비접촉행위로 나누어 볼 수 있다. 접촉행위에는 청소년의 생식기 등 몸을 만지거나 청소년에게 만지도록 하는 것, 청소년의 질이나 항문에 손가락이나 물건을 삽입하는 것, 구강성교, 성교 등이 있다. 비접촉행위에는 성적인 말을 하는 것, 관음증, 노출증, 청소년에게 음란물을 보여 주는 것 등이 포함된다. 그러나 성폭력으로 인한 영향은 접촉이 있었는지 여부보다는 청소년이 그것을 어떻게 받아들이느냐가 중요하다. 또한 성폭력을 한 가해자가 청소년과 어떤 관계에 있는 사람인지, 얼마나 청소년에게 위협적으로 대했는지, 얼마나 더 자극적이었는지 등에 따라 피해 청소년이 느끼는 심각성은 달라진다.

특히 남자 청소년에 비해 여자 청소년의 성폭력 피해가 매우 심각한데, 이는 우리 사회의 남성 중심적 사고와 이에 따른 차별적 성역할, 왜곡된 성 인식 등에 기인한다. 그러므로 성폭력을 근본적으로 예방하기 위해서는 어릴 때부터 양성 평등적 사고를 가질 수 있는 감수성 교육이 선행되어야 한다.

### 2) 아동성폭력 관련 법적 근거

아동성폭력 관련 법적 근거를 보면, 「형법」에서는 20세 미만 미성년자나 장애 등으로 인한 심신미약자를 속이거나 위협해서 성관계를 가질 경우 '미성년자 간음죄'로 규정하고 있고, 13세 미만의 어린이와 성적인 접촉을 할 경우 어린이의 동의 여부와 관계없이 무조건 강간이나 강제추행으로 처벌하도록 규정하고 있다.

최근 개정된 「성폭력범죄의 처벌 등에 관한 특례법」 제7조(13세 미만의 미성년자에 대한 강간, 강제 추행 등)에서 13세 미만 아동에 대한 강간 및 강제추행의 경우 집행유예 대상이 되지 않도록 7년 이상 징역형으로 형량을 강화했으며, 손가락 등을 사용한 '유사성행위'를 할 경우 5년 이상의 유기징역형에 처하도록 규정하고 있다. 그리고 4촌 이내의 혈족이나 2촌 이내의 인척에 대한 성폭력은 가중 처벌하고 있다. 또한 최근 문제가 되고 있는 청소년성매매의 경우 「청소년 보호법」 및 「아동 · 청소년의 성보호에 관한 법률」에 처벌규정을 두고 있다.

이처럼 법에서는 아동성폭력에 대해 비교적 엄격하게 처벌하도록 규정하고 있다. 그러나 현실적으로는 실제 발생한 아동성폭력 사건의 10% 미만 정도만 신고가 이루어지고, 그중에서도 일부만 기소가 이루어지며, 또 기소된 사건 중 일부만이 유죄판결이 내려지고 있다. 따라서 처벌 강화와 함께 아동을 보호하고 성폭력예방 교육을 실시하며, 신고를 활성화하고 신고자를 적극적으로 보호하며, 잠재적 가해자가 아동 곁에 다가가지 못하게 차단하고, 가해자에 대해 재발 방지를 위한 치료나 교육도 함께 이루어져야 할 것이다.

Q 「학교폭력예방 및 대책에 관한 법률」에서 학교폭력의 정의에 성폭력이 포함되어 있습니다. 성폭력도 「학교폭력예방 및 대책에 관한 법률」이 적용이 됩니까?

A 학교폭력 중 성폭력의 경우 다른 법률에 규정이 있는 경우에는 「학교폭력예방 및 대책에 관한 법률」이 적용되지 않습니다. 강간, 성추행과 같은 성폭력은 중대한 범죄이기 때문에 「학교폭력예방 및 대책에 관한 법률」이 아니라 「형법」, 「성폭력범죄의 처벌 등에 관한 특례법」, 「특정강력범죄의 처벌에 관한 특례법」, 「아동 · 청소년의 성보호에 관한 법률」, 「소년법」이 적용됩니다.

출처: 김용수(2012), p. 713.

### 3) 아동성폭력 피해의 징후 및 응급상황 대처

학교의 미흡한 대처로 수사와 치료 시기를 놓치는 사례가 매우 빈번히 발생하고 있다. 피해 징후가 관찰되는 청소년을 발견하면 즉시 여성긴급전화 1366, 여성 · 학교폭력피해자 ONE-STOP지원센터 등 성폭력 전문 상담기관에 의뢰한다. 여기서 주의해야 할 점은 모든 성폭력 피해 청소년에게서 피해 징후가 나타나는 것은 아니라는 것이다. 오히려 드러나지 않는 혹은 표현하지 못하는 피해 청소년의 상처가 더 클 수 있음에 유의하여야 한다. 아동성폭력 피해의 신체 및 행동 징후는 〈표 11-1〉과 같다(서울특별시교육청, 2010).

■ 표 11-1 ■ 아동성폭력 피해의 신체 및 행동 징후

| 신체적 징후 | 행동적 징후 |
|---|---|
| • 신체적 지표<br>–피해자의 성병감염<br>–걷거나 앉는 데 어려움<br>–임신<br>• 생식기의 증거<br>–질에 있는 정액 | • 성적(性的) 지표<br>–나이에 맞지 않는 성적 행동<br>–해박하고 조숙한 성지식<br>–명백하게 성적인 묘사를 한 그림<br>–타인과의 성적인 상호관계<br>–동물, 장난감을 대상으로 하는 성적인 |

| | |
|---|---|
| -찢기거나 손실된 처녀막<br>-질에 생긴 상처나 긁힌 자국<br>-질의 홍진<br><br>• 항문 징후<br>-항문 괄약근의 손상<br>-항문 주변의 멍이나 찰과상<br>-항문 입구에 생긴 열창<br>-항문이 좁아짐<br>-회음부의 동통과 가려움<br><br>• 구강 징후<br>-입천장의 손상<br>-인두 임질 | 상호관계<br><br>• 비(非)성적 지표<br>-수면장애<br>유뇨증/유분증<br>-위축, 환상, 유아적 행동(퇴행행동)<br>-자기파괴적 행동 또는 위험을 무릅쓴 모험적인 행동(자살시도)<br>-충동성, 산만함 및 주의집중장애<br>-혼자 남아 있기를 거부<br>-특정 유형의 사람들에 대한 두려움<br>-방화/동물에게 잔혹함<br>-섭식장애(폭식/거식증)<br>-비행, 가출, 범죄행위<br>-우울, 사회단절 |

출처: 서울특별시교육청(2010), p. 70.

교사가 이와 같은 아동성폭력의 신체적 및 행동적 징후를 발견하고 응급을 요하는 경우에는 다음의 행동 지침을 따르는 것이 좋다.

- 입은 옷차림 그대로, 몸을 씻지 않고 가능한 한 빨리 여성 · 학교폭력피해자 ONE-STOP지원센터 혹은 해바라기여성 · 아동센터를 방문한다.
- 가까운 곳에 여성 · 학교폭력피해자 ONE-STOP지원센터나 해바라기여성 · 아동센터가 없을 경우에는 시 · 군 · 구청장이 지정한 성폭력 전담의료기관을 찾는다.
- 병원 진찰과정은 피해자에게 공포와 불안감을 줄 수 있다. 동행한 교사는 피해자가 심리적 안정을 찾을 수 있도록 최선을 다한다. 왜 병원에 왔는지, 진찰을 받고 나면 어떤 부분을 예방할 수 있는지 설명해 준다.

- 증거 물품(가해자 체모, 정액, 흉기 등)은 종이봉투에 넣어 보관하고 수사를 위해 현장을 훼손하지 않는다. 당장은 가해자를 고소할 생각이 없더라도, 나중에 고소를 결심할 때 이러한 증거가 꼭 필요하다. 증거 부족으로 가해자가 풀려 나는 상황이 종종 있으니 반드시 증거를 채취해 둔다.
- 몸에 상처나 멍이 있는 경우 사진을 찍어 둔다.
- 학부모에게 연락을 취하고 대응 지침을 알려 준다.
- 수사기관에 신고한다.

## 2. 아동성폭력 발생과 교사의 대응

### 1) 아동성폭력 발생 시 신고의무

모든 교사는 학생의 성폭력 피해 사실을 알게 되면 즉시 수사기관에 신고하여야 한다. 즉, 「아동 · 청소년의 성보호에 관한 법률」 제34조(아동 · 청소년대상 성범죄의 신고)에 의거하여, 교장, 교감 등 관리자와 모든 교사는 보건교사, 일반인이나 학생들 혹은 다른 경로를 통해 아동성폭력 피해 사실을 알게 되면 반드시 수사기관에 신고하여야 한다.

가해자가 피해아동의 친척, 교사, 부모 등인 경우 교사가 신고를 망설이는 경우가 많으나, 교장 · 교감 등 관리자는 어떤 경우라 하더라도 반드시 신고를 해야 할 의무가 있다. 특히 아동성폭력 피해의 사실을 알고도 신고하지 않다가 언론보도나 피해아동 가족 혹은 친지의 문제 제기 등으로 알려지게 될 경우 징계는 물론 법적 책임과 함께 손해배상 책임을 지게 될 수 있다.

아동성폭력 피해 사실을 알게 된 사람은 누구든지 경찰(신고전화 112번,

ONE-STOP지원센터)에 신고할 수 있다. 특히 아동, 교육, 보호, 지원, 상담 및 의료 부문 종사자는 법에 따라 반드시 신고해야 하는 의무를 지고 있다(「아동 · 청소년의 성보호에 관한 법률」 제34조제2항). 만일 신고의무자가 아동성폭력 피해 징후를 발견하고도 정당한 사유 없이 신고하지 않을 경우 최고 300만 원 이하의 과태료 처분을 받을 수 있다(「아동 · 청소년의 성보호에 관한 법률」 제67조제4항).

특히 담임교사나 보건교사, 상담교사 혹은 다른 학교관계자가 아동성폭력 피해 사실을 알게 될 때 학교 내의 위계질서나 대외 이미지 실추에 따른 상급자의 질책 등을 두려워해 신고를 꺼리는 경우가 발생하고 있다. 심지어 극히 일부이긴 하지만 교장 등 상급자에게 보고하지 않고 신고했다는 이유로 해당 교사에게 불이익 처분을 내리거나 따돌림 등 눈에 보이지 않는 제재를 하는 경우도 보고되고 있다.

**현행법상 아동성폭력을 반드시 신고해야 할 의무를 가진 자**

1. 초 · 중 · 고등학교 · 특수학교 등의 교직원
2. 학원(교습소 포함) 강사, 원장을 포함한 종사자
3. 유치원, 어린이집 등 각종 영유아 보육시설 종사자
4. 장애인복지시설 종사자 및 장애아동 관련 업무를 담당하는 직원
5. 아동복지시설 종사자
6. 의사 및 의료인
7. 소방 및 구급 대원
8. 성매매피해상담소 종사자
9. 한부모가족복지상담소와 한부모가족복지시설 종사자
10. 가정폭력 관련 상담소와 가정폭력 피해자보호시설 종사자
11. 아동복지지도원 및 사회복지 전담공무원
12. 각종 청소년 지원기관(청소년활동시설, 청소년쉼터, 청소년보호센터 등) 종사자

정부 각 관련 부처는 물론 사법부는 학교와 교사의 아동성폭력 피해 은

폐와 신고한 교사에 대한 보복성 불이익 처분에 대해 매우 엄중한 인식과 태도를 견지하고 있다. 교장 등 학교관리자는 정책과 지침 및 규정 마련을 통해 아동성폭력 피해 사실을 알았을 때는 보고와 동시에 즉시 관계 기관에 신고해야 하며, 교장 등 관리자는 신고한 교사를 적극적으로 보호해야 한다.

### 2) 성폭력 발생 시 대응절차

모든 교사는 학생의 성폭력 피해가 의심되나 확실하지 않은 경우에 여성긴급전화 1366, 여성 · 학교폭력피해자 ONE-STOP지원센터, 해바라기여성 · 아동센터 혹은 성폭력상담소에 연락하여 문의 및 상담을 하는 것이 좋다. 이를 통해 교사가 아동성폭력 피해 사실을 알게 되었다면 주저하지 말고 즉시 경찰(112)이나 여성 · 학교폭력피해자 ONE-STOP지원센터(117)에 신고해야 한다. 성폭력 발생 시에는 피해자의 동의 유무와 상관없이 수사기관에 반드시 신고해야 하며, 성폭력 관련 기관 연계(심리상담, 일시보호 등) 시에는 피해자 동의가 필요하다.

그 후 성폭력이 의심되는 증거들을 보존한다. 가해자 식별의 주요 단서가 되는 의학적 근거는 진찰을 받아야 얻을 수 있고 시간이 지남에 따라 소멸되기 때문에 신속한 조치가 필요하다. 부모에게 연락한 후 부모와 긴밀히 협력하고 부모 대응 매뉴얼을 고지한다. 피해학생 및 주변 학생 보호와 지원 등을 위해 교장과 전문상담교사 혹은 보건교사는 지정된 전문대응팀을 중심으로 협의 · 대처한다. 교육청에 보고한 후 해바라기여성 · 아동센터, 여성 · 학교폭력피해자 ONE-STOP지원센터, 성폭력상담소 등 전문기관과 협의하여 필요한 사후조치를 취한다. 교사가 아동성폭력 피해 사실을 인지한 후 필요한 조치를 하는 등 학교의 성폭력 처리절차는 [그림 11-1]과 같다.

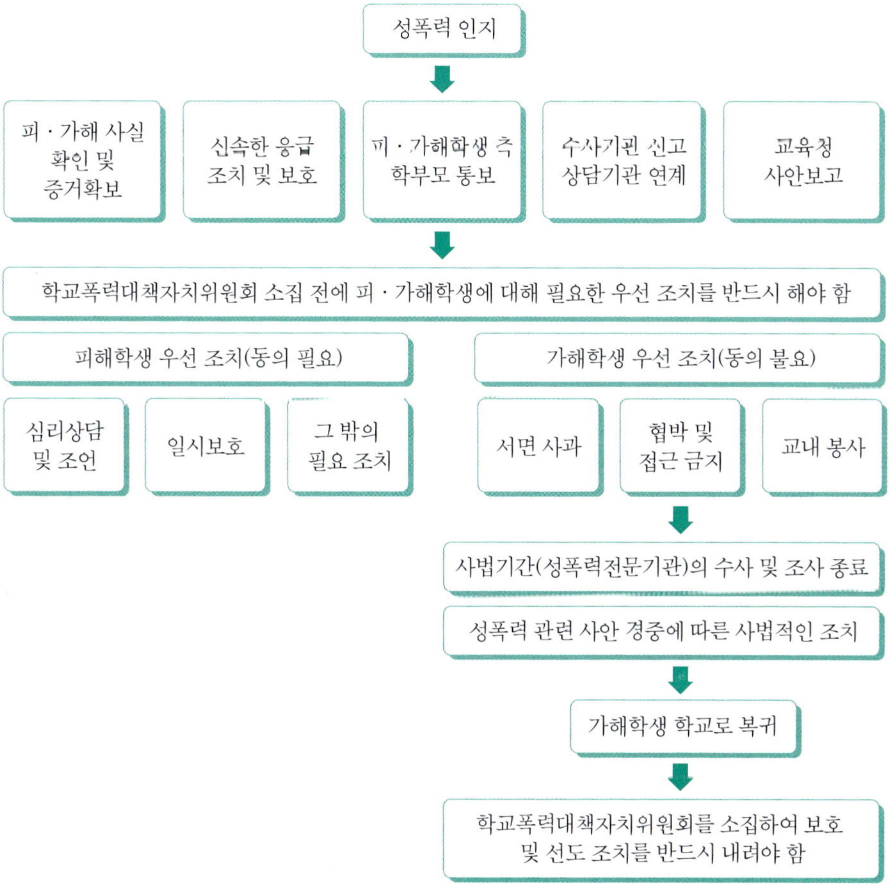


그림 11-1 학교의 성폭력 처리절차

출처: 교육과학기술부(2012c), p. 85.

### 3) 피해학생에 대한 보호조치

#### (1) 피해학생 중심의 적극적인 보호조치 마련

가해학생과의 적극적인 분리조치를 통해서 피해학생이 심신을 안정할 수 있도록 한다. 심각한 경우에는 가해학생과 같은 학교를 다니고 있다는 것만으로도 피해학생이 불안해할 수 있기 때문이다. 교사가 학생의 성폭행 피해 사실을 알게 되었을 경우, 보호조치는 크게 두 가지 사례에 따라 다르게 처리할 필요가 있다. 먼저 가해학생과 피해학생이 같은 학교에 재학 중인 경우에는 가해학생과 피해학생을 최우선적으로 분리 조치하여야 한다. 둘째, 가해학생과 피해학생이 다른 학교에 재학 중인 경우는 두 학교가 공동으로 해당 사건에 대한 대응책을 마련하고 사안을 처리하여야 한다.

### (2) 성폭력 관련 사항 비밀엄수

학생의 성폭력 사건과 관련하여 교사의 유의사항을 보면, 교사는 법에 따라 성폭력 피해 사실을 신고해야 할 의무를 지고 있으며 교감이나 교장 등 어떤 상급자도 법적 신고의무를 제지하거나 제한할 수 없음을 명심한다. 의문이 있거나 판단하기 어려운 상황에서는 여성긴급전화 1366, 성폭력상담소 혹은 한국양성평등교육진흥원 '아동성폭력예방교육 전문강사 과정'을 이수한 동료 교사 등 전문가에게 문의하고 지원을 요청한다.

또한 사건을 숨기고 피해 무마를 시도하는 등 결코 학교 내에서 임의로 사건을 해결하려고 해서는 안 된다. 학교의 잘못된 대처로 수사 및 피해자 치료 시기를 놓쳐 더 큰 문제로 확산되고, 결국 학교와 교사가 법적 책임을 지고 거액의 손해배상을 하는 사례들이 발생하고 있음을 명심해야 한다. 다른 교사들에게 교장 등 상급자에 대한 보고와 동시에 여성긴급전화 1366, 여성·학교폭력피해자 ONE-STOP지원센터, 해바라기여성·아동센터 등 전문기관에 문의 및 상담해야 한다는 사실을 적극적으로 알린다.

무엇보다도 중요한 것은 다른 교사나 학생들에게 비밀이 누설되지 않도록 유의하는 것이다. 성폭력 사건이 발생하였다는 사실, 특히 피해자가 누구라는 사실이 주변 학생들에게 알려지지 않도록 주의하여야 한다. 성폭력 사건에서 가장 중요한 것 중 하나는 피해자에 대한 2차 피해를 방지하는 것이다. 따라서 교사는 성폭력 사건의 피해학생의 신상정보 등에 대해 비밀을 유지하는 것이 중요하다. 피해자의 인권보호에 대해 보다 각별한 주의가 필요하다. 교사의 입장에서는 사소한 것으로 생각할 수 있지만 학생의 입장에서는 중요한 것으로 받아들일 수 있는 경우가 많기 때문이다.

### (3) 피해학생 보호자와의 협력 및 출결처리

아동성폭력 사건 대응에 있어 학교와 교사는 부모와 긴밀히 협력해야 한다. 부모가 신고에 소극적인 경우, 신고의무자인 학교(교장, 교사)의 역할과 부모의 법적 책임을 고지한다. 만일 피해아동이 부모가 신고를 저지하거나 방해한다면 수사기관에의 신고와 전문기관의 지원을 통해 사건의 해결과 피해아동 치유가 신속·원만히 이루어질 수 있음을 알리고 설득한다. 무엇보다도 신고하기 전 피해학생에게도 신고의 의미와 중요성을 이해시켜야 한다. 수사과정을 설명하고 동의를 구한다. 만약 피해학생이 준비되지 않은 상태에서 신고할 경우 큰 상처를 입고 학교와 교사를 불신할 수 있다.

또한 교사는 피해학생의 보호자와 협의하여 피해학생이 학교생활에 적응할 수 있도록 가능한 범위 내에서 최대한의 보호조치를 강구하여야 한다. 성폭력 사건 처리과정에서 피해학생의 의사와 무관한 전학을 강요하는 등의 일방적인 조치는 사건을 해결하기보다는 더 큰 문제를 일으킬 뿐이므로 주의하여야 한다. 이 외에도 교사나 학교장은 피해 사실의 경중에 따라 피해학생에 대한 상담, 전문기관과의 연계, 의료시설 안내 등 적극적인 조치를 취하여야 한다. 사안이 심각할수록 학교 안에서 처리하는 것이 힘들다. 또한 성폭력은 초기에 얼마나 적극적으로 대처하였는지 여부가 피해학생의 피해를 최소화하는 결정적인 요소라는 점을 명심하여야 한다.

피해학생이 치료받는 기간은 학교생활기록 작성 및 관리지침(「교육과학기술부 훈령」 제61호)상 '기타 부득이한 사유로 학교장의 허가를 받아 결석하는 경우'로 인정하여 출석으로 처리한다. 학생이 일시적인 일탈로 성매매의 대상이 되어 검사의 수강명령에 의한 교육과정 또는 상담과정을 이수할 경우, 「초 · 중등교육법 시행령」 제31조(학생의 징계 등)제1항 규정에 의한 '특별교육 이수' 기간으로 간주하여 출석으로 인정하여 처리한다.

### (4) 교사의 피해학생에 대한 보살핌

사건이 발생하면 학교는 피해자의 보호자인 동시에 든든한 지원자로 나서야 한다. 극심한 혼란을 겪고 있는 피해자가 정서적 안정을 찾을 수 있도록 애정을 갖고 보살핀다. 간혹 평상시 태도 등을 근거로 피해자를 비난하는 경우가 있는데 절대 금물이다. 피해자가 신체적 질병이나 고통을 호소할 때 해바라기여성 · 아동센터, 여성 · 학교폭력피해자 ONE-STOP 지원센터 등 전문의료기관이나 성폭력상담소에 연락하는 등 적절한 조치를 취한다. 그러고 나서 성폭력 피해학생에 대한 다음과 같은 보살핌이 필요하다(교육과학기술부, 2012c).

- 피해학생의 이야기를 믿어 주고 경청해 준다.
- 피해학생이 말한 내용에 대해 침착하게 반응한다. 흥분이나 지나친 공감은 오히려 피해자가 자신이 겪은 일을 축소하거나 자신이 말한 내용을 축소하게 할 수 있다.
- 피해자의 잘못이 아닌 가해자의 잘못임을 분명하게 말해 준다.
- 피해학생에게 말할 권리가 있고 말하는 것이 용기 있는 행동임을 알려 준다.
- 치료와 평가, 사건수사를 위한 부득이한 결석, 조퇴를 허용한다.
- 피해학생의 학업 수행 정도와 과제의 양을 조절해 준다.
- 피해학생의 심리적, 신체적 안정을 위하여 민감한 보살핌을 제공하되, 또래나 다른 교사들에게 피해 사실이 누설되지 않도록 한다.

■ 표 11-2 ■ 성폭력 피해학생에 대한 교사의 바른 언행

| 이렇게 말해 주세요 | 이런 말은 피해 주세요 |
|---|---|
| • 언제나 네 편이다.<br>• 너를 돕는 역할을 하겠다.<br>• 네 탓이 아니다. | 피해자를 비난하거나 책망하는 언행<br>• 왜 그런 곳에 따라갔니?<br>• 너에게도 문제가 있어. |

- 피해 사실을 떠올리도록 종용하거나 사건과 관련한 질문을 반복하지 않는다.
- 사건 처리과정 중에 있거나 종결된 후 피해자, 시설 입소 후 전학 온 학생 등의 학교 적응을 위해 배려한다.
- 피해자는 극도로 불안정한 상태이며 교사의 언어적, 비언어적 태도에 민감할 수 있다. 〈표 11-2〉와 같이 언행에 유의한다.

### 4) 가해학생에 대한 특별교육과 전학조치

강제추행 이상의 성폭력 가해학생에게 '특별교육 이수' 조치를 부과하여 이를 통해 재발하지 않도록 방지하는 노력을 기울여야 한다. 학교생활기록 작성 및 관리지침(「교육과학기술부 훈령」 제61호)에 따른 특별교육 이수기간 동안의 결석에 대해서는 출석으로 인정한다. 가해학생이 만 10세 미만이라 하더라도 보호자에게 조기 교정교육의 중요성을 안내하여 학부모가 동반하여 '특별교육'을 이수할 수 있도록 권장하여야 한다.

흔히 학교 현장에서는 사건의 조기 해결에만 급급한 나머지 성폭력 가해학생에 대해 전학을 보내는 것으로 조치를 끝내는 경우가 많다. 그러나 가해학생에 대한 전학은 '특별교육 이수' 후에 하는 것이 교육적 차원에서 올바른 조치다. 자퇴를 포함한 퇴학처분 학생에게는 재발방지 교육 차원에서 보호자에게 '특별교육 이수'의 필요성을 알려 주어 학생을 치유할 수 있도록 하는 노력이 필요하다.

### 5) 관련 기관 유형별 특성

성인에 의한 성폭력 혹은 아동 간 성폭력 피해를 알게 된 교장, 교감, 모든 교사는 반드시 해바라기여성 · 아동센터, 여성긴급전화 1366, 여성 · 학교폭력피해자 ONE-STOP지원센터, 성폭력상담소, 아동보호전문기관 등에 의뢰하고 경찰에 신고해 필요하고 적절한 조치가 이루어질 수 있도록 해야 한다. 관련 기관 유형별 특징은 〈표 11-3〉과 같다(교육과학기술부, 2012c).

■ 표 11-3 ■ 관련 기관 유형별 특성

| 구분 | 해바라기<br>아동센터 | 해바라기<br>여성 · 아동센터 | 여성 · 학교폭력피해자<br>ONE-STOP지원센터 | 여성긴급전화<br>1366 | 성폭력상담소 |
|---|---|---|---|---|---|
| 주요<br>기능 | • 피해자상담<br>• 심리치료<br>• 의료지원<br>• 수사 · 법률지원 | • 피해자상담<br>• 수사 · 법률지원<br>• 의료지원<br>• 증거채취<br>• 심리치료 | • 피해자상담<br>• 수사 · 법률지원<br>• 의료지원<br>• 증거채취 | • 1차 긴급상담<br>• 유관기관 서비스 연계 | • 예방교육<br>• 의료비지원<br>• 경찰 연계<br>• 법률상담<br>• 경찰 · 검찰조사 시 동행 |
| 지원<br>대상 | • 아동 · 학생 · 지적장애인<br>• 성폭력 피해자 | • 성폭력 피해자<br>• 가정폭력 피해자<br>• 성매매 피해자 | • 성폭력 피해자<br>• 가정폭력 피해자<br>• 성매매 피해자<br>• 학교폭력 피해자 | • 성폭력 피해자<br>• 가정폭력 피해자<br>• 성매매 피해자 | • 성폭력 피해자 |
| 특별<br>기능 | • 전문의 근무<br>• 임상심리전문가의 심리치료 | • 경찰상주근무<br>• 진술녹화 및 수사 지원 가능<br>• 전문의근무<br>• 임상심리전문가의 심리치료 | • 경찰상주근무<br>• 진술녹화 및 수사 지원 가능 | • 긴급피난처<br>• 현장조사원 파견 | • 예방교육, 법률 · 의료지원 시 신뢰관계인으로 동석 |
| 운영<br>시간 | • 종합병원 가까이 설치<br>• 주중 9~18시<br>※ 야간에는 당직시스템으로 전환 | • 종합병원 내 설치<br>• 1년 365일 24시간 운영 | • 종합병원 내 설치<br>• 1년 365일 24시간 운영 | • 1년 365일 24시간 Hot-Line 운영 | • 주중 9~18시<br>※ 야간 및 휴일에는 1366으로 착신 |

## 3. 아동성폭력에 대한 교사의 상담

### 1) 성폭력 상담의 목적과 특징

성폭력 상담, 특히 성폭력 피해자의 상담에서는 교사의 역할이 매우 중요하다. 특히 의료인이자 교사인 보건교사에게는 많은 의료적 · 법적 역할이 요구된다. 성폭력 피해자에 대한 상담은 피해자가 성폭력으로 인한 신체적, 심리적 상처와 후유증을 극복할 수 있게 하는 데 그 목적이 있다. 이와 달리 성폭력 가해자의 상담은 성폭력 가해자로서의 자신을 인정하고 그로 인한 피해를 인식함과 더불어 피해자들의 상처를 공감하도록 하여 성폭력의 재발을 방지하는 데 그 목적이 있다.

한편 성폭력 상담은 다음과 같은 특징을 가지고 있다(교육과학기술부, 2007).

첫째, 위기상담의 성격이 강하다. 위기 상황을 맞은 성폭력 피해학생에 대한 적절한 위기개입은 피해학생의 좌절과 자기비난을 막고 보살핌과 긴급지원을 가능하게 하는 등 급박한 위기 상황을 중재해 준다.

둘째, 즉각적인 문제 해결을 위한 의료적 · 법적 정보 제공이 필요하다. 용기를 내어 극복과 해결의 의지를 보인 피해학생이 합리적으로 문제를 해결해 나갈 수 있도록 적절한 정보를 주어야 한다. 증거채취와 임신 · 성병 방지, 응급치료를 위해 산부인과와 외과에 연계한다. 후유증으로 나타나는 정신장애나 행동장애의 치료를 위해 전문심리상담사와 정신과 의사의 도움을 받게 하고, 가해학생의 처벌이나 피해보상 등에 대해서 경찰, 변호사 등의 도움을 받도록 연계한다. 또한 교사는 상황에 따라 검찰이나 재판부에 진정서를 보내기도 하고, 상담일지를 증거자료로 송부하거나 재판에 동행하여 피해학생을 보호하며, 재판과정의 모니터링, 참고인이나 증인으로 출두 등을 한다.

셋째, 학생과의 신뢰감 형성이 매우 중요하다. 성폭력 피해학생들은 피해 사실을 드러내는 것을 어려워하고 수치심과 죄의식을 느끼기도 한다. 또한 가족이나 가까운 친구들에게서 효과적인 도움을 받지 못하면 인간관계나 자아개념 등에 상처를 입게 된다. 신분노출을 꺼리고 비밀보장을 요구하기 때문에 면접이나 지속적인 상담으로 이끌기 위해서는 피해학생과의 신뢰감 형성이 기본적으로 전제되어야 한다.

넷째, 신체적 · 경제적 손상 외에도 심각한 정신적 피해 후유증을 남긴다. 성폭력을 당한 나이, 가해학생과의 관계, 피해 정도에 따라 차이는 있지만 피해자들은 공통적으로 공포와 불안, 우울, 분노, 죄의식, 수치심, 순결 상실감, 성적 혐오감 등의 후유증에 시달리며, 정신질환으로 발전하거나 약물중독, 자살시도, 가출, 매춘의 길로 유입되기도 한다.

다섯째, 가족 등 주변 사람들에게도 큰 영향을 미친다. 성폭력 사건은 피해학생뿐만 아니라 피해학생의 부모, 가족, 주변 사람들에게도 큰 충격을 주며 혼란과 갈등을 야기한다. 그들의 도움은 피해자가 후유증을 최소화하고 정상적인 생활로 나아가는 데 큰 힘이 될 수 있다. 따라서 그들에게도 적절한 부모상담이나 가족치료가 필요하고, 상담이 종결된 후에도 가족이나 주변 사람들이 지속적으로 피해학생을 배려하고 보살필 수 있게 해야 한다.

## 2) 성폭력 피해학생과 가해학생 및 학부모와의 상담

### (1) 성폭력 관련자 상담 시 일반적 유의사항

성폭력 관련자 상담 시 일반적인 유의사항을 살펴보면 다음과 같다(김영란, 이정옥, 2007).

첫째, 피해학생 중심으로 상담을 한다. 교사의 입장에서는 피해학생이나 가해학생 모두 가르치는 학생들이기 때문에 소중하다. 그러나 피해학생의 평상시 태도나 상대적인 성실함이 비교되어 피해학생이 가해학생처럼 비난받는 등 피해학생으로서의 정당한 권리가 침해되어 2차 피해를 당하지 않도록 주의를 기울여야 한다.

둘째, 비밀보장을 최우선으로 한다. 학교 내에서 성폭력 피해 발생 시 의료적 지원이나 외부상담, 경찰조사 등으로 결석 · 조퇴를 하는 경우 비밀보장이 되지 않을 수 있다. 성폭력 피해 자체에 의한 심리적 · 신체적 상처를 회복하는 것도 힘든 일이지만, 피해학생에게는 주변 친구들이나 교사들에게 알려져 주목받거나 비난받는 것이 2차 피해를 당하는 것이 된다. 학교폭력의 범주에 성폭력이 포함되어 있으므로, 자치위원회의 절차를 밟는 과정에서도 최소한의 교사, 관련자만이 사건을 공유하고 외부로 신상이 노출되지 않도록 한다.

셋째, 신속한 위기개입이 이루어지도록 한다. 학교 성폭력 발생 시 교사가 처음부터 마지막 치유까지 전 과정을 전담하기는 매우 힘들다. 그러나 사건을 인지한 순간 위기개입을 언제, 어떻게 하였는가에 따라 사건 해결이나 피해학생의 치유 정도가 달라질 수 있다. 무엇보다 사건 초기에 적절하고 필요한 지원을 할 수 있도록 신속하게 대처하는 것이 중요하다.

넷째, 통합적인 접근이 필요하다. 성폭력 피해는 신체적 손상뿐만 아니라 심리적, 정서적, 영적 손상을 가져오는 일이다. 따라서 그에 대한 지원 역시 통합적으로 이루어져야 한다. 의료적, 법적 수사과정 및 학업지원, 가족에 대한 지원 등 다각적이고 포괄적으로 지원할 수 있도록 지역사회 자원들을 활용하고 연계하도록 한다.

다섯째, 공감적 이해, 무조건적 긍정적 존중, 진실성의 태도를 갖추고 상담에 임한다. 학교 내 성폭력 사건 발생 후 대부분의 상담은 교사 중심의 비자발적인 상담이 될 수 있다. 그러므로 상담의 효율성을 높이기 위해 프로그램을 활용하거나 조기에 촉진적인 관계를 형성하고 학생의 욕구를 신속하게 판단하여 적절한 전략을 적용해야 한다.

비자발적인 상태에서 상담을 받게 되면, 해당 학생은 처음에는 저항하겠지만 진심으로 존중하고 배려하는 교사를 통해 자신이 이용할 수 있는 도움을 효과적으로 수용하게 된다. 따라서 피해학생이 자신의 문제를 문제로 인식하고 해결하고자 하는 동기를 형성하도록 하기 위해서는 비평가적이고 온정적이며 피해학생을 진심으로 돕고자 하는 마음이 전달되어야 한다.

여섯째, 예방적 차원에 우선순위를 두고 지도계획을 수립한다. 학교 내 성폭력 사건에 대한 지원은 대부분 연관된 학생들에 대한 사후조치로 이루어진다. 그러므로 평소에 성적 자기결정권을 기르고 성적 주체로서 성장할 수 있도록 정기적인 성교육을 실시하여 성의식을 높이는 것이 중요하다. 더불어 장난이나 호기심으로 일어나는 성폭력에 대한 민감성을 높이고 그러한 사건 발생 시 목격자가 되어 신고할 수 있도록 격려한다.

### (2) 성폭력 사건의 피해학생과 가해학생에 대한 위기 대응 시 유의사항

#### 1 피해학생 및 그 학부모에 대한 위기 대응 시 유의사항

**피해학생에 대한 위기 대응 시 유의사항**

피해학생에 대한 위기 대응 시 유의사항은 다음과 같다(김미화, 2007).

- 교내에서 발생한 성폭력 피해에 대한 구급처치 및 생명을 위협하는 손상에 대한 응급처치
  - 생명에 지장을 줄 정도의 심각한 외상(심한 출혈, 골절상 등)이 있을 경우 우선 이 문제를 해결한 후 다른 검사를 진행해야 한다.
- 성폭력 피해 상황 및 부인과 병력에 대한 확인
  - 피해자가 구술한 언어대로 피해 당시 상황을 기록한다.

–피해 당시의 시각, 장소, 성적 접촉의 방법(성기 삽입 여부, 사정 유무, 콘돔 사용 여부) 등을 기록한다.

–목욕, 뒷물, 배변, 배뇨, 옷 갈아입기 등 증거물 채취에 영향을 줄 수 있는 요인을 확인하고, 필요한 경우 마지막 성교일시, 월경력, 피임기구 사용 여부, 임신 여부, 성병감염 병력 등을 기록한다.

–피해자가 보이는 정서적 태도나 행동 양태를 객관적으로 상세히 기록해 둔다.

–가해자에 대한 정보를 확보한다. 가해자에 대한 피해자의 진술을 기록하고 그 결과를 전담기관이나 경찰에 인계한다.

–목격자가 있는지에 대한 사실을 확인하고, 목격자가 있을 시 목격한 사실 내용을 기록한다. 또한 필요시 경찰이나 전담기관에 인계한다.

- 피해 부위 파악 및 기록

  –체계적인 신체검진을 통해 손상을 기록한다. 이러한 기록은 법정에서 성폭력 피해를 입증할 수 있는 자료로 활용될 수도 있다.

  –필요한 경우 사진을 찍을 수도 있다. 다만 이 경우에는 반드시 피해자의 동의를 먼저 받은 후에 실시하여야 한다.

- 법적 증거물의 수집과 기록

  –물적 증거물이 소실되지 않도록 피해자와 보호자에게 교육한다.

  –전담기관은 될 수 있으면 속시 성폭력 전문가에 의한 증거 수집 행위가 필요한 이유에 대해 피해자와 보호자에게 설명해야 한다(성폭력 피해 이후 72시간이 경과하면 질손상이 54% 회복, 정자 50% 소실).

- 성폭력 전담기관에 의뢰

  –전담기관에 인계 시 정확한 사건 개요, 수집한 증거물(옷, 흉기 등)을 전달하여 사건처리가 원활히 진행되도록 해야 한다.

- 추적관찰

–피해자에게 성폭력이라는 충격적인 사건으로 인한 정신적인 영향이 장기간 지속될 수 있으며 이를 회복하는 데에는 오랜 기간이 걸릴 수도 있음을 알려 주어야 한다.

–현재 피해자가 겪고 있는 여러 정신적인 문제가 이상한 것이 아님을 알려 심리적 안정감을 찾도록 한다.

–피해자가 거주하는 현재 환경이 안전한지를 검토하고, 집까지 동행하고 같이 있어 줄 사람이 있는지 여부와 피해자의 현재 계획은 무엇이며 현실성이 있는가를 확인한다.

### 주변인에 의한 피해학생 2차 피해 예방

학교 및 교사는 성폭력 사건의 피해학생이 주변인에 의해 비밀유지가 되지 않아 비난을 받는 등 2차 피해를 당하지 않도록 다음과 같은 사항에 유의하여야 한다(김영란, 이정옥, 2007).

- 성폭력 사안에서 가장 중요한 것 중 하나는 2차 피해를 당하지 않도록 피해학생을 보호하는 것이다. 이러한 피해로 인해 피해학생은 상처가 더욱 깊어지거나 책임을 스스로에게 돌리는 경향을 보일 수 있다.
- 피해학생에 대해 비난이나 차가운 시선을 보내지 않도록 보호하고 추후 유사한 피해를 막기 위한 교육적 조치를 취해야 한다. 이를 위해서 주변 학생들에 대한 교육 및 성폭력을 보는 관점을 점검하는 시간을 가지는 것이 좋다.
- 성폭력을 일으키는 왜곡된 성문화에 대한 교사의 올바른 인식과 태도는 사건으로 인해 혼란스러운 학생들에게 중요한 교육적 기회가 되기 때문에 교사 대상의 성폭력 예방교육에도 신경을 써야 한다.

### 피해학생 학부모에 대한 위기 대응 시 유의사항

성폭력 사건의 피해학생 학부모는 피해학생과 마찬가지로 매우 심리적으로 혼란스러운 상태에 놓여 있다고 할 수 있다. 그러므로 교장이나 교감 및 교사는 언행에 각별히 유의하여야 한다. 다음은 교사가 성폭력 사건의 피해학생 학부모를 대할 때 유의해야 할 사항이다(김영란, 이정옥, 2007).

- 피해학생 학부모에 대한 공감과 심리적 지지를 얻도록 한다.
  - 대부분의 학부모는 자녀의 피해 사실을 쉽게 수용하기 힘들며 심리적으로 격양된 상태로 두려움, 분노, 공포 등의 감정을 표출한다. 이에 대해 교사는 충분한 위로와 공감을 표현하며 학부모가 자녀의 인생이 다 끝난 것처럼 좌절하거나 자녀를 잘 보호하지 못했다는 죄책감에 빠지지 않도록 심리적인 지지를 제공하여야 한다.
- 성폭력에 대해 올바르게 이해할 수 있도록 유도한다.
  - 성폭력에 대한 잘못된 통념을 사전면담을 통해 바로잡지 않고 피해학생과 대면하게 할 경우, 부모가 피해의 원인을 피해학생 탓으로 돌리거나 심한 경우 신체적 폭력, 비난, 분노 등을 표출하여 피해학생에게 더 큰 상처를 입힐 수 있다.
- 피해학생이 회복할 수 있는 다양한 방법을 모색해 본다.
  - 피해와 관련하여 피해학생은 잘못이 없으며 현재의 사건으로 가장 힘든 사람은 피해학생이라는 것을 인식시키고, 성폭력 피해로 인해 생길 수 있는 신체적 · 정신적 후유증과 어떤 치료가 필요하며 어디서 어떤 도움을 받을 수 있는지 등을 안내한다.
  - 피해 극복에 보호자와 가족 등의 지원이 가장 중요하다는 것을 인식시킨다. 피해학생은 학교나 집에서 사건과 관련하여 비난이나 몰이해, 따돌림 등을 겪을 수 있다. 이를 예방하기 위해 피해학생에게 해서는 안 될 말과 행동 및 해야 할 말과 행동에는 어떤 것이 있는

지 구체적으로 안내한다.

–피해학생이 성폭력 피해와 관련된 장소, 시간, 위치 등에 공포심을 갖거나 혼자 다니는 것을 두려워할 수 있으므로, 필요하다면 등하교 시 가족이 동반하거나 활동시간에 변화를 주는 등 안정을 찾을 때까지 보호하도록 한다.

–사건의 해결과정이 원만하게 진행되지 않거나 법적 결과가 원하던 대로 이루어지지 않을 경우, 결과에 대한 실망이나 그동안 억눌렸던 심리적인 문제가 표면으로 드러날 수 있으므로 심리적 치유상담을 받을 수 있도록 권유한다.

### 2 가해학생 및 그 학부모에 대한 위기 대응 시 유의사항

#### 가해학생에 대한 위기 대응 시 유의사항

교사가 성폭력 사건의 가해학생을 대할 때 유의해야 할 사항은 다음과 같다(김영란, 이정옥, 2007).

- 학생이 자신이 한 가해행위를 인정하도록 한다.

  –학교 내 처벌로 반복적인 반성문 작성이나 체벌, 봉사활동만을 강요하는 것은 성폭력 피해의 의미를 이해하고 자신이 저지른 잘못의 심각성을 깨달을 수 있도록 하는 적절한 방법이 아니다. 가해 청소년이 자신이 저지른 행동의 의미를 깨닫고 진심 어린 사과를 할 수 있도록 하기 위해서는 학교 내에서 교육을 받게 하거나 부모와 의논하여 전문기관에 심리교육 및 상담을 의뢰하는 것이 반드시 필요하다.

- 재발방지 교육에 반드시 참여시킨다.

  –성폭력 가해행위는 우발적이고 충동적으로 일어난 것이 아니라 의도된 폭력이다. 성폭력을 발생하게 한 왜곡된 통념을 점검하고 자

신의 행동을 성찰할 수 있도록 전문적인 교육기관에 의뢰한다.

- 피해학생이 피해를 당할 만한 짓을 했다거나 피해학생에게 원래 문제가 있다고 비난함으로써 가해행위를 최소화하지 않도록 한다. 원하지 않는 성폭력을 당해도 될 만한 사람은 없다는 것을 주지시킨다.
- 가해학생이 평소 착하고 괜찮은 학생으로 인정받은 경우나 집단에 의해 억지로 가해행위를 한 경우 가해행위를 옹호하거나 정당화할 수 있다. 따라서 성폭력은 피해학생에게 큰 고통을 남기는 폭력이며 어떠한 경우에도 정당화될 수 없는 범죄로 인식될 수 있도록 교육한다.

### 가해학생 학부모에 대한 위기 대응 시 유의사항

성폭력 사건의 가해학생 학부모는 자녀의 잘못을 인정하기보다는 피해학생도 잘못이 있다며 비난하려고 하는 경향이 강하다. 따라서 교사는 이러한 학부모를 대할 때 다음과 같은 사항에 유의하여야 한다(김영란, 이정옥, 2007).

- 가해학생의 보호자 역시 피해학생의 부모와 마찬가지로 자녀의 가해 사실에 충격을 받고 그 사실을 쉽게 인정하기 힘들어하며, 가해자, 범죄자로 낙인찍힐까 봐 두려워하며 때로는 억울함과 분노 등을 호소할 수 있다.
- 가해학생이 평소 착실하고 모범적인 학생이어서 가해 사실을 인정하기 힘들어하는 경우, '성폭력과 공부를 잘하는 것은 관련이 없으며 마땅히 바로잡아야 하는 폭력행위'라는 것을 받아들일 수 있도록 한다.
- 가해학생이 아닌 성폭력 피해학생의 입장을 최우선으로 생각하도록

이해시킨다. 피해학생이 원한다면 전학이나 전문기관에서 재범방지 교육을 받거나 피해학생의 상담비용을 제공하는 등 '피해학생의 충격과 아픔을 어떻게 하면 최소화하고 치유할 수 있을까'라는 입장에서 문제를 풀어 가도록 돕는다.

## 4. 성폭력 예방교육

### 1) 성폭력 예방교육의 방향

청소년은 어떤 경우에도 보호받아야 하는 존재다. 청소년을 성폭력으로부터 안전하게 보호하고 지역사회에 안전한 환경을 조성하기 위해서는 예방에 초점을 맞추어야 하며 1차부터 3차까지의 예방 단계가 모두 제대로 이루어져야 한다. 예방 단계에 따른 목적, 교육 내용, 교육 대상은 〈표 11-4〉와 같다(교육과학기술부, 2012c).

청소년 성폭력 예방교육은 청소년의 안전한 보호와 건강한 발달, 권리 존중을 바탕으로 하여야 하며, 청소년의 안전을 최우선으로 하여야 한다. 예방이 가장 중요하며, 청소년에게 안전한 환경을 조성해 줄 수 있도록 보호자, 교사를 비롯한 사회 구성원 모두의 인식 변화가 필요하다. 또한 청소년 성폭력의 문제를 위험한 물건을 만지면 안 된다고 말하거나 불장난이 위험하다고 이야기하는 것과 같은 '안전 문제'로 인식한다면, 우리는 문제의 사실을 어떻게 받아들이고 다루어야 하는지에 대해 관심을 가지고 준비를 하게 될 것이다. 이것이 청소년 성폭력 예방교육의 시작이다.

■ 표 11-4 ■ 성폭력 예방 단계

| 구분 | 1차 예방 | 2차 예방 | | 3차 예방 |
|---|---|---|---|---|
| 목적 | 안전한 환경 조성 | 위험요인 감소와 보호요인 증대 | 조기발견과 조기차단 | 재발 방지 |
| 교육 내용 | • 성인대상 성폭력예방교육<br>• 성인대상 위험사인(sign)에 대한 교육<br>• 상대방에 대한 존중 · 배려교육 | • 성폭력 유발 요인이 될 수 있는 가정폭력, 방임, 빈곤 등의 문제 제거 | • 조기발견 체계 구축<br>• 건강 모델 제시와 교육<br>• 피해청소년을 위한 환경의 지속성 유지<br>• 보호자의 보호기능 강화 | • 엄격한 법의 집행<br>• 청소년에게 건강한 애착과 신뢰의 대상자 제공<br>• 정신적 외상의 최소화<br>• 피해자 치유 프로그램<br>• 가해자 교정 · 치료 프로그램 |
| 교육 대상 | 전 국민 | 위기청소년과 부모, 교사 등 보호자 | 피해청소년과 보호자, 미성년 가해자 | 피해청소년과 가족, 가해자와 가족 |

## 2) 성폭력 예방교육의 준비

### (1) 성폭력 예방을 위한 교사의 역할

모든 학교가 매 학기에 1회 이상 성폭력 예방교육을 실시하도록 법령으로 의무화하고 있다. 이러한 성폭력 예방교육과 함께 성폭력을 예방하기 위한 교사의 역할을 살펴보면 다음과 같다(교육과학기술부, 2012c).

첫째, 교사는 학생들의 이야기에 귀 기울이는 경청자이어야 한다. 학생이 "선생님!" 하고 부르면 모든 것을 멈추고 학생의 이야기부터 들어 주는 습관을 가질 필요가 있다. 학생이 무언가를 말하고 싶어 할 때, 학생은 바로 그때 당장 하길 원한다. 이야기를 할 때 즉시성(timing)은 매우 중요하다. 부득이한 경우에는 반드시 설명을 하고 이야기할 시간을 구체적으로 정하는 것이 중요하다. 특히 성폭력 피해학생이라면 학생의 안전과 직결되는 중요한 사안이 될 수도 있기 때문이다.

둘째, 교사는 학생들과 함께 사제 동행하여야 한다. 함께하는 시간이 길어지면 학생과의 친밀감이 더욱 쌓이게 되고, 그러면 학생은 교사와 많은 것을 나누려고 하기 때문이다. 이것이 성폭력을 예방하는 정말 중요한 방법이다. 가능하다면 이야기를 나누는 것뿐만 아니라 학생들과 게임이나 놀이를 같이 하면 더욱 효과적일 것이다.

셋째, 교사는 학생들의 생활 하나하나에도 관심을 가져야 한다. 학생이 어떤 놀이를 하는지, 어떤 놀이를 누구랑 주로 하는지, 누가 어울리지 못하는지 등 교우관계를 관심 있게 살펴보는 것이 중요하다. 이러한 관찰과 관심을 통해서 학생들을 이해하고, 소외되는 학생에게 힘(power)을 가지게 하는 것이 중요하다. 성폭력에 상대적으로 노출되는 학생은 방임, 빈곤, 폭력피해 학생일 가능성이 높기 때문이다.

넷째, 교사는 학생이 다가오도록 하기보다는 먼저 다가가야 한다. 학생의 입장에서는 교사에게 친밀감을 표현하고 다가가기란 쉽지 않다. 오히려 교사가 학생에게 다가가는 것이 더욱 쉽다. 학생에게 다가가 먼저 말을 건네면서 관심을 보이면 학생들은 교사가 한결 편안하게 느껴질 것이며, 혹 교사의 도움이 필요할 때 학생은 자신에게 평소 많은 관심을 보여 준 교사를 찾아가게 될 것이다.

다섯째, 교사가 평상시 학생을 하나의 인격체로 존중하는 태도를 지녀야 한다. 이를 위한 방법으로 '이름을 자주 불러 주기' '구체적으로 칭찬하기' 등이 있다. 학생은 자신보다 힘 있는 사람이 긍정적인 메시지와 함께 이름을 불러 주면 자신감이 생긴다. 특히 소외된 학생들일수록 더 많은 관심을 가져 주어야 한다. 칭찬을 할 때는 상투적으로 하기보다는 구체적 · 개별적으로 하는 것이 좋다.

여섯째, 교사는 학생의 말을 믿어 주어야 한다. 흔히 교사들은 '아이들은 거짓말을 잘한다.'는 말을 자주 한다. 간혹 학생들이 거짓말을 하는 경우도 있지만 일부러 거짓말을 꾸며 내지는 않는다. 교사는 선입견을 가지지 말고 학생의 말을 있는 그대로 믿어 주는 것이 중요하다. 특히 성과 관련된 이야기를 하는 학생은 자신이 경험한 한도 내에서 이야기를 하며, 성

관련 이야기는 자신이 가장 신뢰하는 사람에게 할 가능성이 높기 때문에 교사는 학생의 말을 믿고 지지해 주어야 한다.

일곱째, 교사는 학생들이 학교나 학급에서 지켜야 할 규칙을 자율적으로 토의를 통해 정하도록 하여야 한다. 사람과 사람 사이에는 지켜야 할 예절이 있다. 학생들 간, 교사와 학생 간에 지켜야 할 규칙이 있음을 알고 이를 지키는 것이 중요함을 알려 주어야 한다. 친구를 놀리거나 친구의 몸을 함부로 만지지 않는 등 상대방에 대한 배려교육이 성폭력 예방교육임을 알게 해 주어야 한다. 따라서 학교 내에서 학생들이 서로 지켜야 할 규칙을 정하고 지키도록 교육을 하는 것이 필요하다. 예를 들면, 어느 중학교에서는 학기 초에 학급회의를 통해 지켜야 할 규칙이 담긴 학급헌법을 만들고 이를 위반할 경우 학급법원에서 재판을 통해 어떤 제재조치를 할 것인지 정하여 실천하고 있다.

### (2) 성폭력 예방교육 시수의 확보

잘못된 성문화와 성에 대한 가치관으로 인한 성폭력은 엄청난 불행과 사회적 문제를 야기하고 있다. 특히 최근에는 사이버상의 성폭력도 큰 사회 문제로 대두되고 있다. 그러나 아직은 성을 입에 담기 힘들어하는 경향이 있어서 성과 관련된 이야기를 하는 것 자체를 큰 부담으로 받아들이는 것이 현실이다.

학생들이 건전한 성의식을 갖도록 하고 성폭력을 예방하기 위한 성폭력 예방교육은 중요한 교육 중 하나다. 건전한 성에 대한 지식을 갖게 하는 것은 물론 성폭력으로부터 자신을 지킬 수 있는 성숙한 인간으로 성장하도록 지도하는 것은 학부모만의 의무가 아니라 교사에게도 중요한 의무다. 이를 위해 교육과학기술부의 학교폭력 추진 상황 점검 시 매 학기 1회 이상, 즉 성희롱 · 성폭력(2시간) 및 성매매(1시간) 예방교육을 법령에 의무사항으로 규정하여 그 추진 상황을 점검하고 있다. 또한 학교는 다양한 방법으로 학년별 10시간 이상의 성교육 시수를 확보하여 운영하여야 한다. 따라서 교육과정 운영계획에 10시간 이상을 확보하였다는 것을 명시하여야 한다.

### (3) 성폭력 예방교육의 내용 구성

성폭력 예방교육은 성교육과 동일선상에서 진행하게 된다. 성교육은 원칙적으로 교과, 특별활동, 재량활동, 체험활동 등 모든 학교교육 활동을 통해서 학생의 인성과 인권존중 사상을 가질 수 있도록 하는 교육에 바탕을 두고 실시하게 된다. 성교육을 구성하는 경우에 성폭력 · 성매매 예방교육, 성지식, 양성평등 교육, 아동 성학대 예방교육 등 성교육의 전 영역을 고르게 구성하여 실시하는 것이 바람직하다.

대상이나 학교에 따라 기존의 성과 관련된 강의안을 재구성하는 경우, 관련 교과의 교육 내용과 통합 정도, 성교육의 범위 등에 대해서는 각급 학교에서 정하여 구성하면 된다. 연령에 따른 성폭력 예방교육의 방향은 〈표 11-5〉와 같다.

■ 표 11-5 ■ 연령에 따른 성폭력 예방교육의 방향

| 연령 | 주요 내용 |
|---|---|
| 5~8세 | 집 밖에서의 안전에 대해 가르치고, 타인이 자신의 은밀한 부위를 만지는 것이 어떤 것인지 알게 하고, 나쁜 느낌을 받았을 때 이야기하도록 한다. |
| 8~12세 | 안전에 대해 강조하고, 특히 조심해야 할 곳(오락실, 상점가, 탈의실, 그 외 위험한 곳들)을 가르친다. 바른 성의식을 가지도록 한다. |
| 13~18세 | 개인적인 안전과 위험한 장소들에 대해 다시 강조한다. 성적 자기결정권, 성폭력, 데이트에서 주의할 점, 성병, 임신 등에 대해 가르쳐 준다. |

#### (4) 교사 간의 역할 분담

평상시 학교 성교육 담당교사와 관련 교과교사 및 담임교사의 역할을 분담하는 것이 좋다. 성교육 전문 연수과정 이수교사를 학교 성교육 담당교사로 우선 선정하되, 이를 반영하여 관련 교과교사의 역할을 정하는 것이 합리적이다(교육과학기술부, 2012c).

첫째, 학교장은 학교 성교육 담당교사 또는 관련 교과교사를 전문연수 우선 대상자로 선정하는 것이 바람직하다. 가령 학교 성교육 담당교사는 성상담, 교직원 · 학생 대상교육, 전달 연수, 관련 교과교사의 수업지원, 학교 성교육 계획 수립, 성교육 관련 교육자료 제공 및 홍보 등을 담당하고, 관련 교과교사는 성교육 내용을 재구성하여 학생교육을 실시할 수 있다.

둘째, 가급적이면 연 1회 이상 학생, 교직원, 학부모를 대상으로 성교육 전문가 초빙 자체연수를 실시하여 학교 내 구성원들의 성교육 마인드를 제고하는 것이 좋다.

셋째, 성교육교과교육연구회 등의 정보 공유를 통해 수업방법 및 수업자료를 다양화하는 것이 필요하다. 성교육 수업의 경우, 전문성이 무엇보다 요구되는 분야이기 때문에 관련 자료를 최대한 확보하여 이를 바탕으로 수업을 진행하여야 한다.

### 3) 성폭력 예방교육 프로그램의 실제

성폭력 예방교육은 다른 예방교육에 비해 교사에게 매우 어려운 교육이다. 여기서는 교육과학기술부에서 2012년에 제작하여 보급한 '성폭력 예방교육 길라잡이(교사용)'에 탑재된 성폭력 예방교육 프로그램을 소개한다. 이 강의안을 바로 사용할 수도 있지만, 이를 바탕으로 주위 관련 기관의 자료를 참고로 해서 재구성하여 사용하는 것도 좋다. 성교육을 할 교사는 성에 대해 호기심이 강하고 알고자 하는 욕구가 강한 청소년들의 요구에 부응할 만한 풍부한 성지식과 긍정적인 성가치관을 가져야 하며 지속적인 성교육을 통해 효과를 거둘 수 있도록 해야 한다.

## 예시 학교폭력과 관련된 성폭력: 친구들이 힘들게 해요!

I. 성폭력 예방교육 교수-학습 과정안

| 학습 목표 | 학교폭력과 관련된 성폭력 사례를 통해 성폭력을 올바르게 이해하며 성폭력 예방의 중요성을 말할 수 있다. | |
|---|---|---|
| 수업 자료 | 유인물 〈내가 쓰는 재판록〉 | |
| 과 정 | 교수-학습 활동 | 지도상의 유의점 |
| 도 입 | ◈ 동기 유발<br>최근 발생한 학교폭력과 관련된 성폭력 사례 뉴스를 보여 주고 느낀 점을 말해 본다. | • 최근 동영상 자료 시청 |
| 전 개 | ◈ 학습활동 전개<br>① 학교폭력으로 인한 성폭력의 다른 사례 알아보기<br>• 왕따, 셔틀, 싸움, 복수, 성매매<br>② 학교폭력과 관련된 성폭력 피해자의 고통 이해하기<br>③ 내가 쓰는 재판록<br>• 성폭력 사례를 통해 여러 사람의 입장에서 생각해 보기<br>-피해자의 입장<br>-가해자의 입장<br>-판사의 재판 결론 | • 뉴스 자료 및 인터넷 신문자료를 활용하여 학생들에게 청소년 성폭력 피해 사례를 소개한다.<br>• 성폭력은 심각한 범죄이고, 성폭력을 당한 사람의 잘못이 아님을 인식시킨다. |
| 정 리 | ◈ 내용 정리하기<br>성폭력 가해자가 되지 않는 방법 알려 주기 및 소감 나누기 | |

## II. 프로그램명

학교폭력과 관련된 성폭력 사례

## III. 프로그램 목표

학교폭력과 관련된 성폭력 사례를 통해 학교에서 폭력과 관련해서 일어나는 성폭력의 피해가 얼마나 심각한지 알아보고, 가해자가 되지 않도록 성폭력에 대해 올바르게 인식한다.

## IV. 프로그램 내용

[도입]

학교폭력에 대한 최근의 성폭력 사례자료를 검색하여 학생들에게 동영상으로 보여 주거나 인터넷 신문자료를 발췌하여 보여 준다. 그리고 학생들에게 이러한 사례를 보고 그 느낌을 서로 이야기해 보게 한다.

[전개]

① 학교폭력으로 인해 발생되는 성폭력의 또 다른 사례를 알려 준다.

- 왕따, 서틀, 집단폭력, 보복행동 등으로 인한 사례
- 인터넷으로 관련 사례의 최신자료를 검색하여 학생들에게 알려 준다.

② 성폭력 피해자의 정신적, 신체적 고통에 대해 알려 준다.

- 신체적 증상 및 질병으로 인한 고통을 호소
- 급식 거부, 폭식 등 식습관의 급격한 변화
- 손을 자주 씻는 등 청결에 대한 강박적 행동
- 주의집중 저하, 가출, 무단결석 등 학교 부적응
- 또래관계의 어려움
- 성적 집착, 조숙한 성지식, 성적인 공상, 자위행위 등 성 관련 행동
- 특정 인물, 장소, 물건에 대한 거부 및 공포감

[내가 쓰는 재판록]

성폭력 사례를 통해 각자의 입장이 되어 재판록을 써 보고 결론까지 스스로 생각해 보게 함으로써 성폭력의 위험성을 인식하도록 한다.

## 내가 쓰는 재판록

선생님께서 제시한 청소년 성폭력 사례에 대해 판결을 내려 주세요. 각자의 입장에서 재판록을 작성해 보세요.

| 피해자 입장 | 가해자 입장 |
|---|---|
| | |

| 판사의 재판 결론 |
|---|
| |

[마무리 단계]

성폭력 가해자가 되지 않는 방법에 대해 알려 주며 마무리한다.

- 모든 사람을 동등한 인격체로 존중한다.
- 성폭력의 위험이 있는 행동이나 말을 하지 않는다.
- 행동하기 전 '이 사람이 내 가족이라면'이라고 입장을 바꿔 생각해 본다.
- 상대방의 'NO'는 거부로 받아들인다.
- 상대방의 침묵이나 반대 없음을 'YES'로 혼동하지 않는다.
- 성충동을 느낄 수 있지만 자제하고 조절할 수 있다는 것을 잊지 않는다.

제12장

The Prevention and Countermeasures of School Violence

# 학교폭력 가해학생과 소년법

## 1. 소년범죄의 이해

### 1) 소년범죄의 개념

소년범죄는 성인범죄에 상대되는 개념으로서, 생물학적인 기준인 범죄인의 연령에 따라 범죄를 분류한 것이다. 우리나라 「소년법」 제2조는 소년범죄의 소년을 19세 미만인 자로 규정하고 있지만, 「형법」 제8조는 14세 이상인 자를 형사책임 연령으로 규정하고 있다. 따라서 소년범죄자는 원칙적으로 일반 형사사건을 저지른 14세 이상 19세 미만의 범죄소년을 가리킨다.

소년법이 적용되는 소년이란 심판 시에 19세 미만인 사람을 말하므로, 소년법의 적용을 받으려면 심판 시에 19세 미만이어야 한다. 따라서 「소년법」 제60조제2항의 적용 대상인 소년인지의 여부도 선고 시를 기준으로 판단된다.

청소년 범죄와 같은 의미로 이해되기도 하는 청소년 비행은 청소년 범죄에 대하여 10세 이상 19세 미만의 소년에 의한 범죄행위, 촉법행위, 우범행위를 말한다(문화관광부, 2002). 여기서 범죄행위란 14세 이상 19세 미만인 소년의 형벌법령에 저촉되는 행위를 말한다. 이를 위반한 소년은 범죄소년이라 한다. 촉법행위는 형벌법령을 위반하였으나 10세 이상 14세 미만인 형사미성년자의 행위로 형사책임을 묻지 않는 행위를 말한다. 이를 위반한 소년은 촉법소년이라고 한다. 그리고 우범행위는 보호자의 정당한 감독에 복종하지 않는 성벽을 지녔거나, 정당한 이유 없이 가정에서 이탈하여 범죄성을 지닌 사람 또는 부도덕한 사람과 교제하거나 자기 또는 타인의 덕성을 해롭게 하는 성벽이 있어 그 자체는 범죄가 아니지만 범죄를 저지를 우려가 있다고 인정되는 행위다. 이를 위반한 소년은 우범소년이라고 한다. 그러므로 소년범죄는 14세 이상 19세 미만의 소년으로서 일반 형사사건을 저지른 자와 10세 이상의 촉법소년 및 우범소년을 포괄하는 개념이라고 할 수 있다.

## 2) 소년범죄의 형사처벌 여부

「형법」 제9조(형사미성년자)의 14세가 되지 아니한 자의 행위는 벌하지 아니한다는 조항에 따라, 만 14세 이상인 범죄소년과는 달리 만 14세 미만의 학생이 범죄를 저지르는 경우에는 법원이 형사처벌을 내릴 수 없다. 따라서 만 14세 미만의 학생이 학교폭력으로 다른 학생을 구타하거나 성폭력을 하였다고 하여도 벌금이나 징역과 같은 형사처벌이 부과되지 않는다.

이 외에도 만 10세에서 만 14세까지의 촉법소년은 형사처벌이 되지 않지만 경우에 따라 보호처분 등의 조치가 이루어진다. 가장 대표적인 보호처분은 보호관찰소 등의 교육이다. 그러나 만 10세 미만의 경우에는 형사처벌은 물론 이러한 보호처분도 불가능하다. 소년범죄의 형사처벌 여부를 알기 쉽게 나타내면 [그림 12-1]과 같다.

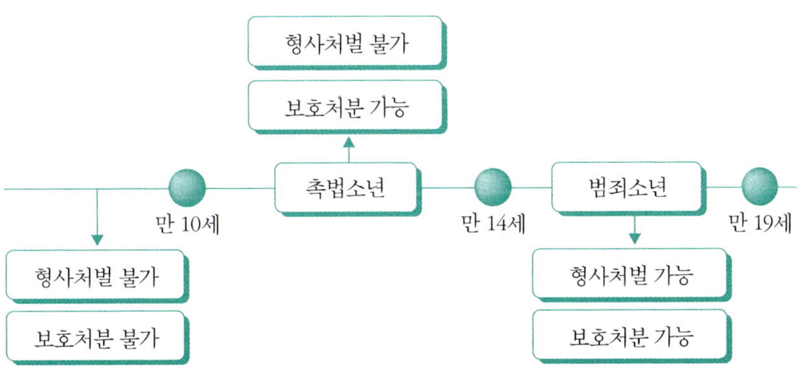


그림 12-1 생물학적 연령에 따른 형사처벌 여부

### 3) 소년사법 처리의 올바른 이해의 중요성

중대한 학교폭력과 성폭력은 해당 가해학생이 경찰에 수사를 받게 되는 경우가 일반적이다. 그러나 정작 학교폭력이나 성폭력 사건을 접하는 교사는 수사기관에서의 처리절차에 대해 제대로 알고 있지 못한 실정이다. 즉, 현재 경찰의 조치가 어느 과정인지, 어떠한 경우에 어떻게 처리가 되는지에 대해 교사가 파악하지 못하는 경우가 많다. 이러한 이유로 담당 경찰관에게 학생에 대한 선처를 호소하거나 아니면 이런 유사한 경험이 있는 교사를 수소문하는 경우가 대부분이다.

학교폭력과 성폭력은 학교 차원의 문제가 아닌 사회 전체 구성원의 문제라고 할 수 있다. 그리고 이들 청소년에게도 각종 법의 제재가 뒤따른다. 다만 그들이 아직 청소년이라는 점을 고려하고 있을 뿐이다. 교사가 지도하는 학생들의 범죄에 대해서는 「소년법」에서 그 절차 등을 규정하고 있다. 학교 현장의 교사들 대부분이 만 14세 미만에 대해서는 형사처벌을 하지 못한다는 것만 알고 있지 그 이상의 내용은 알지 못하는 경우가 허다하다. 특히 초등학교 교사의 경우에는 학생들의 폭력 수위가 중·고등학교에 비해 그리 높지 않다는 점 때문에 이러한 폭력에 대해 상대적으로 무관심한 상황이다. 그러나 최근 범죄를 저지르는 연령이 갈수록 낮아지고 있어서 초등학교 교사도 이러한 소년사법 처리에 대해 관심을 갖고 대처하는 자세가 필요하다.

## 2. 소년사법 처리절차의 이해

### 1) 소년사법 처리절차

14세 이상 19세 미만인 자가 범죄행위를 하면 소년심판을 거쳐 형벌보다 완화된 보호처분을 받을 수 있다. 그런데 책임 능력 없음을 이유로 형벌 대상에서 제외되었던 10세 이상 14세 미만 소년의 경우에도 형벌법령에 저촉되는 행위를 하면 보호의 이념하에 「소년법」상 촉법소년으로서 소년사법 영역에 들어오게 된다. 또한 범죄행위가 없는 소년이라도 이른바 우범 사유를 이유로 우범소년이라 하여 보호 대상이 된다(「소년법」 제4조[1]). 우범소년은 집단적으로 몰려다니며 주위 사람들에게 불안감을 소성하거나 혹은 정당한 이유 없이 가출하거나 술을 마시고 소란을 피우거나 유해환경에 접하는 성벽이 있고, 그의 성격이나 환경에 비추어 앞으로 형벌법령에 저촉되는 행위를 할 우려가 있는 10세 이상 19세 미만인 소년을 말한다(이영란, 2009).

소년사법 처리절차를 보면, 보호자, 학교장, 사회복리시설의 장이 비행소년을 발견하면 소년법원에 통고할 수 있다(「소년법」 제4조제3항). 경찰서장은 촉법소년, 우범소년을 발견하면 직접 소년법원에 송치해야 하고(「소

1 「소년법」은 범죄소년, 촉법소년, 우범소년을 통칭하여 '비행소년'이라 하고 '불량행위소년'(소년풍기사범)이란 비행소년은 아니나 음주, 흡연, 싸움 기타 자기 또는 타인의 덕성을 해하는 행위를 하는 소년을 말한다. 그 외에 '요보호소년'이란 비행소년은 아니나 학대, 혹사, 방임된 소년 또는 보호자로부터 유기 또는 이탈되었거나, 그 보호자가 양육할 수 없는 경우, 기타 「경찰관직무집행법」 제4조 또는 「아동복지법」에 의하여 보호를 요하는 자를 말한다.

즉결심판청구는 형사처벌을 받게 하는 절차다. 그러나 「형의 실효 등에 관한 법률」에 의하여 수사자료표 작성 대상에서 제외됨으로써 전과라는 낙인을 받지 않을 수 있다. 반면 검찰의 약식기소 또는 기소유예처분의 경우는 전과기록을 남기므로 청소년의 처우에서는 낙인효과의 관점에서 볼 때 즉결심판청구가 더 유리하다고 볼 수 있다. 다만 즉결심판은 교육 프로그램과의 연계가 필요하다.

년법」 제4조제2항), 범죄소년을 검거하면 원칙적으로 검사에게 송치해야 한다(「사법경찰관리 집무규칙」 제54조). 검사와 형사법원은 소년사건이 벌금 이하의 형에 해당하는 범죄이거나 보호처분에 해당하는 사유가 있다고 인정하는 때에는 소년법원에 송치하고(「사법경찰관리 집무규칙」 제49조제1항, 제50조), 그 외의 경우에는 일반형사 절차에 따라 처리한다.

소년법원은 통고·송치된 소년보호 사건을 조사·심리하여 대상자가 성인으로 판명되거나 금고 이상의 형사처분을 할 필요가 있다고 인정한 때에는 검사에게 송치하거나 형사법원으로 이송하여 형사절차로 돌려보낼 수 있지만, 그 외의 경우에는 소년보호 절차를 진행하여 심리 불개시,

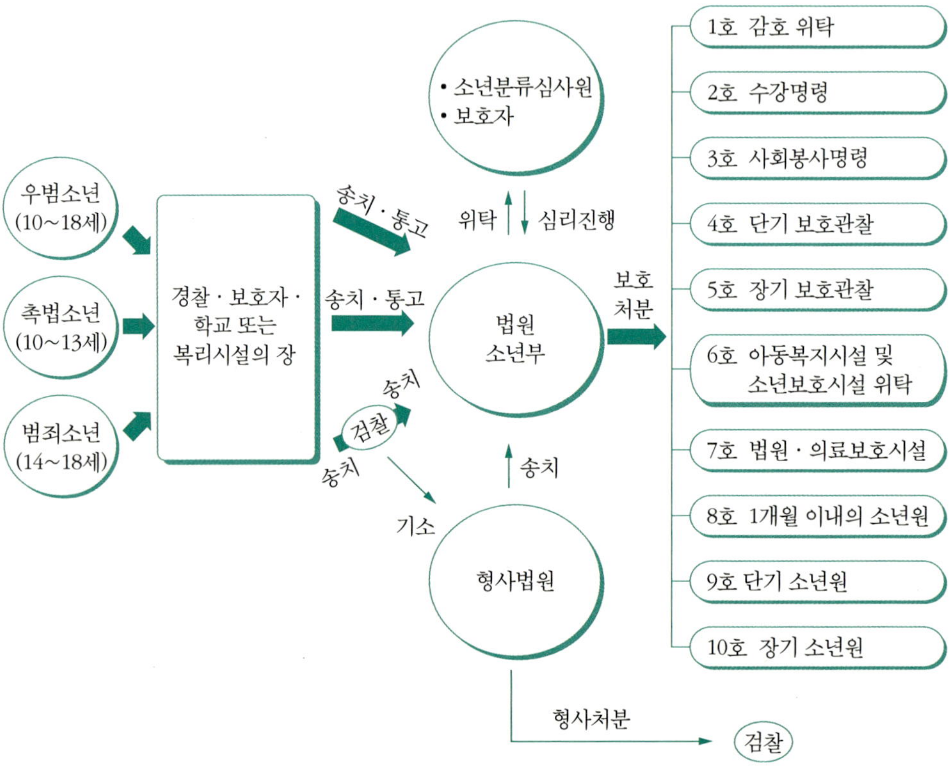


그림 12-2 소년사법 절차

불처분 또는 보호처분으로 처리한다. 소년법원이 보호처분 결정을 한 경우에는 보호처분의 변경과 취소 및 항고와 재항고가 가능하다.

경찰은 소년사법 처리에서 훈방함으로써 자체적으로 종결짓기도 하고, 범칙금 통고처분, 즉결심판청구, 소년심판청구를 하기도 하고, 검사의 지휘를 받아 형사사건으로 입건 · 수사하여 그 결과를 검찰에 송치하기도 한다.

소년사법의 구체적인 절차는 [그림 12-2]와 같다(이영란, 2009).

### 2) 송치

#### (1) 송치의 개념

송치란 보낸다는 뜻으로, 경찰서장, 검사, 법원 등의 기관이 소년사건의 피의자와 서류를 소년부에 보내는 것을 말한다. 소년보호 사건을 송치하는 경우에는 송치서에 사건 본인의 주거, 성명, 생년월일 및 행위의 개요와 가정 상황을 기입하고, 그 밖의 참고자료를 첨부하여야 한다(「소년법」 제5조). 소년보호 사건을 법원 소년부에 송치하는 경우에는 경찰의 송치, 검찰의 송치, 법원의 송치의 세 가지가 있다(김용수, 2012).

#### (2) 경찰의 송치

사건을 접수받은 경찰은 해당 학생에 대한 조사를 실시한다. 즉, 소년에 대한 사법처리는 대부분 경찰에 의해서 개시된다. 그리고 경찰서장은 촉법소년과 우범소년에 해당하는 소년이 있을 때에는 직접 관할 가정(지방)법원 소년부에 송치하여야 한다(「소년법」 제4조제2항).

**① 범죄소년이 문제되는 경우**

경찰이 범죄소년을 검거한 경우에는 이를 수사한 후 검사에게 송치하게 된다. 그러나 경찰은 「경범죄처벌법」이나 「도로교통법」에 따라 소년에게 범칙금을 부과하거나 즉결심판으로 처리하기 위해 법원에 보내게 된다. 예를 들면, 오토바이 폭주를 한 학생을 검거한 경우 범칙금을 부과하거나 즉결심판으로 처리할 수도 있고, 경우에 따라서는 검사에게 사건을 송치하기도 한다. 그러나 성폭력 사건은 그 수위가 높고 강력한 범죄이기 때문에 경찰이 대부분 검찰에 사건을 송치하게 된다.

**② 촉법소년과 우범소년이 문제되는 경우**

소년이 범한 범죄가 경미한 경우에는 경찰이 자체적으로 처리하고 있다. 즉, 이런 경우에 경찰은 해당 학생에 대해 훈방조치를 하거나 검사를 거치지 않고 직접 소년법원에 송치할 수 있다. 「소년경찰직무규칙」에서는 "수사 또는 조사한 결과 비행소년이 아니라고 인정되는 소년 또는 14세 미만의 우범소년은 적절한 주의 조언에 그치되, 필요하다고 인정될 때에는 수사 또는 조사한 결과를 소년의 보호자의 의뢰가 있거나 또는 비행 방지상 필요하다고 인정될 때에는 계속하여 적절한 선도대책을 강구하여야 한다."라고 규정(제33조)함으로써 경찰이 경미한 학교폭력 사건의 경우 훈방처리를 할 수 있도록 하고 있다.

실제적으로 많은 사건은 경찰의 훈방조치로 해결되고 있다. 이런 경우에 해당 학교의 조치가 그 학생에게 부과되는 유일한 조치가 될 수 있다. 그런데 성폭행의 경우 만 10세 미만의 학생이 저지른 경우에는 경찰을 비롯한 사법기관에서 그 학생을 처벌할 수 없다. 또한 유사한 보호관찰 등을 부과할 수도 없다는 문제가 있다. 이런 경우 그 학생에 대해 학교가 부과하는 조치가 유일한데, 초등학교 단계이기 때문에 퇴학 등의 조치도 불가능하다.

Q 학교폭력 가해학생이 경찰에서 어떠한 징계를 받았다면 그 학생에 대해 학교가 또다시 조치를 하는 것은 이중처벌이 아닙니까?

A 이것은 이중처벌이 아닙니다. 경찰에서 어떠한 조치를 받은 후 학교에서 조치를 하게 되면 이중처벌이 된다고 생각하는 경우가 많이 있습니다. 그러나 이중처벌이 되려면 처벌이 국가의 공형벌권 행사로 인한 경우여야 하는데, 경찰의 조치는 이러한 행사이지만 학교의 징계는 형벌이 아닙니다. 학교의 출석정지나 봉사명령은 교육적 차원에서 이루어지는 조치이지 형사처벌이 아니기 때문입니다.

출처: 법무부, 교육과학기술부, 부산광역시교육청(2011), p. 189.

### (3) 검찰의 송치

검사는 수사의 주재자로서 재판을 신청할 수 있는 권한을 가지고 소년사건을 처리하게 된다. 검사는 소년에 대한 피의사건을 수사한 결과 보호처분에 해당하는 사유가 있다고 인정한 경우에는 사건을 관할 소년부에 송치하여야 한다(「소년법」 제49조제1항).

학교폭력의 경우는 교사가 검사의 처리를 받는 사건을 자주 접하지는 않는다. 그러나 성폭력 사건의 경우는 거의 모든 사건에서 검찰 단계에서의 수사가 이루어지고 있다. 또한 검사는 사건을 종료할 것인지, 형사사건으로 처리할 것인지, 아니면 보호사건으로 처리할 것인지 등에 대한 광범위한 권한을 가지고 있다(법무부, 교육과학기술부, 부산광역시교육청, 2011).

#### ① 사건을 종결하는 경우

검사가 수사하여 그 결과와 양형조건을 고려하여 재판을 요구할 필요성이 없다고 판단하면 기소유예처분 등을 하게 된다. 또한 재범 가능성이 희박하고 선도보호의 필요성이 있는 때에는 범죄예방위원의 선도를 받도록 한다.

②사건을 소년법원으로 송치하는 경우

검사가 벌금 이하의 형에 해당하는 사건이거나 보호처분의 필요성이 있다고 판단하면 해당 사건을 소년법원으로 송치하게 된다. 이 경우 소년법원의 판단을 통해 보호처분 여부가 결정된다.

③정식으로 재판을 청구하는 경우

사건이 그 수위가 매우 높다고 판단하는 경우 법원에 정식으로 재판을 청구하게 된다. 이 경우 일반적인 재판과 동일하게 진행된다. 일반법원에서는 형사처벌 여부를 결정한다. 다만 법원이 그 수위가 낮아 형사처벌의 필요성이 낮다고 판단하면 이를 다시 소년법원으로 보낼 수 있다. 이러한 조치들은 기본적으로 미성년자에게는 처벌보다는 교화를 시키는 것이 더욱 중요하기 때문이다.

### (4) 법원의 송치

소년법원은 경찰, 검찰, 법원에서 보내온 소년사건을 처리하게 된다. 이 중 검찰의 송치가 가장 많은 부분을 차지하고 있다. 학교폭력의 수위가 높은 사건의 경우 대부분 소년법원의 처분을 받게 된다. 성폭력 사건은 가해자가 미성년자인 경우 소년법원이나 일반법원의 판단을 받게 된다. 소년법원에서는 소년의 성격, 환경, 비행경위, 재비행성 여부에 대한 조사를 실시하고 전문가의 조언 등을 참고하여 처분을 결정하게 된다.

소년법원은 소년에 대한 피고사건을 심리한 결과 보호처분에 해당할 사유가 있다고 인정하면 결정으로써 사건을 관찰 소년부에 송치하여야 한다(「소년법」 제50조). 소년보호 사건을 접수한 소년부 판사는 소년 및 보호자에게 소년의 비행 사실, 소년 또는 보호자 또는 변호사, 그 밖의 소년부 판사의 허가를 받은 사람을 보조인으로 선임할 수 있다는 것, 소년분류심사원에 위탁된 경우에 소년 또는 보호자가 보조인을 선임하지 않을 때에는 법원이 국선보조인을 선정하게 된다는 것을 서면으로 알려야 한다.

### 3) 보호처분

#### (1) 보호처분의 의미

보호처분은 죄를 범한 소년, 형벌법령에 저촉되는 행위를 한 10세 이상 14세 미만의 소년, 집단적으로 몰려다니며 주위 사람들에게 불안감을 조성하는 성벽 혹은 정당한 이유 없이 가출, 음주, 소란을 피우거나 유해환경에 접하는 성벽이 있으면서 동시에 장래 형벌법령에 저촉되는 행위를 할 우려가 있는 10세 이상의 소년에 대한 교화, 개선, 보호를 위해 소년의 환경조성 또는 성행교정에 필요한 처분을 말한다(김용수, 2012).

소년부 판사는 보호소년에 대한 분류심사 결과와 의견을 참작한 심리결과에 의해 보호처분의 필요성이 인정된 때에는 보호처분을 하여야 하며, 그 내용은 보호소년에 대한 개별적이고 과학적인 심리 결과를 토대로 보호소년 개개인에 적합하도록 구성하여야 한다. 다만 보호처분은 해당 소년의 장래 신상에 어떤 불이익도 주어서는 안 된다(「소년법」 제32조 제6항).

#### (2) 보호처분의 종류

보호처분은 소년에 내해 책임을 묻는 것이 아니라 비행에 나타난 소년의 범죄적 위험성에 대처하기 위하여 형벌에 대신하여 가해지는 수단이다. 「소년법」상 보호처분은 제32조에 규정되어 있는 바와 같이 열 가지 종류가 있는데, 구체적인 내용은 〈표 12-1〉과 같다(법무부, 교육과학기술부, 부산광역시교육청, 2011).

제1호 처분은 사실상 소년을 종전의 환경으로 되돌려 보내는 것으로서 시설 외 처우의 일종이다. 제6호와 제7호 처분도 제1호 처분과 마찬가지

■ 표 12-1 ■ 보호처분의 종류와 내용

| 처분 | 내용 |
|---|---|
| 감호 위탁(제1호) | 가해학생을 보호자나 가족 또는 보호자를 대신하여 소년을 보호할 수 있는 고아원 등의 시설에 인계하는 것인데, 보호자나 가족이 없는 경우를 제외하고는 보호자나 가족에게 감호를 위탁하는 것 |
| 수강명령(제2호) | 유죄가 인정된 비행소년을 교화 · 개선하기 위하여 일정한 강의나 교육을 받도록 명하는 것. 단기 보호관찰소년에게는 50시간 이내, 보호관찰소년에게는 200시간 이내의 수강명령을 부과 |
| 사회봉사명령(제3호) | 일상생활을 하면서 지정된 시간 동안 무보수로 근로를 명하는 것. 단기 보호관찰소년에게는 50시간 이내, 보호관찰소년에게는 200시간 이내의 사회봉사명령이 부과 |
| 보호관찰관의 단기 보호관찰(제4호) | 가해학생으로 하여금 주소지 관할 보호관찰소에 월 1회 지정된 일자에 출석하도록 하여 면접과 상담 등의 교육을 받게 하는 것 |
| 보호관찰관의 장기 보호관찰(제5호) | 단기 보호관찰처분과 달리 2년에서 3년간 지속적으로 보호관찰을 받게 하는 것 |
| 소년보호시설 감호 위탁(제6호) | 6월에서 1년간 서울시립아동보호센터와 같은 보호시설에 감호를 위탁하여 교육을 받게 하는 것 |
| 소년의료보호시설 위탁(제7호) | 가해학생의 심신이 정상상태가 아니라고 판단되는 경우 병원이나 요양소에 위탁하여 치료와 병행하여 교육을 받게 하는 것 |
| 1개월 이내의 소년원 송치(제8호) | 1개월 이내의 기간 동안 소년원에 수용하는 것으로 단기간의 수용으로도 교화 · 개선이 가능한 경우에 부과 |
| 단기 소년원 송치(제9호) | 가해학생의 행위가 과도하여 보다 강력한 교육이 필요하다고 판단되는 경우 6개월 이내의 기간 동안 소년원에 수용하도록 하는 처분 |
| 장기 소년원 송치(제10호) | 2년간 소년원에 수용하도록 하는 가장 강력한 보호처분 |

로 소년을 종전의 환경으로 되돌려 보내나 시설 내 처우의 일종이다. 그렇기 때문에 제1호, 제6호, 제7호 처분을 묶어 위탁처분이라고 한다.

제8호, 제9호, 제10호 처분은 보호소년에 대한 조사 · 심리 결과 비행성이 강하여 소년원에 보낼 필요성이 인정되어 소년원에 송치하는 처분을 말한다. 일정한 공적 시설 내에 수용된다는 점에서 수용처분이라고 한다.

### (3) 보호처분의 종류에 따른 대상연령, 기간 및 기간연장

보호처분의 기간은 보호처분의 종류에 따라 다르다. 「소년법」 제32조제1항제1호, 제6호, 제7호 처분의 위탁기간은 원칙적으로 6개월이지만, 소년부 판사의 결정에 의해 6개월의 범위 안에서 1차에 한해 그 기간을 연장할 수 있다(「소년법」 제33조제1항). 또한 소년부 판사는 보호소년을 더 이상 위탁할 필요가 없다고 인정될 때에는 언제든지 결정으로써 그 위탁기간을 종료할 수 있다(「소년법」 제1항 단서).

제4호 처분의 기간은 1년이며 연장은 불가능하다. 그러나 제5호 처분은 2년으로 하고 보호관찰관이 신청하면 소년부 판사는 1년의 범위 내에서 1회에 한하여 그 기간을 연장할 수 있다(「소년법」 제33조제3항). 제9호 처분은 6개월을 초과할 수 없고 제10호 처분은 2년을 초과할 수 없지만, 소년부 판사의 결정에 따라서 언제든지 중지될 수 있으나 22세가 되면 보호소년을 무조건 퇴원시켜야 한다(「보호소년 등의 처우에 관한 법률」 제43조제1항). 또한 수강명령은 100시간을, 사회봉사명령은 200시간을 초과할 수 없다(「소년법」 제33조제4항).

보호처분의 종류에 따른 대상연령, 기간 및 기간연장의 구체적인 내용은 〈표 12-2〉와 같다(김용수, 2012).

■ 표 12-2 ■ 보호처분의 종류에 따른 대상연령, 기간 및 기간연장

| 처분의 종류 | | 대상연령 | 기간 | 기간연장 |
|---|---|---|---|---|
| 제1호 | 감호 위탁 | 10세 이상 | 6개월 | 6개월 |
| 제2호 | 수강명령 | 12세 이상 | 100시간 이내 | – |
| 제3호 | 사회봉사명령 | 14세 이상 | 200시간 이내 | – |
| 제4호 | 보호관찰관의 단기 보호관찰 | 10세 이상 | 1년 | 0 |
| 제5호 | 보호관찰관의 장기 보호관찰 | 10세 이상 | 2년 | + 1년 |
| 제6호 | 소년보호시설에 감호 위탁 | 10세 이상 | 6개월 | + 6개월 |
| 제7호 | 소년의료보호시설에 위탁 | 10세 이상 | 6개월 | + 6개월 |
| 제8호 | 1개월 이내의 소년원 송치 | 10세 이상 | 1개월 이내 | – |
| 제9호 | 단기 소년원 송치 | 10세 이상 | 6개월 이내 | – |
| 제10호 | 장기 소년원 송치 | 12세 이상 | 2년 이내 | – |

## 3. 학교장 통고제도

### 1) 통고제도의 의미와 방식

소년법상 통고제도는 가해학생의 보호자, 학교의 장, 사회복리시설의 장, 보호관찰소장이 수사기관을 거치지 않고 직접 사건을 법원에 접수하는 제도다. 따라서 학교의 장은 당해 학교에 학적을 두고 있는 학생의 비행에 대하여 관할 소년부에 통고할 수 있다. 그리하여 당해 학교에 다녔더라도 이미 퇴학한 학생에 대해서는 통고가 불가능하고, 휴학 중인 학생에 대해서는 통고가 가능하다(교육과학기술부, 2012b; 김용수, 2012).

통고가 가능한 비행은 「학교폭력예방 및 대책에 관한 법률」이 정한 학교폭력의 범위보다는 넓어서, 피해자가 학생이어야 학교폭력에 해당하지만 통고에는 그러한 제한이 없다. 교권침해 사례의 경우 피해자는 교사이기 때문에 「학교폭력예방 및 대책에 관한 법률」에 따른 조치를 할 수 없고, 수사기관에 고소 · 고발을 하는 수밖에 없지만 통고는 가능하다. 그 외에 피해자가 학교 밖 성인이거나 학생이 아닌 청소년인 경우에도 가해자가 당해 학교의 학생인 경우에는 통고가 가능하다.

또한 학교폭력에는 해당하지 않지만 형벌법규에 저촉하는 비행은 통고의 대상이 될 수 있다. 예컨대, 학교 내외에서 다른 학생이나 교직원의 금품을 훔치는 학생이 있다면 통고의 대상이 될 수 있다.

통고는 서면 또는 구두로 할 수 있으며, 소년과 보호자의 성명, 생년월일, 직업, 주거, 등록기준지, 통고자의 성명, 통고하게 된 사유 및 소년의 처우에 관한 의견을 명시하여야 한다. 통고서 양식의 앞면과 뒷면은 [그림 12-3], [그림 12-4]와 같으며, 통고서 양식은 대법원 홈페이지 '전자민원센터 → 양식모음'에 탑재되어 있으므로 내려받아 작성한 후 법원에 접수하면 된다.

통고서(학교장용)

○○가정법원 소년부 귀중

| 통고인 | 학교장 성명 | | | |
|---|---|---|---|---|
| | 학교명 | | | |
| | 전화번호(직장) | (    )    − | 휴대전화 | (    )    − |
| | 담당교사 성명 | | 전화번호(휴대전화) | (    )    − |

위 통고인은 다음과 같이 보호 대상 소년을 발견하였으므로 소년법 제4조제3항에 따라 귀 법원 소년부에 통고합니다.

| 소년 | 성명 | | 주민등록번호 | − |
|---|---|---|---|---|
| | 학년, 반 | | | |
| | 주소 | | | |
| | 전화번호 | (    )    − | | |
| 소년의 보호자 | 성명 | | 소년과의 관계 | − |
| | 주소 | | | |
| | 전화번호 | (    )    − | | |

통고사유

(일시, 장소 및 행위의 내용을 명확하고 상세하게 기재하여 주시기 바랍니다. 필요시 별지를 사용할 수 있습니다)

* 참고사항:

그림 12-3 통고서 양식(앞면)

◎해당 □에 V 표시

|  |  |
|---|---|
| 1. 보호대상 소년이 자신의 행위를 시인하고 있다. | □ 예 □부분 □ 아니요 |
| 2. 보호 대상 소년과 피해 소년 사이에 화해(사과, 금전적 배상 포함)가 이루어졌다. | □ 예 □ 아니요 |
| 3. 보호대상 소년에 대하여 학교폭력대책자치위원회(이하 '자치위원회' 라고 한다)가 개최되었다. | □ 예 □ 아니요 |
| 3-1. 자치위원회가 개최되지 않았다면 그 이유(　　　) | |
| 4. 자치위원회에서 보호 대상 소년에 대한 조치가 이루어졌다. | □ 예 □ 아니요 |
| 4-1. 자치위원회에서 보호 대상 소년에게 취한 조치 | |
| 피해 소년에 대한 서면 사과 | □ |
| 피해 소년 및 신고고발 소년에 대한 접촉, 협박 및 보복행위의 금지 | □ |
| 학교에서의 봉사 | □ |
| 사회봉사 | □ |
| 학내외 전문가에 의한 특별 교육이수 또는 심리치료 | □ |
| 출석정지 | □ |
| 학급교체 | □ |
| 전학 | □ |
| 퇴학처분 | □ |
| 5. 자치위원회에게 보호 대상 소년의 보호자도 특별교육을 받게 하였다. | □ 예 □ 아니요 |
| 6. 자치위원회에서 피해 소년에 대한 보호조치가 이루어졌다. | □ 예 □ 아니요 |
| 6-1. 자치위원회에서 피해 소년에게 취한 보호조치 | |
| 심리 상담 및 조언 | □ |
| 일시보호 | □ |
| 치료 및 치료를 위한 요양 | □ |
| 학급교체 | □ |
| 그밖에 필요한 조치(　　　) | □ |

◎첨부할 서류

- 자치위원회가 개최되었다면 그 관련 자료 사본: 전담기구의 사실확인 결과 보고서(진술서 등 사실관계를 조사한 자료 포함), 자치위원회 속기록 의결서, 전문상담교사의 상담결과보고서, 담임교사 책임교사의 의견서 등
- 보호 대상 소년의 학교생활기록부

20　.　.　.

통고인 ○ ○ ○ ㉑

그림 12-4 통고서 양식(뒷면)

## 2) 통고제도의 법적 근거 및 장점

통고제도의 법적 근거는 「소년법」 제4조제3항(보호의 대상과 송치 및 통고)에서 규정하고 있다.

제4조(보호의 대상과 송치 및 통고)

① 다음 각 호의 어느 하나에 해당하는 소년은 소년부의 보호사건으로 심리한다.

1. 죄를 범한 소년
2. 형벌 법령에 저촉되는 행위를 한 10세 이상 14세 미만인 소년
3. 다음 각 목에 해당하는 사유가 있고 그의 성격이나 환경에 비추어 앞으로 형벌 법령에 저촉되는 행위를 할 우려가 있는 10세 이상인 소년

가. 집단적으로 몰려다니며 주위 사람들에게 불안감을 조성하는 성벽이 있는 것

> 나. 정당한 이유 없이 가출하는 것
> 다. 술을 마시고 소란을 피우거나 유해환경에 접하는 성벽이 있는 것
> ② 제1항제2호 및 제3호에 해당하는 소년이 있을 때에는 경찰서장은 직접 관할 소년부에 송치하여야 한다.
> ③ 제1항 각 호의 어느 하나에 해당하는 소년을 발견한 보호자 또는 학교 · 사회복리시설 · 보호관찰소(보호관찰지소를 포함한다. 이하 같다)의 장은 이를 관할 소년부에 통고할 수 있다.

소년법상 학교장의 통고제도는 다음과 같은 장점이 있다(교육과학기술부, 2012b).

첫째, 법원의 결정은 강한 강제력을 가지기 때문에 비행학생의 선도 및 비행의 교정에 있어 통고제도가 효과적일 수 있다. 소년이 더 큰 문제를 일으키기 전에 적절한 개입을 통해 소년의 성행을 개선할 필요성이 큰데, 가정과 학교의 훈육이 한계를 보이는 경우라면 법원의 도움을 받는 것이 소년의 미래를 위해 바람직하다. 법원이 주도하는 소년에 대한 조사 및 교육 과정에서 효과적으로 성행 개선이라는 목적을 이룰 수 있기 때문이다. 통고에 따른 법원의 심리와 보호처분은 수사나 처벌이 아닌 소년의 미래를 위한 교육의 연장이라고 할 수 있다.

둘째, 학교장의 통고는 학교를 대상으로 하는 폭력 문제뿐만 아니라 교권침해 행위에 대한 좋은 대책이 될 수 있다. 학교폭력이 발생한 경우, 자치위원회의 조치만으로는 소년의 성행 개선이 어렵다고 판단될 때 「학교폭력예방 및 대책에 관한 법률」에 의한 자치위원회 조치를 하는 것 외에 법원에 통고하는 것이 가능하다. 통고는 자치위원회 개최와 별개로 이루어지는 것으로 자치위원회 개최 전후 시기를 불문하고 가능하다.

특히 교권침해 행위의 경우에는 학교폭력이 아니므로 자치위원회를 통한 조치를 할 수 없다. 교사의 지도에 강하게 반발하면서 교사에게 폭언, 폭행을 가하는 등 학교에서 지도하는 데 역부족인 소년의 경우 통고를 고

려할 수 있다. 즉, 통고는 보호자와 학교가 해결하기 어려운 소년 문제에 대하여 보호자, 학교, 법원이 함께 문제를 해결하는 제도라고 할 수 있다.

셋째, 통고에 따른 가정법원의 보호처분은 비공개이고 보호소년에 대하여 전과가 남지 않는다. 통고로 법원에 사건접수를 하더라도 그 이후 이루어지는 조사, 심리, 처분 등 일련의 과정에서 모든 조치는 비공개로 이루어지고 수사기관을 거치지 않기 때문에 범죄경력 조회는 물론 수사자료에도 아무런 기록도 남지 않는다. 피해자 측의 고소, 고발이 있게 되면 소년은 수사기관에서 수사를 받게 되지만, 통고는 그런 부담이 없다. 통고제도는 장래 소년이 성장하여 진학이나 취업 과정에서 신원조회 등을 하더라도 아무런 불이익이 없는 것이 특징이다.

### 3) 통고제도 활용이 효과적인 사건

가정법원이 설치된 지역(서울, 대전, 대구, 부산, 광주)은 가정법원 소년부에, 그 외 다른 지역은 독립된 가정법원이 아닌 일반법원 소년부에 통고할 수 있다. 다만 통고를 고려할 때 가정법원은 인적, 시설 측면에서 어느 정도 통고사건에 대한 적절한 조사, 심리, 처분을 할 수 있는 여건이 갖추어져 있으나, 일반법원의 경우에는 기대만큼 통고에 따른 사건처리가 원활하지 않을 수 있다.

어떤 사건에 대해 통고제도를 활용하는 것이 효과적일까? 통고제도를 활용하면 효과적인 사건은 다음과 같다(교육과학기술부, 2012b; 김용수, 2012).

첫째, 형벌법규에 저촉되는 행위를 하였고 재범 가능성도 농후한데 학교 차원의 선도만으로는 가해학생에 대한 선도가 불가능하거나 매우 곤란해서 자치위원회의 조치만으로는 가해학생에 대한 성행교정이 어렵다고 판단되고 달리 해결책이 없다면 통고를 고려할 수 있다.

둘째, 교권침해 사례는 교사 등 교직원에 대한 모욕, 폭행, 협박, 명예훼손, 공무집행방해죄가 되므로 통고의 대상이 될 수 있다. 예를 들면, 흡연학생을 적발해 지도하자 '밤길 조심하라'고 한 경우, 여교사의 치마 아래에서 휴대폰으로 동영상을 찍어 유포한 경우, 교사의 지도에 반발하며 '교육청 홈페이지에 올리겠다'고 하는 경우, 기물을 파손하고 휴대폰 게임을 계속하며 수업을 방해하는 경우가 될 수 있다.

셋째, 가해학생 혹은 그 보호자가 학교장이나 자치위원회, 교사를 상대로 욕설, 폭행을 하는 등 폭력적인 양상을 띠고 있어 자치위원회 개최 자체가 어렵거나 정상적인 운영이 되지 않고 있는 경우라면 자칫 가해학생이나 보호자에게 휘둘려 사건처리가 지연될 뿐 아니라, 무엇보다 피해학생 보호나 가해학생 선도가 어렵게 되어 후에 자치위원회가 열려 필요한 조치를 하더라도 때를 놓치게 된다. 따라서 학교의 장은 먼저 「학교폭력예방 및 대책에 관한 법률」 제17조제4항에 근거하여 필요한 긴급조치를 취함과 동시에 통고로서 사건을 법원으로 접수하고, 자치위원회를 열어 필요한 조치를 취하는 것이 바람직하다.

넷째, 가해학생이 자치위원회의 조치를 거부하거나 기피하는 경우 「학교폭력예방 및 대책에 관한 법률」 제17조제11항, 동법 시행령 제22조에 의하여 추가로 다른 조치를 할 수 있지만, 추가적인 조치로도 상황이 개선될 여지가 없다고 판단된다면 우선 통고를 하고 추가적인 조치를 하는 것이 바람직하다.

다섯째, 가해학생에게 정신적인 문제가 있거나 심리 상태가 불안정하여 전문상담사나 정신과 의사 등 전문가의 진단이 우선되어야 하는 경우임에도 가해학생 보호자가 적극적으로 진단 및 치료에 협조하지 않는 경우라면 법원에 통고를 고려할 수 있다. 치료 없이 자치위원회의 조치 내지 기타 선도조치만으로는 가해학생의 성행 개선이 이루어질 수 없기 때문에, 통고를 받은 법원에서는 전문가 진단 및 상담을 통해 가해학생에 대한 정확한 진단을 마친 후 알맞은 처분이 가능하다.

### 4) 통고제도와 자치위원회의 조치

「학교폭력예방 및 대책에 관한 법률」 제17조제1항에서는 자치위원회는 가해학생에 대하여 제1호에서부터 제9호까지 각 호의 어느 하나에 해당하는 조치를 할 것을 학교의 장에게 요청하여야 한다고 규정하고 있다. 그러나 「학교폭력예방 및 대책에 관한 법률」에 근거하여 자치위원회가 취할 수 있는 각 호의 조치에 해당하지 않는 '법원에의 통고'는 할 수 없다.

한편 통고를 했다고 하더라도 「학교폭력예방 및 대책에 관한 법률」이 정한 학교폭력에 해당하는 경우에는 자치위원회를 별도로 열어야 한다. 이는 통고와 자치위원회는 별개의 목적을 가진 별개의 제도로 이중처벌이라고 할 수 없기 때문이다.

제13장

The Prevention and Countermeasures of **School Violence**

# 학교폭력 예방과 대처를 위한 지원 제도 및 기관

## 1. 배움터지킴이 제도

### 1) 도입 배경

우리나라에서도 2004년 각종 여론조사 결과에서 전체 학교폭력 사건 중 48%가 학교 내에서 발생하고 피해 경험이 있는 학생들이 23%에 이르는 등 학교폭력이 심각한 사회 문제로 부각되면서 동년 7월에는 「학교폭력예방 및 대책에 관한 법률」이 제정·시행되었다. 이에 부산지방경찰청에서는 전반적인 학교폭력 실태와 미국, 캐나다, 호주, 영국 등 학교경찰제도를 연구한 끝에 2005년 5월 우리 실정에 맞는 스쿨폴리스(school police)라는 학교경찰제도를 최초로 시범 실시하였다. 부산지방경찰청에서는 부산시교육청, 경우회 등과 추진협의회를 구성하여 스쿨폴리스의 육성·배치 기본계획안을 심의하고, 선발 심사위원회를 통해 퇴직경찰관과 퇴직교원 중 37명을 스쿨폴리스로 선발하였다. 또한 시범학교는 부산시교육청과 협의하여 시내 초·중·고 7개교를 선정하였다(양정열, 2011).

부산지역 7개 학교를 대상으로 하여 처음 실시된 스쿨폴리스 제도는 퇴직경찰, 퇴직교사 등 청소년 보호에 대한 지식과 경험을 가진 사람들을 중심으로 스쿨폴리스를 선발하여 교내 화장실 및 옥상 등 후미진 곳에 대한 반복 순찰과 학생상담 등의 활동을 통해 피해학생을 보호하는 동시에 가해학생을 선도하도록 하였다(김광영, 2011).

부산지역의 시범 운영에서 긍정적인 평가를 받은 스쿨폴리스 제도는 그 이름이 배움터지킴이 제도로 바뀌어 전국적으로 확대·시범 실시되었으며, 시범 실시에서도 긍정적인 효과를 가져왔다고 평가되었다. 그러나 2007년을 끝으로 교육인적자원부가 배움터지킴이 제도에 대한 지원을 끊고 지방자치단체와 지방교육청으로 하여금 사업비를 부담하게 하면서,

예산상의 이유로 이 제도의 확대 시행은 이루어지지 못하였다. 하지만 2008년 초반에 터진 학교 내 성폭력 사건 등은 배움터지킴이 제도의 확대 실시를 추진하는 새로운 계기가 되었다. 교육과학기술부장관이 CCTV 설치와 배움터지킴이 제도의 확대 시행을 천명한 것이다. 이러한 정책의 확대 실시는 배움터지킴이 제도의 시범 운영에 대한 긍정적 평가에 근거하고 있다고 할 수 있다.

## 2) 개념

배움터지킴이란 순수한 우리말로 학교 등 배우는 곳을 지칭하는 배움터와 학교폭력으로부터 학생들을 보호하는 사람을 뜻하는 지킴이를 합한 용어로서, 기존 스쿨폴리스라는 명칭으로 인해 현직경찰이 학교에 상주한다는 오해를 불식시키고 학생들에게 보다 친근감을 줄 수 있을 것으로 기대하고 있다(교육과학기술부, 법무부, 2009).

배움터지킴이 제도는 스쿨폴리스 제도를 한글화하여 사용하는 것이기에, 배움터지킴이의 개념에 대한 논의를 위해 본래 외국에서 실시되고 있는 스쿨폴리스에 대한 개념을 살펴볼 필요가 있다. 스쿨폴리스라 함은 현직경찰 혹은 퇴직경찰 등 청소년 보호에 대한 지식과 경험을 가진 자를 학교경찰로 선발한 후 재교육을 통하여 초·중·고등학교에 배치하도록 하는 제도를 말한다. 우리나라에서 실시하는 스쿨폴리스는 학교폭력에 효과적으로 대처하고 학생을 보호하기 위해 전직경찰 등 전문인력을 학교에 배치해 학교폭력 문제에 전담케 하는 제도다.

이 제도는 전직경찰과 교사가 짝을 이뤄 교내 순찰과 학생담당을 통해 학교폭력을 방지하고, 또한 학생의 등하교 시간에 맞춰 출퇴근하며 학내 폭력 현장을 적발한 경우 경미한 폭력은 지도교사에게, 중대한 폭력은 학교폭력대책자치위원회에 통보한다. 그들은 교내 화장실이나 옥상 등 후

미진 곳을 반복 순찰하고, 학생상담 등을 통하여 학교 내에서 발생하는 학교폭력 예방에 주력함으로써 피해학생 보호 및 가해학생 선도의 역할을 담당한다(한겨레, 2005. 6. 6).

전 세계 각국에서는 학교 내 폭력 및 마약, 총기 관련 위험을 예방하고 학교 주변의 각종 위해요인을 제거하기 위하여 다양한 형태의 학교경찰 프로그램을 실시 중에 있다. 아직까지 학교경찰이라는 개념은 각 나라의 문화적 환경과 교육여건에 따라 다양한 형태로 이루어지고 있다(김순석, 2004). 선진국의 경우 청소년 범죄가 폭증하면서 문제에 대처하기 위해서는 사후적 개념의 단속과 순찰, 처벌 강화보다 예방을 더 중요시한다. 이와 함께 학교폭력의 문제는 유관기관들과의 공동 노력과 공동 자원의 활용에 의해서만 해결이 가능하다는 것이 교육자와 법 집행자들 사이에 널리 인식되었다(박세정, 1998).

미 법무부 청소년비행예방연구소(Office of Juvenile Justice and Prevention)는 지역사회와 유관기관이 하나의 독립된 개체로 접근하는 것보다 경찰, 학교, 지역사회 전체 및 주민 등의 다양한 구성원이 연계하여 정기적으로 청소년 문제를 해결하는 것이 긍정적인 효과를 거둘 수 있다고 제안한다(임영식, 오세진, 2003). 우리나라의 배움터지킴이 제도는 학생 생활지도 관련 교사의 업무를 보조하는 자로서 취약시간 · 취약지역 교내 및 교외 순회지도, 학교폭력 관련 학생 및 부적응 학생 등 상담, 등하교 지도 및 교통안전 지도, 교문지도, 초 · 중 · 고 지구별 통합 협의회 활동 참여, 외부인 출입 관리 및 통제, CCTV 모니터링, 기타 생활보조 업무 등 학교 실정에 맞게 학교장이 역할을 부여한다.

또한 학교 내 폭력 현장을 적발한 경우 지도교사 및 학교폭력대책자치위원회에 통보하게 된다. 배움터지킴이가 학생지도 시 금지해야 할 행위로는 체벌하는 행위, 강제 이발행위, 교복을 찢는 행위, 욕설 등 모욕적인 언어를 사용하는 행위, 신체 접촉 등 과도한 지도로 인해 성적인 모멸감을 주는 행위, 상·벌점을 부과하는 행위, 비행학생을 형사 고발하는 행위, 지도과정에서 인지한 학생에 관한 사항을 외부로 유출하는 행위, 기타 학생의 인권을 해치는 행위 등이 있다. 그들은 학교 내에서 발생하는 학교폭력 예방에 주력함으로써 피해학생 보호 및 가해학생 선도의 역할을 담당한다.

### 3) 법적 근거

배움터지킴이 제도는 학생 상대 범죄 예방과 선도 및 상담 활동으로 피해학생 보호 및 가해학생 선도를 목적으로 하는바, 법적으로는 「학교폭력예방 및 대책에 관한 법률」 제10조부터 제15조까지를 근거로 설치·운영하고 있다. 「학교폭력예방 및 대책에 관한 법률」 제10조에서는 학교폭력의 예방 및 대책에 관련된 사항을 심의하기 위하여 학교에 학교폭력대책자치위원회(이하 '자치위원회')를 두도록 하고 있으며, 자치위원회는 학교폭력의 예방 및 대책 등을 위하여 학교의 체제 구축과 학교폭력 예방 프로그램의 구성 및 실시, 피해학생의 보호, 가해학생의 선도 및 징계, 피해학생과 가해학생의 분쟁조정, 그리고 그 밖에 대통령령이 정하는 사항에 대하여 심의하도록 하고 있다.

또한 동법 제12조에서는 학교의 장이 학교에 대통령령이 정하는 바에 따라 상담실을 설치하고, 「초·중등교육법」 제19조2의 규정에 따라 전문상담교사를 두며, 전문상담교사는 학교의 장 및 자치위원회의 요구가 있을 때에는 학교폭력에 관련된 피해학생 및 가해학생과의 상담 결과를 보고하여야 하며, 교사 중에서 학교폭력 문제를 담당하는 책임교사를 선임하도록 하고 있다.

이러한 제반 규정은 학교폭력을 예방하고 학교 내외 위해환경을 개선하여 학생들이 피교육 활동에 지장을 받지 않고 안전하게 학교생활을 영유할 수 있도록 하는 근거가 되고 있다.

### 4) 배움터지킴이 선발 및 임무

#### (1) 선발

배움터지킴이는 학교마다 퇴직경찰관과 퇴직교원으로서 재직 당시 청소년 관련 업무의 근무경력이 있고 품행과 소양이 갖춰졌다고 판단될 경우 학교폭력 예방의 업무 수행을 위한 몇 가지 교육을 이수한 연후에 임명된다(부산지방경찰청, 2005).

#### (2) 임무

배움터지킴이는 해당 학교 교내와 학교 주변에 대해 합동지도 활동을 하게 되며, 학교폭력 예방을 위한 업무와 함께 학교폭력 현장을 적발해 피해학생을 보호하고 가해학생을 선도하며, 학교 주변 정화 · 단속 활동을 지원하고, 교사 · 학부모 상담 등을 맡게 된다. 하지만 학교폭력 현장을 적발하더라도 임의조치는 할 수 없고, 금품갈취 등 징계 및 형사입건 대상 범죄는 자치위원회에, 복장 불량 등 규율 위반행위는 학교 선도위원회에 인계해 학교장이 조치토록 하는 역할을 담당하게 된다. 학교폭력이 일어나기 전에 적발하면 경고, 이름 기록, 훈계 등을 할 수 있다.

배움터지킴이 운영기간은 매년 3월 1일부터 익년 2월 말까지로 하며, 활동시간은 1일 8시간 이내에서 학교 실정에 따라 탄력적으로 운영한다. 다만 학교계획에 의해 부득이한 경우 1일 8시간을 초과할 수 있다.

## 2. 117 학교폭력 신고센터

### 1) 설치 배경

학생위기상담 종합지원 서비스 Wee센터는 1588-7179, 여성가족부의 청소년통합지원체계 CYS-Net은 1388, 경찰청 ONE-STOP지원센터는 117 등, 그동안 각 기관별로 학교폭력 신고 전화번호가 달랐다. 이처럼 신고 전화가 여러 곳이어서 혼선을 초래했다. 이에 학교폭력의 심각성을 고려하여 학교폭력 관련 신고전화를 경찰청이 운영하는 '117'로 통합하게 된다.

또한 16개 광역권과 경기는 남 · 북부 각 1개씩 총 17개의 '117 학교폭력 신고센터'를 설치하여 24시간 운영체제를 갖추고 학교폭력 발생에 대해 체계적으로 대응하고 있다. 117 학교폭력 신고센터는 모든 학교폭력 신고를 접수해 경미한 사안의 경우에는 '여성 · 학교폭력피해자 ONE-STOP지원센터'로 이송하고, 중대한 경우에는 경찰이 즉시 개입하여 조치할 수 있도록 하였다.

### 2) 운영

2012년 6월 중순부터 지방경찰청별로 17개소로 운영하는 117 학교폭력 신고센터에서는 각 지방 경찰관과 교육과학기술부, 여성가족부에서 파견한 전문상담사가 합동으로 근무하여 학교폭력 신고접수, 상담 및 수사 · 지원까지 원스톱 서비스를 제공한다.

학생, 학부모 등 그 누구나 전국 어디서나 국번 없이 '117'을 누르면 바로 신고자가 거주하는 지역의 117 학교폭력 신고센터로 연결되며, 신고접

수 · 상담 등 서비스를 받을 수 있도록 되어 있다. 필요한 경우에는 신고자가 원하는 지역에 직접 출동하여 상담 및 조사 등을 통해 기존 신고 전화와는 다른 현장감 있는 대처로 피해학생의 요구사항을 반영한 맞춤형 치안 서비스를 제공한다.

117 학교폭력 신고센터로 신고된 사안의 경우는 이 센터 차원의 상담뿐 아니라, 신고자가 원하는 경우 가까운 Wee센터, 청소년상담지원센터(CYS-Net) 등 전문상담기관을 연결하여 심층상담도 제공하고, 사안의 처리 결과를 해당 학교에도 통보하여 학교 차원에서 학교폭력 사안처리 및 학생 생활지도에 활용할 수 있도록 하고 있다.

신고 전화와 함께 문자로도 신고할 수 있는데, #0117을 누르면 되고 요금은 무료다. 인터넷 홈페이지(www.safe182.go.kr)를 이용해 신고할 수 있으며 인터넷에서 일대일 채팅 상담도 가능하다. 그뿐 아니라 117 학교폭력 신고센터를 직접 방문해 신고하고 상담까지 받을 수 있다. 기존 경찰청 117 신고센터와 부처합동 117 학교폭력 신고센터를 비교하면 〈표 13-1〉

■ 표 13-1 ■ 기존 경찰청 117 신고센터와 부처합동 117 학교폭력 신고센터 비교

| 구분 | 기존 경찰청 117 신고센터 | 부처합동 117 신고센터 |
|---|---|---|
| 주관기관 | 경찰청 | 경찰청, 여성가족부, 시 · 도교육청 공동 |
| 신고 후 조치 | 경찰 수사 개시 | 사안에 따라 경찰 수사 개시, 자체조사, 상담기관 연계 |
| 접수한 사안에 대한 학교 통보 | 의무 없음 | 의무화<br>단, 피해자가 통보를 원하지 않는 경우 통보 유예 |
| 가해자 개인정보 교육기관 제공 | 규정 없음 | 시 · 도교육감에게 가해자 수사 또는 조사 결과 통보 |
| 신고 후 가해자 격리 | 수사 개시 후 가해학생 정보 접근 곤란 | 학교장이 신속하게 피해학생으로부터 가해학생 격리 조치 |
| 가해자 징계 | 수사 종결, 재판 종료 시까지 학생징계 연기 | 학교장이 즉시 조치 가능 |

과 같다(안전드림 아동여성장애인 경찰지원센터, 2013).

### 3) 운영 성과

부처별로 산재되어 있던 학교폭력 신고번호를 경찰청 117 학교폭력 신고센터로 일원화하여 운영한 결과, 2012년 6월 기준으로 117을 통한 학교폭력 신고는 77건에서 1만 4,118건으로 전년 같은 기간보다 183배 증가하였으며, 신고 후 조치에 대한 학생의 신뢰가 형성됨에 따라 본인의 신고 비율이 2012년 1월 28%에서 5월 69.8%로 급증하였다.

학교폭력 안전도 조사 결과를 보면, 학교폭력 피해 경험률은 2012년 2월 17.2%에서 5월 8.9%로 8.3% 감소하였고, 학생 61.2%가 전년보다 학교폭력이 감소했다고 응답하는 등 학교폭력으로부터 학교 현장이 많이 안정화되었다.

117 학교폭력 신고센터 운영을 위해 상담원들에게 학교폭력에 대한 전문교육, 소양교육을 지속 실시하여 전문성을 강화하고 학교폭력 피해학생의 학부모와 가족의 입장에서 업무를 수행해 나가고 있다.

### 4) 117 학교폭력 신고센터를 통한 학교폭력 신고체계

117 학교폭력 신고센터는 모든 학교폭력 신고를 접수한 후 경미한 사안의 경우에는 여성·학교폭력피해자 ONE-STOP지원센터로 이송하고, 중대한 사안에 대해서는 경찰이 즉시 개입하여 조치할 수 있도록 하였다. 학교폭력 사안에 대해 이송을 받은 여성·학교폭력피해자 ONE-STOP지원센터는 교육지원청 단위로 설치되어 있는 Wee센터(교육과학기술부)나 기초자치단체에 설치된 CYS-Net(여성가족부)으로 지정하여 이송된 사건을 상시적으로 전담 관리하고, 센터 내에 상담·의료·분석·조치방안 마련

후 교육청 또는 해당 학교의 장에게 통보한다. 117 학교폭력 신고센터를 통한 학교폭력의 신고 · 인지 절차는 [그림 13-1]과 같다.

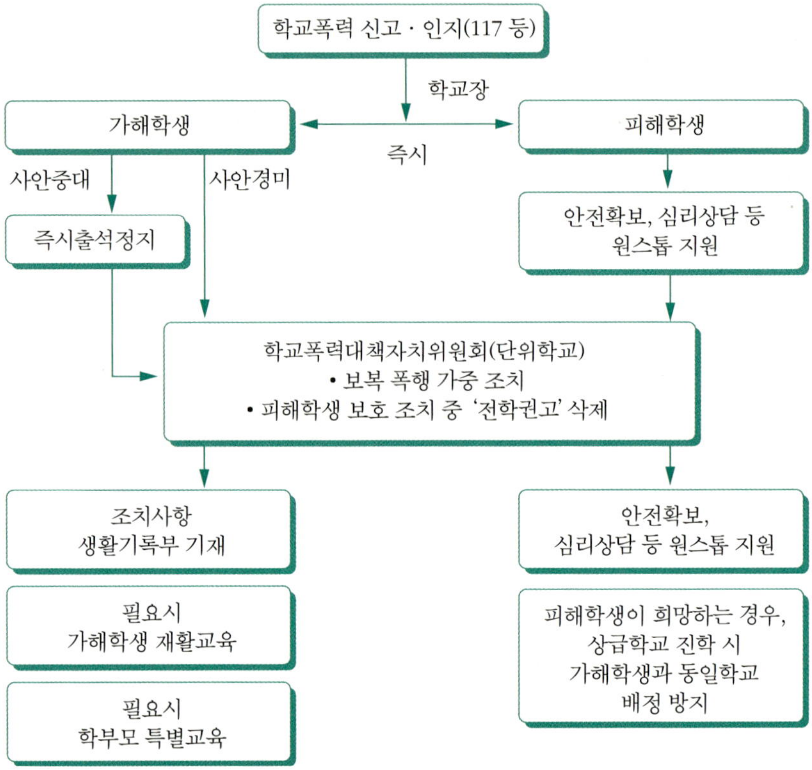


그림 13-1 학교폭력 신고 · 인지 절차

출처: 교육과학기술부(2012a), p. 58.

## 3. 학교폭력 예방 애플리케이션-'굿바이 학교폭력'

### 1) 앱 개발 배경

교육부가 학교폭력을 예방하기 위해 학교폭력 예방 애플리케이션을 선보이고 있다. 학교폭력 앱은 최근 늘어 가는 학교폭력에 대해 학생들이 가장 가까운 곳에서 사용하고 있는 스마트폰을 이용해 빠르고 간편하게 도움을 받을 수 있도록 하기 위한 목적에서 만들어졌다. 이 앱의 정확한 명칭은 '굿바이 학교폭력'이다.

교육부는 지난 2011년 12월에 개발 · 보급한 학교폭력 예방 애플리케이션 '굿바이 학교폭력'의 기능을 대폭 개선하여 2012년 9월 10일부터 배포하였다. '굿바이 학교폭력' 앱은 국내 스마트폰 사용자가 3,000만 명을 넘어서는 스마트 사회환경에서 학교폭력 관련 자료와 최신 정보, 신고 · 상담 서비스를 시간과 공간에 구애받지 않고 이용할 수 있어 학생, 학부모, 교원들에게 큰 도움이 될 것으로 기대된다.

### 2) 앱의 설치

'굿바이 학교폭력' 앱은 안드로이드 마켓과 앱스토어에서 '굿바이 학교폭력'으로 검색하여 다운로드 할 수 있으며, 스마트폰이 없는 학생들을 위하여 앱 콘텐츠를 교육부 홈페이지에도 탑재하여 온라인으로도 확인할 수 있다.

### 3) 앱의 주요 기능

앱 내 메뉴는 아래와 같이 다섯 가지로 구성되어 있으며, 콘텐츠는 지속적으로 업데이트되고 있다. '굿바이 학교폭력' 앱은 안드로이드와 아이폰과 같은 휴대폰 환경에 상관없이 모두 사용 가능하며, 스마트폰이 없는 학생들의 경우에는 학교에서 전단 형태로 배포된 '굿바이 학교폭력'을 통해 앱에 들어 있는 내용들을 접할 수 있다.

#### (1) 나만의 긴급번호

'나만의 긴급번호'를 누르면 긴급번호로 문자하기, 긴급번호로 전화하기, 긴급번호 설정하기의 화면이 나온다. 처음에 '긴급번호 설정하기'에서 긴급전화번호와 긴급SMS 전화번호를 설정해 놓은 후 '긴급번호로 문자하기' '긴급번호로 전화하기'를 눌러 바로 문자 전송 및 전화 연결이 가능하다. 사용자가 미리 설정해 둔 긴급번호로 전화를 걸거나 문자를 발송할 수 있으며, 문자 발송 시 현재 본인의 위치가 자동으로 입력된다.

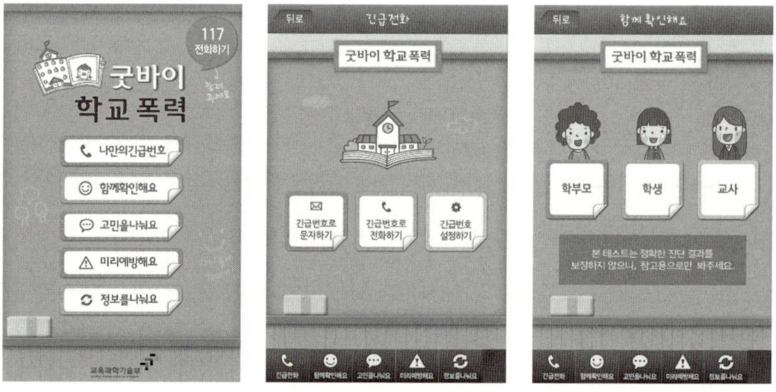


그림 13-2 '굿바이 학교폭력' 앱의 주요 화면

* '굿바이 학교폭력' 앱은 다섯 개의 항목으로 내용을 나눌 수 있다(교육과학기술부 석간보도자료(2012. 9. 7.).

### (2) 함께 확인해요

'함께 확인해요'는 학부모, 학생, 교사 등 대상별 학교폭력 관련 내용을 자가 테스트할 수 있는 기능을 가지고 있다. 학부모용은 자녀의 평상시 모습에 대해 제시된 질문에 답하면서 테스트 가능하다. 학생용은 초등학생, 중·고등학생용으로 구분되어 있으며, 학교폭력이 어떤 것인지 실제 사례를 중심으로 한 퀴즈를 통하여 알 수 있도록 구성되어 있다. 교사용은 학생폭력과 관련된 피해학생 및 가해학생의 징후를 문답식으로 풀어 놓은 문제를 활용하는 것이 가능하다.

한편 학부모와 교사는 학생의 학교폭력 징후를 테스트한 후 그 결과에 따른 대처요령을 확인하여 학생지도에 참고할 수 있다. 또한 학생은 학교폭력에 대한 퀴즈를 풀어 보며 학교폭력에 대한 관심과 경각심을 높일 수 있다.

### (3) 고민을 나눠요

기관별로 산재되어 있는 전화상담, 문자상담, 온라인상담 서비스를 일원화하였으며, 전화상담은 117 학교폭력 신고센터, 문자상담은 청소년모바일문자상담 #1388, 온라인상담은 Wee 프로젝트 온라인 상담게시판으로 각각 연결되어 상담 서비스를 이용할 수 있다.

### (4) 미리 예방해요

학교폭력 예방 핵심 매뉴얼(학생용 · 학부모용 · 교원용), 따돌림 예방 교육자료 등 학교폭력 예방 교육자료들이 탑재되어 있다. 또한 학교폭력 예방 홍보대사인 연예인들의 노래를 들을 수 있는 기능도 있다.

### (5) 정보를 나눠요

학교폭력과 관련된 교육부의 최신 정책과 소식, 학교폭력 관련 기사 및 자료 등 알아두면 유용한 정보들을 확인할 수 있다.

## 4. 여성 · 학교폭력피해자 ONE-STOP지원센터

### 1) 설립 배경

피해자 보호 시스템 부재로 상담소, 병원과 경찰서 등을 전전하며 신분노출, 반복 진술, 장시간 대기 등으로 2중, 3중의 고통을 받아 온 여성, 학교폭력 피해자들을 위한 통합지원 시스템의 필요성이 절실하게 요구되었다. 이에 2005년 8월 경찰병원에 국내 최초 선진보호 시스템을 갖춘 여성 · 학교폭력피해자 ONE-STOP지원센터(이하 'ONE-STOP지원센터')를 개소하였다.

지금의 ONE-STOP지원센터는 2001년 10월부터 소규모로 시범 운영해 오던 경찰병원 내 성폭력 의료지원센터를 개편하여 성폭력뿐만 아니라 학교, 가정폭력 피해자, 성매매 피해여성 등에게 무료로 24시간 의료, 상담, 수사에 필요한 진술 녹화 및 증거 채취, 법률지원, NGO 연계 등 피해자를 위한 통합지원 시스템 제도다(법무부, 교육과학기술부, 부산광역시교육청, 2011).

### 2) 주요 업무

ONE-STOP지원센터는 성폭력 · 가정폭력 · 학교폭력 · 성매매 피해자 등에 대하여 365일 24시간 상담, 의료, 법률, 수사 지원을 원스톱으로 제공함으로써 피해자가 폭력 피해로 인한 위기 상황에 대처할 수 있도록 지원하고 있다. 주요 업무와 내용은 〈표 13-2〉와 같다.

■ 표 13-2 ■ ONE-STOP지원센터의 주요 업무와 내용

| 주요 업무 | 내용 | 전문인력 | 구체적 업무 |
|---|---|---|---|
| 의료지원 | • 성폭력 피해자 증거 채취 및 산부인과 응급의학과 등 의료지원(정신과 제외, 필요시 정신과 연계) | • 지정병원 의료진<br>–응급의학과 전문의<br>–산부인과 전문의<br>–소아정신과 전문의<br>–정신 · 심리치료사<br>• 전담 간호사 등 | • 응급치료<br>• 외과 및 정신과 치료<br>※여성가족부의 의료비 지원 활용 |
| 상담지원 | • 피해자 심리 안정을 위한 전문적 상담 실시(피해자 및 피해자 가족 심리상담) | • 성폭력 · 가정폭력 상담원<br>• 상담심리사<br>• 사회복지사<br>• 전담간호사 | • 피해자 심리 안정조치<br>• 피해자 치유 프로그램 운영<br>–개별심리상담, 집단상담, 가족상담<br>–놀이치료, 미술치료 등 |
| 수사지원 | • 여성 경찰관의 피해자 조사 및 신속한 수사 연계로 가해자 검거에 기여 | • 센터 근무 여경<br>–여경 3인 파견근무<br>• 해당 지방경찰청 | • 증거물 채취<br>• 피해자 진술서 작성 지원<br>• 피해자 진술 녹화 촬영 등 |
| 법률지원 | • 무료법률지원 소속 변호사의 법률자문 연계 | • 자문변호사<br>• 한국법률구조공단, 한국가정법률상담소, 대한변호사협회 등 | • 수사 및 소송 절차에 대한 정보 제공<br>• 법률상담, 자문<br>• 피해자 진술서 작성 지원<br>• 수사 · 재판과정에 관여<br>※ 여성가족부의 무료법률구조사업과 연계 |

### 3) 주요 업무시설

ONE-STOP지원센터는 진술녹화실, 컴퓨터 자동녹취 시스템, 해부학적 인형, 원격지 화상 대질조사 시스템과 같은 시설을 갖추고 있다. 진술

녹화실은 병원 진료 후 진술 녹화를 위해 별도로 경찰서에 가는 번거로움을 없애기 위해 센터 내에 설치하였으며, 효과적인 증거 수집을 위해 컴퓨터 자동녹취 시스템을 갖추고 있다.

또한 해부학적 인형을 비치하여 성폭행 피해아동이나 장애여성의 피해 진술 시 도움을 주고 있으며, 원격지 화상 대질조사 시스템을 설치하여 원격지 경찰서에 있는 가해자의 얼굴을 센터를 방문한 피해자가 화상을 통해 직접 대질·확인함으로써 피해자와 가해자의 직접 대질로 인한 2차 피해를 예방하고 있다.

### 4) 전국의 ONE-STOP지원센터 현황

2012년 8월 기준 전국적으로 18개의 ONE-STOP지원센터가 운영되고 있다(교육과학기술부, 2012c).

■ 표 13-3 ■ 전국 ONE-STOP지원센터 현황

| 센터명 | 소재지 | 위탁기관 | 전화번호 | 팩스번호 | 도메인/이메일 |
|---|---|---|---|---|---|
| 서울 | 서울 송파구 가락본동 58 | 경찰병원 | 02-3400-1117 | 02-3400-1694 | www.smonestop.or.kr<br>seoulonestop@nph.go.kr |
| 서울 | 서울시 종로구 대학로 101 서울대학교병원 | 서울대 병원 | 02-3672-0365<br>02-3672-1117 | 02-3672-0368 | www.help0365.or.kr<br>help@help0365.or.kr |
| 서울 (보라매) | 서울 동작구 신대방동 보라매길 39 | 보라매 병원 | 02-870-1700 | 02-870-1116 | www.smonestop.or.kr<br>bbh9566@hanmail.net |
| 인천 | 인천 동구 송림4동 318-1 | 인천 의료원 | 032-582-1170 | 032-582-1179 | www.iconestop.or.kr<br>iconestop@iconestop.or.kr |

(계속)

| 지역 | 주소 | 병원 | 전화 | 팩스 | 홈페이지/이메일 |
|---|---|---|---|---|---|
| 울산 | 울산 중구 태화동 123-3 | 동강병원 | 052-246-3117 | 052-244-6117 | www.usonestop.or.kr<br>usonestop@hanmail.net |
| 강원 | 강원 춘천시 효자3동 17-1 | 강원대 병원 | 033-243-8117 | 033-244-8117 | www.gwonestop.or.kr<br>soahn64@hanmail.net |
| 충북 | 청주시 흥덕구 사직 1동 554-6 | 청주 의료원 | 043-272-7117 | 043-268-7117 | www.cbonestop.or.kr<br>cj-onestop@hanmail.net |
| 전북 | 전주시 덕진구 금암동 634-18 | 전북대 병원 | 063-278-0117 | 063-278-2117 | www.jbonestop.or.kr<br>bae23zzang@hanmail.net |
| 경북 | 경북 안동시 북문동 470 | 안동 의료원 | 054-843-6117 | 054-850-6299 | www.gbonestop.or.kr<br>gbonestop@nate.com |
| 대구 | 대구시 서구 중리동 1162 | 대구 의료원 | 053-556-8117 | 053-556-5117 | www.daegumc.co.kr<br>cross129@hanmail.net |
| 광주 | 광주시 동구 서석동 588 | 조선대 병원 | 062-225-3117 | 062-234-3117 | www.gjonestop.or.kr<br>asdl0910@hanmail.net |
| 대전 | 대전시 중구 대사동 640 | 충남대 병원 | 042-280-8436 | 042-280-8434 | www.djonestop.or.kr<br>djonestop@hanmial.net |
| 경기 | 수원시 영통구 원천동 산5 | 아주대 병원 | 031-216-1117 | 031-216-1109 | www.ggonestop.or.kr<br>wise37@ajou.ac.kr |
| 경기 북부 | 의정부시 의정부2동 433 | 의정부 의료원 | 031-874-3117 | 031-872-4117 | www.ggnonestop.or.kr<br>ggnone-stop@hanmail.net |
| 경남 | 마산시 중앙동3가 3번지 | 마산 의료원 | 055-245-8117 | 055-244-3117 | www.gnonestop.or.kr<br>gn1stop@hanmial.net |
| 제주 | 제주시 연동 1963-2 | 한라병원 | 064-749-5117 | 064-749-6117 | www.jjonestop.or.kr<br>117stop@hanmail.net |
| 전남 | 전남 순천시 조례동 1742 | 성가롤로 병원 | 061-727-0117 | 061-727-9024 | www.jnonestop.or.kr<br>jnonestop@hanmail.net |
| 충남 | 천안시 동남구 망향로 359 | 단국대 병원 | 041-567-7117 | 041-522-8117 | www.cnonestop.or.kr<br>cnone-stop@hanmail.net |

## 5. 해바라기아동센터

ONE-STOP지원센터 이외에도 만 13세 미만의 성폭력 피해아동의 경우에는 해바라기아동센터(www.child1375.or.kr)의 도움을 받을 수 있다. 이곳은 예전의 성폭력 피해 경험이 완전히 치료되지 않은 아동이나 성폭력 피해를 당한 정신지체 장애인, 성폭력 피해아동의 가족에 대한 지원도 병행하고 있다. 2012년 현재 해바라기아동센터 12곳과 해바라기여성·아동센터 4곳이 있다. 해바라기아동센터의 주요 업무는 〈표 13-4〉와 같다(서울해바라기아동센터 홈페이지, 2013).

■ 표 13-4 ■ 해바라기아동센터의 주요 업무 및 내용

| 응급구조 | 건강회복 지원 | 성폭력 예방 |
|---|---|---|
| • 24시간 아동성폭력 신고 및·접수<br><br>• 응급진료<br>–산부인과 및 소아정신과 진료<br>–피해아동의 상태에 따른 각과 진료(외과, 비뇨기과, 항문외과 등)<br><br>• 법적 지원<br>–고소사건 진행에 대한 지원<br>–변호사 자문 및 연계<br>–증거물 채취<br>–진술 녹화<br>–진단서 발급 | • 아동의 후유증 치료<br>–심리검사 및 평가<br>–약물치료<br>–놀이치료<br>–미술치료<br>–집단치료<br><br>• 아동의 보호 환경 지원<br>–가족상담<br>–가족치료<br>–부모교육<br>–부모 자조모임<br><br>• 치료 후 지속적인 서비스 제공 | • 아동성폭력 인식 개선에 대한 접근<br>–캠페인<br>–교육 프로그램<br>–세미나 및 워크숍<br><br>• 가해자에 대한 접근<br>–재발 방지 프로그램<br>–집단치료·조사연구<br>–치료 프로그램 개발<br>–정책방안 제안 |

전국에 설치된 해바라기아동센터 및 해바라기여성·아동센터의 현황은 〈표 13-5〉와 같다(서울해바라기아동센터 홈페이지, 2013).

■ 표 13-5 ■ 해바라기아동센터 및 해바라기여성·아동센터 현황

| 센터명 | 소재지 | 전화번호 | 도메인/이메일 |
|---|---|---|---|
| 서울 | 서울 마포구 신수동 63-14 구프라자 7층 | 02-3274-1375 | www.child1375.or.kr<br>seoulonestop@nph.go.kr |
| 서울 | 서울시 종로구 대학로 101 서울대학교병원 | 02-3672-1117 | www.help0365.or.kr<br>help@help0365.or.kr |
| 경기 | 경기 성남시 분당구 야탑동 532-3 한화빌딩 5층 | 031-708-1375 | www.sunflower1375.or.kr<br>sunflower1375@sunflower1375.or.kr |
| 대구·경북 | 대구 중구 삼덕동 2가 270-1 소석문화센터 10층 | 053-421-1375 | www.csart.or.kr<br>ysf1375@hanmail.net |
| 광주·전남 | 광주 동구 남동 112-1 웰크리닉 4층 | 062-232-1375 | www.forchild.or.kr<br>sunflower1375@hanmail.net |
| 전북 | 전북 전주시 덕진구 인후동 2가 1573-1 사학연금관리공단 2층 | 063-246-1375 | www.jbsunflower.or.kr<br>orangeblood@hanmail.net |
| 충청 | 충북 충주시 교현2동 616-2 보성빌딩 4층 | 043-857-1375 | www.1375.or.kr<br>cscc1375@hanmail.net |
| 인천 | 인천광역시 남동구 구월동 1144-15번지 2층 | 032-423-1375 | www.sunflowericn.or.kr<br>ycolour@hanmail.net |
| 강원 | 강원도 춘천시 효자3동 18-60 동광빌딩 2층 | 033-252-1375 | www.childsaver.or.kr<br>gwchildsaver@hanmail.net |
| 강원영동 | 강원 강릉시 포남2동 1065-2번지 강릉동인병원 | 033-652-9840 | www.sunflower6447.or.kr<br>sunflower6447@hanmail.net |
| 경남 | 경남 진주시 칠암동 90 경상대학교병원 | 055-754-1375 | www.savechild.or.kr<br>gsc1375@hotmail.com |
| 부산 | 부산 서구 동대신동 3가 1번지 동아대학교병원 (해바라기 아동센터 및 아동·여성센터 공동 운영) | 051-244-1375 | www.child4u.or.kr<br>childforu@hanmial.net |
| 전남 | 전남 목포시 석현동 815-8 목포중앙병원 | 061-285-1375 | www.jnsunflower.or.kr<br>2851172@hanmail.net |

## 6. 청소년상담복지센터의 CYS-Net

### 1) 설립 배경

한국청소년상담복지개발원은 청소년상담의 인프라를 구축하기 위해 각 시·도 및 시·군·구 청소년상담복지센터를 설치·운영할 수 있도록 지원해 왔다. 1993년 시·군·구 24개소가 설치되기 시작하여 2012년 8월 기준 190개소에 이르고 있다.

위기청소년의 역량강화를 위하여 의식주, 학업 지속, 정서적 지지, 역할 모델, 문화 체험 등 위기청소년에게 실질적으로 필요한 제반 지원 서비스를 연계 제공하고, 지역사회 내 연계협력 체계의 허브 기능을 수행할 지역별 청소년센터의 설치 및 확대 등의 다차원적인 역할을 추진할 지원체계가 필요하게 되었는데, 이를 위해 지역사회청소년통합지원체계(Community Youth Safety-Net: CYS-Net)를 설치하게 되었다.

### 2) 개념

지역사회청소년통합지원체계(이하 'CYS-Net')란 지역사회 내의 활용 가능한 자원을 모두 연계해서 청소년을 효과적으로 돕기 위한 청소년지원 네트워크를 의미한다(국가청소년위원회, 2006). CYS-Net에서는 전국의 청소년상담복지센터가 지역단위 네트워크 허브 역할을 담당하여, 상담을 통해 위기청소년의 문제 및 욕구를 사정한 다음 이를 해결, 완화하고, 필요한 각종 서비스를 제공하며, 유관 기관에 연계하는 원스톱 서비스를 제공한다. 위기청소년에 대한 CYS-Net의 서비스 체제는 [그림 13-3]과 같다(한국청소년상담복지개발원 홈페이지, 2013).

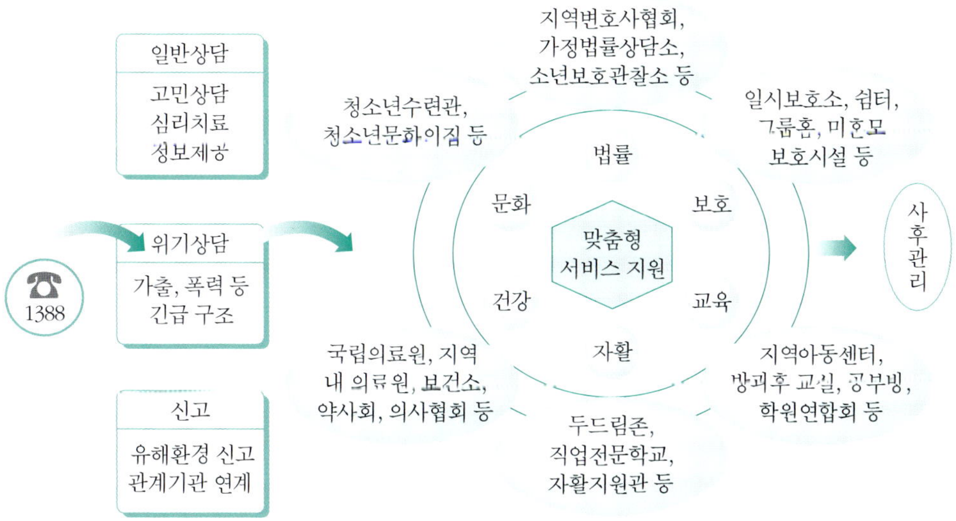


그림 13-3 CYS-Net 서비스 체제

### 3) 구성 요소

CYS-Net을 구성하는 주요 요소는 위기청소년의 발견체제, 위기청소년 진단 및 욕구사정 체제, 서비스 연계체제의 세 가지다. 이를 자세히 나타내면 [그림 13-4]와 같다(윤철경 외, 2006).

세 요소 중 가장 중요한 것은 위기청소년 조기 발견체제다. 이후 위기청소년의 상황을 정확하게 진단하고 이를 기초해 청소년의 상황에 맞는 적절한 지원조치를 취해 다양한 상황과 욕구를 정확하게 진단평가하고 상담 등 지속적인 사례관리로 위기원인에 따른 상담 외에 주거 등 생활지원, 교육지원, 직업훈련 및 취업지원, 의료지원 등 다양한 서비스의 지원을 통합적으로 지원하는 시스템을 의미한다. 서비스 지원의 구체적인 내용은 〈표 13-6〉과 같다(이희창, 2008).

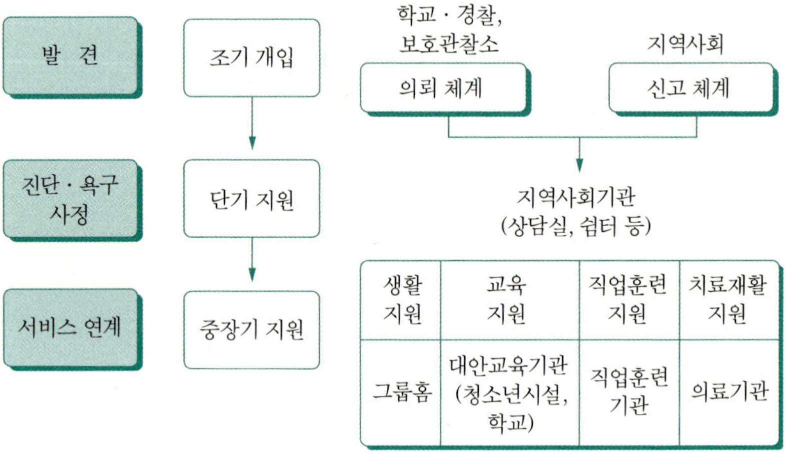


**그림 13-4** CYS-Net 구성요소

출처: 윤철경 외(2006), p. 57.

■ **표 13-6** ■ CYS-Net 서비스 지원 내용

| 종류 | 내용 |
|---|---|
| 상담 및 정서적 지원 | • 위기상황을 효과적으로 극복하도록 도우며, 청소년 내면의 잠재력을 개발할 수 있도록 상담, 심리적 안정과 정서적 지지를 제공 |
| 정서적 지지 제공 | • 청소년상담복지센터, 청소년동반자, 한국청소년상담개발원이 서비스 제공 |
| 사회적 보호지원 | • 가출하여 귀가하지 않고 있거나 위험상황에 노출되어 있는 청소년에게 보호, 휴식을 제공<br>• 연계 기관: 청소년쉼터, 보건복지부 산하의 그룹홈 등 |
| 교육 및 학원 지원 | • 학업을 중단하였거나, 정규교육과정을 이수하지 못한 청소년에게 기본적인 교육 및 학업능력을 갖출 수 있도록 지원<br>• 연계 기관: 학교, 대안학교, 검정고시학원 등 |
| 진로 및 취업 지원 | • 가출, 학업중단 등 어려움에 처해 있는 청소년의 진로설정을 도와주고, 취업을 할 수 있도록 직업훈련, 인턴십 기회 등을 제공<br>• 연계 기관: 직업전문학교, 고용안정센터, 자활후견기관(자활지원관) 등 |
| 의료 및 건강 지원 | • 가출, 학교/가정폭력 등으로 심리 및 신체적 문제가 발생해 일상생활에 어려움이 있는 청소년에게 치료지원을 제공<br>• 연계 기관: 국립의료원, 지역 보건소, 병원 등 |

(계속)

| 여가 및 문화 활동 지원 | • 위기청소년들이 건강한 일상생활을 영위할 수 있도록 다양한 여가 및 문화 활동 체험 제공<br>• 연계 기관: 청소년수련시설, 청소년 문화의 집 등 |
|---|---|
| 법률자문 및 권리구제 | • 학교폭력, 성폭력 피해/가해, 불법고용주로부터 착취를 당하는 등 법률 관련 도움이 필요한 청소년에게 법률 자문과 지원을 제공<br>• 연계 기관: 대한법률구조공단, 지역 변호사 등 |

## 7. Wee 프로젝트

### 1) 설립 배경

교육과학기술부는 2007년과 2008년에 걸쳐 '학교상담망 구축 정책연구학교' 47개 및 '학교 내 친한친구교실' 200개의 운영 결과에서 얻은 성과로 'Wee 프로젝트'에 대한 정책안을 도출하였다. 안전한 교육환경 조성방안으로 '학교안전통합시스템'을 국정 과제로 선정하고, Wee 프로젝트 사업 추진을 위한 관련 학계, 현장 전문가, 시민단체, 시 · 도교육청, 교육과학기술부 등 관련 전문가 집중회의를 통해 학교안전통합시스템이 교육청에 한정되어 위기학생을 위한 학교 안전망으로는 한계가 있다는 지적을 받았다. 이에 관련 전문가들은 단위학교, 교육청, 지역사회를 연결하는 안전망 구축방안의 필요성을 제기하였으며, 청소년의 심리 및 발달 단계에 맞게 문화와 감성 등을 접목한 통합 시스템 브랜드로 Wee 프로젝트 설계를 제안하였다. 그 결과, 국정 과제인 '학교안전통합시스템'의 사업명인 '돌봄학생지원센터'의 명칭에 대한 부정적 의미를 해소하기 위하여 '학교안전통합시스템(Wee Project)'으로 명칭을 변경하였다. 2009년 6월 Wee 프로젝트는 국무회의에서 학교 부적응 학생의 예방에 관한 지원을 위해 기존의 구축계획에서 확대하여 추진하겠다고 보고하였고, Wee클래스 1,530개, Wee센터 80개, Wee스쿨 3개를 구축하였다.

### 2) 개념

Wee는 'We(우리)+Education(교육)'과 'We(우리)+Emotional(감성)'의 이니셜이며, 여기에 하트(♥)를 접목시킨 '학생안전통합시스템'의 브랜드 네임이다. '하트(♥)'는 사랑의 서비스로, Wee는 우리의 감성교육 이야기를 함의하고 있다. 어른들에게는 '나(I)'와 '너(you)' 속에 '우리(Wee)'를 발견할 수 있도록 사랑(♥)으로 지도하고, 학생에게는 감성과 사랑이 녹아 있는 Wee 공간에서 자신의 잠재력을 찾아내자는 의미를 내포하고 있다.

Wee 프로젝트는 개별 학생의 부적응 상태와 정도에 따라 맞춤형 프로그램을 제공하기 위하여 ① 단위학교의 Wee클래스, ② 지역교육지원청의 Wee센터, ③ 시·도교육청의 Wee스쿨을 서로 유기적으로 연계하는 시스템이다.

### 3) 체계도

Wee 프로젝트는 3단계 안전망으로 구성되어 있어 학생들에게 다양하고 전문적인 서비스를 제공한다(교육과학기술부, 한국교육개발원, 대전광역시교육청, 2011).

#### (1) 1차 안전망

1차 안전망인 단위학교의 Wee클래스는 학교생활에 어려움을 겪는 학생들이 즐겁게 학교생활을 할 수 있도록 다양한 프로그램이 운영되는 감성소통 교실이다. 휴식시간, 점심시간, 방과 후 등 언제나 열려 있는 학생들의 쉼터, 학생들이 가지고 있는 소질과 잠재력을 키워 줄 수 있는 프로그램이 준비되어 있다. 학교 안에 있는 Wee클래스에서는 학습부진, 학교 폭력, 우울, 미디어 중독 등으로 어려움을 겪는 친구들을 위한 개별 프로그램, 집단 프로그램, 체험 프로그램 등이 운영된다. 개별 프로그램은 학생의 특성별 맞춤형 개별상담 프로그램으로 자기표현 · 감수성 프로그램, 진로탐색 · 소질계발 프로그램, 미술치료, 음악치료, 독서치료 등이 운영된다. 집단 프로그램은 친구들과 함께 하는 집단상담 프로그램으로 사랑, 나눔 · 심리여행 · 예술치료 프로그램과 학습 전략과 방법을 지원하는 학습 클리닉 등이 운영된다. 체험 프로그램은 특기와 적성, 흥미에 맞춘 가종 체험 프로그램으로 스포츠, 연극 · 영화 관람, 현장체험 · 캠프 등이 운영된다.

### (2) 2차 안전망

2차 안전망인 지역교육지원청의 Wee센터는 단위학교에서 지도하기 어려운 학생들에게 전문가에 의한 맞춤형 상담 서비스를 제공하는 안전망이다. Wee센터는 학생고충상담, 진로개발 등의 문제를 해결해 주는 멀티 상담센터다. 전문상담교사, 전문상담사, 임상심리사, 사회복지사, 학습 치료사 등의 전문가들이 학생들에게 심리검사, 상담, 지원 등의 다양한 문제를 원스톱으로 해결해 준다. 지역교육지원청에 있는 Wee센터는 학교 안에서 해결되지 않는 근본적인 어려움을 위해 지역사회의 인적, 물적 인프라를 활용하고 진단 · 상담 · 치료를 서비스하는 원스톱 상담센터다. 여기에서는 각종 폭력 예방, 리더십 개발 등의 학교적응 프로그램, 가출, 가정 폭력 등의 가정문제 해결 프로그램, 우울, ADHD 등의 정신건강 예방 등의 프로그램, 성폭력, 성매매 예방을 위한 성교육, 학습부진을 치유하기 위한 학습 클리닉 등이 운영된다. 또한 각종 심리검사로 학습 유형, 학습 흥미, 학습전략 검사, 인성검사, 진로탐색 검사, 주의력결핍 과잉행동장애 검사 등이 이루어진다.

### (3) 3차 안전망

3차 안전망인 시 · 도 광역단위의 Wee스쿨은 기숙하면서 교육, 치유, 적응을 도와주는 장기 위탁교육기관이다. Wee스쿨은 학생에게 심성교육, 직업교육, 사회적응력 프로그램 등을 제공한다. 청소년 관련 전문가들이 함께 생활하면서 사람에 대한 따뜻한 감성과 잠재력을 개발해 주는 희망공간으로 장기간의 교육적 지원이 필요한 학생을 위한 서비스를 제공한다. 시 · 도교육청에 있는 Wee스쿨은 전문가와 함께 생활하며 잃어버린 꿈과 재능을 키워 나가는 소수 정예의 기숙형 장기 위탁교육기관으로, 원적교의 학적을 유지하며 감성과 실용 교육 중심의 학교교육과 진로교육을 함께 지원한다. Wee스쿨에서는 진로직업 교육, 심성교육, 리더십 교육, 지구시민 교육 등이 이루어지며, 기숙사 공동체 생활을 통해 배려와 규칙을 존중하는 인성교육, 학년 · 학급을 구분하지 않는 학생 중심의 통

| | |
|---|---|
| 학습부진, 따돌림, 대인관계 미숙, 학교폭력, 미디어 중독, 비행 등으로 인한 학교부적응 학생 및 징계대상자 | • 1차 안전망 [Wee 클래스]<br>• 단위학교에서 설치<br>• 학교부적응 학생 조기 발견<br>• 예방 및 학교적응력 향상 지원 |
| 단위학교에서 선도 및 치유가 어려워 학교에서 의뢰한 위기학생 및 상담 희망 학생 | • 2차 안전망 [Wee 센터]<br>• 지역교육지원청 차원에서 설치<br>• 전문가의 지속적인 관리가 필요한 학생을 위한 진단<br>• 상담-치유 one-stop 서비스 |
| 심각한 위기상황으로 장기적인 치유 및 교육이 필요한 학생, 학교나 Wee 센터에서 의뢰한 학생 또는 학업 중단자 | • 3차 안전망 [Wee 스쿨]<br>• 시도교육청 차원에서 설치<br>• 장기적으로 치유가 필요한 고위기군<br>• 학생을 위한 기숙형 장기위탁교육 서비스 |

그림 13-5 Wee 프로젝트의 체계도

합교육과정, 자기존중감과 성취감을 높여 주는 학습과정 등이 운영된다. 또한 교원, 전문상담교사, 전문상담사, 임상심리사, 사회복지사 등의 전문가팀이 상주하며 학생들과 학교생활을 같이 한다.

Wee 프로젝트의 체계도는 [그림 13-5]와 같다(윤철경 외, 2006).

### 4) 시 · 도별 전국 Wee클래스, Wee센터 및 Wee스쿨의 현황

2013년 1월 기준으로 전국에 Wee클래스 3,779개, Wee센터 138개, Wee스쿨 4개가 운영되고 있다.

■ 표 13-7 ■ 시 · 도별 전국 Wee클래스, Wee센터 및 Wee스쿨의 현황

| 시 · 도 | Wee클래스 수 | Wee센터 수 | Wee스쿨 수 |
|---|---|---|---|
| 서울 | 288 | 16 | – |
| 부산 | 296 | 5 | – |
| 대구 | 186 | 5 | – |
| 인천 | 217 | 7 | 1 |
| 광주 | 137 | 3 | 1 |
| 대전 | 214 | 5 | – |
| 울산 | 137 | 3 | – |
| 세종 | – | 1 | – |
| 경기 | 694 | 18 | – |
| 강원 | 227 | 7 | – |
| 충북 | 172 | 11 | 1 |
| 충남 | 140 | 9 | 1 |
| 전북 | 185 | 11 | – |
| 전남 | 247 | 13 | – |
| 경북 | 295 | 13 | – |
| 경남 | 269 | 9 | – |
| 제주 | 75 | 2 | – |
| 합계 | 3,779 | 138 | 4 |

출처: Wee 프로젝트 홈페이지(2013).

제14장

The Prevention and Countermeasures of School Violence

# 학교폭력 상담의 기법과 과정

## 1. 학교폭력 상담자의 자질

### 1) 학교폭력 상담자의 역할

상담자는 상담 성과에 중대한 영향을 미치는 결정적인 변인이다. 유능한 학교폭력 상담자는 상담에 대한 전문성과 인성, 윤리에 대한 자질을 갖추고 있어야 하고, 이러한 인성적 · 전문적 자질은 시간이 흐르면 저절로 갖추어지는 것이 아니기 때문에 지속적인 수련을 하여야 한다. 학교폭력 상담자에게 특별히 요구되는 자질을 살펴보면 다음과 같다(이규미, 2006).

첫째, 학교폭력 상담자는 일반적인 상담에 대한 전문성과 학교폭력 예방에 대한 세분화된 전문성을 갖추어야 한다. 학교폭력 상담자는 전문가로서 상담 전문기관, 학교, 정부기관, 사회단체 등에서 상담자, 교사, 사회운동가, 공무원의 신분으로 활동하게 된다. 이처럼 학교폭력 상담자는 자신이 속한 기관의 요구나 현장 상황에 따라 각기 다른 역할을 맡게 되지만 다양한 영역에서 활동할 수 있는 전문적 역량을 갖춘 멀티플레이어로 활동할 수 있도록 지속적인 수련을 하여야 한다.

둘째, 학교폭력 문제의 해결을 위해 학교폭력 상담자의 적극적 · 능동적 개입이 요구된다. 학교폭력 상담자는 상황에 따라 피해학생의 동반자로 행동을 하며 그들의 권익을 보호해야 한다. 이를 위해 상담실 내 상담활동보다는 찾아가는 현장 중심의 상담활동을 전개하여야 한다. 예를 들면 다양한 주변 인물을 만나야 하고 그들 모두의 입장을 파악하여 중재하여야 한다.

셋째, 학교폭력 상담자는 학교폭력과 관련된 전문적 지식과 구체적인 개입방법에 대해 풍부한 경험을 갖추고 문제를 효율적으로 처리할 수 있어야 한다. 예를 들어, 학교폭력 피해학생 및 가해학생의 징후, 학교폭력 사건이 발생했을 때 피해학생과 가해학생에 대한 조치사항, 학교폭력 사안의 처리절차, 피해학생 보호를 위한 의료적 · 법적 조치, 학교폭력 피해학생 상담 시 유의점, 성폭력 발생 시 조치사항 및 연계 가능한 유관 기관의 위치 등에 대한 명확한 지침을 갖고 있는 것이 효율적이다.

넷째, 학교폭력 상담자는 포괄적이고 다양한 형태의 상담을 효율적으로 운영할 수 있는 전문 코디네이터이자 중재자로서의 역할이 강조된다. 학교폭력 상담은 피해학생, 가해학생, 부모, 교사, 다른 상담자, 학교행정가, 경찰, 의사, 법률가, 행정가 등 다양한 사람과의 연계가 필요한데, 상담자는 이를 효율적으로 조직하고 상담을 진행하게 된다. 그러므로 다양한 사회적 자원을 확보하고 있어야 하며, 나아가 그들의 자원을 이끌어 내어 적재적소에 활용하는 기술을 갖고 있어야 한다.

### 2) 학교폭력 상담자의 전문기술

학교폭력 상담자는 일반적인 상담 전문성에 더하여 학교폭력 예방을 위한 전문성을 부가적으로 갖추고 있어야 할 것이다. 상담심리학자인 Kottler와 Brown(2000)은 다양한 장면에서 다양한 형태의 상담을 전개하는 상담자라 하더라도 그들 간에는 차이점보다는 유사점이 많다는 점을 강조하면서, 상담자의 전문기술을 다음과 같은 열 가지 범주로 나누어 제시하고 있다(이규미, 2006 재인용).

#### (1) 개인에 대한 평가

개인에 대한 평가를 위해 상담자는 두 가지 유형, 즉 객관화된 심리검사와 투사적 심리검사를 활용할 수 있다. 객관화된 심리검사는 심리검사의 실시, 절차, 채점방법, 규준 등이 마련된 검사로서 개인의 상대적인 특성을 평가할 목적으로 사용된다. 투사적 심리검사는 객관화된 심리검사에서 나타날 수 있는 거짓된 반응을 최소화하고 학생 개인의 심리적 부적응 및 무의식적 욕구를 측정하기 위해 사용된다. 학교상담에서 심리검사는 학생 개개인의 요구조사, 학생의 성격, 적성, 지능, 가치관, 흥미 등 개인적 특성, 학생의 심리적 적응 수준 등과 같은 다양한 목적을 위해 활용될 수 있다. 학교폭력 상담에서는 학교폭력 관련자인 피해학생, 가해학생 및 목격학생의 심리적 특성에 대한 평가뿐만 아니라 주변 환경, 사건 발생 맥락, 진상에 대한 평가를 포함하게 된다.

### (2) 개인상담

개인상담 활동의 일반적인 절차는 사례접수, 접수면접, 목표 설정 및 구조화, 개입 그리고 종결 및 의뢰의 순으로 진행된다. 학생 1인당 전체적인 회기는 5~6회기를 기본으로 하며 1회기당 40분을 원칙으로 하나, 학교 특성을 고려하여 회기당 시간은 탄력적으로 운영한다. 학교상담에서의 개인상담은 면대면 상담과 사이버상담 그리고 전화상담으로 구분될 수 있다. 사이버상담과 전화상담은 원칙적으로 1회기를 전제로 진행되며, 면대면 상담으로의 전환을 목표로 진행된다. 학교상담의 주요 유형은 크게 진로 및 진학 상담, 학습상담, 대인관계 상담, 성격상담 등과 같은 일반적인 심리상담, 그리고 부적응상담, 학교폭력, 성폭력, 성추행, 인터넷 중독 등의 문제행동 상담, 징계상담, 정신과적 상담 등과 같은 위험군 상담으로 나뉠 수 있다.

### (3) 가족상담

학교폭력 상담자는 가족상담을 피해학생 가족 전체의 협조를 구하거나 가족 내 회복력을 키우기 위해 또는 학교폭력 피해의 후유증을 최소화하기 위한 방법으로 사용한다. 또한 가해학생이 속한 가족 내 폭력문화를 평가하고 이를 평화적이며 건강한 대체행동으로 변화시키기 위해 가족상담을 실시하게 된다.

### (4) 집단상담 및 집단교육

학교폭력 상담자에게는 집단활동이 소규모 집단상담과 학급단위 집단교육으로 구분될 수 있다. 소규모 집단상담은 집단 구성원들 간의 친밀감이 중요한 요소가 되나, 이러한 친밀감이 접촉의 빈도가 잦은 학교 장면에서의 일상생활에 부정적인 영향을 줄 수도 있다. 소규모 집단상담의 주제는 학습, 인성, 진로 등과 관련된 학습방법의 고민, 대인관계 고민, 분노 조절, 진로 탐색, 자아 성장 등과 같은 적응력 향상을 위한 내용으로 진행하는 것이 효율적이다. 소규모 집단상담은 주 1~2회, 1개월 이내의 프로그램으로 구성하며, 한 집단당 8명 이내로 하는 것이 효과적이다.

「학교폭력예방 및 대책에 관한 법률」에서는 매 학기에 1회 이상 학생들을 대상으로 학교폭력 예방교육을 실시하도록 하고 있다. 학급단위 집단교육은 이러한 예방교육을 실시하는 데 매우 유용하다. 또한 학급단위 집단교육은 상담의 효과가 상대적으로 낮은 비자발적 동기를 가지고 있는 대다수의 학생에게 매우 효과적인 방법이다. 비자발적으로 의뢰된 학생들의 경우는 낙인의 위험 없이 전체 학급 프로그램에 참여하도록 함으로써 그 효과를 높일 수 있다.

특히 학급단위 집단교육은 학생들에게 학교폭력 상담자의 역할 및 활동에 대한 이해력을 높여 주고 학생과 상담자의 관계를 향상해서 학교폭력 상담을 위한 라포 형성에 커다란 도움을 줄 수 있다. 또한 학급단위 집단교육은 학교 내의 모든 학생이 학교상담을 접할 수 있는 기회를 제공할 뿐만 아니라 학교 내 동료 교사와의 관계성 향상에도 도움을 줄 수 있다.

### (5) 자문

학생들은 부모와 교사로부터 커다란 영향을 받게 된다. 실제로 학생들은 상담자를 만나는 시간에 비해 학부모 또는 교사와 함께 있는 시간이 월등히 많다. 따라서 자문을 통해 부모와 학생, 교사와 학생 간의 관계를 향상하는 것은 학교폭력 상담자의 주요한 업무 중 하나다.

학부모 또는 교사에게 제공할 수 있는 자문의 내용은 다음과 같다. 교사에게 제공할 수 있는 주요 자문 내용으로는 학교폭력 피해 및 가해 징후의 발견방법, 학생과의 관계 개선방법, 효과적인 대화방법, 학생의 정신건강 수준 평가방법, 기관 의뢰방법 및 의뢰 가능한 기관 안내, 부적응학생 지도방법 등이 있을 수 있다. 학부모에게 제공할 수 있는 주요 자문 내용으로는 진로 및 학업 지도방법, 성격 및 대인관계 문제 발생 시 양육방법, 자녀와의 관계 증진방법, 부적응행동에 대한 개입방법, 기관 의뢰방법 및 의뢰 가능한 기관 안내 등이 있을 수 있다. 직접적인 자문 외에 각종 위원회에 참여하는 것도 자문의 영역에 속한다고 할 수 있다.

### (6) 중재

학교폭력 상담자의 중재기술은 피해학생과 가해학생의 관계가 성립된 경우 학교폭력 상담에서 무엇보다 중요한 기술로 사용할 수 있다. 피해학생 측과 가해학생 측의 심리적 화해를 위해서, 혹은 물질적 · 법적 보상 문제나 법적 분쟁이 발생했을 경우 상호 간 피해를 최소화하여 문제가 확대되지 않도록 하기 위해서 중재기술을 발휘할 수 있다.

### (7) 사례관리 및 행정관리

학교폭력 상담자는 상담활동을 위해 상담활동에 대한 준비 및 그 효과에 대한 평가를 실시하며 사례를 관리해야 한다. 전문상담교사는 심리검사를 포함한 모든 상담 사례에 대해 고유번호를 부여하고 개인 파일을 만들어 학생 관련 기록들을 보관한다. 개인 파일은 잠금장치가 있는 캐비닛에 보관하고 비공개를 원칙으로 한다. 다만 개입의 효율성과 성과 평가를 위해서 개인의 기본적인 정보사항(이름 혹은 가명, 학년, 상담시간, 상담 유형, 검사 종류, 상담 영역 등)만 기록하는 개인 기록을 따로 작성하여 공유할 수 있도록 한다.

한편 여러 관련 기관과 연계체계를 구축하는 일, 조직을 질적으로 통제하는 일, 상급기관으로부터 공문을 접수하고 보고하는 일, 전문가 모임 및 자원봉사자 모임 주관, 각종 기록의 문서화 및 보관 등은 학교폭력 예방활동을 위한 중요한 행정관리가 된다.

### (8) 슈퍼비전

상담자는 매우 다양한 배경 및 전문성을 가진 사람들로 구성되어 있기 때문에 각자에게 익숙한 방식으로 사례를 이해하고 개입하기가 쉽다. 따라서 상담자에게 자신이 실시한 사례개입에 대한 슈퍼비전과 자문회의는 필수적이다. 슈퍼비전은 개인상담의 특정 사례, 하나의 소규모 집단상담과 같은 개별 개입활동의 과정과 내용에 대해 슈퍼바이저와 상의하고 평가함으로써 학생에게 보다 질 높은 서비스를 제공하는 것이다. 자문회의는 전반적인 학교상담 운영에 대해 교내·외 관련자들과 평가하고 이를 연간계획, 운영에 반영하기 위한 취지로 진행된다. 다만 슈퍼비전의 목적은 상담자의 개입에 대한 한계점을 확인하고 내담자에 대한 보다 나은 서비스를 제공할 수 있는 방안을 모색하고자 하는 것으로, 상담자의 업무 능력을 평가하고자 하는 목적으로 사용되지 않도록 주의하며, 비공개를 원칙으로 한다.

### (9) 정보통신 활용 능력

최근 최첨단 정보통신 기술이 널리 보급됨에 따라 학교폭력 상담자에게 정보통신 활용 능력이 요구된다. 특히 학교폭력 상담에서 사이버상담의 수요는 점점 증가하고 있으며 여러 가지 예방을 위한 자료 제공 시 유용한 기술이 되고 있다. 또한 상담 기록 및 보관, 각종 프로그램 계획서 및 공문서 작성, 타 지역 전문가와의 상호 교류를 위해서도 필요하다.

#### (10) 연구

상담자는 재정지원 기관, 규제위원회, 시민자문기구 등에 그들의 활동과 실적을 알리고 재정적, 물질적, 제도적 지원을 받곤 한다. 이때 연구는 상담자의 전문적 효율성을 측정하는 중요한 역할을 한다. 그리고 연구는 상담 분야에서 전문가로서 성장하기 위해 다른 전문가들과 의사소통을 하는 중요한 수단이 된다. 연구 결과는 실제에 다시 투입되고 활동의 성과를 확인하는 중요한 과정이므로, 상담자는 실무자이면서 과학자로서의 역량 개발에 매진해야 한다.

## 2. 학교폭력 상담자의 상담기술

상담은 상담자와 내담자가 상담관계를 바탕으로 서로 주고받는 사회적 영향이라 할 수 있다. 따라서 상담자가 내담자에게 하는 모든 반응은 내담자의 변화에 영향을 주는 기술이다. 여기서는 관심 기울이기, 적극적 경청, 질문, 공감, 반영, 재진술, 자기개방, 피드백, 직면, 해석, 요약의 열한 가지 언어적 반응기술에 대해 살펴보기로 한다(김종운, 2013; 노안영, 2005).

### 1) 관심 기울이기

관심 기울이기는 내담자를 대하는 상담자의 비언어적인 태도를 가리킨다. 관심 기울이기는 시선, 얼굴 표정, 목소리, 자세와 몸짓을 통해 나타난다. 상담자가 내담자에게 관심을 기울일 때 사용할 수 있는 기술을 Egan

(1998)은 SOLER(Squarely, Open, Leaning, Eye contact, Relaxed)라는 용어로 제안하였다.

- Squarely: 상담자는 내담자를 바로 바라본다(face the client squarely). 상담자는 내담자에게 관여하고 있다는 자세를 취한다. 이러한 자세는 '나는 당신과 함께할 것이며 도움이 되고 싶습니다.'는 메시지를 전달하게 된다. 내담자에게 말하면서 시선을 다른 곳에 두고 있으면 그만큼 관심이 적다는 느낌을 준다.
- Open: 상담자는 개방적인 자세를 취한다(adapt an open posture). 상담자는 내담자에게 마음의 문을 열고 있다는 자세를 취하는 것이 중요하다. 상담자가 다리를 꼬고 앉거나 팔짱을 끼고 앉아 있는 모습은 관심과 도울 준비가 제대로 되어 있지 않다는 메시지를 내담자에게 전달할 수 있다. 이를 위해 상담자는 '내가 지금 취하고 있는 자세가 내담자에게 개방적이고 돕고 싶은 준비 태세가 갖추어져 있다는 사실을 얼마나 잘 전달하고 있는가?'라고 자문하는 것이 중요하다.
- Leaning: 상담자는 내담자를 향해 몸을 기울인 자세를 취한다(lean toward the other). 누군가와 대화할 때 관심이 있으면 그 사람 쪽으로 몸이 기울어지게 되는 것처럼, 상담자는 내담자를 향하여 몸을 약간 기울여서 그의 말에 관심을 기울이고 있다는 것을 나타내는 자세를 취한다. 이때 내담자 쪽으로 몸을 기울이는 것은 내담자와의 의사소통을 촉진하는 일종의 반응이라고 할 수 있다.
- Eye contact: 상담자는 내담자와 좋은 시선 접촉을 유지한다(maintain good eye contact). 상담자가 내담자와 좋은 시선 접촉을 유지하는 것은 '당신과 함께하고 있으며 당신에게 관심을 갖고 도움이 되고 싶다.'는 메시지를 전달해 줄 수 있다.
- Relaxed: 상담자는 편안하고 이완된 자세를 취한다(try to be relaxed).

편안한 자세는 처리해야 할 급한 일을 앞두고 있는 듯한 조바심을 내지 않으며, 마음과 몸이 편안하고 자연스럽게 이완된 여유로운 모습을 유지하는 것을 의미한다.

다음은 고등학교 2학년 여학생 내담자의 상담 사례다. 상담자는 판단하는 태도를 취하지 않고 과학교사에게 무례한 행동을 한 내담자가 편안하게 이야기할 수 있도록 관심 기울이기 기술을 사용하고 있다.

상담자 (몸을 내담자 쪽으로 기울이고 개방적인 자세를 취하며) 과학선생님께서 화가 많이 나가지고 오셔서 수업시간에 수희가 막 대들었다고 하시더라. 네가 다짜고짜 그럴 애는 아닌데 무슨 이유가 있었을 거 같아. 집에서 무슨 일이 있었니?

수 희 아니요. (얼굴을 붉히고 눈물을 글썽이며) 사실은 오늘 학교에 오면서 버스 안에서 어떤 이상한 아저씨한테 성희롱을 당했어요.

상담자 (온화한 눈빛을 보내며) 그런 일이 있었다면 기분이 정말 나빠있었겠구나.

수 희 예. 그 기분 상태에서 샘이 지적을 하니까 저도 모르게 화를 폭발하게 된 거 같아요.

상담자 (편안하고 이완된 자세를 하며) 음, 그래서 네가 그런 행동을 했구나.

수 희 지금 생각해 보니까 제가 과학선생님께 잘못한 거 같아요.

상담자 (부드러운 시선을 보내며) 과학선생님께 한 행동이 부끄럽고 죄송하다는 마음이구나.

수 희 예. 제가 엉뚱한 사람에게 화를 냈어요.

상담자 (내담자를 향해 몸을 기울이며) 그랬구나. 수희가 버스 안에서 있었던 이야기를 좀 더 해 볼래?

### 2) 적극적 경청

적극적 경청은 상담자가 내담자의 언어 및 비언어 행동에 대해 민감하게 반응하여 상담자 자신이 이해한 내용을 자신의 말과 행동으로 되돌려 주는 것이다. 이렇게 내담자에게 온전히 주의를 기울이는 것은 상담에서 효과적인 의사소통을 위한 기본 태도이며 기술이다. 이를 통해 내담자의 대화 내용에 집중할 수 있고, 몸짓이나 음성의 변화 등에 주의하며 숨겨진 의미를 감지해 낼 수 있다.

게슈탈트 상담이론의 창시자인 Perls(1973)는 인간관계에서 "싸우는 사람은 경청하지 않고 경청하는 사람은 싸우지 않는다."라고 하면서 경청 대 싸움(listening vs fight)을 제안한다. 즉, 누군가를 잘 경청하면 그를 이해하고 싸우지 않게 된다는 것이다.

적극적 경청과 관련하여 한 가지 상담 사례를 제시하면 다음과 같다.

상담자 컴퓨터 수업은 어때? 오늘 재량시간에 보니 컴퓨터 실력이 많이 늘었더라.

아 영 예. 요즘은 게임 안 하고도 컴퓨터가 재미있어요.

상담자 그래, 우리 아영이가 홈페이지에 올려놓은 동영상 자료를 친구들이 너무 좋아하더라. 친구들이 댓글 달아 놓은 거 보았니?

아 영 예! (환한 표정을 지으며) 요즘은 친구들과도 사이좋게 잘 지내요.

상담자 또 다르게 하고 싶은 것이 뭐가 있지?

아 영 우리 반 카페를 만들고 싶어요.

상담자 그래? 멋지구나. 이번엔 우리 반 카페를 만들어 아영이가 공부에 도움이 되는 많은 학습자료도 올려 줘.

아 영 선생님과 친구들이 칭찬을 많이 해 줘서 기분이 좋아요. 아빠도 칭찬을 하시고. 특히 언니가 칭찬해 줘서 정말 좋아요.

상담자 요즘 수업시간에는 어때?

아 영 발표도 처음에 할 때는 떨렸는데 한 번씩 하니까 기분이 좋아요. 그리고 나도 잘하는 게 있구나 하는 생각이 들고요.

상담자 네가 자랑스러워졌다는 말이구나. 이번 주부터는 집으로 곧장 가도 돼. 숙제도 잘 해 오고, 일기도 잘 쓰고, 친구들하고 잘 지내고. 그래도 혹시 선생님하고 이야기하고 싶으면 언제든지 교실에 남아 있어. 네 이야기 다 들어 줄게. 선생님이 부탁 하나 해도 돼? 아빠가 한 번씩 혼내셔도 아빠 이해해 드리고 자신감 없어도 뭐든지 직접 하려고 노력하기, 그리고 마지막으로 표정은 부드럽게 스마일, 알지?

### 3) 개방형 질문

개방형 질문이란 내담자가 자유롭게 응답할 수 있어 응답의 범위가 넓고 다양하게 나올 수 있는 열린 질문 형태를 말한다. 반면에 폐쇄형 질문이란 응답이 비교적 제한된 형태를 말한다. 개방형 질문은 "기말시험이 끝나니 기분이 어떠니?"의 형태이고, 폐쇄형 질문은 "기말시험이 끝나니 기분이 홀가분하지?"의 형태다. 내담자의 생각이나 감정이 어떤 것인지 폭넓게 들어 보고 싶을 경우에는 개방형 질문을 하는 것이 효과적이다.

다음은 상담자가, 자신의 성격을 변화시키면 좋겠다는 내담자의 상황을 구체적으로 탐색하기 위해 개방형 질문을 한 사례다.

내담자 성적을 올리고 싶은데……. 영어 공부만 조금 더 하면 될 것 같아요.

상담자 영어 공부하는데 혼자서 할 수 있니?

내담자 아뇨, 공부방에서 할 때 열심히 하면 돼요.

상담자 그러면 되겠구나. 그럼 성격은 어떻게 바꾸고 싶니?

내담자 지금보다 더 밝았으면 좋겠어요.

상담자 어떻게 하면 지금보다 더 밝은 성격이 될까?

### 4) 공감

공감은 상담자가 내담자의 사고, 행동, 감정을 마치 상담자 자신의 것처럼 이해하고 주로 내담자의 감정에 초점을 두어 이해한 것을 정확하게 전달하는 것을 의미한다. 즉, 상담자는 자신의 지각방식을 잠시 뒤로하고 내담자가 경험하는 방식으로 느끼고 생각하고 그것을 반응해 줌으로써 내담자에게 자신이 이해받고 있음을 전달하는 것이다.

공감적 이해 능력에는 두 가지 기초적 요소가 있다. 첫째는 상담자가 상대방의 말 속에 깔려 있는 주요한 감정, 태도, 신념, 가치기준을 포착하는 것으로 감수성의 차원이다. 둘째는 상담자가 상대방의 외적 측면뿐만 아니라 내적 측면까지 이해하고 알게 된다는 것을 상대방에게 알려 주는 것으로 커뮤니케이션의 차원이다.

공감은 내담자에게 자신의 말이 주의 깊게 경청되고 있음을 전달할 수 있고, 내담자는 방어심리가 축소되어 개방적인 표현이 보다 촉진되고, 부정적인 생각이나 감정도 수용된다는 생각을 하게 되어 문제에 대한 통찰이 가능해지며, 내담자와 상담자 상호 간에 신뢰, 존중, 매력이 더해져서 관계가 더욱 촉진되는 효과가 있다.

다음의 사례에서 상담자는 내담자가 아버지가 보다 다정하게 자신과 가족을 대해 주었으면 하는 긍정적 동기가 있음을 공감해 주고 있다. 내담자는 부정적 감정을 표현하더라도 마음속에는 긍정적 동기가 있다는 것을 통찰하게 된다.

내담자 아버지는 항상 집에서 식구들에게 짜증만 내고 잔소리만 해요.

우리에게 다정하게 대하시는 걸 한 번도 본 적이 없어요.

상담자 아버지가 집에서 화만 내고 잔소리만 하시니까 밉고 원망스럽겠구나. 한편으로는 아버지가 좀 다정하게 대해 줬으면 좋겠다는 마음도 간절할 테고.

### 5) 감정의 반영

감정의 반영이란 상담자가 내담자가 말한 내용뿐만 아니라 말한 내용 뒤의 내면 감정을 파악하고 그 감정을 다시 내담자에게 전달하는 것을 말한다. 내담자가 이야기한 내용에 담긴 감정을 반영해 주면서 동시에 내담자가 직접 언급하지 않은 감정까지도 재빨리 파악하여 반영해 줄 수 있으며, 몸의 자세에서 느껴지는 인상을 통해서도 내담자의 감정을 파악할 수 있다. 상담자가 내담자의 감정을 적절히 반영해 주면, 내담자는 "네, 꼭 맞았어요." 혹은 "정말 그래요."라고 반응하게 된다.

다음 사례에서 상담자는 내담자가 말한 내용의 수준보다 더 깊이 들어가 내면 감정을 파악하고 그 감정을 다시 내담자에게 되돌려 주고 있다.

내담자 아버지께서는 늘 제게 교사가 되어 평생 안정된 직장에서 편안하게 살아야 한다고 말씀하셨기 때문에 저는 오래전부터 사범대학 진학을 생각했습니다.

상담자 아버지 말씀에 결코 반대할 생각이 없었기 때문에 아버지 말씀을 그저 따르고 있다는 말로 들리는군요.

### 6) 재진술

재진술은 상담자가 내담자의 이야기를 듣고서 자기의 표현양식으로 바꾸어 말해 주는 방식을 말한다. 이것은 상담자가 내담자를 이해하고 있음을 전달하고, 좀 더 간결한 방식으로 내담자의 대화 내용을 요약하며, 내담자의 말을 상담자가 올바로 이해하고 있는지 확인해 보기 위한 목적으로 사용한다. 감정의 반영이 대화 뒤에 숨긴 느낌에 강조점을 두는 것이라면, 재진술은 대화의 내용, 즉 인지적 측면에 강조점을 두는 것이다.

다음 사례에서 상담자는 재진술을 통해 상담자가 내담자의 진술을 제대로 이해하고 있는지 확인하고 있다.

내담자 저는 미국으로 유학을 가고 싶습니다. 그런데 5년 동안 약혼자와 떨어져 있으면 여러 가지로 힘들 것 같습니다.

상담자 당신은 미국으로 유학을 가고 싶기도 하고 동시에 결혼도 하고 싶다는 것이지요.

### 7) 자기개방

자기개방은 내담자의 관심이나 문제와 관련하여 상담자 자신의 인간으로서의 독특성을 내담자에게 나타내 보이는 것이라 할 수 있다. 이에는 과거, 현재 혹은 미래와 관련된 정보의 노출 혹은 감정의 노출이 포함된다.

상담자는 자기개방을 통해 내담자에게 유사성과 친근감을 전달할 수 있으며 상담자와 내담자 사이에 보다 깊은 이해를 발날시길 수 있나. 그러나 상담자가 스스로의 사적인 생각, 경험 및 느낌을 솔직하게 노출하는 것은 쉬운 일이 아닐 수 있다. 따라서 솔직한 자기개방을 위해서는 적절한 모험심과 용기가 필요하다.

다음 사례에서는 상담자가 내담자에게 자기개방을 통해 유사성과 친근감을 주어 내담자의 감정을 충분히 드러내며 그것을 극복하기 위한 대안을 탐색하게 한다.

내담자 저는 꼭 이런 꽃피는 봄이 되면 헤어진 애인 생각이 나서 힘이 듭니다. 벌써 몇 년이 지났는데도 요즘과 같은 봄이 되면 유난히 생각이 많이 나서 일이 손에 잡히지 않아요.

상담자 누구나 특정한 시간이나 장소와 관련된 기억이나 추억을 갖게 마련이죠. 저도 그런 기억이 있어요. 저도 가을만 되면 잊고 있었던 고통스러운 기억이 떠오르게 되죠. 저도 약혼을 한 사람이 있었는데 종교적인 문제로 결국 헤어지게 되었지요.

내담자 그러셨군요. 그런데 어떻게 이별의 아픔을 극복하셨는지 듣고 싶어요.

### 8) 피드백

피드백은 내담자의 사고, 감정, 행동에 대해 상담자가 보고 관찰하고 경청한 것을 전달함으로써 내담자의 현재 모습을 지지하거나 변화시키기 위해 사용하는 기술을 말한다. 상담자는 내담자의 사고, 감정, 행동에 대해 평가, 판단, 비난하기 위해서가 아니라 내담자의 편에서 그를 지지하거나 변화를 위한 내담자의 새로운 시도를 격려하기 위해서 피드백을 사용해야 한다. 피드백에는 긍정적인 피드백과 부정적인 피드백이 있다.

긍정적인 피드백은 내담자의 강점이나 장점을 드러내어 지지하거나 격려하기 위한 것이며, 부정적인 피드백은 내담자의 문제행동이나 비생산적인 사고, 감정, 행동에 대한 정보를 제공하기 위한 것이다. 내담자의 문제행동에 대한 부정적 피드백은 긍정적 피드백이 선행될 때 더 쉽게 받아들여지는 경향이 있다. 따라서 상담 초기보다는 후기에 주어질 때 보다 더 신뢰할 수 있고 효과가 있다.

다음 사례에서 상담자는 긍정적 피드백을 사용하여 내담자의 강점을 드러내어 지지하고 있다.

정 민 선생님, 저는 친구 사귀는 것이 세상에서 가장 힘든 것 같아요. 친하지 않은 애들한테는 어떤 말부터 해야 할지 모르겠거든요.

상담자 (온화한 미소를 지으며) 음, 그래. 잘 모르는 아이들에게 다가가 말을 거는 것이 정민이에게는 힘들게 느껴지는 것 같구나. 그런데 얼마 전 정민이가 새로 전학 온 친구에게 먼저 말을 거는 것을 보았을 때 난 정민이가 꽤 사교성이 좋은 친구라고 생각했거든.

### 9) 직면

직면은 상담자가 내담자의 말과 행동 혹은 말의 전후가 불일치되는 경우 이러한 모순점을 내담자에게 되물어 주는 기술을 말한다. 상담자가 내담자를 직면시키는 데는 무엇보다도 내담자와의 사이에 신뢰감 형성이 전제되어야 한다.

다음 사례에서는 상담자가, 내담자가 괜찮다고 하면서도 손을 꼬집고 비트는 행동에서 모순을 발견하고 이를 되물어 주고 있다.

내담자 (손을 꼬집고 비틀며) 아무렇지도 않아요. 정말 괜찮습니다.

상담자 당신은 편안하다고 말하면서도 손을 꼬집고 비트는군요.

### 10) 해석

해석은 상담자가 내담자의 행동 원인에 대한 설명 혹은 연관성 여부를 잠정적인 가설의 형태로 기술하는 것을 말한다. 해석은 겉으로 보기에는 따로따로 분리되어 있는 말이나 사건들의 관계를 연결 짓거나 방어, 감정, 저항, 또는 상담자와 내담자 간의 전이를 설명해 주는 형태로 이루어질 수 있다. 또한 내담자의 행동이나 성격에 나타난 인과관계를 지적해 주는 형태로 이루어질 수도 있다.

해석의 목적은 내담자 자신의 행동에 대한 통찰을 돕는 데 있다. 그러나 해석은 내담자에게 자칫 위협적인 상담기법이 될 수 있다. 따라서 해석은 반드시 내담자가 받아들일 준비가 되어 있는가의 여부를 확인해서 적절한 시기에 이루어져야 한다. 보통 해석은 상담관계 형성이 이루어진 상담의 중기나 종결 단계에서 주로 사용된다.

다음 사례에서 상담자는 내담자의 아버지에 대한 부정적 감정이 담임선생님에게 전이되고 있다는 것을 잠정적인 가설의 형태로 진술하고 있다.

내담자 저는 이번 담임선생님과 사이가 좋지 않습니다. 남자 선생님이고 선생님께서 그렇게 못해 주는 것도 아닌데 이상하게 싫습니다.

상담자 네가 어렸을 적에 아버지가 너와 어머니께 폭언을 하고 술에 취해 어머니를 때리기까지 하시고 그것 때문에 이혼하시게 되었다고 했는데, 남자 선생님이신 담임선생님이 미웠던 아버지를 떠올리게 해서가 아닐까?

### 11) 요약

요약은 상담자와 내담자 사이에 상담시간 동안 이야기 나눈 것을 묶어서 정리하는 것을 말한다. 요약은 매 회기가 끝날 무렵에 하는 것이 좋지만 필요에 따라 회기 중에 하기도 한다. 실제로 내담자가 자신의 이야기를 어느 정도 이상으로 길게 할 경우에는 요약을 하는 것이 좋다. 그리고 요약을 할 때는 상담자의 새로운 견해를 추가하지 않도록 한다.

다음 사례에서는 상담자가 회기를 마무리하기에 앞서 요약을 통하여 내담자가 자신의 생각과 느낌을 탐색하도록 도우며, 생각을 정리하고 통합하여 새로운 해결책을 강구하게 하며, 매 회기 상담을 자연스럽게 종결하도록 하고 있다.

상담자 길동 씨, 오늘 우리는 약 70분에 걸쳐서 세 번째 회기를 했습니다. 이제 오늘의 회기를 마무리할 시간이 되었군요. 앞으로 약 10분 동안에 오늘의 과정을 요약해 보겠습니다. 이 요약을 내가 직접 해도 되겠지만 길동 씨의 요약을 한번 들어 보고 싶네요.

## 3. 학교폭력 상담의 과정

### 1) 사례접수

학교폭력 상담자가 상담 사례를 접하게 되는 경우는 크게 학교를 포함한 유관 기관으로부터 학생이 의뢰된 경우와 학생 자신이 자발적으로 상담실을 방문한 경우로 구별할 수 있다. 의뢰된 경우인가 혹은 자발적으로 방문한 경우인가는 상담을 받을 학생 내담자의 상담에 대한 동기 수준에서 차이가 있을뿐더러 상담의 목적 및 진행에도 차별적인 영향을 미칠 수 있다. 사례는 의뢰원(referral sources)에 따라 일차적(primary), 이차적(secondary), 기타 의뢰원으로 나눌 수 있다(교육과학기술부, 2009).

#### (1) 일차적 의뢰원

가장 전형적인 것은 학교 내부에서 담임교사, 학생부장교사, 수업교사, 학교폭력대책자치위원회 등에서 의뢰된 경우다. 교사들은 학생들의 교내 생활을 관찰 · 평가할 수 있는 위치에 있기 때문에 문제학생, 취약학생, 관심학생 등을 식별하기에 용이하며, 이들 학생을 상담실로 바로 의뢰할 가능성이 높다.

### (2) 이차적 의뢰원

상담을 필요로 하는 학생의 급우나 친구들을 들 수 있다. 또래집단은 학교생활에서 관심학생을 발견할 수 있는 가장 근접거리에 있기 때문에 상담실의 존재가 잘 홍보되어 있다면 관심학생이 발생할 때 유용한 의뢰원이 될 수 있다. 이 경우는 일차적 의뢰원이 될 수 있다. 아니면 이 학생들이 담임교사에게 알려서 관심학생을 상담실로 오게 하는 이차적 의뢰원이 될 수도 있다.

### (3) 기타 의뢰원

학교 교사 및 또래 학생 이외에 기타 의뢰원으로는 경찰서, 교회, 법원, 외부 정신건강센터 등 유관 기관과 학부모를 생각할 수 있다. 이 경우는 이차적 의뢰원으로 기능할 가능성이 높다. 즉, 유관 기관에서 의뢰된 경우는 학생의 행동이 사회체계 내에서 문제를 일으켰을 경우가 많고, 주로 학생부, 선도위원회, 학교폭력대책자치위원회 등의 학교기관 등을 거쳐서 상담실로 의뢰될 가능성이 높다. 학부모 의뢰의 경우에도 전문상담교사에게 직접 의뢰하는 경우보다는 담임교사 등을 통해 이차적으로 의뢰할 가능성이 높다.

의뢰원이 1차적이냐 혹은 2차적이냐에 상관없이 학생 자신이 자원해서 상담실을 방문한 경우가 아닌 경우 자발적 방문 사례에 비해 상담에 대한 동기 수준이 낮을 가능성이 높다. 특히 교사나 유관 기관에 의해서 비자발적으로 상담에 의뢰된 경우 학생이 학교체계 및 사회체계에 반감과 불신을 지니고 있다면, 상담자는 상담을 할 때 그들이 상담자를 역시 학교체계나 사회체계의 일부로 지각하고 자발적으로 자신의 이야기를 하지 않을 가능성을 고려해야 한다. 상담에 대한 동기가 낮은 경우 실제로 상담자의 개입 효과가 매우 제한될 수 있기 때문에 이 문제에 대한 상담자의 관심을 요한다.

### 2) 접수면접

의뢰된 사례든 혹은 내방한 사례든 상담자가 내담자와 접촉하게 되는 첫 번째 경우가 바로 접수면접(intake interview)이다. 여기서 면접이라는 용어가 사용되었음에 유의할 필요가 있다. 물론 상담자가 내담자를 직접 대면하지 않고 전화나 기타 매체(인터넷, 메신저)를 통해 처음 접촉하는 경우도 있을 수 있다. 그러나 일반적으로 접수면접이라고 할 때는 상담자가 내담자를 직접 대면해서 면접을 실시하는 경우를 말한다. 접수면접은 상담자와 내담자의 첫 만남이기 때문에 그 결과에 따라 상담자 및 내담자 상호 간의 인상 형성, 상담의 진행방향, 상담과정의 순조로움과 깊이 등에 영향을 줄 수 있기에 중요하다.

접수면접의 목적은 내담자를 직접 상담할지 혹은 다른 기관에 의뢰할지의 여부를 평가하는 것이다. 접수면접을 하기 위해서는 내담자에 대한 기본적인 정보 수집이 필요하다. 이런 정보로는 생년월일, 주 호소 문제, 가족관계(부모의 나이, 학력, 직업, 사회경제적 수준, 가족 간의 화목한 정도; 필요시 가계도를 활용), 발달력, 학교생활 및 교우관계, 병력 및 상담 및 심리치료 경력, 의뢰자가 보는 문제의 심각성과 긴급성 등이 있다. 접수면접에서 파악해야 할 내담자에 대한 기본 정보는 다음과 같다.

- 내담자의 현 상태나 문제는 얼마나 심각한가?
- 얼마나 위기 상황에 놓여 있는가?
- 상담실에서 상담을 받는 것이 가능한 상황인가?
- 내담자의 문제가 얼마나 오랫동안 지속되어 왔는가?
- 현재 주 호소 증상은 어떠한가?
- 약물치료가 필요한가?

### 3) 심리검사

심리검사를 실시하는 목적은 내담자 문제의 심각성 및 긴급성에 대한 객관적 평가자료를 확보하기 위함이다. 내담자에 대한 평가자료를 위해 활용 가능한 심리검사로는 다음과 같은 것이 있다.

첫째, 아동 · 청소년 행동평가척도(Korean Child Behavior Checklist: K-CBCL)는 아동 · 청소년기의 사회적 적응 및 정서, 행동 문제를 교사나 부모가 평가하는 것으로, 여러 가지 정서, 행동 문제의 빈도를 조사하는 기초 역학조사 도구의 차원을 넘어 아동 · 청소년의 심리장애의 진단을 위해서도 유용한 임상적 도구다. 4~17세까지 사용 가능하다. 청소년자기평가척도(Korean-Youth Self-Report)는 12~17세에서 주로 사용하는데, K-CBCL과의 차이는 자신이 직접 자신에 대해 평정한다는 점이다.

둘째, 간이정신검사(SCL-90-R 혹은 Brief Symptoms Inventory)는 개인의 우울, 불안, 편집증, 신체화 등의 여러 증상을 비교적 적은 문항(각각 90문항, 45문항)으로 확인 가능한 검사다.

셋째, Beck 우울증 검사(Beck Depression Inventory: BDI)는 21문항으로 우울한 정도를 정확히 측정할 수 있다는 점에서 널리 사용되고 있는 검사다.

넷째, 성격검사인 다면적 인성검사(Minnesota Multiphasic Personality Inventory: MMPI)는 응답하는 데 시간이 많이 걸린다는 단점이 있으나, 다양한 성격 프로파일을 보여 줌으로써 내담자의 성격 및 취약성 등에 대한 풍부한 정보를 제공한다는 장점이 있다.

다섯째, 집-나무-사람 그림검사(House-Tree-Person Drawing Test: HTP)와 문장완성검사(Sentence Completion Test: SCT)는 간편하면서도 위와 같은 자기보고식 검사들에 추가하여 사용하면 내담자에 대한 이해도를 높이는 탐색의 기회를 추가적으로 얻을 수 있다.

심리검사는 개인의 평가 이외에도 상담과정에서 매우 효과적인 도구로 사용될 수 있다. 상담 혹은 의뢰 전 내담자의 정신건강 수준에 대한 기저선(baseline)을 제공함으로써 상담 혹은 의뢰의 성과를 측정하는 정보로 활용이 가능하다.

### 4) 사례개념화, 상담목표 설정 및 개입전략 수립

상담자가 직접 상담 사례를 맡기로 결정했다면 접수면접 내용에 바탕을 두고 사례개념화, 상담목표의 설정 및 이에 따른 구체적인 상담개입 전략을 수립할 필요가 있다.

#### (1) 신뢰 형성

상담 과정 및 성과에 대한 경험적인 연구 결과들에 의하면, 상담 초기에 형성된 상담자와 내담자 간의 작업동맹(working alliance) 수준과 상담의 성과 간에는 높은 상관이 있다. 이는 상담 초기에 상담자와 내담자 간 상담관계가 중요함을 시사하는데, 특히 상담자와 내담자 간에 상담의 목표(goals)에 대한 합의, 상담에서 수행해야 할 구체적인 과제(tasks)에 대한 합의, 그리고 정서적인 유대감(bond)을 형성하는 것이 상담 성과에 긍정적인 영향을 미친다는 것을 기억할 필요가 있다.

#### (2) 사례개념화

상담 접수면접을 통해서 확인된 내담자의 주 호소 문제 및 기본적인 인적사항, 심리검사 결과 등을 토대로 사례에 대한 개념화를 하는 과정은 상담에서 매우 중요한 부분이다. 사례개념화(case conceptualization)는 전문상담교사가 내담자가 당면하고 있는 심리적인 어려움의 원인, 현재 상태, 예후 및 보호요인과 위험요인 등에 대해 가설을 형성하는 것을 의미한다. 예를 들어, 학교폭력 피해학생이 다른 학생들 앞에서 자기주장을 하기 어려워하고 이에 따른 과도한 예기불안 때문에 고민하고 있다면, 상담자는 이 문제가 얼마나 오랫동안 그리고 어느 정도의 강도로 지속되어 왔는가를 평가하고 그것을 중심으로 내담자의 성격, 발달, 가족사, 주변 환경 간에 어떤 연관성이 있는지에 대한 가설을 세울 수 있다. 물론 이런 가설은 상담 과정이 진행됨에 따라서 바뀌는 것이 보통이지만, 사례개념화는 상담의 목표를 수립하고 개입전략을 결정하는 데 중요한 토대가 된다.

상담자가 사례개념화 능력을 향상하기 위해서는 평소에 다양한 상담이론에 대해 공부하고 그중 자신의 성격과 가장 잘 부합되는 이론에 대해 심화학습을 하는 것이 필요하다. 아울러 슈퍼바이저로부터 구체적인 사례지도를 받는 것이 중요하다.

### (3) 상담목표 및 개입전략 수립

사례개념화, 상담목표의 수립, 개입전략 간에는 유기적인 연결성이 있도록 하는 것이 중요하다. 또한 상담목표를 수립할 때는 내담자를 적극적으로 개입시킴으로써 전문상담교사만의 목표가 되지 않도록 주의해야 한다. 그리고 상담목표와 개입전략을 기술할 때는 가능한 한 구체적인 행동용어를 사용할 필요가 있다.

예를 들어, '학교폭력 피해학생의 부정적인 자기상을 감소시키고 자존감을 고양한다.'와 같은 상담목표는 너무 추상적이고 모호해서 상담과정에서 어떤 식으로 개입해야 할지에 대한 실용적인 시사점을 얻기가 어렵다. 보다 바람직한 방식으로 상담목표를 정한다면, '내담자가 자신이 싫어하는 행동을 하는 친구에게 "그만해. 싫어." 혹은 "나는 그렇게 하면 너와 놀지 않을 거야."라는 말을 자연스럽게 하도록 훈련시킴으로써 내담자가 주장적이 되도록 한다.'가 될 수 있다.

### 5) 상담개입

상담은 내담자와의 신뢰관계를 바탕으로 내담자가 자신의 문제에 대해 보다 더 잘 이해하고 효과적인 의사결정 기술의 학습과 인간관계의 개선 그리고 바람직한 행동 변화를 도모함으로써 학교 및 가정 생활에 보다 잘 적응하도록 돕고, 궁극적으로 자신의 잠재력을 개발할 수 있도록 돕는 과정이다. 그러나 학교 장면에서의 상담은 일반 성인상담보다 단기상담일 가능성이 훨씬 많고, 내담자가 외부환경에 민감하게 반응하는 청소년이라는 특징이 있기 때문에 상담개입 역시 이러한 특성을 감안하여 성장 중심의 단기 문제해결 개입을 할 필요가 있다. 내담자 문제 유형이 매우 다양하기 때문에 모든 상담 사례에 대한 접근방식을 요리법처럼 제시하기는 어려우나, 일반적인 피해학생 및 학부모, 가해학생 및 학부모에 대한 상담개입의 전략은 다음과 같다(이규미, 2006).

#### (1) 피해학생 상담

피해학생은 상담 자체가 학교폭력 피해 사실을 노출시키지 않을까 하는 걱정을 하게 되고, 혹시나 가해학생에게 보복을 당할지도 모른다는 불안감을 가질 수 있다. 따라서 상담실에 찾아와 피해 사실 이외에 왜 학교폭력 피해를 당했는지 또는 피해를 당하는 근본적인 원인이 무엇인지에 대해 자발적으로 이야기하기는 현실적으로 어렵다.

이때 상담자는 피해학생이 경험하는 분노를 이해해 주고 현실적인 부분을 감안한 방안을 모색하도록 도와야 한다. 피해학생의 경우에는 피해를 당했지만 함께 해결할 수 있다는 희망적인 위로와 신체적 · 정서적 안전에 대해 안심시키는 등 정서적 지지가 무엇보다도 우선되어야 한다. 또한 피해를 얼마나, 어떻게, 왜 당했는지에 대한 파악을 통해 피해학생의 요구는 무엇이며 향후 학교폭력 피해를 다시 입지 않는 데 필요한 보호조치는 무엇인지를 모색해 나가야 한다.

한편 피해학생에게는 사회기술훈련이나 자기주장훈련이 필요하다. 이를 위해 상담자는 성급히 조언하려고 하기보다, 우선 학교폭력을 당한 것에 대해 자연스러운 분노가 살아나도록 해 주고 이러한 분노의 감정을 표출하도록 돕는다. 이렇게 하면 피해학생에게 내재되어 있는 분노로 인해 다른 학생을 가해하는 것을 사전에 막을 수 있다. 또한 피해학생 스스로 학교폭력에 대처할 수 있는 힘과 자신감을 회복하게 하기 위해서는 자신이 학교폭력을 당할 만한 행동을 했다는 피해의식에서 벗어날 수 있도록 도와야 한다.

### (2) 피해학생 부모상담

피해학생의 부모는 대부분 자신의 자녀가 학교폭력에 맞서 적극적으로 대처하지 못하고 속수무책으로 당할 수밖에 없는 상황에 대해 더 분노감을 갖게 된다. 특히 자녀가 신체폭행으로 상처가 뚜렷한 경우, 부모는 이성을 찾기 어려울 정도로 매우 흥분된 상태를 보일 수 있다. 그뿐 아니라 교통사고의 후유증처럼 시간이 지날수록 자녀의 피해 상황을 생각하면서 부모도 정신적인 충격을 받게 되기도 한다.

이때 상담자는 피해학생과 마찬가지로 피해학생 부모에게도 자녀가 당한 피해와 그로 인한 분노 감정에 대해 정서적으로 공감과 지지를 우선적으로 제공해야 한다. 그리고 학교폭력 문제를 해결하기 위해 학부모로서 취해야 할 태도나 행동에 대한 상담이 주가 되어야 한다. 피해학생의 학부모를 상담할 때 주의해야 할 점을 살펴보면, 먼저 상담자가 피해학생이 폭력의 빌미를 제공했다는 식으로 무심결에 이야기한다면 부모의 분노감과 억울함을 유발하여 상담자에 대해서도 '내 편이 아니다'라는 불신을 갖게 만들어서 또다시 부모와 피해학생에게 상처를 주게 된다.

다음으로, 피해학생의 부모가 이성적으로 학교폭력 문제를 해결해 나가기 어려운 상황일 때가 있다. 가령 너무 분한 나머지 가해학생을 찾아가 폭행하는 일이 종종 발생한다. 하지만 이렇게 되면 문제를 잘 해결하기보다는 피해를 당한 자녀의 문제가 덮어지고 오히려 어른들의 감정싸움으로 악화되어 피해학생에게 불이익이 될 수 있다. 따라서 상담자는 피해학생의 부모가 이성적으로 문제를 해결해 나가기 어렵다고 판단될 경우 심리적인 부분에 대한 조력을 받을 수 있도록 전문적인 상담자에게 연결해 주는 것이 필요하다.

### (3) 가해학생 상담

가해학생은 자신이 학교폭력을 행사했음에도 불구하고 대부분 폭력 자체를 부인하거나 작게 축소하려는 경향이 있다. 특히 정서적인 폭력의 경우에는 친구들 사이에 흔히 있을 수 있는 장난 정도로 생각한다. 이때 가해학생에게는 폭력의 부당성을 인식시켜 주고 피해학생이 당한 피해 상황과 그 충격을 이해하도록 도우며, 가해학생이 받게 되는 현실적인 처벌도 직시하게 하여 자신의 행위에 대한 책임을 느낄 수 있도록 상담해 주는 것이 중요한 과제가 된다.

이를 위해 먼저 폭력을 행사하게 된 심리 내외적 요인들을 면밀히 탐색하며 듣고, 가해학생이 가지고 있는 인식 부분에 대해 우선 공감해 준다. 이것이 가해학생과의 지속적인 상담관계를 공고히 하는 작업이기 때문이다. 이때 훈계나 행위에 대한 평가는 가해학생에게 오히려 역효과를 줄 수 있으므로 비난이나 심문조의 상담방식은 피해야 한다. 오히려 가해학생과 눈을 마주치면서 부드러움과 강한 어조를 적절히 활용해야 한다.

한편 자신의 욕구 충족을 위해 폭력을 사용하는 행위는 성인이 되어 사회 적응에도 심각한 문제를 야기할 수 있으므로 상담자의 개입이 중요하다. 또한 상담자는 가해학생의 행동 패턴을 유지하는 환경적 요인을 평가하여 그 연결고리를 끊어 주어야 한다. 왜냐하면 가해학생 스스로 그 고리를 끊을 수 없기 때문이다.

#### (4) 가해학생 부모상담

가해학생의 폭력 발생의 요인 중 하나는 가정환경적 요인이다. 가해학생 부모와의 상담은 학교폭력 문제 해결을 위한 위기상담과 자녀양육을 위한 부모 교육 및 상담이 함께 이루어질 수 있도록 해야 한다. 먼저 상담자는 가해학생의 부모가 피해학생의 부모와 입장을 바꿔 생각해 보고 상대방의 입장을 공감할 수 있도록 도와야 한다.

문제 해결을 위해서도 가능하면 피해학생 부모와의 충돌 없이 대화와 협의를 통해 원만하게 해결할 수 있도록 이끄는 것이 필요하다. 또한 "애들끼리 크면서 싸울 수도 있죠."라는 식의 사소한 한마디가 피해학생의 부모를 자극해서 감정적인 싸움으로 확대될 수 있음을 주지시키고 가해학생 부모가 언어 사용에 주의할 수 있도록 도와야 한다.

이때 주의해야 할 점은, 상담자가 경청하고 공감할 때, 가해학생 부모도 자녀 문제의 책임을 자신에게 묻고 비난하거나 변명하고 방어하는 대신에 진솔하게 자신의 문제를 탐색하고 반성하게 된다는 것이다.

### 6) 평가 및 종결

처음에 설정한 사례개념화와 상담목표, 개입전략을 종결 시까지 한 번도 바꾸지 않는 경우는 거의 없다. 따라서 상담개입 과정에서 내담자의 상담성과에 대한 여러 번의 중간평가를 통해서 상담 목표 및 전략을 수정하는 단계가 필요하며, 이때는 개입 목표와 전략의 적합성을 중심으로 평가하게 된다. 내담자가 달성할 수 있는 수준에 비추어 볼 때 실제로 내담자의 성취가 너무 낮거나 높을 경우 새로운 목표를 설정할 수 있으며, 이러한 목표는 내담자 주변 환경의 변화에 따라서도 현실적으로 조정될 필요가 있다.

상담의 종결은 상담목표의 달성에 대한 평가를 바탕으로 이루어진다. 상담 초기에 수립된 목표 및 중간평가 단계에서 수정된 목표의 달성 정도를 면밀히 평가하여 만족할 만한 향상이 있다고 판단될 때 상담의 종결을 계획하고, 이를 내담자와 1~2회기 정도 논의한 후 사례를 종결하는 것이 일반적이다. 종결 시 고려해야 할 점은 내담자의 주 호소 문제가 얼마나 해결되었는지, 내담자가 상담을 통해서 새롭게 학습하고 성장한 부분이 무엇인지, 아직 미해결된 과제는 무엇인지, 향후 어떤 위험요인이 있고 이러한 위험 상황이 생겼을 때 어떤 상담 서비스가 가능한지, 혹은 내담자를 학교 장면이 아닌 다른 정신보건기관에 의뢰해야 하는지 등에 관한 사항을 포함한다.

요컨대, 내담자가 상담과정을 통해서 학습하고 성장한 부분을 강화하고 이를 실생활에 적용하도록 격려하는 것과 향후 예상되는 어려움에 대해 준비할 수 있도록 돕는 것이 종결 단계에서 다루어야 할 중요한 부분이다. 필요시 일정 기간 후(예: 상담 종료 후 3개월 혹은 6개월 후) 추수면접(follow-up)을 계획할 수 있으며, 내담자에게 상담을 받으러 다시 돌아올 수 있음을 언급함으로써 종결에 대한 내담자의 불안을 감소시키는 것도 바람직하다.

〈학교폭력 읽기자료 13〉

## 상담자 반응기술 실습

한 팀을 3~4명으로 구성한 후 두 사람씩 짝을 지어 관심 기울이기를 실습해 봅시다. 실습 순서는 다음과 같습니다.

① 두 사람 중 한 사람은 상담자, 다른 한 사람은 내담자가 되어 자신의 가벼운 고민을 주제로 이야기를 나눕니다.
② 나머지는 관찰자가 되어 아래의 표를 참고하여 평가를 합니다.
③ 상담이 끝나면, 관찰자는 자신의 평가를 바탕으로 상담자 역할을 한 사람에게 피드백을 해 줍니다.
④ 내담자 역할을 한 사람도 상담자 역할을 한 사람에 대한 전체적인 느낌이나 잘한 점이나 개선할 점을 피드백해 줍니다.

| 활동 | 반응 내용<br>(적절한 반응을 기준) | 상담자 반응 | | | | | | | | | |
|---|---|---|---|---|---|---|---|---|---|---|---|
| | | 1 | 2 | 3 | 4 | 5 | 6 | 7 | 8 | 9 | 10 |
| 시선 | 일관성 있는 시선 접촉을 함 | | | | | | | | | | |
| | 내담자를 자연스럽게 쳐다봄 | | | | | | | | | | |
| 표정 | 이야기에 따라서 표정 변화를 함 | | | | | | | | | | |
| | 안정된 편안한 표정을 함 | | | | | | | | | | |
| 자세 | 내담자 쪽으로 향하는 자세임 | | | | | | | | | | |
| | 몸 전체가 편안함 | | | | | | | | | | |
| | 이야기에 적절한 몸짓을 함 | | | | | | | | | | |
| | 고개를 적절히 끄덕임 | | | | | | | | | | |
| 목소리 | 따뜻하고 자연스러운 목소리로 말함 | | | | | | | | | | |
| | 적당한 속도로 말함 | | | | | | | | | | |
| 점수 합계 | 상담자 이름 (　　　　) | | | | | | | | | | |
| | 상담자 이름 (　　　　) | | | | | | | | | | |
| | 상담자 이름 (　　　　) | | | | | | | | | | |

제15장

The Prevention and Countermeasures of School Violence

# 학교폭력 예방 프로그램

## 1. 학교폭력 예방 프로그램의 이해

### 1) 학교폭력 예방 프로그램의 분류

우리나라에서 개발·활용되고 있는 학교폭력 예방 프로그램을 내용별로 구분해 보면 학교폭력 예방 및 개입 프로그램, 학교폭력 가해자 프로그램, 학교폭력 피해자 프로그램, 부모교육 및 교사교육 프로그램이 있다. 이를 다시 프로그램의 특성에 따라 유목화하면 다음과 같다(한국청소년상담원, 2005).

- 학교폭력 예방 및 개입 프로그램으로는 ① 따돌림과 관련한 학교폭력 발생을 예방하거나 개입하기 위한 집단상담 프로그램, ② 대인관계, 또래관계, 품성계발, 도덕성 증진 등의 심성훈련 프로그램, ③ 학교 부적응을 위한 프로그램, ④ 또래상담 프로그램 등이 있다.
- 학교폭력 가해자 프로그램으로는 ① 분노조절 및 대처 프로그램, ② 문제해결능력 향상 프로그램, ③ 탈비행화를 위한 상담개입 전략 프로그램 등이 있다.
- 학교폭력 피해자 프로그램으로는 ① 피해학생만을 위한 프로그램, ② 피해학생과 가해학생을 위한 프로그램이 있다.
- 학교폭력 예방을 위한 부모교육 및 교사교육 프로그램이 있다.

학교폭력 프로그램과 관련된 이런 선행 연구들에 비추어 볼 때 학교폭력을 예방하거나 개입하는 프로그램이 대부분을 차지하고 있고, 학교폭력이 발생한 후에 가해자나 피해자에게 개입하는 프로그램은 많지 않다. 따라서 학교폭력을 예방하거나 개입하고 중재하는 프로그램뿐만 아니라 학교폭력의 가해학생이나 피해학생이 학교생활을 건강하게 할 수 있도록 돕기 위한 체계적인 프로그램이 연구되고 개발되어야 할 필요가 있다.

### 2) 주요 학교폭력 예방 프로그램의 내용

국내외에서 개발되어 보급된 주요 학교폭력 예방 프로그램을 살펴보면 다음과 같다. 먼저 국내에서는 청소년폭력예방재단(2002)의 청소년 무지개 프로그램, 친구야 놀자 프로그램, 내가 바로 지킴이 프로그램, 서울대학교 발달심리연구실(2006)의 시우보우(視友保友) 프로그램, 한국교육개발원(2007)의 학교폭력 예방 프로그램 등이 대표적이다(정종진, 2012 재인용).

국외에서 개발되어 보급된 학교폭력 예방 프로그램으로는 또래로부터 거부당하는 학생들을 위한 2차 폭력 예방 교육과정(Second Step Violence Prevention Curriculum, SSVPC), 창의적인 갈등해결 프로그램(Resolving Conflict Creativity Program, RCCP) 등이 대표적이다.

학교폭력 예방을 위한 프로그램은 특정 덕목이나 삶의 기술에 초점을 둔 개별 프로그램으로 구성될 수도 있고, 여러 덕목과 삶의 기술을 동시에 고려한 종합 프로그램으로 구성될 수도 있다.

국내외의 대표적인 학교폭력 예방 프로그램 중 몇 가지를 간략히 살펴보면 다음과 같다(정종진, 2012).

첫 번째로, 청소년 무지개 프로그램은 학교 장면 및 청소년 관련 기관에서 널리 활용할 수 있도록 다양한 매뉴얼을 소개하고 있다. 내용을 보면, 마음의 힘 키우기, 관심과 사랑 나누기, 친구상담 연습, 학교갈등 통찰과 선배체험 나누기, 희망 가꾸기 요소로 구성되어 있으며, 각 영역별로 책읽기, 비디오 보기, 활동의 세 가지 영역으로 구성되어 있다.

두 번째로, 친구야 놀자 프로그램은 2000년 5회기 프로그램으로 시작하여 2003년에 캠프 프로그램으로 전환하였으며, 2004년부터는 사후모임을 포함시키는 등 지속적인 변화와 발전을 꾀하고 있다. 프로그램의 주요 일정은 2박 3일 동안의 캠프와 5개월 동안 월 1회의 사후모임 등으로 진행된다. 장기적으로는 사후치료를 하고 있으며, 미디어 제작과 같은 다양한 활동을 심리치료와 접목시키고 있다.

세 번째로, SSVPC 프로그램은 학령전기부터 중학교 학생을 대상으로 학교폭력에 대한 태도나 행동을 변화시키기 위해 교사들이 활용할 수 있는 학급단위 교육과정이다. SSVPC 프로그램의 목적은 관점 채택, 대인관계 문제 해결, 충동성 통제, 분노 조절의 발달을 통해 아이의 사회적 능력을 향상하는 데 있다. 이 프로그램은 모델링, 리허설, 역할극 및 언어중재 과정의 활동기법을 활용하며, 주요 학습 내용은 그림 카드를 통해 설명된다. 프로그램은 30개 정도의 학급단위 수업으로 구성되고, 각 수업은 35~45분 정도 소요되며, 일주일에 1~2회 정도 실시할 수 있도록 되어 있다.

네 번째로, RCCP 프로그램은 초등학교 교사와 학생들이 비폭력적인 방법으로 갈등을 해결하고 폭력적인 상황이 발생하지 않도록 예방하기 위해 개발된 것으로, 교육과정에 통합되어 있는 것이 특징이다. 프로그램의 주요 목표는 학생들에게 건설적인 방식으로 갈등을 해결하도록 가르치고 긍정적인 또래관계를 향상하여 공격행동이나 폭력행동을 야기하는 정신적 과정과 대인관계 행동전략을 긍정적으로 변화시키는 데 있다. 이 외에도 RCCP에는 또래중재, 교장 · 교감 및 학부모 교육 등이 포함되며, 수업에는 능동적으로 경청하기, 자기주장훈련, 정서 경험, 관점 채택, 협동, 협상, 문제 해결, 갈등 분석, 편견 벗어나기 등이 포함된다.

## 2. 학교폭력 예방교육 프로그램

### 1) 학교폭력 예방교육 프로그램의 구성

여기서 제시하는 학교폭력 예방교육 프로그램은 삼성생명공익재단 사회정신건강연구소의 학교폭력 예방 프로그램인 '한 번 더 생각해 봐!'(2005)를 기초로 하고 교육인적자원부의 '아름다운 학교, 행복한 교실 만들기'(2005), 청소년보호위원회의 '폭력 없는 우리학교를 위하여'(2002) 등을 참고하여 구안한 한영숙(2007)과 김종운 등(2012)의 학교폭력 예방 프로그램에 근거하고 있다.

이 프로그램은 마음열기 → 학교폭력 바로알기 → 분노조절하기 → 자기존중감 키우기 → 다짐하기의 5단계로 진행되고, 1회기 60분의 총 13회기로 구성되어 있다. 프로그램 활동방법은 학생들이 흥미를 갖고 프로그램에 참여할 수 있도록 강의, 게임, 역할극, 토론, 봉사활동, 표현활동, 신체이완 훈련 등으로 구성되어 있다. 프로그램 구성과 특징은 다음과 같다.

#### (1) 도입 단계(1회기)

프로그램을 이해하고 동기를 유발하며, 모둠별 게임 활동으로 자기개방과 신뢰감을 형성하는 마음열기 단계다.

#### (2) 중간 단계 I(2~5회기)

학교폭력을 바로 알기 위한 단계로서, 비디오, 모둠별 게임, 역할극, 토론, 표현활동을 통해서 학교폭력 상황이나 갈등 상황을 이해하고 모둠별 해결방법을 모색한다.

#### (3) 중간 단계 II(6~9회기)

분노 조절 향상을 위한 단계로서, 이 연구에서는 긍정적인 관계적 기술들을 사용하면서 대인 간의 갈등을 줄여 나가도록 하는 사회적 기술훈련, 인지-행동적 접근, 모델링을 통하여 새로운 자기진술을 학습시키는 자기교시훈련, 긴장이완훈련 등의 기법을 사용한다. 다양한 활동방법으로 이런 기법들을 훈련시킴으로써 급우들을 서로 이해하고 친근감을 쌓으며, 자신의 분노를 적절하게 조절하고 합리적인 대처방법을 탐색하도록 하는 단계다.

#### (4) 중간 단계 III(10~12회기)

학교폭력의 원인이 되는 낮은 자기존중감을 향상하기 위한 단계로서, 자기표현훈련, 사회적 기술훈련, 인지-행동적 접근, 자기탐색훈련으로 나와 타인의 다양한 자아를 이해 · 포용하고 친근감을 쌓으며 긍정적 자기대화를 확대시켜 자기존중감을 향상하도록 한다.

#### (5) 종결 단계(13회기)

마음나누기(sharing)로 프로그램을 정리하면서 앞으로 학교폭력 예방을 위해 다함께 노력하도록 다짐하여 실천의지를 다지는 단계다.

이 프로그램의 주제와 활동 및 구성요소는 〈표 15-1〉과 같다.

■ 표 15-1 ■ 학교폭력 예방교육 프로그램의 주제와 활동 및 구성요소

| 회기 | 프로그램명 | 활동 주제 | 활동 내용 |
|---|---|---|---|
| 1 | 우리는 하나! | • 프로그램 목적과 필요성<br>• 친밀감 형성 | • 프로그램의 목적을 이해하고 모둠을 편성하여 '우리 반을 빛낸 30명의 친구들' 노래 만들기 |
| 2 | 학교폭력의 진실을 아시나요? | • 학교폭력의 개념 및 범위 재정립<br>• 폭력의 진실을 안다. | • 폭력 단어 카드 분류<br>• 폭력진실 게임 |
| 3 | 우리들의 일그러진 영웅들 | • 학교폭력의 실태와 폭력으로 인한 피해 예측 | • 폭력실태 비디오 시청<br>• 폭력피해(피해자, 가해자, 가족, 학교) 예측하기 |
| 4 | 폭력 트라이앵글 | • 피해자, 가해자, 방관자의 입장을 이해한다. | • 모둠별 역할극을 진행하여 각 입장에서의 느낌 발표 |
| 5 | Win-Win 해결 전략 | • 갈등 상황에서 합리적 해결 방안 찾기<br>• 폭력 대처 요령 익히기 | • 모둠별로 사례에 대한 해결책 찾아 발표하기<br>• 입장별 대처방법 알기 |
| 6 | 마음 다스리기 | • 분노의 신호를 찾고 원인을 내 안에서 찾기<br>• 분노가 표출되는 과정을 알고 합리적 사고하기<br>• 신체이완훈련 방법을 익히기 | • 분노표출 과정을 이해하고 모둠별로 합리적 사고법을 연습한다.<br>• 신체이완 훈련해 보기 |
| 7 | BEST OF THE BEST | • 바람직한 대응법(B-E-S-T) 알기<br>• B-E-S-T 대응법을 실습한다. | • 2인 1조의 역할놀이를 통해 효과적인 대화 방법을 익힌다.<br>• 마음 가라앉히기 연습 |
| 8 | 마니또 소개 | • 자신과 친구를 이해하고 친근감을 갖는다. | • 2인 1조로 자기소개를 하고 반 친구들에게 짝을 소개하여 서로에 대한 이해와 친근감을 쌓는다. |
| 9 | 내 안의 수많은 자아들 | • 나의 다양한 측면들을 이해하고 통제할 수 있다.<br>• 나와 타인의 부정적인 면에 대해서도 긍정적으로 이해하고 포용할 수 있다. | • 내 안의 다양한 자아들과 이야기해봄으로써 나를 이해하고 나의 돌출 자아를 찾아 인터뷰하면서 그것을 직시, 인정하고 포용한다. |
| 10 | 새롭게 태어난 우리 | • 긍정적 자기대화를 확대시켜 자신이 원하는 상황을 창조하는 자성 예언을 만들어 본다.<br>• 정리 및 평가하기 | • 자기교시 훈련하기<br>• 프로그램의 참여 소감 발표 및 다짐하기 |

## 2) 학교폭력 예방교육 프로그램의 내용

### (1) 제1회기: 우리는 하나!

<table>
<tr><td>프로그램명</td><td>우리는 하나!</td><td colspan="2">1회기</td></tr>
<tr><td rowspan="2">활동 목표</td><td rowspan="2">• 프로그램 목적과 필요성을 이해한다.<br>• 같은 반 친구들과 친밀감을 형성한다.</td><td>장소</td><td>상담실</td></tr>
<tr><td>시간</td><td>60분</td></tr>
<tr><td>지도 단계</td><td>활동</td><td>시간(분)</td><td>준비물</td></tr>
<tr><td>오리엔테이션</td><td>▶들어가기<br>“본 프로그램은 앞으로 총 10회에 걸쳐 실시하게 될 학교폭력 예방 프로그램입니다. 어떤 행위가 학교폭력이며, 그 피해가 얼마만큼 심각한지 알아보고, 폭력을 예방하기 위해 우리가 어떠한 노력을 할 수 있는지 다 함께 생각해 보는 시간을 가지려고 합니다. 모두 적극적으로 참여하여 학교폭력이 다시는 일어나지 않도록 노력합시다.”<br>▶모둠 편성(6인 1조 총 5그룹)<br>– ‘멋진 친구들’을 다섯 가지 색깔로 자른 종이를 모든 학생들한테 나눠 준다.<br>– 같은 색깔 ‘멋진 친구들’을 가진 친구끼리 그룹이 된다.<br>▶프로그램 내용 소개<br>– 프로그램의 활동 및 취지를 설명한다.<br>▶ ‘한국을 빛낸 100명의 위인들’을 들려주기 〈활동지 1〉</td><td>10</td><td rowspan="4">모둠편성 종이, 사인펜, 전지, 셀로판테이프, 가위, CD 카세트</td></tr>
<tr><td>모둠 활동 I</td><td>▶노래를 개사하여 ‘우리 반을 빛낸 30명의 친구들’ 노래 만들기<br>– 각 조별로 1절씩 가사를 만든다.(모둠원들의 특징이 잘 드러나도록 가사를 만든다).<br>– 가사에 적절한 춤도 같이 준비한다.<br>– 완성된 노래가사를 전지에 적는다.</td><td>30</td></tr>
<tr><td>모둠 활동 II</td><td>▶자신들이 만든 학급의 노래를 부르기<br>– 노래가사가 적힌 전지를 순서대로 칠판에 붙인다.<br>– 첫 번째 그룹부터 순서대로 나와서 춤추며 노래를 부른다.<br>– 반주에 맞춰 처음부터 끝까지 다 같이 부른다.<br>▶잘 참여한 그룹 선정하여 선물을 주기</td><td>15</td></tr>
<tr><td>정리</td><td>▶소감 나누기 및 생각 정리하기<br>– 활동 후 우리 학급에 대한 느낌을 비교한다.</td><td>5</td></tr>
</table>

| 활동지 1 | 우리 반을 빛낸 30명의 친구들 | 별칭 | |
|---|---|---|---|
| | | 날짜 | 월 일 |

1. 아름다운 이 땅에 금수강산에 단군 할아버지가 터 잡으시고
   홍익인간 뜻으로 나라 세우니 대대손손 훌륭한 인물도 많아
   고구려 세운 동명왕 백제 온조왕 알에서 나온 혁거세
   만주벌판 달려라 광개토대왕 신라장군 이사부
   백결선생 떡방아 삼천궁녀 의자왕
   황산벌의 계백 맞서 싸운 관창 역사는 흐른다.
2. 말목 자른 김유신 통일 문무왕 원효대사 해골물 혜초 천축국
   바다의 왕자 장보고 발해 대조영 귀주대첩 강감찬
   서희 거란족 무단정치 정중부 화포 최무선
   죽림칠현 김부식 지눌국사 조계종 의천 천태종
   대마도정벌 이종무 일편단심 정몽주 목화씨는 문익점
   해동공자 최충 삼국유사 일연 역사는 흐른다.
3. 황금을 보기를 돌같이 하라 최영장군의 말씀 받들자
   황희정승 맹사성 과학 장영실 신숙주와 한명회 역사는 안다.
   십만양병 이율곡 주리 이퇴계 신사임당 오죽헌
   잘싸운다 곽재우 조헌 김시민 나라구한 이순신
   태정태세문단세 사육신과 생육신
   몸 바쳐서 논개 행주치마 권율 역사는 흐른다.
4. 번쩍 번쩍 홍길동 의적 임꺽정 대쪽 같은 삼학사 어사 박문수
   삼년공부 한석봉 단원 풍속도 방랑시인 김삿갓 지도 김정호
   영조대왕 신문고 정조 규장각 목민심서 정약용
   녹두장군 전봉준 순교 김대건 서화담은 황진이
   못 살겠다 홍경래 삼일천하 김옥균
   안중근은 애국 이완용은 매국 역사는 흐른다.
5. 별헤는 밤 윤동주 종두 지석영 삼십삼인 손병희
   만세만세 유관순 도산 안창호 어린이날 방정환
   이수일과 심순애 장군의 아들 김두한
   날자꾸나 이상 황소그림 중섭 역사는 흐른다
   역사는 흐른다. 역사는 흐른다.

**우리 반 친구들의 이름과 칭찬하기로 가사 바꾸어 보기**

### (2) 제2회기: 학교폭력의 진실을 아시나요?

<table>
<tr><td>프로그램명</td><td>학교폭력의 진실을 아시나요?</td><td colspan="2">2회기</td></tr>
<tr><td rowspan="2">활동 목표</td><td rowspan="2">• 학교폭력의 개념과 유형을 말할 수 있다.<br>• 학교폭력 여부 및 유형을 설명할 수 있다.</td><td>장소</td><td>상담실</td></tr>
<tr><td>시간</td><td>60분</td></tr>
<tr><td>지도 단계</td><td>활동</td><td>시간 (분)</td><td>준비물</td></tr>
<tr><td>도입</td><td>▶들어가기<br>"이번 시간부터는 본격적으로 본 프로그램의 주제인 '학교폭력'에 대해 생각해 보려고 합니다. 먼저 우리가 '학교폭력'에 대해 제대로 이해하고 있는지 우리가 가진 생각을 점검해 보려고 합니다. 무엇이 학교폭력이며, 어디까지가 학교폭력인지, 또 학교폭력이라고 하면 어떤 종류의 학교폭력이 있는지 다 함께 알아보겠습니다."<br>▶조별 구호를 힘차게 외치게 한다.<br>▶Post를 소개하고, 점수 기준을 설명한다.</td><td>10</td><td rowspan="4">빨간색 펜, 폭력 단어 카드, 활동 자료지, 청테이프, 노끈, 전지, 매직, 호루라기, 주스</td></tr>
<tr><td>모둠 활동 I</td><td>▶폭력의 유형(신체적/언어적/관계적 폭력)에 대해 간략히 설명한다.<br>▶구분하기 어려운 폭력의 종류가 담긴 폭력 단어 카드를 제시하고 문제를 맞히도록 한다.<br>※ 문제를 맞힌 개수를 노력성 점수에 반영한다. 〈활동지 2-1〉</td><td>20</td></tr>
<tr><td>모둠 활동 II</td><td>전체 추적게임 준비: 점수판 부착/OX존 만들기<br>▶들어가기<br>"우리가 폭력에 대해서 가지고 있는 생각들을 점검해 보면서 폭력에 대한 오해는 없는지, 또 서로 간의 '차이'를 어떻게 받아들여야 할지 생각해 봅니다."<br>▶폭력에 대해 학생들 스스로 정의해 보도록 하기<br>▶포스트 진행 규칙 설명<br>–총 15문제이며, 마지막 남은 인원으로 점수 산정<br>–추적게임의 전체 규칙인 협동성, 노력성, 창의성, 규칙성 확인해 주기<br>▶진실 혹은 거짓, 폭력의 유형 등 혼합하여 15문제 〈활동지 2-2〉<br>–퀴즈를 내고 약 30~60초의 생각할 시간을 주기<br>–호루라기를 불어 생각할 시간이 끝났음을 알리기<br>–두 명의 인력이 OX퀴즈 줄 잡아 주기<br>▶모든 모둠에게는 한 번의 패자부활 퀴즈가 주어짐: 10문제 진행</td><td>25</td></tr>
<tr><td>정리</td><td>▶모둠 스스로 규칙성, 창의성, 노력성, 협동성 등에 대해 평가하기<br>▶모둠과 진행자 상호 합의하에 점수 산정하기<br>▶주스 마시고 마무리 인사<br>▶마치기 전 모둠노래, 모둠구호 등 외치며 가도록 미션 주기</td><td>5</td></tr>
</table>

| 활동지 2-1 | 폭력 단어 카드 분류 | 별칭 | |
|---|---|---|---|
| | | 날짜 | 월 일 |

▶신체적 폭력 – 빰 때리기, 주먹으로 때리기, 발로 차기, 멱살 잡기, 꼬집기, 밀치기, 발 걸기, 머리 때리기, 깨물기, 칼로 위협하기, 몽둥이로 때리기, 옷 더럽히기, 머리카락 잡아당기기, 침 뱉기, 반찬 빼앗아 먹기, 훔치기, 빈 방에 가두기, 심부름 시키기, 숙제 시키기, 후배 군기 잡기

▶언어적 폭력 – 이름 놀리기, 외모 놀리기, 모함하기, 비난하기, 욕하기, 비꼬는 말하기, 야한 농담하기, 돈 빼앗기, 물건 빼앗기, 장난 전화하기, 협박 메일 보내기, 위협하는 쪽지 보내기, 거짓 고발하기, 나쁜 소문 퍼뜨리기, 뒤에서 험담하기, 싫어하는 별명 부르기, 협박하기, 고함치기, 부모님 흉보기, 가정형편 놀리기, 커닝 강요하기

▶관계적 폭력 – 째려보기, 말 안 걸기, 대답 안 하기, 따돌리기, 비웃기, 이간질하기, 눈 안 마주치기, 찡그리기, 모른 체하기, 주변 친구 도움 막기, 코웃음 치기, 낄낄대며 웃기, 피하기

▶비폭력 – 짝하기, 숙제 같이 하기, 말 걸기, 어깨 토닥이기, 준비물 빌려주기, 집에 함께 가기

| 활동지 2-2 | 진실 혹은 거짓 질문지 |
|---|---|

1. 사소한 행동이나 장난으로 친구를 놀리거나 괴롭히는 것까지 폭력이라고 보는 것은 지나친 생각이다. ······ ×
2. 영화에서처럼 정의로운 폭력은 용감하거나 영웅적이다. ······ ×
3. 주위를 보면 진짜 맞을 만한 짓을 하는 친구들이 있다. ······ ×
4. 재미로 괴롭히거나 때리는 행위는 정말 비열한 것이다. ······ ○
5. 내 생각이 옳다면 나와 생각이 다른 친구들은 때려서라도 설득해야 한다. ······ ×
6. 자주 맞는다면 분명 맞는 친구에게 문제가 있거나 무능할 것이다. ······ ×
7. 친구들이 괴롭힐 때 조금만 참으면 언젠가 사이가 좋아질 것이다. ······ ×
8. 때리거나 괴롭힐 때 '싫어'라고 얘기하는 것은 문제를 악화시킨다. ······ ×
9. 여자를 때리는 것은 비겁하지만 남자들끼리는 괜찮다. ······ ×
10. 때론 말보다 주먹이 훨씬 효과적이다. ······ ×
11. 친구들과 친해지려면 하기 싫어도 다른 사람을 괴롭혀야 한다. ······ ×
12. 힘이 세다는 것을 꼭 남에게 알릴 필요는 없다. ······ ○
13. 화날 때 폭력을 쓰면 더 화가 난다. ······ ○
14. 폭력에는 폭력으로 맞설 수밖에 없다. ······ ×
15. 많은 사람들이 편하기 위해 소수의 사람이 희생되는 것은 어쩔 수 없다. ······ ×
16. 부모님이나 어른이 아셨다는 것을 때린 친구가 알면 더 괴롭힘을 당하게 될 것이다. ······ ×

### (3) 제3회기: 우리들의 일그러진 영웅들

<table>
<tr><td>프로그램명</td><td>우리들의 일그러진 영웅들</td><td colspan="2">3회기</td></tr>
<tr><td rowspan="2">활동 목표</td><td rowspan="2">• 학교폭력의 실태를 알아본다.<br>• 폭력으로 인한 피해를 예측함으로써 문제의 심각성을 깨닫는다.</td><td>장소</td><td>상담실</td></tr>
<tr><td>시간</td><td>60분</td></tr>
<tr><td>지도 단계</td><td>활동</td><td>시간(분)</td><td>준비물</td></tr>
<tr><td>도입</td><td>▶들어가기<br>“지난 시간에는 폭력의 개념과 유형에 대해 알아보고, 폭력에 대해 우리가 가지고 있는 잘못된 생각이 무엇인지를 알아보는 시간을 가졌습니다. 이번 시간에는 실제 우리 주변의 폭력 문제가 어느 수준에 이르고 있는지 알아보고 폭력으로 인해 발생하는 피해가 얼마나 심각한지 생각해 보는 시간을 가지려고 합니다.”</td><td>10</td><td rowspan="5">동영상(제3교실, 학교폭력을 말한다), 피해 예측판, 포스트잇, 스티커판 & 스티커, 활동자료</td></tr>
<tr><td>모둠 활동 I</td><td>▶동영상을 시청한다.<br>◈ 동영상 자료 〈제3교실, 학교폭력을 말한다〉(출처: LG복지재단)<br>▶동영상을 보고 난 느낌을 학생들에게 간단히 질문한다.<br>“동영상을 보면서 여러분은 어떤 생각을 했나요? 동영상에 나온 저런 일이 특수한 상황 또는 ‘나와는 전혀 상관없는 일’이라고 생각되나요? 그러나 이 동영상은 여러분 주변에서 일어나는 일을 영상으로 옮겨 놓은 이야기입니다. 그러기에 여러분도 언제든지 이러한 폭력의 희생자가 될 수 있다는 것을 암시하고 있습니다.”<br>▶학교폭력의 실태를 소개하며, 학교폭력 문제의 심각성을 강조한다.</td><td>20</td></tr>
<tr><td>모둠 활동 II</td><td>▶ ‘피해예측판’을 칠판에 걸어 놓은 후, 학교폭력의 피해가 발생하는 네 가지 영역(때린 친구, 맞은 친구, 가족, 학교)을 모둠별로 할당한다.<br>▶할당된 영역에서 발생할 수 있는 ‘폭력의 피해’를 모둠별로 함께 의논하여 예측하게 한다. 〈활동지 3〉<br>▶교재에 작성한 ‘폭력의 피해’를 포스트잇 한 장에 하나씩 옮겨 적는다.<br>▶모둠별 ‘폭력의 피해’ 작성이 끝나면, 모둠 대표가 한 사람씩 나와서 자신들이 예측한 폭력의 피해를 한 가지씩 이야기한다.<br>▶각 모둠이 제시하는 피해(포스트잇)를 ‘폭력 피해 예측판’에 한 가지씩 붙이면서 설명한다.<br>▶모둠별로 돌아가면서 얘기할 때 대답이 막힌 모둠은 탈락하며, 끝까지 남는 모둠에게 스티커를 붙여 준다.<br>※폭력의 피해를 가능한 한 자세히, 많이 생각해 보도록 지도한다.</td><td>25</td></tr>
<tr><td>모둠 활동 III</td><td>▶모둠별 발표 내용을 정리하면서 동영상을 소개한다.<br>“여러분이 너무 열심히 생각해 주었네요. 오늘 여러분의 이야기를 들어 보니까 학교폭력 문제는 단순히 한 명이 때리고 한 명이 맞는 문제가 아니라, 한 사람의 가족과 그 친구들, 선생님, 학급과 학교, 더 나아가 우리 사회 전체가 관련되어 있는 아주 중요하고 심각한 문제라는 것을 분명히 알 것 같습니다. 그렇다면 실제로 폭력을 당했던 친구, 또 폭력을 가했던 친구들은 그 사건이 지난 후에 어떤 생각, 어떤 고백을 할까요? 그 친구들의 이야기를 들어 보도록 하죠.”<br>▶학교폭력 가해자에 대한 인터뷰 동영상을 본다.<br>◈ 동영상 자료: 〈제3교실, 학교폭력을 말한다〉(출처: LG복지재단)<br>▶인터뷰 내용과 학생들이 발표한 내용을 정리하면서 폭력의 심각성을 다시 한 번 강조하여 마무리한다.</td><td></td></tr>
<tr><td>정리</td><td>▶이번 시간을 통해 느낀 점을 적게 한 후, 몇몇 학생들의 소감을 듣기<br>▶다음 시간을 소개하며 이 시간을 정리한다.</td><td>5</td></tr>
</table>

| 활동지 3 | 폭력 피해 예측하기 | 별칭 | |
|---|---|---|---|
| | | 날짜 | 월 일 |

학교폭력 피해에 대해 우리 모둠이 예측한 결과들

| 맞은 사람 | 때린 사람 |
|---|---|
| | |

| 가족 | 학교 |
|---|---|
| | |

### (4) 제4회기: 폭력 트라이앵글

<table>
<tr><td>프로그램명</td><td>폭력 트라이앵글</td><td colspan="2">4회기</td></tr>
<tr><td rowspan="2">활동<br>목표</td><td rowspan="2">• 집단따돌림에 대한 역할극을 통해 어려움에 처한 친구들의 입장을 현실감 있게 느껴 보고 배려행동에 대한 동기를 형성한다.</td><td>장소</td><td>상담실</td></tr>
<tr><td>시간</td><td>60분</td></tr>
<tr><td>지도<br>단계</td><td>활동</td><td>시간<br>(분)</td><td>준비물</td></tr>
<tr><td>도입</td><td>▶들어가기<br>– '학교폭력 역할극' 프로그램의 뜻과 활동 목적 등에 대하여 간단히 설명한다.</td><td>10</td><td rowspan="4">점수판, 캠코더, A4 용지 30장, 펜</td></tr>
<tr><td>모둠<br>활동 I</td><td>▶역할극 구성<br>–조원들에게 학교현장에서 일어나는 사건이나 자신들이 경험한 학교폭력 피해 경험을 바탕으로 시나리오를 구성하게 한다.<br>–학교폭력을 당하는 역할(피해자), 적극적으로 학교폭력을 행사하는 역할(가해자), 무관심한 역할(방관자) 등을 반드시 포함하여 역할을 분담하고 세밀하게 마무리 지을 수 있도록 시간적 여유를 준다.<br>▶역할극 연습 및 촬영<br>–무대로 나가서 역할극을 펼치게 한다. 각 역할의 생각, 감정을 표현할 수 있도록 격려한다.</td><td>20</td></tr>
<tr><td>모둠<br>활동 II</td><td>▶역할극 주인공 느낌 나누기<br>"역할극을 보고 난 소감은 어떤가요? 여러분이 보았듯이 여기에서는 세 가지 입장이 나타납니다. 폭력의 피해를 당한 피해자, 폭력을 행사한 가해자, 폭력이 일어나는 것을 묵인하고 개입하지 않은 방관자의 입장으로 나뉩니다. 여러분이 맡았던 역할에 대해 느낌을 이야기해 봅시다."<br>–역할극을 마친 후 학교폭력을 당하는 입장, 적극적으로 학교폭력을 행사하는 입장, 무관심한 입장에 서서 각자 느껴지는 점을 이야기한다.<br>내가 만약 ○○(피해자)였다면 이렇게 했을 텐데…….<br>내가 만약 ○○(가해자)였다면 이렇게 했을 텐데…….<br>내가 만약 ○○(방관자)였다면 이렇게 했을 텐데…….</td><td>25</td></tr>
<tr><td>정리</td><td>▶좋은 글 배부 〈활동지 4〉, 마무리 및 인사<br>▶ '이번 시간을 통해 느낀 점'을 적게 한 후, 몇몇 학생들의 소감을 듣는다.<br>"이번 시간에는 실제 우리 주변에서 폭력이 일어났을 때, 피해학생, 가해학생, 그것을 지켜보는 학생 등 관련된 많은 사람들이 어떤 고통을 겪게 되는지, 어떻게 행동하는 것이 학교폭력 예방을 위해 바람직한 행동인지도 살펴봤고요. 학교폭력은 피해학생이나 가해학생이나 지켜보는 학생 그리고 그 가족 모두가 고통을 겪는 문제라는 것을 여러분이 분명하게 깨닫게 되었으면 좋겠습니다."</td><td>5</td></tr>
</table>

| 활동지 4 | 깨달음을 위한 읽기 | 별칭 | |
|---|---|---|---|
| | | 날짜 | 월 일 |

## 굴참나무의 교훈

나무를 잘 다루는 목수는 나무의 특성을 한눈에 알아볼 수 있기 때문에 어떤 나무는 어디에 쓰면 알맞은가를 금방 알 수 있다고 합니다. 그런데 나무 중에 배를 만들면 가라앉아 버리고, 연장을 만들면 쉬 부러지고, 기둥으로 쓰면 벌레가 먹어 버려, 별로 쓰일 데가 없는 굴참나무라는 것이 있다고 합니다.

하루는 장자가 유명한 목수를 데리고 나무를 구하러 다니는데, 아름드리 굴참나무 옆을 지나게 되자 목수가 말했습니다.

"이 나무는 아무 데도 쓰일 데가 없는 나무입니다."라고 하자, 장자는 목수를 크게 꾸짖으며 "아무리 쓸모없는 나무라 하더라도 소를 매어 쉬게 하는 데는 쓸 수 있는데 어찌 소용이 없다 하느냐."고 말했습니다.

쓸모가 없는 굴참나무지만 소를 맬 때도 쓸 수 있고, 땔감으로 쓰면 방을 따뜻하게 할 수도 있을 것입니다. 장자의 말대로 사람도 개개인의 능력과 소질에 따른 직분이 있을 것입니다. 자신이 좋아하는 일을 찾고 소질을 꾸준히 계발한다면 누구나 자신의 꿈을 실현할 수 있을 것입니다.

나무가 자라 여러 가지 재목으로 쓰여서 우리들을 편리하게 해 주는 것처럼 우리도 자신의 꿈을 실현한다면 사람들을 편하게 살도록 도와줄 수 있을 것입니다.

출처: 서울특별시 교육연구원, 『더불어 사는 생활의 지혜』 중에서

### (5) 제5회기: Win-Win 해결 전략

| 프로그램명 | Win-Win 해결 전략 | 5회기 | |
|---|---|---|---|
| 활동 목표 | • 학교생활에서 겪을 수 있는 갈등 상황을 생각해 보고, 이에 따른 합리적인 해결방안을 찾아본다.<br>• 실제 폭력이 발생했을 때의 대처 요령을 익힌다. | 장소 | 상담실 |
| | | 시간 | 60분 |
| 지도 단계 | 활동 | 시간(분) | 준비물 |
| 도입 | ▶들어가기<br>"오늘은 폭력이 발생했을 때 처하게 되는 세 가지 입장에서 폭력문제를 어떻게 대처하는 것이 바람직한지 친구들과 함께 토의하면서 해답을 찾아보려고 합니다."<br>-점수 기준을 소개한다.<br>-조별 구호를 힘차게 외치게 한다. | 10 | 사례, 스케치북, 매직, 점수판, 사례나눔 나무 |
| 모둠 활동 I | ▶모둠구성<br>-피해자, 가해자, 목격자의 입장이 되도록 3개의 모둠으로 나눈다.<br>-모둠별로 스케치북, 매직을 나누어 준다.<br>▶활동, 발표, 평가<br>"사례를 읽고 여러분이 이런 상황에 처하게 되었다면 어떻게 문제 상황을 해결할 수 있을지 세 가지 입장에서 생각해 보는 연습을 하겠습니다."<br>-사례를 나누어 주고 한 사람이 읽어 사례를 이해한다. 〈활동지 5-1〉<br>-모둠별로 각자 맡은 입장에서 해결책을 생각해 보고 가능한 한 많은 해결책을 생각해서 적게 한다.<br>-서바이벌 게임 형식으로 한 모둠씩 해결책을 발표한다.<br>-가장 많은 해결책을 제시한 모둠에게 상품을 수여한다.<br>-각 입장별 해결책을 사례 나눔 나무에 기록하여 부착한다.<br>-제시된 해결책에 그 결과를 다 함께 평가한다.<br>-점수판에 점수를 기록한다.<br>-성실히 임해 준 조원들에게 지지와 칭찬의 말을 해 준다. | 25 | |
| 모둠 활동 II | ▶ '폭력에 대한 입장별 Tip'을 프리젠테이션으로 공개한다. 〈활동지 5-2〉<br>※ 유의사항: 명료한 해결책을 제시할 수 있도록 해결방안에 대한 예시를 준다. | 20 | |
| 정리 | ▶마무리 및 인사<br>"오늘 폭력이 발생했을 때 취하게 되는 세 가지 입장에서 해결책들을 살펴보았는데 앞으로 이러한 일이 발생했을 때 오늘 배운 해결책들을 기억하면서 잘 해결해 보길 바랍니다."<br>※유의사항: 사례나눔판은 찍찍이를 사용하여 쉽게 부착할 수 있도록 한다. | 5 | |

<table>
<tr><td rowspan="2">활동지 5-1</td><td rowspan="2">학교폭력 사례 분석하기</td><td>별칭</td><td></td></tr>
<tr><td>날짜</td><td>월 일</td></tr>
</table>

**학교폭력 피해에 대해 우리 모둠이 예측한 결과들**

【사례】 학교 운동장에서 두 명의 아이들이 놀고 있는데 한 아이가 선배를 노려봐서 선배가 외진 곳으로 그 아이를 데려가 구타했다. 지나가던 선생님이 맞고 쓰러져 있는 아이를 발견하고 누가 때렸냐고 물어보았다.

▶피해자

학교 운동장에서 친구와 놀고 있었는데 평소에 싫어하던 동아리 선배가 지나가고 있어 노려봤다. 그 선배가 자기를 노려봤다며 따라오라고 하더니 학교 외진 곳으로 데려가 나를 구타했다. 친구는 멀리서 지켜보고 있었을 뿐 아무런 행동도 하지 못했다. 지나가던 선생님이 맞고 쓰러져 있는 나를 보고 누가 때렸냐고 물어서 그냥 모르는 아이들이 때리고 도망갔다고 말씀드렸다. 사실대로 얘기했다가 일이 커질까 봐 거짓말을 했다. 선배가 또 괴롭힐까 봐 걱정된다.

▶해결책

..........................................................................................

..........................................................................................

▶가해자

학교 운동장에서 동아리 후배가 놀고 있었다. 평소에 나를 싫어하는 것처럼 느껴졌는데 그날도 어김없이 나를 째려보는 것이었다. 도저히 참을 수 없어 따라오라고 해서 학교 외진 곳으로 데려가 구타했다. 때리고 나니 뒷일이 걱정돼서 도망쳐 버렸다. 앞으로 어떻게 해야 할까?

▶해결책

..........................................................................................

..........................................................................................

▶목격자

학교 운동장에서 친구와 놀고 있는데 평소에 친구가 싫어하는 동아리 선배가 지나가고 있었다. 친구가 그 선배를 노려보았는데 그 선배가 알아채고 따라오라고 하더니 그 친구를 학교 외진 곳으로 데려가 구타했다. 나까지 얻어 맞을까 봐 무서워서 멀리서만 쳐다봤다. 지나가던 선생님이 맞고 쓰러져 있는 친구를 보고 누가 때렸냐고 물어보았다. 나는 모른 척하며 가만히 있었는데 친구가 모르는 사람이 그랬다고 거짓말을 했다. 선생님께 사실대로 얘기하자니 선배의 보복이 두렵고, 모른 척하자니 친구가 또 당할까 봐 걱정되기도 하고 양심에도 찔린다. 어떻게 하는 것이 좋을지…….

▶해결책

..........................................................................................

..........................................................................................

| 활동지 5-2 | 학교폭력에 대한 입장별 Tip | 별칭 | |
|---|---|---|---|
| | | 날짜 | 월 일 |

▶피해자
1. 나 자신을 돌아보기
 -자신의 말과 행동을 잘 생각해 본다.
2. 당당한 태도로 대한다.
 -기죽지 않는다.
 -똑바로 서서 고개를 들고 어깨를 편다.
 -상대방의 눈을 응시한다(노려보지 않기).
 -친구들의 말이나 행동에 예민하게 반응하지 않는다(태연한 척!).
3. 자기주장 표현하기
 -'그만해'라고 부드럽고 단호하게 말한다.
 -상대방을 비난하지 않고 내 감정을 표현한다(나-전달법 활용).
4. 그 자리를 피하기
 -위험한 자리는 가급적 피하고 안전거리를 유지한다.
5. 도움 청하기
 -부모님, 선생님, 상담선생님께 도움을 요청한다.

▶가해자
1. 입장 바꿔 생각하기
 -피해자의 입장이 되어 처지와 고통을 생각해 본다.
2. 멈춰서 생각하고 결과를 예측하기
 -Stop!! 자기행동에 책임을 져야 한다는 것을 기억한다.
3. 화를 다스리기
 -1부터 10까지 천천히 세거나 심호흡한다.
 -잠시 쉬는 시간을 갖는다(산책, 자전거 타기 등).
 -즐거운 상상을 하거나 시원한 것을 생각한다.
 -친구와 대화하기
 -자신의 감정이나 느낌을 나-전달법으로 친구에게 솔직하게 이야기한다.

▶목격자
1. 주변에 대해 관심 갖기
 -'나와 상관없는 일이야!'라고 생각하지 않는다.
2. 폭력에 동참하지 않기
 -웃지 않아야 할 때를 안다.
 -먼저 폭력을 사용하지 않는다.
3. 친구 보호해 주기
 -화해시킬 수 있는 방법을 찾아본다.
 -다른 친구들과 함께 따돌리는 친구를 보호해 준다.
 -친구를 위로하고 도움을 청하도록 권한다.
4. 어른께 도움 청하기

## (6) 제6회기: 마음 다스리기

<table>
<tr><td>프로그램명</td><td>마음 다스리기</td><td colspan="2">6회기</td></tr>
<tr><td rowspan="2">활동 목표</td><td rowspan="2">• 나의 신체적, 감정적 분노의 신호를 찾아본다.<br>• 합리적 사고와 비합리적 사고의 차이를 이해하고 연습한다.</td><td>상소</td><td>상담실</td></tr>
<tr><td>시간</td><td>60분</td></tr>
<tr><td>지도 단계</td><td>활동</td><td>시간(분)</td><td>준비물</td></tr>
<tr><td>도입</td><td>▶들어가기<br>"오늘은 학교폭력의 원인이 되는 '분노'에 대하여 그 실체를 파악해서 나 자신의 분노를 다스릴 수 있는 기법을 익히고자 합니다. '분노'란 지극히 정상적이고 자연스러운 감정으로 어떻게 반응하고 표출하느냐에 따라 우리의 삶의 질이 달라집니다. 먼저 오늘은 분노에 대한 바른 인식을 배우도록 합시다."</td><td>10</td><td rowspan="4">사례,<br>스케치북,<br>매직,<br>점수판,<br>사례나눔나무</td></tr>
<tr><td>모둠 활동 I</td><td>▶내가 화를 내는 이유와 그 결과는? 〈활동지 6-1〉<br>-분노를 이해하는 세 가지 방식<br>위협이라 느끼는 상황에 대한 반응<br>충족되지 않은 욕구에 대한 반응<br>내 원칙에 위배될 때의 반응<br>"실제 분노는 매우 복잡한 감정입니다. 분노는 단지 분노라는 하나의 감정 말고도 수많은 감정들을 껴안고 있는 경우가 대부분이기 때문에 화가 났을 때 그것이 어떤 감정인지, 무엇으로 일어난 것인지 규명하는 작업이 처음에는 어려울 수 있습니다. 그러나 이 작업이 명확히 이루어질 때 자신의 분노는 이미 많은 부분 관리되었다고 볼 수 있습니다. 화가 날 때마다 이러한 방식으로 분석하고 이해해 보세요. 단순히 '난 화가 났다.'라는 생각으로 즉각 반응하기보다는, 그 원인을 충분히 탐색하여 '나는 이러이러한 이유로 화가 났다.'고 분명히 인식할 때 보다 적절한 반응을 선택하여 취할 수 있을 것입니다."</td><td>25</td></tr>
<tr><td>모둠 활동 II</td><td>▶합리적 사고 게임<br>"합리적 생각과 비합리적 생각을 여러분이 정확하게 알고 있는지 간단한 게임을 통해서 우리의 생각을 합리적 사고로 바꾸는 연습을 하겠습니다."<br>-합리적 · 비합리적 사고판 〈활동지 6-2〉를 모둠별로 나눠 준다.<br>-모둠별로 한 명이 자료의 여러 가지 문장을 들려준다.<br>-주어진 문장이 합리적 사고인지 비합리적 사고인지 생각해 보고, 해당되는 '생각판'을 들게 한다.<br>-먼저 생각판을 든 모둠에게 문제 맞힐 기회를 준다.<br>-비합리적 사고일 경우에는 그것을 합리적 사고로 바꾸게 한다.</td><td>20</td></tr>
<tr><td>정리</td><td>▶마무리 및 인사<br>"우리 자신을 돌아보면, 화를 내는 이유가 '나에게 닥친 상황' 때문이기보다는 주어진 상황에 대한 나의 '비합리적인 생각' 때문일 때가 많습니다. 그렇기 때문에 내 생각을 지혜롭게 지키는 것이 매우 중요하지요."</td><td>5</td></tr>
</table>

| 활동지 6-1 | 분노를 이해하는 세 가지 방식 | 별칭 | |
|---|---|---|---|
| | | 날짜 | 월 일 |

다음은 분노를 이해하는 세 가지 방식입니다. 사례를 참고하여 각 방법에 따라 내가 자주 분노하는 상황이나 최근 크게 분노했던 상황을 분석해 봅시다.

★ 최근 크게 화가 난 상황은 어떤 것이 있나요?(예시: 부모님이 날 무시하는 발언을 했다)

1. 분노는 스스로 위협이라 느끼는 상황에 대한 반응이다.
   1) 그 상황은 나에게 어떤 위협을 느끼게 했나요?
   2) 왜 그러한 상황에 위협을 느꼈을까요?
   3) 내가 느낀 위협은 합리적이고 정당한가요?

2. 분노는 충족되지 않은 욕구로 인해 일어나는 부정적인 감정들 때문이다.
   1) 분노와 함께 느끼는 감정 또는 분노를 촉발시킨 감정은 무엇이었나요?
   2) 그 감정들은 어떤 욕구가 채워지지 않을 때 일어나나요?
   3) 내가 진정 내 자신을 사랑하고 신뢰했다면, 그와 같은 욕구를 느꼈을까요?

3. 분노는 그 상황이 내 원칙에 위배될 때 일어난다.
   1) 그 상황은 나의 어떤 원칙에 위배되었기 때문에 분노를 불러일으킵니까?
   2) 나의 원칙은 절대적이고 정당한, 합리적인 원칙인가요? 이 세상 모든 사람들이 꼭 지켜야 하는, 모두에게 적용되어야 하는 원칙일까요?

☞ 분노를 느낀 후 어떤 행동을 취했나요? 그런 행동을 취한 것이 좋았다고 생각하나요?

☞ 좋지 않았다면 그 이유는 무엇인가요?

☞ 앞으로 이러한 상황이 또 닥치면 어떻게 그 상황을 이해하고 행동해야 할까요?

| 활동지 6-2 | 합리적 사고 게임 | 별칭 | |
|---|---|---|---|
| | | 날짜 | 월 일 |

¤ 공부를 잘하는 사람은 훌륭한 사람이고 공부를 못하는 나는 바보 같은 사람이다.
→ 공부를 잘하는 사람이 꼭 훌륭한 사람은 아니다.

¤ 우리 선생님은 내가 공부를 못하기 때문에 항상 야단을 치신다.
→ 선생님은 내가 공부를 못하기 때문에 항상 야단을 치시는 것은 아니다.

¤ 우리 엄마는 내가 용서를 빌어도 절대로 용서하지 않으실 것이다.
→ 엄마는 내가 솔직하게 용서를 빌면 용서해 주실 것이다.

¤ 우리 가족에게는 항상 좋은 일만 있을 것이다.
→ 우리 가족에게 항상 좋은 일만 있는 것은 아니다.

¤ 예쁜 아이들은 친구가 많고 얼굴이 예쁘지 않은 아이들은 친구가 적다.
→ 예쁜 아이들이 꼭 친구가 많은 것은 아니다.

¤ 친구를 잘 사귀려면 항상 웃고 다녀야 한다.
→ 친구를 잘 사귀기 위해서 항상 웃고 다녀야 하는 것은 아니다.

¤ 시험 때는 절대로 머리를 감지 않아야 시험을 잘 볼 수 있다.
→ 시험 때 머리를 감지 않아야 시험을 잘 보는 것은 아니다.

¤ 영희는 항상 웃고 다니는 걸 보니 항상 즐거운 일만 있는 것 같다.
→ 영희가 항상 웃고 다니는 것이 항상 즐거운 일만 있어서 그런 것은 아니다.

¤ 머리가 나쁜 사람은 아무리 노력해도 성적이 나쁘다.
→ 머리가 나쁜 사람도 노력하면 성적이 좋아질 수 있다.

¤ 나는 항상 음악을 들으면서 공부를 해야 공부가 잘된다.
→ 음악을 들으면서 공부를 해야 잘되는 것은 아니다.

¤ 비싼 옷을 입으면 친구들이 나를 좋게 생각할 것이다.
→ 비싼 옷을 입어야 친구들이 나를 좋게 생각하는 것은 아니다.

¤ 화를 내는 사람은 성격이 나쁜 사람이고, 화를 내지 않는 사람은 성격이 좋은 사람이다.
→ 화를 낸다고 성격 나쁜 사람이 아니고 화를 내지 않는다고 성격이 좋은 사람은 아니다.

¤ 내가 알고 있는 사람은 반드시 나를 좋아해야 한다.
→ 내가 알고 있는 사람이 다 나를 좋아해야 하는 것은 아니다.

### (7) 제7회기: BEST OF THE BEST

<table>
<tr><td>프로그램명</td><td>BEST OF THE BEST</td><td colspan="2">7회기</td></tr>
<tr><td rowspan="2">활동목표</td><td rowspan="2">• 소극적 대응, 공격적 대응 및 바람직한 대응에 대해 알아보고 차이점을 구분한다.<br>• 효과적인 자기의사 전달방법 및 대화방법을 배운다.<br>• '마음을 가라앉히기' 기법을 익힌다.</td><td>장소</td><td>상담실</td></tr>
<tr><td>시간</td><td>60분</td></tr>
<tr><td>지도단계</td><td>활동</td><td>시간(분)</td><td>준비물</td></tr>
<tr><td>도입</td><td>▶들어가기<br>"오늘은 자신의 생각과 느낌을 명확하게 표현하되, 상대방의 기분을 상하지 않게 하는 효과적인 대응방법을 배우고자 합니다."</td><td>10</td><td rowspan="4">활동자료, 필기구</td></tr>
<tr><td>모둠활동 I</td><td>▶B-E-S-T 기법 익히기 〈활동지 7-1〉<br>• 불쾌한 상황이 일어났을 때, 나는 어떻게 반응할 것인지 모둠 내에서 2인 1조로 역할놀이를 해 본다.<br>• 2가지 대응방법을 읽어 보고 어떻게 행동하는 것이 바람직한 것인지 각자의 생각을 적어 본다.<br>• 바람직한 대응을 읽어 본다.<br>• B-E-S-T 기법으로 다시 2인1조로 역할놀이 하기</td><td>25</td></tr>
<tr><td>모둠활동 II</td><td>▶바람직한 행동에 대해 토론해 보고 느낌 적기 〈활동지 7-2〉<br>▶ '마음을 가라앉히기' 기법으로 화 조절하기<br>"화를 내는 것이 좋다고 생각하거나 화를 내고 싶어서 내는 사람은 거의 없을 거라고 생각됩니다. 대부분의 사람들이 화를 내지 않는 것이 좋다는 것을 알면서도 자신도 모르게 화를 내게 되는데, 그렇다면 화난 감정을 어떻게 다스릴 수 있을까요? 심호흡하기, 즐거운 상상하기, 노래 부르기, 친구에게 이야기하기 등 다양한 방법이 있습니다. 오늘은 '마음을 가라앉히기' 기법을 활용하도록 하겠습니다."</td><td>20</td></tr>
<tr><td>정리</td><td>▶마무리 및 인사</td><td>5</td></tr>
</table>

| 활동지 7-1 | 철수와 동규의 바람직한 행동 | 별칭 | |
|---|---|---|---|
| | | 날짜 | 월 일 |

**<사례> 다음과 같은 상황에서, 내가 만약 철수라면 나는 어떻게 대응했을까요?**

> 철수는 머리가 작고 얼굴이 앞으로 튀어나온 편이다. 어느 날 동규가 친구들이 있는 앞에서 "야, 뚱파리!"라고 철수를 놀렸다. 그러자 옆에 있던 다른 친구들이 막 웃었다.

위의 이야기를 듣고 두 명씩 짝을 지어 각각 '철수'와 '동규'가 되어 서로 어떻게 반응할 것인지 역할극을 통해 생각해 봅시다.

• 내가 만약 철수라면, 나는 (                                        )

**소극적인 대응**

▶이렇게 했을 때
- 꾹 참는다.
- 웃어넘기는 척한다 등

▶결과
- 당장의 싸움을 피할 수 있다.
- 상대방이 내 기분을 모른다.
- 계속 놀린다.
- 다른 친구들도 덩달아 놀린다.

**공격적이거나 자극적인 대응**

▶이렇게 했을 때
- 한 대 패 준다.
- 나도 그 애를 놀린다 등

▶결과
- 싸우게 된다.
- 당장은 마음이 후련하다.
- 관계가 더 악화된다.
- 후회한다.

어떻게 하는 게 바람직한 행동일지 우리 모두 생각해 봅시다.

| 활동지 7-2 | B-E-S-T 기법 | 별칭 | |
|---|---|---|---|
| | | 날짜 | 월 일 |

☆ 자신의 생각과 느낌을 명확하게 표현하되 상대방의 기분을 상하지 않게 하는 것이죠. 즉, 상대방을 이해하고 존중하는 자세로 말하는 것입니다. B-E-S-T 기법을 활용하면 보다 쉽게 바람직한 행동을 할 수 있게 될 것입니다.

☆ B-E-S-T 기법

★ B-BODY: 기죽지 않으면서도 거만하지 않은 당당한 자세

★ E-EYE: 부드러운 눈길과 표정

★ S-SPEECH: 내 의견을 분명히 전달하되, 좋은 말을 사용하고 자극적인 말은 피함

★ T-TONE: 침착한 어조

★ B-E-S-T 기법을 이용하여 다시 두 명씩 짝을 지어, 각각 철수와 동규가 되어 역할놀이를 해 본 후, 철수가 취해야 할 바람직한 행동에 대해 토론해 봅시다.

1. 철수가 취해야 할 바람직한 행동은 어떠한 것이라고 생각합니까?
2. B-E-S-T 기법을 사용한 역할놀이에서 철수 역할을 해 본 느낌은 어떠했나요?

★ 이번 프로그램을 통해서 배우고 느낀 점은…….

### (8) 제8회기: 마니또 소개

<table>
<tr><td>프로그램명</td><td colspan="2">마니또 소개</td><td colspan="2">8회기</td></tr>
<tr><td rowspan="2">활동 목표</td><td colspan="2" rowspan="2">• 먼저 자신을 소개하고, 전체 친구들 앞에서 서로 짝을 소개함으로써 자신과 친구를 이해하고 친근감을 갖는다.</td><td>장소</td><td>상담실</td></tr>
<tr><td>시간</td><td>60분</td></tr>
<tr><td>지도 단계</td><td colspan="2">활동</td><td>시간(분)</td><td>준비물</td></tr>
<tr><td>도입</td><td colspan="2">▶들어가기<br>“올바른 자기성장을 위해서는 자기 자신을 잘 아는 것이 가장 중요합니다. 이번 시간부터는 자기 자신의 참모습을 되돌아보고 알고 있는 그대로의 나를 개방하며 자기 자신을 올바로 이해할 수 있는 능력과 앞으로 살아갈 방향을 뚜렷이 하며 타인을 이해하고 수용하는 마음을 키우는 시간이 되었으며 좋겠습니다.”</td><td>10</td><td rowspan="4">학생용 활동자료, 필기구</td></tr>
<tr><td>모둠 활동 I</td><td colspan="2">▶나를 소개하기<br>–〈활동지 8–1〉에 제시된 질문을 토대로 한 사람당 자기소개를 약 5분간 한다(활동자료에 제시되지 않은 내용을 소개해도 좋다).<br>–짝이 소개를 할 때 가장 인상 깊었거나 이 친구를 가장 잘 표현해 준다고 생각되는 내용을 〈활동지 8–2〉에 메모한다.<br>–둘 다 소개가 끝난 후 메모내용을 토대로 반 친구들에게 짝을 어떻게 소개할 것인지 〈활동지 8–2〉에 정리해 본다.<br>※ 유의사항: 짝이 자신을 너무 간략하게 소개하고 끝내면 추가 질문을 함으로써 한 사람당 5분을 채울 수 있도록 한다.</td><td>25</td></tr>
<tr><td>모둠 활동 II</td><td colspan="2">▶나의 짝을 소개하기<br>–한 명씩 일어나 1인당 1분 이내로 짝을 반 친구들에게 소개한다. 소개받는 짝도 함께 일어나 인사한다.<br>–소개가 끝날 때마다 박수를 칠 수 있도록 한다(박수를 대체하는 모션을 취해도 좋다. 예: 주먹으로 책상을 가볍게 두들기기).</td><td>20</td></tr>
<tr><td>정리</td><td colspan="2">▶오늘 활동에 대한 소감 발표하기<br>“오늘 활동을 정리해 보세요. 친구와 선생님, 부모님이 항상 여러분과 함께하며 여러분의 성장을 돕겠지만, 여러분이 갖고 있는 진정한 모습은 그 누구도 아닌 자기 자신만이 발견할 수 있다는 것을 항상 기억하면서 앞으로의 교육시간에 임하길 바랍니다.”<br>▶마무리 및 인사</td><td>5</td></tr>
</table>

| 활동지 8-1 | 나를 소개합니다! | 별칭 | |
|---|---|---|---|
| | | 날짜 | 월 일 |

1. 내 이름은
2. 내 특기나 취미는
3. 내 성격은
4. 내가 가장 싫어하는 것은
5. 내가 가장 좋아하는 것은
6. 내가 가장 행복하다고 느낄 때는
7. 내가 가장 끔찍하다고 느낄 때는
8. 내가 사랑하는 것은
9. 내가 가장 두려워하는 것은
10. 현재 가장 즐겁게 하고 있는 활동이 있다면
11. 올해에 꼭 이루고 싶은 것이 있다면
12. 내 장래희망은
13. 다른 사람에게 나를 멋있게 소개하는 하나의 문장이 있다면

〈예시〉
–이 시대 마지막 휴머니스트, 가슴이 뜨거워 정이 넘치는 여자
–안녕하십니까? 꿈과 성공을 전하는 여자
–항상 자신감 넘치는 당당한 남자
–말보다 행동을 최고의 목표로 살아가는 신세대! 그 신세대의 주인공
–할 수 있다는 신념으로 무난히 노력하는 멋쟁이
–상큼한 남자, 괜찮은 남자, 매력 있는 남자
–21세기의 빛나는 주인공

| 활동지 8-2 | 내 짝을 소개합니다. | 별칭 | |
|---|---|---|---|
| | | 날짜 | 월 일 |

☆ 짝의 소개를 들으면서 가장 인상 깊은 부분이나 짝을 가장 잘 표현해 준다고 생각되는 내용을 메모나 그림으로 그려서 반 친구들에게 소개할 내용을 정리하세요.

### (9) 제9회기: 내 안의 수많은 자아들

| 프로그램명 | 내 안의 수많은 자아들 | 9회기 | |
|---|---|---|---|
| 활동 목표 | • 내 안의 다양한 자아들과 이야기해 봄으로써 나의 다양한 측면들을 이해하고 통제할 수 있다.<br>• 나와 타인의 부정적인 면에 대해서도 긍정적으로 이해하고 포용할 수 있는 힘을 키운다. | 장소<br>시간 | 상담실<br>60분 |
| 지도 단계 | 활동 | 시간(분) | 준비물 |
| 도입 | ▶들어가기<br>"우리는 일반적으로 '나는 이런 사람이야.'라고 쉽게 규정 내리고 자신을 계속해서 그러한 방향으로 만들어 나가게 됩니다. 그러나 한 개인이 어떤 한 가지로 쉽게 규정될 수 있는 것일까요? 오늘은 여러분을 이루고 있는 다양한 자아들을 알아보고 그러한 자아들과 함께 평화롭게 공존하는 방법을 알아보도록 하겠습니다." | 10 | 좋은 글 읽기 자료, 학생용 활동자료, 필기구 |
| 모둠 활동 I | ▶내 안의 수많은 자아들 〈활동지 9-1〉<br>-즐거워하는 자아, 슬퍼하는 자아, 좌절하는 자아, 뿌듯해하는 자아 등 자신 안에 있는 수많은 자아들을 적어 본다. | 25 | |
| 모둠 활동 II | ▶돌출자아 인터뷰하기 〈활동지 9-2〉<br>-돌출하는 자아개념을 이해한다.<br>-자신에게 가장 잘 돌출하는 자아 1명을 찾아 그 모습을 이모티콘으로 그려 본다.<br>-제시된 질문지에 따라 돌출자아에게 인터뷰한다. | 20 | |
| 정리 | "오늘은 여러분 안에 있는 다양한 자아들을 찾아보고 그 자아와 대화하는 활동을 해 보았습니다. 오늘 활동을 통해 여러분이 꼭 알아둬야 할 것은 특정 순간 자신을 지배하는 어떤 감정, 즉 하나의 자아에 자신을 완전히 내맡기지 말고 그것을 통제할 수 있는 주인이 되라는 것입니다. 그들을 통제하기 위해서는 그러한 감정, 즉 그러한 자아를 부정하고 외면하는 것이 아니라 오히려 자신의 한 부분으로, 자신이 경험해야 하는 하나의 자아로서 인정하고 수용하는 것이 필요합니다. 친구의 모습 중 맘에 들지 않는 모습이 있다면 그것 또한 그 친구가 갖고 있는 다양한 자아들 중 하나가 돌출되었을 뿐이라는 것을 기억하세요."<br>▶마무리 및 인사 | 5 | |

| 활동지 9-1 | 내 안의 수많은 자아들 | 별칭 | |
|---|---|---|---|
| | | 날짜 | 월 일 |

좌절하는 자아, 슬퍼하는 자아, 화내는 자아, 자신감 넘치는 자아, 수치스러워하는 자아, 창피해하는 자아, 끈기 있는 자아, 수줍어하는 자아, 용감한 자아, 기죽어 있는 자아, 솔직한 자아, 무서워하는 자아, 걱정하는 자아, 대담한 자아, 졸려 하는 자아, 무시하는 자아, 비난하는 자아, 지겨워하는 자아 ,근면한 자아, 우울해하는 자아, 울고 있는 자아, 절망하는 자아, 정의로운 자아, 배고파하는 자아, 반항하는 자아, 폭력적인 자아, 희망찬 자아

※내 안의 수많은 자아 중에서 최근 자주 등장한 자아를 세 가지 적어 보세요.

| 활동지 9-2 | 돌출 자아와의 인터뷰 | 별칭 | |
|---|---|---|---|
| | | 날짜 | 월 일 |

☆ 여러분에게 가장 잘 돌출하는 자아 하나를 택하여 다음과 같이 인터뷰해 보세요. 민지 이모티콘스로 여러분의 선택한 자아의 모습을 그려 보고 그 자아에게 질문에 답할 시간을 충분히 주면서 인터뷰를 해 보세요.

- 당신은 몇 살입니까? 언제, 어떤 상황에서 처음 나타났는지 기억이 난다면 말해 주세요.
- 당신이 돌출될 때 주인에게 일어나는 신체적, 정신적 변화는 무엇인가요?
- 당신이 주로 돌출되는 상황은 언제인가요?
- 가장 심하게 돌출되었던 경험에 대해 이야기해 주세요.
- 당신의 주인(나)에게 하고 싶은 말이 있거나 바라는 바가 있으면 말해 주세요.

〈예시〉

창피해하는 자아

- 초등학교 6학년 때였나…… 공책을 안 가져와서 친구가 공책을 몇 장 찢어 줬어. 근데 그걸 선생님이 보시고 화가 나서 친구를 뒤에 나가 손들고 서 있게 했어. 수업이 끝날 때까지 난 계속 강력하게 돌출되어 있었어. 참 긴 시간이었어.
- 좀 더 강해지면 좋겠어. 조금은 뻔뻔해질 필요가 있는 것 같아. 나는 너의 한 부분이기 때문에 나는 종종 나타날 수 있어. 하지만 내가 너무 긴 시간, 그것도 강력하게 돌출되지 않도록 날 좀 잘 통제하고 조정할 수 있으면 좋겠어.

### (10) 제10회기: 새롭게 태어난 우리

<table>
<tr><td>프로그램명</td><td>새롭게 태어난 우리</td><td colspan="2">10회기</td></tr>
<tr><td rowspan="2">활동 목표</td><td rowspan="2">• 긍정적 자기대화를 확대하여 자신이 원하는 상황을 창조하는 자성예언을 만들어 본다.<br>• 프로그램을 마무리하며 서로 이별 감정을 나눈다.</td><td>장소</td><td>상담실</td></tr>
<tr><td>시간</td><td>60분</td></tr>
<tr><td>지도 단계</td><td>활동</td><td>시간 (분)</td><td>준비물</td></tr>
<tr><td>도입</td><td>▶들어가기<br>"오늘은 자신이 원하는 상황을 만드는 자기대화, 즉 자성예언에 대한 활동을 하겠습니다. '예언의 궁극적 기능은 미래를 말하는 것이 아니라, 미래를 만들어 가는 것이다.'라는 말이 있습니다. 오늘 이 시간은 이러한 예언의 새로운 의미를 명확히 이해하고 스스로 우리 인생의 예언자가 되어 보는 시간입니다."</td><td>10</td><td rowspan="4">좋은 글 읽기자료, 학생용 활동자료, 필기구</td></tr>
<tr><td>모둠 활동 I</td><td>▶자기암시법 〈활동지 10-1〉<br>-에밀 쿠에의 자기암시법을 연습해 본다(나는 날마다 모든 면에서 점점 더 좋아지고 있다).<br>-자신이 가장 원하는 상황에 대한 문장을 만들어 자기암시를 해 본다. "나는 날마다 모든 면에서, 점점 더 좋아지고 있다." (2분)<br>-자신의 문구로 자기암시를 한다(2분).</td><td>25</td></tr>
<tr><td>모둠 활동 II</td><td>▶새로운 이름 만들기 〈활동지 10-2〉<br>-자신의 재능과 소망을 담고 있는 이름을 만들어 본다(동물, 신화의 주인공, 색깔 등 다양한 명사와 형용사를 넣어 짓는다).<br>-돌아가면서 자신의 새로운 이름과 이름을 지은 이유를 발표한다.<br>※상대의 자성예언을 격려해 줄 때 장난치지 말고 진지하게 임하게 한다. 경험을 통해 생각이 현실을 이끌어 내는 과정을 잘 이해할 수 있도록 한다.</td><td>20</td></tr>
<tr><td>정리</td><td>▶소감문 작성 및 발표하기 〈활동지 10-3〉<br>▶마무리 인사하기<br>-본 활동을 통해서 느낀 것들에 대한 소감문을 작성하고 발표한다.<br>"지금까지 우리는 10회에 걸쳐 학교폭력 예방 프로그램에 참여하였습니다. 이 프로그램을 통하여 우리는 어떤 행위가 학교폭력이며, 그 피해가 얼마만큼 심각한지 알아보고, 학교폭력을 예방하기 위해 우리가 어떠한 노력을 할 수 있는지 다 함께 생각해 보는 시간을 가졌습니다. 또한 학교폭력을 예방하기 위하여 분노를 조절하는 방법과 나를 참되게 사랑하는 방법을 배웠습니다. 봉사활동을 통하여 우리 생활에서 서로 돕고 이해하는 마음이 얼마나 소중한 것인가도 깨달았습니다. 학교폭력은 인간의 존엄성과 가치를 파괴하고 생명의 소중함을 무시하는 반인륜적 행위라는 사실을 주지하여 학교폭력 예방에 다 함께 노력하고, 교우들과 보다 즐겁고 활기찬 학교생활을 하시기 바랍니다."<br>▶조별 구호를 힘차게 외치며 모든 프로그램을 마무리한다.</td><td>5</td></tr>
</table>

| 활동지 10-1 | 나는 날마다, 모든 면에서 점점 좋아지고 있다 | 별칭 | |
|---|---|---|---|
| | | 날짜 | 월 일 |

♥ 에밀 쿠에의 자기암시법 원칙

1. 상상과 의지가 충돌하면 반드시 상상이 승리한다.
2. 자신과 주변을 다스리는 모든 힘의 원천은 자기 내부에 있다.
3. 날마다 자신이 좋아지고 발전하고 있음을 소리 내어 되뇌라.
4. 자기암시 문구를 하루에 20번 이상 큰 소리로 외쳐라.

1. 에밀 쿠에의 자기암시 멘트
"나는 날마다, 모든 면에서, 점점 더 좋아지고 있다."

2. 내가 원하는 상황에 대한 자기암시 멘트를 간략하고 명확하게 적어 보세요.

| 활동지 10-2 | 나의 새로운 이름을 소개합니다 | 별칭 | |
|---|---|---|---|
| | | 날짜 | 월 일 |

☆ 다양한 형용사와 명사를 사용하여 자신이 원하는 이름을 만들어 보세요. 한 분야를 관장하고 있는 신화의 신들을 사용해도 좋고, 동물이나 식물의 이름을 활용해도 좋습니다. 자신의 재능을 키워 나가는 의미를 담고 있거나 자신이 원하는 것을 담고 있는 이름을 멋지게 만들어 보세요.
예: 낭낭한 섬은 백조, 늑대와 함께 춤을, 높은 곳을 향해 뛰는 자, 놀라지 않는 붉은 사자, 자유로운 바람 등

| 활동지 10-3 | 학교폭력 예방 프로그램 참여 소감문 | 별칭 | |
|---|---|---|---|
| | | 날짜 | 월 일 |

☆ 학교폭력 예방 프로그램을 마치며……

## 3. 어울림 프로그램

### 1) 도입 배경 및 방향

교육부는 2013년 7월 23일 보도자료를 통해, 학생 · 학부모 · 교직원들의 공감 · 소통능력 함양을 위한 맞춤형 체험중심 학교폭력 예방프로그램인 '어울림 프로그램'을 개발할 예정이라고 밝혔다. 어울림 프로그램은 공감, 의사소통, 갈등해결, 학교폭력 인식 · 대처 등의 여섯 가지 모듈(핵심역량)을 놀이, 역할극, 집단상담 등의 다양한 활동을 기반으로 학생, 학부모, 교직원의 역할을 각각 프로그램으로 개발한다. 개발된 프로그램은 모든 학교에 제공되어 학생, 학부모, 교직원을 대상으로 실시되며 학교폭력을 근본적으로 근절하기 위한 목적이다.

교육부가 '어울림 프로그램'을 개발하여 제공하면 학교는 학교폭력 실태 등 학교실정 및 여건을 고려하여 학생들에게 부족한 역량을 키워 주기 위해 필요한 맞춤형 프로그램을 선택 · 운영한다. 특히, 이 프로그램은 정규교육과정에서 교과수업, 창의적 체험활동 등에 적용되며 심리 · 상담 전문성을 갖춘 '어울림 카운슬러(상담 전문가)'와 교사가 협력하여 프로그램을 운영하게 된다. 또한 '어울림 프로그램' 등 학교폭력 예방교육을 학교교육과정에서 운영할 수 있도록 「학교폭력예방 및 대책에 관한 법률」 「초 · 중등학교 교육과정 고시」 등을 개정하여 일정시간 이상 의무적으로 학교폭력 예방 교육을 이수할 수 있도록 할 계획이다.

### 2) 개발 내용 및 일정

2013년 2학기에 전국 300개교에 어울림 프로그램을 시범운영하고

■ 표 15-2 ■ 어울림 프로그램(학생용) 개발 내용 및 일정

| 모듈 (핵심역량) | 초등 저학년(1~3학년) | | 초등 고학년(4~6학년) | | 중학교 | | 고등학교 | |
|---|---|---|---|---|---|---|---|---|
| | 기본 (4시간) | 심화 (6시간) | 기본 (4시간) | 심화 (6시간) | 기본 (4시간) | 심화 (6시간) | 기본 (4시간) | 심화 (6시간) |
| 학교폭력 인식·대처 | 2013 상반기 | 2015 | 2013 상반기 | 2014 | 2013 상반기 | 2014 | 2013 상반기 | 2015 |
| 공감 | 〃 | 〃 | 〃 | 〃 | 〃 | 〃 | 〃 | 〃 |
| 의사소통 | 〃 | 〃 | 〃 | 〃 | 〃 | 〃 | 〃 | 〃 |
| 갈등해결 | 2013 하반기 | 〃 | 2013 하반기 | 〃 | 2013 하반기 | 〃 | 2013 하반기 | 〃 |
| 자기존중감 | 〃 | 〃 | 〃 | 〃 | 〃 | 〃 | 〃 | 〃 |
| 감정조절 | 〃 | 〃 | 〃 | 〃 | 〃 | 〃 | 〃 | 〃 |
| 계 | 학생용 기본 24종(2013년) → 학생용 심화 12종(2014년) → 학생용 심화 12종(2015년) | | | | | | | |

2017년까지 교육과정에 반영하여 모든 학교에 실시할 예정이다. 이를 위해 교육부는 공감, 의사소통, 갈등해결, 자기존중감, 감정조절, 학교폭력 인식·대처의 여섯 가지 모듈(핵심역량)을 내용으로 학생용 48종(기본 24종, 심화 24종), 학부모용 24종, 교직원용 24종 등 총 96종의 어울림 프로그램을 개발하기로 하였다. 어울림 프로그램(학생용)의 개발 내용 및 일정은 〈표 15-2〉와 같다.

### 3) 어울림 프로그램 운영 예시

#### (1) 운영 방법

A 초등학교 3학년 1개 학급(30명 기준)을 대상으로 '어울림 프로그램'을 실시한다. '어울림 프로그램' 중 공감 모듈(기본과정 4시간)을 선택, 이를 교과(국어·미술과 각 1시간)와 창의적 체험활동(2시간)에 편성하고 게임·놀이·음악·미술·역할극 등의 방법으로 실시한다. 이때 교육 강사는

교사와 어울림 카운슬러(상담 전문가)가 팀티칭으로 지도하게 된다.

### (2) 학생용(초등학교 저학년) 프로그램 운영

- 운영 모듈: 공감(기본형 4시간)
- 운영 시기: 2013년 9월 6~7일(2일간, 1일 2시간씩), 집중운영(학년초)
- 운영 대상: A 초등학교 3학년 학생 3학급 90명(9개 그룹)
- 운영 시간: 4시간(국어 · 미술 교과통합, 창의적 체험활동 연계)
- 운영 강사: 어울림 카운슬러와 교사가 팀티칭으로 9개 그룹운영
- 운영 방법: 게임, 놀이, 미술 · 음악, 역할극 등 체험활동 위주로 진행

| 모듈<br>(핵심역량) | 차시 | 통합주제 및 활동 내용 | 시간 | 관련교과 및 단원(차시) | 매체(준비물) |
|---|---|---|---|---|---|
| 공감 | 1 | • 친근감 표현하기<br>–별칭 짓기 및 외우기<br>–별칭으로 이야기 꾸미기<br>–꾸민 이야기 발표하기 | 40분 | 3학년 1학기 국어<br>7. 이야기의 세계(6/6) | 사인펜, 연필,<br>크레파스,<br>사포 6조각,<br>셀로판테이프 |
| 공감 | 2 | • 그림으로 소통하기<br>–나의 생각을 밑그림으로 그리기<br>–사포 협동화 색칠하기<br>–느낀 점 발표하기 | 40분 | 3학년 1학기 미술<br>2. 수채화의 세계(8/8) | 사인펜, 연필,<br>크레파스,<br>사포 6조각,<br>셀로판테이프 |
| 공감 | 3 | • 타인 감정 인식하기<br>–기분온도계로 기분 표현하기<br>–감정 맞추기 스피드 게임<br>–음악으로 감정표현하기 | 40분 | 창의적 체험활동 | 감정온도계,<br>감정형용사,<br>스케치북,<br>감정카드,<br>피아노,<br>리코더 |
| 공감 | 4 | • 타인 감정 공감하기<br>–돌려 그리기<br>–서로 감상하고 의견 나누기<br>–역할극으로 발표하기 | 40분 | 창의적 체험활동 | 감정온도계,<br>감정형용사,<br>스케치북,<br>감정카드,<br>피아노,<br>리코더 |

# 4. 또래상담 프로그램

## 1) 또래상담 프로그램의 이해

### (1) 또래상담의 개념

또래상담(peer counseling)이 공식적으로 사용되기 시작한 것은 1969년 Vriend가 낮은 학업 성취 수준의 학생들과 또래들과의 상담 결과를 발표하면서부터다(Vanrenhorst, 1980). 그러나 현재까지 또래상담은 그 정의나 용어 면에서 아직 종합적이고 통일된 입장을 갖고 있지 못하다. 그 단적인 예로 또래상담자에 관한 용어만 해도 또래조력자(peer helper), 또래대사(peer ambassadors), 또래촉진자(peer facilitator), 비전문조력자(lay helper), 준전문가(paraprofessional), 또래조수(peer assistant), 또래후견자(peer tutor), 또래조정자(peer mediator) 등 서른 가지 용어가 사용되고 있다(Carr, 1993).

또래상담에서는 충고보다는 공감과 존중감을 지닌 채 또래들에게 경청하는 역할을 매우 중요시한다. 또한 또래상담은 다른 사람의 문제를 해결하는 것이 아니라, 다른 사람이 문제 상황과 자신에 대한 각성을 촉진하여 자기 자신의 해결책을 찾도록 인도하는 것이다.

또래상담은 또한 '또래'라는 용어에서 상담자의 역할과 내담자의 역할이 비교적 명확하게 구분되는 전문가 상담보다 상담자와 내담자의 관계가 덜 명확하고 상호적이며 비교적 동등하다는 특성이 시사된다(이상희, 노성덕, 이지은, 2000).

이와 같이 또래상담이란 비슷한 연령과 유사한 생활 경험 및 가치관 등을 지닌 동료가 일정한 훈련을 받은 후에 자신의 경험을 바탕으로 하여 주변에 있는 다른 또래들의 정상적인 발달과정에서 일어날 수 있는 문제를 주로 다루어, 그들이 성장 · 발달할 수 있도록 생활의 제반 영역에서 지지적인 도움을 제공하는 행위를 말한다. 그리고 또래상담자는 또래상담을 수행할 수 있는 책임 있는 동료들로 정의될 수 있다. 따라서 또래상담은 어떤 장소(예: 학교, 종교기관, 직장, 지역사회 등)에서든 같은 일을 하는 비슷한 동료에 의해서 수행되는 조력활동으로 정의될 수 있다. 그러므로 생활 현장에서 즉각적인 접촉이 가능하다는 장점이 있다.

### (2) 학교폭력 예방을 위한 또래상담 운영의 필요성

대구 성폭행 사건, 노숙자 폭행사건, 밀양지역 집단성폭행 사건과 중·고등학교의 졸업식 문화에 대한 문제 등 많은 청소년 문제가 끊임없이 사회 문제로 대두되고 있다. 그리고 이러한 문제의 피해자와 가해자가 중학생으로 나타나 문제 대상의 저연령화에 대한 심각성을 보여 주고 있다. 과거와 달리 빨라진 신체 발육, 정서 발달로 인해 청소년전기에 신체, 인지, 정서, 사회, 정신적인 측면에서의 급격한 변화를 경험하게 되면서 불안과 스트레스가 증가하게 되고, 이는 사회나 부모에 대한 반항으로 표출되기도 한다.

이렇게 청소년기는 사회적 접촉의 미숙으로 갈등을 경험하게 되는데, 이런 갈등은 대부분의 시간을 보내고 또래문화를 형성하며 사회를 경험하게 되는 학교에서 폭력이나 따돌림 등의 학교폭력으로 나타나게 된다.

또한 청소년기에 일상의 대부분을 같은 장소에서 같은 패턴으로 공유하면서 지내게 되는 친구에 대한 의미는 매우 중요할 수 있다. 비슷한 나이의 같은 또래이며 상담자, 역할 모델, 또한 문제에 당면했을 때에는 문제 해결에 도움을 주는 문제해결자로서 청소년기의 친구의 지지에 대한 욕구는 매우 크다. 그러나 청소년기 친구관계의 중요성에 대한 인식이 높아지는 반면에 그에 따른 여러 가지 역기능적인 측면에 대해서도 관심과 대처방안에 대한 사회적 요구가 증대되고 있다. 이에 교육과학기술부는 2010년부터 '학교폭력 예방 및 대책 2차 5개년 계획'의 하나로 중학교를 대상으로 한 또래상담 기능의 강화와 또래상담 운영의 확대 실시를 통해 학교폭력 및 청소년의 건전한 육성을 도모하고 있다. 이는 청소년 초기인 중학생의 특성과 문화를 고려한 정책으로, 청소년 초기에 개인, 또래, 학교 등의 갈등과 부적응 문제 개입을 통해 학교폭력을 예방하고 건강한 성장을 도모하기 위한 대책이라고 할 수 있다.

### (3) 또래상담자 활동과 역할

또래상담자의 활동은 간단한 생활정보 제공부터 위기 상황의 개입까지 다양하게 나타나고 있다. 선행 연구에 기초하여 또래상담자들의 활동과 역할을 정리하면 다음과 같다(김광은, 1992).

첫째, 또래들의 위기관리와 전문적 도움을 받을 수 있도록 기회를 제공한다. 이를 위해 대표적으로 제도화된 것이 전화를 이용한 또래상담 활동이다. 일명 'Warm Line' 혹은 Hot Line'이라 불리는 것으로, 1970년대 미국 대학에서 풍미했던 동반자 프로그램(Companion Program)의 주요 활동의 하나가 이러한 성격을 띠고 있다. 이 프로그램은 약물중독이나 성 문제, 고독감, 우울증, 자살 등과 같은 위기 상황에 대해 심리적 자원을 제공해 주고, 문제의 정도에 따라 전문가에게 의뢰하는 역할을 수행한다. 더불어 학교에 관한 일반정보 제공, 탁아 의뢰, 진로 및 학사에 관한 상담, 개인상담, 주장훈련 및 스트레스 대처훈련, 건강에 관한 서비스 제공 등이 이루어진다.

둘째, 학업 및 과업 수행의 보조활동을 한다. 또래상담의 가장 초기부터 일관되게 지속되고 있는 것으로, 또래상담자들은 또래들의 학업 곤란에 도움을 주는 개인교수의 역할을 할 수 있다. 또한 공식적인 수업활동의 보조자 역할을 수행하기도 한다. 또래들은 다른 또래들로부터 적절한 보조적인 지도를 받을 때 오히려 학업성취나 과업수행 능력이 향상될 수 있다.

셋째, 사회적 관계, 학업, 자기표현 등에서 문제가 있는 또래들을 돕는다. 또한 또래들 중에 약물중독이나 비정상적인 임신 등의 급박한 위기에 처한 학생들을 도우며, 대개의 경우는 위기가 진행되는 동안 계속적인 도움을 줄 수 있도록 하기 위하여 또래들을 병원이나 상담소에 데리고 가는 일을 성공적으로 수행할 수 있다.

넷째, 자기존중감을 고양하는 데 조력할 수 있다. 또래상담자들은 동료들이 자신감을 얻도록 도와주기 위하여 그들의 장점에 관심을 가지며, 또 부정적인 특성보다는 긍정적인 특성을 강조할 수 있는 능력을 배워 동료들이 자신감을 회복할 수 있도록 조력할 수 있다. 청소년들은 청소년 집단 속에서 소속감을 느끼고 자기 존재의 가치를 확인하게 된다. 따라서 또래상담자들이 또래들을 수용하고 존중함으로써 자신들의 존재 가치에 대한 자신감을 회복하여 공동체의 삶을 살아갈 기회를 제공할 수 있다.

다섯째, 또래상담자의 역할 중 가장 일반적이면서도 중요한 것으로 또래들에 대한 심리적 지원활동을 한다. 외로움 등의 심리적 고립감을 느끼는 또래들이나, 친구들 간의 관계 속에서 갈등을 겪고 있는 또래들을 조력할 수 있다. 이는 또래상담자가 진정한 친구가 되어 줌으로써 가능하다.

이상의 결과로 볼 때, 또래상담자들은 또래들의 대인관계에서 파생되는 사소한 문제에서부터 약물 및 알코올 남용에서 오는 문제, 자살 및 관계 상실의 문제, 건강 및 스트레스 문제, 또래들의 자신감 상실의 문제, 학교나 가정 및 지역사회 적응 문제 등의 해결에 조력할 수 있다.

### 2) 또래상담 프로그램의 실제

#### (1) 또래상담 프로그램의 주요 내용

한국청소년상담원(2010)에서 개발한 솔리언또래상담 프로그램의 주요 내용은 〈표 15-3〉과 같다.

■ 표 15-3 ■ 솔리언또래상담 프로그램의 주요 내용

| 회기 | 단계 | 주제 | 활동 내용 |
|---|---|---|---|
| 1 | Introduction | • 프로그램 목적과 필요성<br>• 친밀감 형성 | • 친해지는 마당, 자기소개하기<br>• 솔리언또래상담 소개, 함께 지킬 약속 정하기 |
| 2 | Friendship | • 친한 친구 되기 | • 친해지는 마당<br>• 친구의 의미는? |
| 3 | | • 나의 친구관계 살펴보기 | • 친해지는 마당<br>• 친구관계 살펴보기, 돌아보기, 생각하기 |
| 4 | | • 친구에게 다가가기 | • 친구관계 걸림돌, 친구에게 먼저 다가가기<br>• 우정곡선 그리기 |
| 5 | Counselorship | • 대화하는 친구 되기 | • 솔리언또래상담 대화의 자세<br>• 친구의 마음을 공감하기, 공감 연습하기 |
| 6 | | • 대화 잘 이끌어 가기 | • 어기역차 전략 이해하기<br>• 어기역차 연습하기 |
| 7 | | • 잠하둘셋 기법 | • 최근에 화가 났던 때는?<br>• 잠하둘셋 이해하고 연습하기 |
| 8 | Leadership | • 도움 주는 대화 배우기 | • 원무지계 전략 이해하기<br>• 원무지계 전략 연습하기 |
| 9 | | • 대화 종합 연습하기 | • 대화 종합 연습하기<br>• 역할극 꾸미기 |
| 10 | | • 도움 되는 활동 찾기 | • 어떤 친구를 도와줄 수 있을까?<br>• 내가 친구에게 도움이 되었던 경험은?<br>• 도움 줄 수 있는 활동 찾기 |
| 11 | 마무리 | • 정리 및 평가하기 | • 과정 요약하기, 소감 나누기<br>• 평가 및 추후모임 구조화 |

### (2) 또래상담 프로그램의 실시 준비

또래상담 프로그램의 실시 전 준비 및 관련 사항에 대한 예시는 다음과 같다.

#### ■ 사업 개요

| 사업 개요 | | | | |
|---|---|---|---|---|
| 신청 기관 정보 | 학교명 | | | |
| | 전화 | | 팩스 | |
| | 주소 | | | |
| 사업 개요 | 사업명 | | 솔리언또래상담 사업 | |
| | 사업운영기간 | | 20○○. 04. 01 ~ 20○○. 06. 12 | |
| | 예산 | 총사업액 | 388,000원 | |
| | | 신청금액 | 388,000원 | |
| | 사업 담당자 소속 / 이름 | | 전화 | |
| | | | 휴대폰 | |
| | | | E-mail | |

#### ■ 솔리언또래상담 프로그램 운영 계획

| 솔리언또래상담 프로그램 운영 계획 | | | | |
|---|---|---|---|---|
| 주제 | 친구야, 함께 있어 행복해! | | | |
| 전체일정 | 20○○.04.01~06.12 | 회기수 | 11회기 | |
| 진행자 | | 장소 | 집단상담실 | |
| 보조진행자 (있을 경우만 작성) | | 참가인원 | 남 | 6 명 |
| | | | 여 | 6 명 |
| | | | 합계 | 12 명 |
| 일시 | 세부내용 | | | |
| 20○○. 04. 01 | 1회기-들어가기 | | | |

(계속)

| | |
|---|---|
| 20○○. 04. 08 | 2회기-친한 친구 되기 |
| 20○○. 04. 15 | 3회기-나의 친구관계 살펴보기 |
| 20○○. 04. 22 | 4회기-친구에게 다가가기 |
| 20○○. 04. 29 | 5회기-대화하는 친구 되기 |
| 20○○. 05. 06 | 6회기-대화 잘 이끌어 가기 |
| 20○○. 05. 13 | 7회기-잠하둘셋 기법 |
| 20○○. 05. 20 | 8회기-도움 주는 대화 배우기 |
| 20○○. 05. 27 | 9회기-대화 종합 연습하기 |
| 20○○. 06. 05 | 10회기-도움 되는 활동 찾기 |
| 20○○. 06. 12 | 11회기-정리 및 평가하기 |

## ■ 소요 예산

| 단 위 사업명 | 지출비목 | 산출근거 | 예산 |
|---|---|---|---|
| 솔리언 또래상담 사업 | 프로그램운영 간식비 | 2000원×12명×12회기 | 288,000원 |
| | 교육 준비물 | 색연필, 그래피스, 건지, 사인펜, 색지, 가위, 색종이 등 | 50,000원 |
| | 우편비 및 시상비 | 우편물 발송, 시상품 | 50,000원 |
| | 총 계 | | 388,000원 |

## ■ 기대 효과

- 학교폭력 근절 및 건전한 학교 문화 조성
- 솔리언 또래상담자의 인성 및 사회성 증진
- 학생들의 친밀한 또래관계 구축 및 학교적응력 향상
- 솔리언 또래상담자를 통해 학교폭력 조기발견 및 예방 시스템 구축

## 5. 학생자치법정 프로그램

### 1) 학생자치법정 프로그램의 이해

#### (1) 학생자치법정의 개념

우리나라의 학생자치법정은 미국의 청소년법정(teen courts)을 도입하여 한국의 실정에 맞도록 수정 · 보완한 프로그램이다. 미국의 청소년법정은 청소년 비행의 초기 단계에서 전통적인 사법체계에 의한 징계를 피하고 일반 청소년과 지역 공동체가 자발적으로 운영하는 자치법정에서 재판을 받게 하는 제도다(Fisher, 2002). 이는 정규 사법제도의 일환으로 활용되는 우회교육 프로그램(diversion program)이다.

청소년법정은 공식적인 사법제도인 소년법정, 교통법정 그리고 학교의 징계절차에 의해 다루어질 수 있는 사건을 대상으로 청소년들이 저지른 범죄에 대해 동료 소년들이 재판하는 것을 말한다(Fisher, 2002). 이것은 경미한 범죄를 저지른 초범의 청소년들을 다루기 위해 전과의 기록을 남기지 않으면서도 정규 소년사법 절차를 우회할 수 있게 한 대안적 프로그램이다. 청소년법정은 또래가 청소년 비행이나 범죄에 강력한 영향력을 발휘한다는 점에 기초하고 있다. 또한 청소년들에게 청소년 사법제도에 대한 실질적인 경험을 제공함으로써 청소년들이 그들의 권리에 대하여 보다 많이 이해하고, 책임감을 증진시키고, 그들의 삶에 대하여 보다 나은 결정을 하도록 돕는다(Williamson & Wells, 2004).

켄터키에서는 청소년 지원자들에게 법정에서 봉사하기 전에 6주간의 훈련을 시켜서 법에 대한 체계를 이해시키고 문제해결 능력을 증진시키고 있다. 학생자치법정은 규범을 어긴 학생에 대한 징계처리 과정에 미국의 청소년법정의 특징을 도입한 것으로 이해할 수 있다. 특히 우리나라의 학생자치법정은 미국의 청소년법정의 여러 형태 중 청소년 판사제를 도입하고, 한국적 상황에 맞게 개발하여 형사절차가 아닌 학교 현장에 적용하도록 설계된 법교육 프로그램이다. 따라서 학생자치법정은 교내 학생 징계 처리의 일환으로 학교 현장에 적용될 수 있다.

### (2) 학생자치법정 운영의 의의

학생자치법정은 학교 현장에서 학교규칙에 대한 학교 구성원의 폭넓은 합의와 이해를 바탕으로 규칙의 준수를 생활화하며, 규칙을 어겼을 경우에는 벌점을 과하고 벌점이 일정한 기준을 넘어서면 학생자치법정에 회부하여 학생들 스스로가 징계방법을 결정하고 따르게 하는 학생중심 법교육 방법이다.

학교는 학생들을 위한 사회화 기관이다. 또한 학교는 규범, 규칙에 대한 인식, 규칙에 대한 정서, 규칙의 준수 의지 등이 형성되는 중요한 장소다. 따라서 학교에서의 학생자치법정 운영은 학생들의 법의식 형성에 어떠한 형태로든 영향을 끼칠 수 있을 것이다.

학생자치법정의 법교육적 의의를 살펴보면 다음과 같다(법무부, 2008).

첫째, 학생자치법정의 운영을 통해 법교육이 추구하는 건전한 시민으로서의 법의식을 함양시킬 수 있을 것이다. 학생자치법정의 활동을 통해 교칙을 위반하는 학생의 책임감이 증대되고, 동료집단과의 긍정적인 상호 증대를 통하여 교칙 위반이 감소하는 효과를 기대할 수 있다. 따라서 학생자치법정은 학생들의 건전한 법의식을 신장시킬 수 있는 유용한 법교육 방법이 될 수 있다.

둘째, 학생자치법정에 참여하는 학생들은 교칙을 확인하고 이를 사실에 적용하는 과정을 통해 민주시민으로서 가져야 하는 법적 소양을 증진할 수 있다. 학생자치법정은 체험학습의 유용한 방법 중 하나이며, 자연스럽게 사법절차 및 법적 권리와 의무를 이해하여 합리적 사고력 및 문제

해결 능력을 배양함으로써 민주시민으로 가져야 할 법적 소양을 기를 수 있다.

셋째, 학생자치법정의 참여를 통해 청소년들의 일탈행위를 감소시키고 발달 과업을 달성하는 데 긍정적 효과를 기대할 수 있다. 학생들은 자신을 적극적으로 변론하고, 동료 학생들의 결정에 승복하는 과정을 통하여 자신의 행위에 대한 반성의 계기를 가짐으로써 다시 규칙 위반을 할 가능성을 낮출 수 있다.

### (3) 학생자치법정 운영의 효과

학생자치법정의 효과는 무엇일까? 학생자치법정은 학생들이 스스로 학교규칙에 대한 제반 활동을 전개해 나가는 프로그램이다. 따라서 활동의 과정에서 법 지식, 규칙에 대한 신뢰, 문제해결 능력, 법적 활동에 대한 참여 의지 등에 영향을 받게 될 것이다.

선행 연구(박찬주, 2008)와 법무부(2007, 2008)의 연구 결과를 기초로 학생자치법정의 효과를 살펴보면 다음과 같다.

첫째, 교칙에 대한 긍정적 인식을 높일 수 있다. 학생자치법정의 운영은 학생들에게 교칙이라는 규범을 수동적으로 적용받는 경험이라기보다는 사실관계를 확인하고 이를 적용하는 적극적인 경험이라 할 수 있다. 따라서 학생들은 교칙이 필요하다는 인식을 갖게 되고, 이를 통해 교칙에 대한 긍정적 인식을 향상할 수 있다. 이러한 교칙에 대한 긍정적 인식의 향상은 법에 대한 긍정적 인식으로 연결될 수 있고, 따라서 건전한 법의식 함양에 기여할 수 있다.

둘째, 민주시민으로서 가져야 하는 법적 문제에 대한 합리적 사고 및 해결 능력을 신장시킬 수 있다. 학생자치법정은 학교에서 발생한 교칙 위반 사건에 대하여 학생들로 하여금 합리적으로 해결하도록 요구한다. 따라서 학생들은 학생자치법정을 통하여 자연스럽게 사법절차 및 법적 권리와 의무를 이해하여 합리적 사고력 및 문제해결 능력을 배양할 수 있다.

셋째, 학교생활 지도의 최적의 대안으로서 교칙 적용에 대한 신뢰를 증진할 수 있다. 기존의 학생징계 절차와는 달리 학생자치법정은 교사가 아닌 또래 친구에 의해 징계가 진행되기 때문에 교칙의 적용에 대한 공정성의 시비를 감소시키고, 교칙 적용에 대한 신뢰를 증진할 수 있다. 이러한 인식은 더 나아가서는 법 적용에 대한 신뢰를 증진하는 계기가 될 수 있을 것이다.

넷째, 학교폭력 등 비행을 예방할 수 있다. 학생들이 사소하게 여겼던 교칙 위반 행동에 대하여 책임감을 갖게 해 줌으로써 학교폭력 등 비행으로 발전할 수 있는 가능성을 미연에 방지할 수 있다. 즉, 비행청소년의 범죄의 습관화를 막을 수 있으며, 청소년의 책임감 증대에 영향을 미친다. 청소년법정은 초범 및 경미한 범죄에 대해 초기에 적절한 제재를 가함으로써 범죄행위가 습관화되는 것을 막을 수 있다. 또한 재판 결과 자신에게 부여된 여러 가지 의무를 충실하게 수행하는 과정을 통해 사회에 대한 자신의 책임감을 향상할 수 있다.

다섯째, 학교 구성원 간의 신뢰를 향상하고, 사회적 결속력을 강화시킴으로써 참여의식을 증대시킬 수 있다. 학생자치법정은 학생들이 함께 문제를 해결해 나가는 과정에서 서로를 신뢰하게 되고, 이를 바탕으로 사회적 결속력을 강화시킬 수 있다. 이는 장차 학생들로 하여금 민주시민으로서 참여의식을 증대시킬 수 있다.

여섯째, 또래 효과(peer effect)와 관련하여 청소년의 비행과 범죄의 감소 효과가 있다. 청소년자치법정은 또래의 영향력을 전제로 하고 있기 때문에 청소년법정을 통하여 이러한 긍정적인 또래 효과가 증진될 수 있다.

일곱째, 학교에서의 성적이 향상된다. 청소년법정을 통하여 범죄의 재발 가능성이 낮아지고, 학교생활에 더 적극적으로 참여하게 됨으로써 학교 성적이 향상될 수 있다.

### 2) 학생자치법정 프로그램의 실제

#### (1) 학생자치법정의 의미와 목적 및 방침

학생자치법정은 상벌점제와 연계하여 경미한 교칙 위반 학생(벌점 30점 초과인 학생)에게 동료 학생들이 배심원으로 구성된 법정재판을 통해 긍정적 처벌을 내리는 일련의 재판과정이다. 또한 과벌점자 학생들에게 각자 가진 나름대로의 사정과 반성의 기미, 개선 노력을 말할 기회를 제공해 주고, 과벌점자에 대한 긍정적 처벌 수준을 동료 학생 배심원단에 의해서 결정하는 제도다.

학생자치법정의 목적은 ① 민주시민으로서 필요한 준법정신과 책임 능력 함양, ② 학교생활의 기초 질서 확립에의 자발적 참여를 통한 기본생활습관 정착이다. 방침은 ① 본교 학생생활규정 및 상벌점제 운영계획에 의거하여 누적벌점이 30점 이상인 학생에 대한 벌칙 부과 논의, ② 학생자치법정에 회부된 학생들에게 어떤 긍정적 처벌을 내릴 것인가를 충분히 고려, ③ 배심원에게 일정 정도의 사안별 긍정적 처벌 종류 제공, ④ 학생자치법정에서 활동하는 학생들에게 임명장 수여 및 봉사활동 인정이다.

#### (2) 세부 계획

학생자치법정 프로그램의 구체적인 내용 및 관련 서식은 2012학년도 충청남도 태안고등학교 학생복지부에서 수립한 세부 계획을 기초로 하여 제시하기로 한다.

## ■ 법정 구성원 조직

• 구성원: 판사, 검사, 변호사, 배심원, 서기, 법정 경위로 구성

| 구분 | 1학년 | 2학년 | 3학년 | 계 | 비고 |
|---|---|---|---|---|---|
| 판사 | 1 | 1 | 1 | 3 | |
| 검사 | 1 | 1 | 1 | 3 | |
| 변호사 | 1 | 1 | 1 | 3 | |
| 배심원 | 6 | 6 | 6 | 18 | |
| 서기 | 1 | 1 | 1 | 3 | |
| 법정 경위 | 1 | 1 | 1 | 3 | |
| 계 | 11 | 11 | 11 | 33 | |

• 조직 일정

- 자치법정 구성원 모집 공고: 20○○. ○. ○(월)~○. ○(금)
- 자치법정 구성을 위한 심층면접: 20○○. ○. ○(수)
- 자치법정 구성원 확정 공고: 20○○. ○. ○(금)

※ 판사, 검사, 변호사 선발은 공고 후 신청자를 받아서 학생회 임원들의 면접을 통해 선발하고, 배심원은 학급당 1명씩 추천을 받아 구성함

## ■ 법정 구성원 역할

| 위원 | 역할 |
|---|---|
| 학생자치 법정위원 | • 학생자치법정 운영에 대한 실무 역할<br>• 학생자치법정에 참여하는 모든 사람들에 대한 선발 및 지정 |
| 판사 (3명) | • 재판 시작 전 재판의 주의사항을 안내<br>• 사건에 대한 변호사와 검사의 의견을 청취<br>• 배심원단의 결정을 승인하거나 거부할 권리<br>• 재판의 전반적인 진행을 정리, 최종적인 판결을 선고 |

(계속)

| | |
|---|---|
| 검사<br>(3명) | • 규칙 위반 사실에 대해 신문<br>• 규칙 위반에 대해 규정상의 지도내용을 구형<br>• 판사와 배심원단에게 엄정한 판결을 요청 |
| 출두 학생 | • 요건에 부합한 대상자를 변호인으로 선임할 수 있음<br>• 위반 사실에 대한 정당한 상황 근거나 반성하는 모습, 개선 노력 등을 알리기 위해 적극적으로 노력 |
| 변호사<br>(3명) | • 대상 학생의 변론을 담당<br>• 대상 학생의 불가피한 사정이나 현재의 변화된 모습, 미래의 발전 가능성 등을 효과적으로 전달하여 가능한 한 낮은 수준의 지도가 나올 수 있도록 노력 |
| 배심원<br>(6명) | • 검사와 대상 학생 측 변호인의 주장을 듣고 판단<br>• 별도로 마련된 배심원 회의실에서 만장일치로 결정, 합의문 작성<br>• 배심원은 지도 수준을 경감해 줄 권한만 가짐<br>• 만약 판사가 합의문을 승인하지 않을 경우 다시 조정 |
| 서기 | • 법정의 구성원들에게 재판의 개정, 절차 등 안내<br>• 법정에서의 진행 상황을 모두 기록하고 판결 내용을 지도교사에게 보고 |
| 법정 경위 | • 재판이 시작되고 끝날 때 판사의 입정과 퇴정을 안내<br>• 재판이 진행되는 동안 법정의 분위기를 진지하게 유지 |

### ■ 자치법정 회부 대상자 요건 및 선정

• 대상: 벌점에서 상점을 상쇄한 분기별 누계 점수가 30점 이상인 학생

• 선정절차

- 교내 상벌점제 담당교사가 대상 학생을 선정
- 법정 회부 대상 학생에게 소명 기회 제공 및 개별 의견 청취
- 법정 회부 대상자 최종 확정, 담임교사 및 학부모에게 통보
- 학생자치법정 회부 대상자 명단과 벌점 현황을 판사, 검사, 변호사 측에 전달

### ■ 재판 일정

• 분기별 1회 운영을 원칙으로 함

• 판결방법은 배심원 판결로 함

## ■ 재판 전 준비

| 위원 | 역할 |
|---|---|
| 제1단계<br>(사전교육) | • 학생자치법정 참여 관계자 확정<br>• 학생자치법정 참여 관계자들에 대해 사전교육을 철저히 실시(집합교육/개별교육)<br>• 학생자치법정에 회부된 대상 학생과의 면담을 통해 문제 행동 및 사유 확인<br>• 대상 학생이 제기하는 이의사항을 확인, 이의사항은 재판 준비 2단계에서 검사, 변호사가 지도교사와 함께 검토<br>• 대상 학생에게 변호사 선정을 안내하고, 재판 준비 2단계 날짜 통보 |
| 제2단계 | • 검사, 변호사, 학생지도교사는 제기한 이의사항을 검토<br>(이의사항에 따른 증인 및 증거를 제출할 것을 안내)<br>• 대상 학생 명단 및 사실관계 목록 작성, 그리고 관계자에게 배포 |
| 제3단계 | • 판사, 검사, 변호사, 대상 학생, 담임교사, 배심원단, 지도교사에게 공소상 배포<br>• 검사, 변호사, 지도교사는 증인 면담 및 증거 확인<br>• 학생자치법정 개최에 대한 학교장 승인, 재판일자 공고<br>• 재판 참여자 전원에게 재판 시나리오 배부<br>• 학생자치법정 준비상황 최종 점검 |

## ■ 재판 단계

| 단계 | 주요 실천 내용 | 비고 |
|---|---|---|
| 재판 전 단계 | • 법정 회부 대상자 명단 작성<br>• 통보(판사, 검사, 변호사, 피고, 시기, 배심원)<br>• 재판 공시 | |
| 재판 단계 | • 법정 형태 결정<br>• 재판 횟수 및 일시 결정<br>• 법정 준비(법정 배치도)<br>• 법정 구성원의 역할 및 권한: 판사, 배심원, 검사, 피고, 변호사, | |

(계속)

| | | |
|---|---|---|
| 재판 단계 | 서기, 무장 경찰, 방청객<br>• 법정재판 절차: 출석 확인 → 교육 → 피고인 선서 → 검사 심문 → 변호사 심문 → 검사 구형 → 변호사 최종 변론 → 피고 최후 변론 → 배심원 회의 및 판결 → 판결 선고 | |
| 재판 후 단계 | • 법정 판결 이행 시 관리/감독(학생복지부)<br>• 사후 평가회<br>• 역할 소감문 작성 및 발표<br>• 학교 교칙 개정을 위한 제언 | |

## ■ 긍정적 처벌의 종류 (2개 이상 부과 가능)

1. 배심원 혹은 참관인으로 참여
2. 교문에서 지각생 지도(매일 아침 7시 50분, 5일간)
3. 담임교사께 문안 모닝콜 해 드리기(매일 아침 6시 30분, 5일간)
4. 아침 일찍 등교하여 학급 청소 및 업무 도와드리기(매일 아침 8시 00~20분, 5일간)
5. 나의 다짐 쓰기(교칙 준수 이유, 생활 반성, 앞으로의 다짐 포함)(분량: A4 3매)
6. 플래카드 들고 교내 캠페인 활동 참가(매일 아침 교문, 점심시간, 5일간)
7. 담임교사와 교환 편지 쓰기(5일간)
8. 쓰레기 분리수거 활동 참여(총 7회 이상 참가)
9. 교육용 다큐멘터리 감상하고 감상문 쓰기(1편 감상, 분량 A4 3매)
10. 담임교사 또는 상담선생님과 개인상담(매일 1시간, 5일간)
11. 청소년 권장 시 외워서 검사받기(5일간)
12. 청소년 권장 도서 읽고 감상문 쓰기(2권 이상)
13. 청소년 권장 한자와 천자문 쓰기(5일간)
14. 영어 단어와 수학 문제 풀이하여 제출하기(1주일간)
15. 교육용 포스터와 표어 제작하기(포스터 4절지, 표어 8절지 1/2장)
16. 자기반성과 행동 개선 의지를 담은 UCC 제작하여 제출하기
17. 부모님과 상담하고 상담록 제출하기(5일간)
18. 문제 상황 관련 보고서 작성하기(교칙 위반 내용 관련, 분량 A4 5매 이상)
19. 등하교 시 교내에서 부상을 당한 학생 도우미 하기(5일 이내로 함)
20. 학교폭력으로 고통받는 학생이나 학부모에 관한 신문기사 열 가지 읽고 스크랩하기

■ **법정 배치도**

• 법정 장소: 자치법정(전교학생회 회의실)

• 법정 배치도

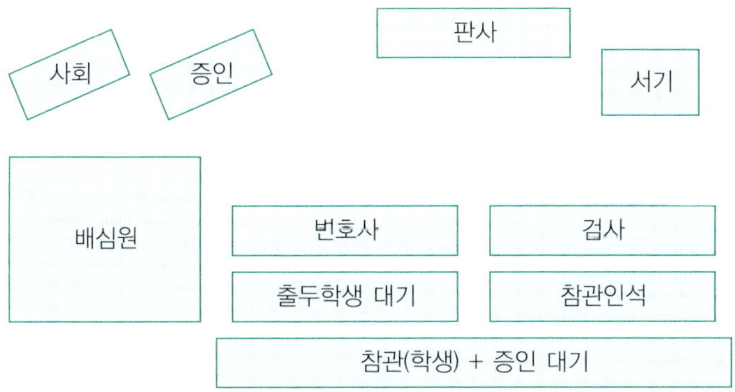


■ **처벌 이행 확인서 제출**

• 자치법정에서 처분을 받은 학생은 긍정적 처벌 이행 증거를 학생복지부에 제출

■ **학생자치법정 구성원에 대한 보상**

• 임명장 수여: 참여 구성원 역할에 따른 학교장 임명장 수여(판사, 검사, 변호사, 배심원, 서기, 법정 경위)

• 학교 생활기록부에 활동 내용 상세하게 기록

• 학교 봉사활동 시간 인정: 학생자치법정 참여 시간(1회 2시간 이내)

• 학교장상 추천: 학생자치법정 활동에 적극적으로 참여한 학생

■ **기대효과**

• 학생자치 능력 향상 및 학생 참여 확대

• 학생들의 재비행 방지에 교육적 효과 가능성 제고

- 재판과정에 참여한 학생들의 법적 권리와 의무 이해도 제고
- 학생자치법정에 의한 선도 처분을 받은 학생들의 행동 변화 가능성 제고

# 부록

The Prevention and Countermeasures of **School Violence**

1. 학교폭력예방 및 대책에 관한 법률

2. 학교폭력예방 및 대책에 관한 법률 시행령

3. 학교폭력 실태조사 설문지 및
   사안처리 체크리스트

4. 학교폭력 사안처리 양식

※학지사(hakjisa.co.kr)-자료실-부록자료실에서 다운로드하실 수 있습니다.

부록 1

## 학교폭력예방 및 대책에 관한 법률

[시행 2013.3.23] [법률 제11690호, 2013.3.23, 타법개정]

**제1조(목적)** 이 법은 학교폭력의 예방과 대책에 필요한 사항을 규정함으로써 피해학생의 보호, 가해학생의 선도·교육 및 피해학생과 가해학생 간의 분쟁조정을 통하여 학생의 인권을 보호하고 학생을 건전한 사회구성원으로 육성함을 목적으로 한다.

**제2조(정의)** 이 법에서 사용하는 용어의 정의는 다음 각 호와 같다. 〈개정 2009.5.8, 2012.1.26, 2012.3.21〉

1. "학교폭력"이란 학교 내외에서 학생을 대상으로 발생한 상해, 폭행, 감금, 협박, 약취·유인, 명예훼손·모욕, 공갈, 강요·강제적인 심부름 및 성폭력, 따돌림, 사이버 따돌림, 정보통신망을 이용한 음란·폭력 정보 등에 의하여 신체·정신 또는 재산상의 피해를 수반하는 행위를 말한다.

1의2. "따돌림"이란 학교 내외에서 2명 이상의 학생들이 특정인이나 특정집단의 학생들을 대상으로 지속적이거나 반복적으로 신체적 또는 심리적 공격을 가하여 상대방이 고통을 느끼도록 하는 일체의 행위를 말한다.

1의3. "사이버 따돌림"이란 인터넷, 휴대전화 등 정보통신기기를 이용하여 학생들이 특정 학생들을 대상으로 지속적, 반복적으로 심리적 공격을 가하거나, 특정 학생과 관련된 개인정보 또는 허위사실을 유포하여 상대방이 고통을 느끼도록 하는 일체의 행위를 말한다.

2. "학교"란 「초·중등교육법」 제2조에 따른 초등학교·중학교·고등학교·특수학교 및 각종학교와 같은 법 제61조에 따라 운영하는 학교를 말한다.
3. "가해학생"이란 가해자 중에서 학교폭력을 행사하거나 그 행위에 가담한 학생을 말한다.
4. "피해학생"이란 학교폭력으로 인하여 피해를 입은 학생을 말한다.
5. "장애학생"이란 신체적·정신적·지적 장애 등으로 「장애인 등에 대한 특수교육법」 제15조에서 규정하는 특수교육을 필요로 하는 학생을 말한다.

**제3조(해석·적용의 주의의무)** 이 법을 해석·적용함에 있어서 국민의 권리가 부당하게 침

해되지 아니하도록 주의하여야 한다.

**제4조(국가 및 지방자치단체의 책무)** ① 국가 및 지방자치단체는 학교폭력을 예방하고 근절하기 위하여 조사 · 연구 · 교육 · 계도 등 필요한 법적 · 제도적 장치를 마련하여야 한다.

② 국가 및 지방자치단체는 청소년 관련 단체 등 민간의 자율적인 학교폭력 예방활동과 피해학생의 보호 및 가해학생의 선도 · 교육활동을 장려하여야 한다.

③ 국가 및 지방자치단체는 제2항에 따른 청소년 관련 단체 등 민간이 건의한 사항에 대하여는 관련 시책에 반영하도록 노력하여야 한다.

④ 국가 및 지방자치단체는 제1항부터 제3항까지의 규정에 따른 책무를 다하기 위하여 필요한 행정적 · 재정적 지원을 하여야 한다. 〈개정 2012. 3.21〉

**제5조(다른 법률과의 관계)** ① 학교폭력의 규제, 피해학생의 보호 및 가해학생에 대한 조치에 있어서 다른 법률에 특별한 규정이 있는 경우를 제외하고는 이 법을 적용한다.

② 제2조제1호 중 성폭력은 다른 법률에 규정이 있는 경우에는 이 법을 적용하지 아니한다.

**제6조(기본계획의 수립 등)** ① 교육부장관은 이 법의 목적을 효율적으로 달성하기 위하여 학교폭력의 예방 및 대책에 관한 정책 목표 · 방향을 설정하고, 이에 따른 학교폭력의 예방 및 대책에 관한 기본계획(이하 "기본계획"이라 한다)을 제7조에 따른 학교폭력대책위원회의 심의를 거쳐 수립 · 시행하여야 한다. 〈개정 2012.3.21〉

② 기본계획은 다음 각 호의 사항을 포함하여 5년마다 수립하여야 한다. 이 경우 교육부장관은 관계 중앙행정기관 등의 의견을 수렴하여야 한다. 〈개정 2012.3.21〉

1. 학교폭력의 근절을 위한 조사 · 연구 · 교육 및 계도
2. 피해학생에 대한 치료 · 재활 등의 지원
3. 학교폭력 관련 행정기관 및 교육기관 상호 간의 협조 · 지원
4. 제14조제1항에 따른 전문상담교사의 배치 및 이에 대한 행정적 · 재정적 지원
5. 학교폭력의 예방과 피해학생 및 가해학생의 치료 · 교육을 수행하는 청소년 관련 단체(이하 "전문단체"라 한다) 또는 전문가에 대한 행정적 · 재정적 지원
6. 그 밖에 학교폭력의 예방 및 대책을 위하여 필요한 사항

③ 교육부장관은 대통령령으로 정하는 바에 따라 특별시 · 광역시 · 특별자치시 · 도 및 특별자치도(이하 "시 · 도"라 한다) 교육청의 학교폭력 예방 및 대책과 그에 대한 성과를 평가하고, 이를 공표하여야 한다. 〈신설 2012.1.26〉

**제7조(학교폭력대책위원회의 설치 · 기능)** 학교폭력의 예방 및 대책에 관한 다음 각 호의 사항을 심의하기 위하여 국무총리 소속으로 학교폭력대책위원회(이하 "대책위원회"라 한

다)를 둔다. 〈개정 2012.3.21〉

1. 학교폭력의 예방 및 대책에 관한 기본계획의 수립 및 시행에 대한 평가
2. 학교폭력과 관련하여 관계 중앙행정기관 및 지방자치단체의 장이 요청하는 사항
3. 학교폭력과 관련하여 교육청, 제9조에 따른 학교폭력대책지역위원회, 제10조의2에 따른 학교폭력대책지역협의회, 제12조에 따른 학교폭력대책자치위원회, 전문단체 및 전문가가 요청하는 사항

[제목개정 2012.3.21]

**제8조(대책위원회의 구성)** ① 대책위원회는 위원장 2명을 포함하여 20명 이내의 위원으로 구성한다.

② 위원장은 국무총리와 학교폭력 대책에 관한 전문지식과 경험이 풍부한 전문가 중에서 대통령이 위촉하는 사람이 공동으로 되고, 위원장 모두가 부득이한 사유로 직무를 수행할 수 없을 때에는 국무총리가 지명한 위원이 그 직무를 대행한다.

③ 위원은 다음 각 호의 사람 중에서 대통령령이 위촉하는 사람으로 한다. 다만, 제1호의 경우에는 당연직 위원으로 한다.

1. 기획재정부장관, 미래창조과학부장관, 교육부장관, 법무부장관, 안전행정부장관, 문화체육관광부장관, 보건복지부장관, 여성가족부장관, 방송통신위원회 위원장, 경찰청장
2. 학교폭력 대책에 관한 전문지식과 경험이 풍부한 전문가 중에서 제1호의 위원이 각각 1명씩 추천하는 사람
3. 관계 중앙행정기관에 소속된 3급 공무원 또는 고위공무원단에 속하는 공무원으로서 청소년 또는 의료 관련 업무를 담당하는 사람
4. 대학이나 공인된 연구기관에서 조교수 이상 또는 이에 상당한 직에 있거나 있었던 사람으로서 학교폭력 문제 및 이에 따른 상담 또는 심리에 관하여 전문지식이 있는 사람
5. 판사 · 검사 · 변호사
6. 전문단체에서 청소년보호활동을 5년 이상 전문적으로 담당한 사람
7. 의사의 자격이 있는 사람
8. 학교운영위원회 활동 및 청소년보호활동 경험이 풍부한 학부모

④ 위원장을 포함한 위원의 임기는 2년으로 하되, 1차에 한하여 연임할 수 있다.

⑤ 위원회의 효율적 운영 및 지원을 위하여 간사 1명을 두되, 간사는 교육부장관이 된다.

⑥ 위원회에 상정할 안건을 미리 검토하는 등 안건 심의를 지원하고, 위원회가 위임한 안건을 심의하기 위하여 대책위원회에 학교폭력대책실무위원회(이하 "실무위원회"라 한

다)를 둔다.

⑦ 그 밖에 대책위원회의 운영과 실무위원회의 구성 · 운영에 필요한 사항은 대통령령으로 정한다.

[전문개정 2012.3.21]

**제9조(학교폭력대책지역위원회의 설치)** ① 지역의 학교폭력 문제를 해결하기 위하여 시 · 도에 학교폭력대책지역위원회(이하 "지역위원회"라 한다)를 둔다. 〈개정 2012.1.26〉

② 특별시장 · 광역시장 · 특별자치시장 · 도지사 및 특별자치도지사는 지역위원회의 운영 및 활동에 관하여 시 · 도의 교육감(이하 "교육감"이라 한다)과 협의하여야 하며, 그 효율적인 운영을 위하여 실무위원회를 둘 수 있다. 〈개정 2012.1.26〉

③ 지역위원회는 위원장 1인을 포함한 11인 이내의 위원으로 구성한다.

④ 지역위원회 및 제2항에 따른 실무위원회의 구성 · 운영에 필요한 사항은 대통령령으로 정한다.

**제10조(학교폭력대책지역위원회의 기능 등)** ① 지역위원회는 기본계획에 따라 지역의 학교폭력 예방대책을 매년 수립한다.

② 지역위원회는 해당 지역에서 발생한 학교폭력에 대하여 교육감 및 지방경찰청장에게 관련 자료를 요청할 수 있다.

③ 교육감은 지역위원회의 의견을 들어 제16조제1항제1호부터 제3호까지나 제17조제1항제5호에 따른 상담 · 치료 및 교육을 담당할 상담 · 치료 · 교육 기관을 지정하여야 한다. 〈개정 2012.1.26〉

④ 교육감은 제3항에 따른 상담 · 치료 · 교육 기관을 지정한 때에는 해당 기관의 명칭, 소재지, 업무를 인터넷 홈페이지에 게시하고, 그 밖에 다양한 방법으로 학부모에게 알릴 수 있도록 노력하여야 한다. 〈신설 2012.1.26〉

[제목개정 2012.1.26]

**제10조의2(학교폭력대책지역협의회의 설치 · 운영)** ① 학교폭력예방 대책을 수립하고 기관별 추진계획 및 상호 협력 · 지원 방안 등을 협의하기 위하여 시 · 군 · 구에 학교폭력대책지역협의회(이하 "지역협의회"라 한다)를 둔다.

② 지역협의회는 위원장 1명을 포함한 20명 내외의 위원으로 구성한다.

③ 그 밖에 지역협의회의 구성 · 운영에 필요한 사항은 대통령령으로 정한다.

[본조신설 2012.3.21]

**제11조(교육감의 임무)** ① 교육감은 시 · 도교육청에 학교폭력의 예방과 대책을 담당하는 전

담부서를 설치 · 운영하여야 한다.

② 교육감은 관할 구역 안에서 학교폭력이 발생한 때에는 해당 학교의 장 및 관련 학교의 장에게 그 경과 및 결과의 보고를 요구할 수 있다.

③ 교육감은 관할 구역 안의 학교폭력이 관할 구역 외의 학교폭력과 관련이 있는 때에는 그 관할 교육감과 협의하여 적절한 조치를 취하여야 한다.

④ 교육감은 학교의 장으로 하여금 학교폭력의 예방 및 대책에 관한 실시계획을 수립 · 시행하도록 하여야 한다.

⑤ 교육감은 제12조에 따른 자치위원회가 처리한 학교의 학교폭력빈도를 학교의 장에 대한 업무수행 평가에 부정적 자료로 사용하여서는 아니 된다.

⑥ 교육감은 제17조제1항제8호에 따른 전학의 경우 그 실현을 위하여 필요한 조치를 취하여야 하며, 제17조제1항제9호에 따른 퇴학처분의 경우 해당 학생의 건전한 성장을 위하여 다른 학교 재입학 등의 적절한 대책을 강구하여야 한다. 〈개정 2012.1.26, 2012.3.21〉

⑦ 교육감은 대책위원회 및 지역위원회에 관할 구역 안의 학교폭력의 실태 및 대책에 관한 사항을 보고하고 공표하여야 한다. 관할 구역 밖의 학교폭력 관련 사항 중 관할 구역 안의 학교와 관련된 경우에도 또한 같다. 〈개정 2012.1.26, 2012.3.21〉

⑧ 교육감은 학교폭력의 실태를 파악하고 학교폭력에 대한 효율적인 예방대책을 수립하기 위하여 학교폭력 실태조사를 연 2회 이상 실시하여야 한다. 〈신설 2012.3.21〉

⑨ 교육감은 학교폭력 등에 관한 조사, 상담, 치유프로그램 운영 등을 위한 전문기관을 설치 · 운영할 수 있다. 〈신설 2012.3.21〉

⑩ 교육감은 관할 구역에서 학교폭력이 발생한 때에 해당 학교의 장 또는 소속 교원이 그 경과 및 결과를 보고함에 있어 축소 및 은폐를 시도한 경우에는 「교육공무원법」 제50조 및 「사립학교법」 제62조에 따른 징계위원회에 징계의결을 요구하여야 한다. 〈신설 2012.3.21〉

⑪ 교육감은 관할 구역에서 학교폭력의 예방 및 대책 마련에 기여한 바가 큰 학교 또는 소속 교원에게 상훈을 수여하거나 소속 교원의 근무성적 평정에 가산점을 부여할 수 있다. 〈신설 2012.3.21〉

⑫ 제1항에 따라 설치되는 전담부서의 구성과 제8항에 따라 실시하는 학교폭력 실태조사 및 제9항에 따른 전문기관의 설치에 필요한 사항은 대통령령으로 정한다. 〈개정 2012.3.21〉

**제11조의2(학교폭력 조사 · 상담 등)** ① 교육감은 학교폭력 예방과 사후조치 등을 위하여 다

음 각 호의 조사 · 상담 등을 수행할 수 있다.

1. 학교폭력 피해학생 상담 및 가해학생 조사
2. 필요한 경우 가해학생 학부모 조사
3. 학교폭력 예방 및 대책에 관한 계획의 이행 지도
4. 관할 구역 학교폭력서클 단속
5. 학교폭력 예방을 위하여 민간 기관 및 업소 출입 · 검사
6. 그 밖에 학교폭력 등과 관련하여 필요로 하는 사항

② 교육감은 제1항의 조사 · 상담 등의 업무를 대통령령으로 정하는 기관 또는 단체에 위탁할 수 있다.

③ 교육감 및 제2항에 따른 위탁 기관 또는 단체의 장은 제1항에 따른 조사 · 상담 등의 업무를 수행함에 있어 필요한 경우 관계 기관의 장에게 협조를 요청할 수 있다.

④ 제1항에 따라 조사 · 상담 등을 하는 관계 직원은 그 권한을 표시하는 증표를 지니고 이를 관계인에게 보여 주어야 한다.

⑤ 제1항제1호 및 제4호의 조사 등의 결과는 학교의 장 및 보호자에게 통보하여야 한다.

[본조신설 2012.3.21]

**제11조의3(관계 기관과의 협조 등)** ① 교육부장관, 교육감, 지역 교육장, 학교의 장은 학교폭력과 관련한 개인정보 등을 경찰청장, 지방경찰청장, 관할 경찰서장 및 관계 기관의 장에게 요청할 수 있다.

② 제1항에 따라 정보제공을 요청받은 경찰청장, 지방경찰청장, 관할 경찰서장 및 관계 기관의 장은 특별한 사정이 없으면 이에 응하여야 한다.

③ 제1항 및 제2항에 따른 관계 기관과의 협조 사항 및 절차 등에 필요한 사항은 대통령령으로 정한다.

[본조신설 2012.3.21]

**제12조(학교폭력대책자치위원회의 설치 · 기능)** ① 학교폭력의 예방 및 대책에 관련된 사항을 심의하기 위하여 학교에 학교폭력대책자치위원회(이하 "자치위원회"라 한다)를 둔다. 다만, 자치위원회 구성에 있어 대통령령으로 정하는 사유가 있는 경우에는 교육감의 보고를 거쳐 둘 이상의 학교가 공동으로 자치위원회를 구성할 수 있다. 〈개정 2012.1.26〉

② 자치위원회는 학교폭력의 예방 및 대책 등을 위하여 다음 각 호의 사항을 심의한다. 〈개정 2012.1.26〉

1. 학교폭력의 예방 및 대책수립을 위한 학교 체제 구축

2. 피해학생의 보호
3. 가해학생에 대한 선도 및 징계
4. 피해학생과 가해학생 간의 분쟁조정
5. 그 밖에 대통령령으로 정하는 사항

③ 자치위원회는 해당 지역에서 발생한 학교폭력에 대하여 학교장 및 관할 경찰서장에게 관련 자료를 요청할 수 있다. 〈신설 2012.3.21〉

④ 자치위원회의 설치 · 운영 등에 필요한 사항은 지역 및 학교의 규모 등을 고려하여 대통령령으로 정한다. 〈개정 2012.3.21〉

**제13조(자치위원회의 구성 · 운영)** ① 자치위원회는 위원장 1인을 포함하여 5인 이상 10인 이하의 위원으로 구성하되, 대통령령으로 정하는 바에 따라 전체위원의 과반수를 학부모 전체회의에서 직접 선출된 학부모대표로 위촉하여야 한다. 다만, 학부모전체회의에서 학부모대표를 선출하기 곤란한 사유가 있는 경우에는 학급별 대표로 구성된 학부모대표회의에서 선출된 학부모대표로 위촉할 수 있다. 〈개정 2011.5.19〉

② 자치위원회는 분기별 1회 이상 회의를 개최하고, 자치위원회의 위원장은 다음 각 호의 어느 하나에 해당하는 경우에 회의를 소집하여야 한다. 〈신설 2011.5.19, 2012.1.26, 2012.3.21〉

1. 자치위원회 재적위원 4분의 1 이상이 요청하는 경우
2. 학교의 장이 요청하는 경우
3. 피해학생 또는 그 보호자가 요청하는 경우
4. 학교폭력이 발생한 사실을 신고받거나 보고받은 경우
5. 가해학생이 협박 또는 보복한 사실을 신고받거나 보고받은 경우
6. 그 밖에 위원장이 필요하다고 인정하는 경우

③ 자치위원회는 회의의 일시, 장소, 출석위원, 토의내용 및 의결사항 등이 기록된 회의록을 작성 · 보존하여야 한다. 〈신설 2011.5.19〉

④ 그 밖에 자치위원회의 구성 · 운영에 필요한 사항은 대통령령으로 정한다. 〈개정 2011.5.19〉

[제목개정 2011.5.19]

**제14조(전문상담교사 배치 및 전담기구 구성)** ① 학교의 장은 학교에 대통령령으로 정하는 바에 따라 상담실을 설치하고, 「초 · 중등교육법」 제19조의2에 따라 전문상담교사를 둔다.

② 전문상담교사는 학교의 장 및 자치위원회의 요구가 있는 때에는 학교폭력에 관련된 피

해학생 및 가해학생과의 상담결과를 보고하여야 한다.

③ 학교의 장은 교감, 전문상담교사, 보건교사 및 책임교사(학교폭력문제를 담당하는 교사를 말한다) 등으로 학교폭력문제를 담당하는 전담기구(이하 "전담기구"라 한다)를 구성하며, 학교폭력 사태를 인지한 경우 지체 없이 전담기구 또는 소속 교원으로 하여금 가해 및 피해 사실 여부를 확인하도록 한다. 〈개정 2012.3.21〉

④ 전담기구는 학교폭력에 대한 실태조사(이하 "실태조사"라 한다)와 학교폭력 예방 프로그램을 구성·실시하며, 학교의 장 및 자치위원회의 요구가 있는 때에는 학교폭력에 관련된 조사결과 등 활동결과를 보고하여야 한다. 〈개정 2012.3.21〉

⑤ 피해학생 또는 피해학생의 보호자는 피해 사실 확인을 위하여 전담기구에 실태조사를 요구할 수 있다. 〈신설 2009.5.8, 2012.3.21〉

⑥ 국가 및 지방자치단체는 실태조사에 관한 예산을 지원하고, 관계 행정기관은 실태조사에 협조하여야 하며, 학교의 장은 전담기구에 행정적·재정적 지원을 할 수 있다. 〈개정 2009.5.8, 2012.3.21〉

⑦ 전담기구는 성폭력 등 특수한 학교폭력사건에 대한 실태조사의 전문성을 확보하기 위하여 필요한 경우 전문기관에 그 실태조사를 의뢰할 수 있다. 이 경우 그 의뢰는 자치위원회 위원장의 심의를 거쳐 학교의 장 명의로 하여야 한다. 〈신설 2012.1.26, 2012.3.21〉

⑧ 그 밖에 전담기구 운영 등에 필요한 사항은 대통령령으로 정한다. 〈신설 2012.3.21〉

**제15조(학교폭력 예방교육 등)** ① 학교의 장은 학생의 육체적·정신적 보호와 학교폭력의 예방을 위한 학생들에 대한 교육(학교폭력의 개념·실태 및 대처방안 등을 포함하여야 한다)을 학기별로 1회 이상 실시하여야 한다. 〈개정 2012.1.26〉

② 학교의 장은 학교폭력의 예방 및 대책 등을 위한 교직원 및 학부모에 대한 교육을 학기별로 1회 이상 실시하여야 한다. 〈개정 2012.3.21〉

③ 학교의 장은 제1항에 따른 학교폭력 예방교육 프로그램의 구성 및 그 운용 등을 전담기구와 협의하여 전문단체 또는 전문가에게 위탁할 수 있다.

④ 교육장은 제1항부터 제3항까지의 규정에 따른 학교폭력 예방교육 프로그램의 구성과 운용계획을 학부모가 쉽게 확인할 수 있도록 인터넷 홈페이지에 게시하고, 그 밖에 다양한 방법으로 학부모에게 알릴 수 있도록 노력하여야 한다. 〈개정 2012.1.26〉

⑤ 그 밖에 학교폭력 예방교육의 실시와 관련한 사항은 대통령령으로 정한다. 〈개정 2011.5.19〉

[제목개정 2011.5.19]

**제16조(피해학생의 보호)** ① 자치위원회는 피해학생의 보호를 위하여 필요하다고 인정하는 때에는 피해학생에 대하여 다음 각 호의 어느 하나에 해당하는 조치(수개의 조치를 병과하는 경우를 포함한다)를 할 것을 학교의 장에게 요청할 수 있다. 다만, 학교의 장은 피해학생의 보호를 위하여 긴급하다고 인정하거나 피해학생이 긴급보호의 요청을 하는 경우에는 자치위원회의 요청 전에 제1호, 제2호 및 제6호의 조치를 할 수 있다. 이 경우 자치위원회에 즉시 보고하여야 한다. 〈개정 2012.3.21〉

1. 심리상담 및 조언
2. 일시보호
3. 치료 및 치료를 위한 요양
4. 학급교체
5. 삭제 〈2012.3.21〉
6. 그 밖에 피해학생의 보호를 위하여 필요한 조치

② 자치위원회는 제1항에 따른 조치를 요청하기 전에 피해학생 및 그 보호자에게 의견진술의 기회를 부여하는 등 적정한 절차를 거쳐야 한다. 〈신설 2012.3.21〉

③ 제1항에 따른 요청이 있는 때에는 학교의 장은 피해학생의 보호자의 동의를 받아 7일 이내에 해당 조치를 하여야 하고 이를 자치위원회에 보고하여야 한다. 〈개정 2012.3.21〉

④ 제1항의 조치 등 보호가 필요한 학생에 대하여 학교의 장이 인정하는 경우 그 조치에 필요한 결석을 출석일수에 산입할 수 있다. 〈개정 2012. 3.21〉

⑤ 학교의 장은 성적 등을 평가함에 있어서 제3항에 따른 조치로 인하여 학생에게 불이익을 주지 아니하도록 노력하여야 한다. 〈개정 2012.3.21〉

⑥ 피해학생이 전문단체나 전문가로부터 제1항제1호부터 제3호까지의 규정에 따른 상담 등을 받는 데에 사용되는 비용은 가해학생의 보호자가 부담하여야 한다. 다만, 피해학생의 신속한 치료를 위하여 학교의 장 또는 피해학생의 보호자가 원하는 경우에는 「학교안전사고 예방 및 보상에 관한 법률」 제15조에 따른 학교안전공제회 또는 시 · 도교육청이 부담하고 이에 대한 구상권을 행사할 수 있다. 〈개정 2012.1.26, 2012.3.21〉

1. 삭제 〈2012.3.21〉
2. 삭제 〈2012.3.21〉

⑦ 학교의 장 또는 피해학생의 보호자는 필요한 경우 「학교안전사고 예방 및 보상에 관한 법률」 제34조의 공제급여를 학교안전공제회에 직접 청구할 수 있다. 〈신설 2012.1.26, 2012.3.21〉

⑧ 피해학생의 보호 및 제6항에 따른 지원범위, 구상범위, 지급절차 등에 필요한 사항은 대통령령으로 정한다. 〈신설 2012.3.21〉

**제16조의2(장애학생의 보호)** ① 누구든지 장애 등을 이유로 장애학생에게 학교폭력을 행사하여서는 아니 된다.

② 자치위원회는 학교폭력으로 피해를 입은 장애학생의 보호를 위하여 장애인전문 상담가의 상담 또는 장애인전문 치료기관의 요양 조치를 학교의 장에게 요청할 수 있다.

③ 제2항에 따른 요청이 있는 때에는 학교의 장은 해당 조치를 하여야 한다. 이 경우 제16조제6항을 준용한다. 〈개정 2012.3.21〉

[본조신설 2009.5.8]

**제17조(가해학생에 대한 조치)** ① 자치위원회는 피해학생의 보호와 가해학생의 선도·교육을 위하여 가해학생에 대하여 다음 각 호의 어느 하나에 해당하는 조치(수개의 조치를 병과하는 경우를 포함한다)를 할 것을 학교의 장에게 요청하여야 하며, 각 조치별 적용 기준은 대통령령으로 정한다. 다만, 퇴학처분은 의무교육과정에 있는 가해학생에 대하여는 적용하지 아니한다. 〈개정 2009.5.8, 2012.1.26, 2012.3.21〉

1. 피해학생에 대한 서면사과
2. 피해학생 및 신고·고발 학생에 대한 접촉, 협박 및 보복행위의 금지
3. 학교에서의 봉사
4. 사회봉사
5. 학내외 전문가에 의한 특별교육 이수 또는 심리치료
6. 출석정지
7. 학급교체
8. 전학
9. 퇴학처분

② 제1항에 따라 자치위원회가 학교의 장에게 가해학생에 대한 조치를 요청할 때 그 이유가 피해학생이나 신고·고발 학생에 대한 협박 또는 보복 행위일 경우에는 같은 항 각 호의 조치를 병과하거나 조치 내용을 가중할 수 있다. 〈신설 2012.3.21〉

③ 제1항제2호부터 제4호까지 및 제6호부터 제8호까지의 처분을 받은 가해학생은 교육감이 정한 기관에서 특별교육을 이수하거나 심리치료를 받아야 하며, 그 기간은 자치위원회에서 정한다. 〈개정 2012.1.26, 2012.3.21〉

④ 학교의 장은 가해학생에 대한 선도가 긴급하다고 인정할 경우 우선 제1항제1호부터 제

3호까지, 제5호 및 제6호의 조치를 할 수 있으며, 제5호와 제6호는 병과조치할 수 있다. 이 경우 자치위원회에 즉시 보고하여 추인을 받아야 한다. 〈개정 2012.1.26, 2012.3.21〉

⑤ 자치위원회는 제1항 또는 제2항에 따른 조치를 요청하기 전에 가해학생 및 보호자에게 의견진술의 기회를 부여하는 등 적정한 절차를 거쳐야 한다. 〈개정 2012.3.21〉

⑥ 제1항에 따른 요청이 있는 때에는 학교의 장은 14일 이내에 해당 조치를 하여야 한다. 〈개정 2012.1.26, 2012.3.21〉

⑦ 학교의 장이 제4항에 따른 조치를 한 때에는 가해학생과 그 보호자에게 이를 통지하여야 하며, 가해학생이 이를 거부하거나 회피하는 때에는 「초 · 중등교육법」 제18조에 따라 징계하여야 한다. 〈개정 2012.3.21〉

⑧ 가해학생이 제1항제3호부터 제5호까지의 규정에 따른 조치를 받은 경우 이와 관련된 결석은 학교의 장이 인정하는 때에는 이를 출석일수에 산입할 수 있다. 〈개정 2012.1.26, 2012.3.21〉

⑨ 자치위원회는 가해학생이 특별교육을 이수할 경우 해당 학생의 보호자도 함께 교육을 받게 하여야 한다. 〈개정 2012.3.21〉

⑩ 가해학생이 다른 학교로 전학을 간 이후에는 전학 전의 피해학생 소속 학교로 다시 전학 올 수 없도록 하여야 한다. 〈신설 2012.1.26, 2012.3.21〉

⑪ 제1항제2호부터 제9호까지의 처분을 받은 학생이 해당 조치를 거부하거나 기피하는 경우 자치위원회는 제7항에도 불구하고 대통령령으로 정하는 바에 따라 추가로 다른 조치를 할 것을 학교의 장에게 요청할 수 있다. 〈신설 2012.3.21〉

⑫ 가해학생에 대한 조치 및 제11조제6항에 따른 재입학 등에 관하여 필요한 사항은 대통령령으로 정한다. 〈신설 2012.3.21〉

**제17조의2(재심청구)** ① 자치위원회 또는 학교의 장이 제16조제1항 및 제17조제1항에 따라 내린 조치에 대하여 이의가 있는 피해학생 또는 그 보호자는 그 조치를 받은 날부터 15일 이내, 그 조치가 있음을 안 날부터 10일 이내에 지역위원회에 재심을 청구할 수 있다. 〈신설 2012.3.21〉

② 자치위원회가 제17조제1항제8호와 제9호에 따라 내린 조치에 대하여 이의가 있는 학생 또는 그 보호자는 그 조치를 받은 날부터 15일 이내, 그 조치가 있음을 안 날로부터 10일 이내에 「초 · 중등교육법」 제18조의3에 따른 시 · 도학생징계조정위원회에 재심을 청구할 수 있다. 〈개정 2012.3.21〉

③ 지역위원회가 제1항에 따른 재심청구를 받은 때에는 30일 이내에 이를 심사 · 결정하여

청구인에게 통보하여야 한다. 〈신설 2012.3.21〉

④ 제3항의 결정에 이의가 있는 청구인은 그 통보를 받은 날부터 60일 이내에 행정심판을 제기할 수 있다. 〈신설 2012.3.21〉

⑤ 제1항에 따른 재심청구, 제3항에 따른 심사절차 및 결정 통보 등에 필요한 사항은 대통령령으로 정한다. 〈신설 2012.3.21〉

⑥ 제2항에 따른 재심청구, 심사절차, 결정통보 등은 「초·중등교육법」 제18조의2제2항부터 제4항까지의 규정을 준용한다. 〈개정 2012.3.21〉

[본조신설 2012.1.26]

**제18조(분쟁조정)** ① 자치위원회는 학교폭력과 관련하여 분쟁이 있는 경우에는 그 분쟁을 조정할 수 있다.

② 제1항에 따른 분쟁의 조정기간은 1개월을 넘지 못한다.

③ 학교폭력과 관련한 분쟁조정에는 다음 각 호의 사항을 포함한다.

1. 피해학생과 가해학생간 또는 그 보호자 간의 손해배상에 관련된 합의조정
2. 그 밖에 자치위원회가 필요하다고 인정하는 사항

④ 자치위원회는 분쟁조정을 위하여 필요하다고 인정하는 때에는 관계 기관의 협조를 얻어 학교폭력과 관련한 사항을 조사할 수 있다.

⑤ 자치위원회가 분쟁조정을 하고자 할 때에는 이를 피해학생·가해학생 및 그 보호자에게 통보하여야 한다.

⑥ 시·도교육청 관할 구역 안의 소속 학교가 다른 학생 간에 분쟁이 있는 경우에는 교육감이 해당 학교의 자치위원회위원장과의 협의를 거쳐 직접 분쟁을 조정한다. 이 경우 제2항부터 제5항까지의 규정을 준용한다.

⑦ 관할 구역을 달리하는 시·도교육청 소속 학교의 학생 간에 분쟁이 있는 경우에는 피해학생을 감독하는 교육감이 가해학생을 감독하는 교육감 및 관련 해당 학교의 자치위원회위원장과의 협의를 거쳐 직접 분쟁을 조정한다. 이 경우 제2항부터 제5항까지의 규정을 준용한다.

**제19조(학교의 장의 의무)** 학교의 장은 교육감에게 학교폭력이 발생한 사실 및 제16조, 제16조의2, 제17조, 제17조의2 및 제18조에 따른 조치 및 그 결과를 보고하고, 관계 기관과 협력하여 교내 학교폭력 단체의 결성예방 및 해체에 노력하여야 한다. 〈개정 2012.3.21〉

**제20조(학교폭력의 신고의무)** ① 학교폭력 현장을 보거나 그 사실을 알게 된 자는 학교 등 관계 기관에 이를 즉시 신고하여야 한다.

② 제1항에 따라 신고를 받은 기관은 이를 가해학생 및 피해학생의 보호자와 소속 학교의 장에게 통보하여야 한다. 〈개정 2009.5.8〉

③ 제2항에 따라 통보받은 소속 학교의 장은 이를 자치위원회에 지체 없이 통보하여야 한다. 〈신설 2009.5.8〉

④ 누구라도 학교폭력의 예비 · 음모 등을 알게 된 자는 이를 학교의 장 또는 자치위원회에 고발할 수 있다. 다만, 교원이 이를 알게 되었을 경우에는 학교의 장에게 보고하고 해당 학부모에게 알려야 한다. 〈개정 2009. 5.8, 2012.1.26〉

⑤ 누구든지 제1항부터 제4항까지에 따라 학교폭력을 신고한 사람에게 그 신고행위를 이유로 불이익을 주어서는 아니 된다. 〈신설 2012.3.21〉

**제20조의2(긴급전화의 설치 등)** ① 국가 및 지방자치단체는 학교폭력을 수시로 신고받고 이에 대한 상담에 응할 수 있도록 긴급전화를 설치하여야 한다.

② 국가와 지방자치단체는 제1항에 따른 긴급전화의 설치 · 운영을 대통령령으로 정하는 기관 또는 단체에 위탁할 수 있다. 〈신설 2012.1.26〉

③ 제1항과 제2항에 따른 긴급전화의 설치 · 운영 · 위탁에 필요한 사항은 대통령령으로 정한다. 〈개정 2012.1.26〉

[본조신설 2009.5.8]

**제20조의3(정보통신망에 의한 학교폭력 등)** 제2조제1호에 따른 정보통신망을 이용한 음란 · 폭력 정보 등에 의한 신체상 · 정신상 피해에 관하여 필요한 사항은 따로 법률로 정한다.

[본조신설 2012.3.21]

**제20조의4(정보통신망의 이용 등)** ① 국가 · 지방자치단체 또는 교육감은 학교폭력 예방 업무 등을 효과적으로 수행하기 위하여 필요한 경우 정보통신망을 이용할 수 있다.

② 국가 · 지방자치단체 또는 교육감은 제1항에 따라 정보통신망을 이용하여 학교 또는 학생(학부모를 포함한다)이 학교폭력 예방 업무 등을 수행하는 경우 다음 각 호의 어느 하나에 해당하는 비용의 전부 또는 일부를 지원할 수 있다.

1. 학교 또는 학생(학부모를 포함한다)이 전기통신설비를 구입하거나 이용하는 데 소요되는 비용
2. 학교 또는 학생(학부모를 포함한다)에게 부과되는 전기통신역무 요금

③ 그 밖에 정보통신망의 이용 등에 관하여 필요한 사항은 대통령령으로 정한다.

[본조신설 2012.3.21]

**제20조의5(학생보호인력의 배치 등)** ① 국가 · 지방자치단체 또는 학교의 장은 학교폭력을

예방하기 위하여 학교 내에 학생보호인력을 배치하여 활용할 수 있다.

② 국가 · 지방자치단체 또는 학교의 장은 제1항에 따른 학생보호인력의 배치 및 활용 업무를 관련 전문기관 또는 단체에 위탁할 수 있다.

③ 제2항에 따라 학생보호인력의 배치 및 활용 업무를 위탁받은 관련 전문기관 또는 단체는 그 업무를 함에 있어 학교의 장과 충분히 협의하여야 한다.

[본조신설 2012.3.21]

**제20조의6(영상정보처리기기의 통합 관제)** ① 국가 및 지방자치단체는 학교폭력 예방 업무를 효과적으로 수행하기 위하여 교육감과 협의하여 학교 내외에 설치된 영상정보처리기기(「개인정보 보호법」 제2조제7호에 따른 영상정보처리기기를 말한다. 이하 이 조에서 같다)를 통합하여 관제할 수 있다. 이 경우 국가 및 지방자치단체는 통합 관제 목적에 필요한 범위에서 최소한의 개인정보만을 처리하여야 하며, 그 목적 외의 용도로 활용하여서는 아니 된다.

② 제1항에 따라 영상정보처리기기를 통합 관제하려는 국가 및 지방자치단체는 공청회 · 설명회의 개최 등 대통령령으로 정하는 절차를 거쳐 관계 전문가 및 이해관계인의 의견을 수렴하여야 한다.

③ 제1항에 따라 학교 내외에 설치된 영상정보처리기기가 통합 관제되는 경우 해당 학교의 영상정보처리기기운영자는 「개인정보 보호법」 제25조제4항에 따른 조치를 통하여 그 사실을 정보주체에게 알려야 한다.

④ 통합 관제에 관하여 이 법에서 규정한 것을 제외하고는 「개인정보 보호법」을 적용한다.

⑤ 그 밖에 영상정보처리기기의 통합 관제에 필요한 사항은 대통령령으로 정한다.

[본조신설 2012.3.21]

**제21조(비밀누설금지 등)** ① 이 법에 따라 학교폭력의 예방 및 대책과 관련된 업무를 수행하거나 수행하였던 자는 그 직무로 인하여 알게 된 비밀 또는 가해학생 · 피해학생 및 제20조에 따른 신고자 · 고발자와 관련된 자료를 누설하여서는 아니 된다. 〈개정 2012.1.26〉

② 제1항에 따른 비밀의 구체적인 범위는 대통령령으로 정한다.

③ 제16조, 제16조의2, 제17조, 제17조의2, 제18조에 따른 자치위원회의 회의는 공개하지 아니한다. 다만, 피해학생 · 가해학생 또는 그 보호자가 회의록의 열람 · 복사 등 회의록 공개를 신청한 때에는 학생과 그 가족의 성명, 주민등록번호 및 주소, 위원의 성명 등 개인정보에 관한 사항을 제외하고 공개하여야 한다. 〈개정 2011.5.19, 2012.3.21〉

**제22조(벌칙)** ① 제21조제1항을 위반한 자는 300만원 이하의 벌금에 처한다. 〈개정

2012.3.21〉

② 제17조제9항에 따른 자치위원회의 교육 이수 조치를 따르지 아니한 보호자에게는 300만 원 이하의 과태료를 부과한다. 〈신설 2012.3.21〉

부칙 〈법률 제11690호, 2013.3.23〉 (정부조직법)

**제1조(시행일)** ① 이 법은 공포한 날부터 시행한다.

② 생략

**제2조부터 제5조까지 생략**

**제6조(다른 법률의 개정)** ①부터 〈77〉까지 생략

〈78〉 학교폭력예방 및 대책에 관한 법률 일부를 다음과 같이 개정한다.

제6조제1항, 같은 조 제2항 각 호 외의 부분 후단, 같은 조 제3항, 제8조제5항 및 제11조의3 제1항 중 "교육과학기술부장관"을 각각 "교육부장관"으로 한다.

제8조제3항제1호 중 "교육과학기술부장관"을 "미래창조과학부장관, 교육부장관"으로, "행정안전부장관"을 "안전행정부장관"으로 한다.

〈79〉부터 〈710〉까지 생략

**제7조 생략**

부록 2

# 학교폭력예방 및 대책에 관한 법률 시행령

[시행 2013.3.23] [대통령령 제24423호, 2013.3.23, 타법개정]

**제1조(목적)** 이 영은 「학교폭력예방 및 대책에 관한 법률」에서 위임된 사항과 그 시행에 필요한 사항을 규정함을 목적으로 한다.

**제2조(성과 평가 및 공표)** 「학교폭력예방 및 대책에 관한 법률」(이하 "법"이라 한다) 제6조제3항에 따른 학교폭력 예방 및 대책에 대한 성과는 「초·중등교육법」 제9조제2항에 따른 지방교육행정기관에 대한 평가에 포함하여 평가하고, 이를 공표하여야 한다.

**제3조(학교폭력대책위원회의 운영)** ① 법 제7조에 따른 학교폭력대책위원회(이하 "대책위원회"라 한다)의 위원장은 회의를 소집하고, 그 의장이 된다.

② 대책위원회의 회의는 반기별로 1회 소집한다. 다만, 재적위원 3분의 1 이상이 요구하거나 위원장이 필요하다고 인정하는 경우에는 수시로 소집할 수 있다.

③ 대책위원회의 위원장이 회의를 소집할 때에는 회의 개최 5일 전까지 회의 일시·장소 및 안건을 각 위원에게 알려야 한다. 다만, 긴급히 소집하여야 할 때에는 그러하지 아니하다.

④ 대책위원회의 회의는 재적위원 과반수의 출석으로 개의(開議)하고, 출석위원 과반수의 찬성으로 의결한다.

⑤ 대책위원회의 위원장은 필요하다고 인정할 때에는 학교폭력 예방 및 대책과 관련하여 전문가 등을 회의에 출석하여 발언하게 할 수 있다.

⑥ 회의에 출석한 위원과 전문가 등에게는 예산의 범위에서 수당과 여비를 지급할 수 있다. 다만, 공무원인 위원이 그 소관 업무와 직접적으로 관련하여 회의에 출석하는 경우에는 그러하지 아니하다.

**제4조(학교폭력대책실무위원회의 구성·운영)** ① 법 제8조제6항에 따른 학교폭력대책실무위원회(이하 "실무위원회"라 한다)는 위원장(이하 "실무위원장"이라 한다) 1명을 포함한 12명 이내의 위원으로 구성한다.

② 실무위원장은 교육부차관이 되고, 위원은 국무총리실, 기획재정부, 미래창조과학부, 교

육부, 법무부, 안전행정부, 문화체육관광부, 보건복지부, 여성가족부, 방송통신위원회의 고위공무원단에 속하는 공무원과 경찰청의 치안감 또는 경무관 중에서 소속 기관의 장이 지명하는 각 1명이 된다.

③ 실무위원회의 사무를 처리하기 위하여 간사 1명을 두며, 간사는 교육부 소속 공무원 중에서 실무위원장이 지명하는 사람으로 한다.

④ 실무위원장이 부득이한 사유로 직무를 수행할 수 없을 때에는 실무위원장이 미리 지명하는 위원이 그 직무를 대행한다.

⑤ 회의는 대책위원회 개최 전 또는 실무위원장이 필요하다고 인정할 때 소집한다.

⑥ 실무위원회는 대책위원회의 회의에 부칠 안건 검토와 심의 지원 및 그 밖의 업무수행을 위하여 필요한 경우에는 이해관계인 또는 관련 전문가를 출석하게 하여 의견을 듣거나 의견 제출을 요청할 수 있다.

⑦ 실무위원장은 회의를 소집할 때에는 회의 개최 7일 전까지 회의 일시 · 장소 및 안건을 각 위원에게 알려야 한다. 다만, 긴급히 소집하여야 할 때에는 그러하지 아니하다.

**제5조(학교폭력대책지역위원회의 구성 · 운영)** ① 법 제9조제1항에 따른 학교폭력대책지역위원회(이하 "지역위원회"라 한다)의 위원장은 특별시 · 광역시 · 특별자치시 · 도 · 특별자치도(이하 "시 · 도"라 한다)의 부단체장(특별시의 경우에는 행정(1)부시장, 광역시 및 도의 경우에는 행정부시장 및 행정부지사를 말한다)으로 한다.

② 지역위원회의 위원장은 회의를 소집하고, 그 의장이 된다.

③ 지역위원회의 위원장이 부득이한 사유로 직무를 수행할 수 없을 때에는 지역위원회 위원장이 미리 지명하는 위원이 그 직무를 대행한다.

④ 지역위원회의 위원은 학식과 경험이 풍부하고 청소년보호에 투철한 사명감이 있는 사람으로서 다음 각 호의 어느 하나에 해당하는 사람 중에서 특별시장 · 광역시장 · 특별자치시장 · 도지사 · 특별자치도지사(이하 "시 · 도지사"라 한다)가 교육감과 협의하여 임명하거나 위촉한다.

1. 해당 시 · 도의 청소년보호 업무 담당 국장 및 시 · 도교육청 생활지도 담당 국장
2. 해당 시 · 도의회 의원 또는 교육위원회 위원
3. 시 · 도 지방경찰청 소속 경찰공무원
4. 학생생활지도 경력이 5년 이상인 교원
5. 판사 · 검사 · 변호사
6. 「고등교육법」 제2조에 따른 학교의 조교수 이상 또는 청소년 관련 연구기관에서 이에

상당하는 직위에 재직하고 있거나 재직하였던 사람으로서 학교폭력 문제에 대한 전문 지식이 있는 사람

7. 청소년 선도 및 보호 단체에서 청소년보호활동을 5년 이상 전문적으로 담당한 사람
8. 「초ㆍ중등교육법」 제31조제1항에 따른 학교운영위원회(이하 "학교운영위원회"라 한다)의 위원 또는 법 제12조제1항에 따른 학교폭력대책자치위원회(이하 "자치위원회"라 한다) 위원으로 활동하고 있거나 활동한 경험이 있는 학부모 대표
9. 그 밖에 학교폭력 예방 및 청소년 보호에 대한 지식과 경험이 있는 사람

⑤ 지역위원회 위원의 임기는 2년으로 한다. 다만, 지역위원회 위원의 사임 등으로 새로 위촉되는 위원의 임기는 전임위원 임기의 남은 기간으로 한다.

⑥ 지역위원회의 사무를 처리하기 위하여 간사 1명을 두며, 지역위원회의 위원장과 교육감이 시ㆍ도 또는 시ㆍ도교육청 소속 공무원 중에서 협의하여 정하는 사람으로 한다.

⑦ 지역위원회 회의의 운영에 관하여는 제3조제2항부터 제6항까지의 규정을 준용한다. 이 경우 "대책위원회"는 "지역위원회"로 본다.

**제6조(학교폭력대책지역실무위원회의 구성ㆍ운영)** 법 제9조제2항에 따른 실무위원회는 7명 이내의 학교폭력 예방 및 대책에 관한 실무자 및 민간 전문가로 구성한다.

**제7조(학교폭력대책지역협의회의 구성ㆍ운영)** ① 법 제10조의2에 따른 학교폭력대책지역협의회(이하 "지역협의회"라 한다)의 위원장은 시ㆍ군ㆍ구의 부단체장이 된다.

② 지역협의회의 위원장은 회의를 소집하고, 그 의장이 된다.

③ 지역협의회의 위원장이 부득이한 사유로 직무를 수행할 수 없을 때에는 위원장이 미리 지정하는 위원이 그 직무를 대행한다.

④ 지역협의회의 위원은 학식과 경험이 풍부하고 청소년보호에 투철한 사명감이 있는 사람으로서 다음 각 호의 어느 하나에 해당하는 사람 중에서 시장ㆍ군수ㆍ구청장이 해당 지역교육청의 교육장과 협의하여 임명하거나 위촉한다.

1. 해당 시ㆍ군ㆍ구의 청소년보호 업무 담당 국장(국장이 없는 시ㆍ군ㆍ구는 과장을 말한다) 및 지역교육청의 생활지도 담당 국장(국장이 없는 지역교육청은 과장을 말한다)
2. 해당 시ㆍ군ㆍ구의회 의원
3. 해당 시ㆍ군ㆍ구를 관할하는 경찰서 소속 경찰공무원
4. 학생생활지도 경력이 5년 이상인 교원
5. 판사ㆍ검사ㆍ변호사
6. 「고등교육법」 제2조에 따른 학교의 조교수 이상 또는 청소년 관련 연구기관에서 이에

상당하는 직위에 재직하고 있거나 재직하였던 사람으로서 학교폭력 문제에 대하여 전문지식이 있는 사람

7. 청소년 선도 및 보호 단체에서 청소년보호활동을 5년 이상 전문적으로 담당한 사람
8. 학교운영위원회 위원 또는 자치위원회 위원으로 활동하거나 활동한 경험이 있는 학부모 대표
9. 그 밖에 학교폭력 예방 및 청소년보호에 대한 지식과 경험을 가진 사람

⑤ 지역협의회 위원의 임기는 2년으로 한다. 다만, 지역위원회 위원의 사임 등으로 새로 위촉되는 위원의 임기는 전임위원 임기의 남은 기간으로 한다.

⑥ 지역협의회에는 사무를 처리하기 위해 간사 1명을 두며, 간사는 지역협의회의 위원장과 교육장이 시 · 군 · 구 또는 지역교육청 소속 공무원 중에서 협의하여 정하는 사람으로 한다.

**제8조(전담부서의 구성 등)** 법 제11조제1항에 따라 다음 각 호의 업무를 수행하기 위하여 시 · 도교육청 및 지역교육청에 과 · 담당관 또는 팀을 둔다.

1. 학교폭력 예방과 근절을 위한 대책의 수립과 추진에 관한 사항
2. 학교폭력 피해학생의 치료 및 가해학생에 대한 조치에 관한 사항
3. 그 밖에 학교폭력의 예방 및 대책과 관련하여 교육감이 정하는 사항

**제9조(실태조사)** ① 법 제11조제8항에 따라 교육감이 실시하는 학교폭력 실태조사는 교육부장관과 협의하여 다른 교육감과 공동으로 실시할 수 있다.

② 교육감은 학교폭력 실태조사를 교육 관련 연구 · 조사기관에 위탁할 수 있다.

**제10조(전문기관의 설치 등)** ① 교육감은 법 제11조제9항에 따라 시 · 도교육청 또는 지역교육청에 다음 각 호의 업무를 수행하는 전문기관을 설치 · 운영할 수 있다.

1. 법 제11조의2제1항에 따른 조사 · 상담 등의 업무
2. 학교폭력 피해학생 · 가해학생에 대한 치유프로그램 운영 업무

② 교육감은 제1항제2호에 따른 치유프로그램 운영 업무를 다음 각 호의 어느 하나에 해당하는 기관 · 단체 · 시설에 위탁하여 수행하게 할 수 있다. 〈개정 2012.7.31, 2012.9.14〉

1. 「청소년복지 지원법」 제31조제1호에 따른 청소년쉼터, 「청소년 보호법」 제35조제1항에 따른 청소년 보호 · 재활센터 등 청소년을 보호하기 위하여 국가 · 지방자치단체가 운영하는 시설
2. 「청소년활동진흥법」 제10조에 따른 청소년활동시설
3. 학교폭력의 예방과 피해학생 및 가해학생의 치료 · 교육을 수행하는 청소년 관련 단체

4. 청소년 정신치료 전문인력이 배치된 병원
5. 학교폭력 피해학생·가해학생 및 학부모를 위한 프로그램을 운영하는 종교기관 등의 기관
6. 그 밖에 교육감이 치유프로그램의 운영에 적합하다고 인정하는 기관

③ 제1항에 따른 전문기관의 설치·운영에 관한 세부사항은 교육감이 정한다.

**제11조(학교폭력 조사·상담 업무의 위탁 등)** 교육감은 법 제11조의2제2항에 따라 학교폭력 예방에 관한 사업을 3년 이상 수행한 기관 또는 단체 중에서 학교폭력의 예방 및 사후조치 등을 수행하는 데 적합하다고 인정하는 기관 또는 단체에 법 제11조의2제1항의 업무를 위탁할 수 있다.

**제12조(관계 기관과의 협조 사항 등)** 법 제11조의3에 따라 학교폭력과 관련한 개인정보 등을 협조를 요청할 때에는 문서로 하여야 한다.

**제13조(자치위원회의 설치 및 심의사항)** ① 법 제12조제1항 단서에서 "대통령령으로 정하는 사유가 있는 경우"란 학교폭력 피해학생과 가해학생이 각각 다른 학교에 재학 중인 경우를 말한다.

② 법 제12조제2항제5호에서 "대통령령으로 정하는 사항"이란 학교폭력의 예방 및 대책과 관련하여 법 제14조제3항에 따른 책임교사 또는 학생회의 대표가 건의하는 사항을 말한다.

**제14조(자치위원회의 구성·운영)** ① 법 제13조제1항에 따른 자치위원회의 위원은 다음 각 호의 어느 하나에 해당하는 사람 중에서 해당 학교의 장이 임명하거나 위촉한다.

1. 해당 학교의 교감
2. 해당 학교의 교사 중 학생생활지도 경력이 있는 교사
3. 법 제13조제1항에 따라 선출된 학부모대표
4. 판사·검사·변호사
5. 해당 학교를 관할하는 경찰서 소속 경찰공무원
6. 의사 자격이 있는 사람
7. 그 밖에 학교폭력 예방 및 청소년보호에 대한 지식과 경험이 풍부한 사람

② 자치위원회의 위원장은 위원 중에서 호선(互選)하며, 위원장이 부득이한 사유로 직무를 수행할 수 없을 때에는 위원장이 미리 지정하는 위원이 그 직무를 대행한다.

③ 자치위원회의 위원의 임기는 2년으로 한다. 다만, 자치위원회 위원의 사임 등으로 새로 위촉되는 위원의 임기는 전임위원 임기의 남은 기간으로 한다.

④ 자치위원회의 회의는 재적위원 과반수의 출석으로 개의하고, 출석위원 과반수의 찬성으로 의결한다.

⑤ 자치위원회의 위원장은 해당 학교의 교직원에서 자치위원회의 사무를 처리할 간사 1명을 지명한다.

⑥ 자치위원회의 회의에 출석한 위원에게는 예산의 범위에서 수당과 여비를 지급할 수 있다. 다만, 공무원인 위원이 그 소관 업무와 직접적으로 관련하여 회의에 출석한 경우에는 그러하지 아니하다.

⑦ 자치위원회의 위원장은 회의 일시를 정할 때에는 일과 후, 주말 등 위원들이 참석하기 편리한 시간으로 정하여야 한다.

**제15조(상담실 설치)** 법 제14조제1항에 따른 상담실은 다음 각 호의 시설 · 장비를 갖추어 상담활동이 편리한 장소에 설치하여야 한다.

1. 인터넷 이용시설, 전화 등 상담에 필요한 시설 및 장비
2. 상담을 받는 사람의 사생활 노출 방지를 위한 칸막이 및 방음시설

**제16조(전담기구 운영 등)** 법 제14조제3항에 따른 전담기구는 가해 및 피해 사실 여부에 관하여 확인한 사항을 학교의 장 및 자치위원회(자치위원회의 요청이 있는 경우만을 말한다)에 보고하여야 한다.

**제17조(학교폭력 예방교육)** 학교의 장은 법 제15조제5항에 따라 학생과 교직원 및 학부모에 대한 학교폭력 예방교육을 다음 각 호의 기준에 따라 실시한다.

1. 학기별로 1회 이상 실시하고, 교육 횟수 · 시간 및 강사 등 세부적인 사항은 학교 여건에 따라 학교의 장이 정한다.
2. 학생에 대한 학교폭력 예방교육은 학급 단위로 실시함을 원칙으로 하되, 학교 여건에 따라 전체 학생을 대상으로 한 장소에서 동시에 실시할 수 있다.
3. 학생과 교직원, 학부모를 따로 교육하는 것을 원칙으로 하되, 내용에 따라 함께 교육할 수 있다.
4. 강의, 토론 및 역할연기 등 다양한 방법으로 하고, 다양한 자료나 프로그램 등을 활용하여야 한다.
5. 교직원에 대한 학교폭력 예방교육은 학교폭력 관련 법령에 대한 내용, 학교폭력 발생 시 대응요령, 학생 대상 학교폭력예방 프로그램 운영 방법 등을 포함하여야 한다.
6. 학부모에 대한 학교폭력 예방교육은 학교폭력 징후 판별, 학교폭력 발생 시 대응요령, 가정에서의 인성교육에 관한 사항을 포함하여야 한다.

**제18조(피해학생의 지원범위 등)** ① 법 제16조제6항 단서에 따른 학교안전공제회 또는 시·도교육청이 부담하는 피해학생의 지원범위는 다음 각 호와 같다.

1. 교육감이 정한 전문심리상담기관에서 심리상담 및 조언을 받는 데 드는 비용
2. 교육감이 정한 기관에서 일시보호를 받는 데 드는 비용
3. 「의료법」에 따라 개설된 의료기관, 「지역보건법」에 따라 설치된 보건소·보건의료원 및 보건지소, 「농어촌 등 보건의료를 위한 특별조치법」에 따라 설치된 보건진료소, 「약사법」에 따라 등록된 약국 및 같은 법 제91조에 따라 설립된 한국희귀의약품센터에서 치료 및 치료를 위한 요양을 받거나 의약품을 공급받는 데 드는 비용

② 제1항의 비용을 지원받으려는 피해학생 및 보호자가 학교안전공제회 또는 시·도교육청에 비용을 청구하는 절차와 학교안전공제회 또는 시·도교육청이 비용을 지급하는 절차는 「학교안전사고 예방 및 보상에 관한 법률」 제41조를 준용한다.

③ 학교안전공제회 또는 시·도교육청이 법 제16조제6항에 따라 가해학생의 보호자에게 구상(求償)하는 범위는 제2항에 따라 피해학생에게 지급하는 모든 비용으로 한다.

**제19조(가해학생에 대한 조치별 적용 기준)** 법 제17조제1항의 조치별 적용 기준은 다음 각 호의 사항을 고려하여 결정하고, 그 세부적인 기준은 교육부장관이 정하여 고시한다.

1. 가해학생이 행사한 학교폭력의 심각성·지속성·고의성
2. 가해학생의 반성 정도
3. 해당 조치로 인한 가해학생의 선도 가능성
4. 가해학생 및 보호자와 피해학생 및 보호자 간의 화해의 정도
5. 피해학생이 장애학생인지 여부

**제20조(가해학생에 대한 전학 조치)** ① 초등학교·중학교·고등학교의 장은 자치위원회가 법 제17조제1항에 따라 가해학생에 대한 전학 조치를 요청하는 경우에는 초등학교·중학교의 장은 교육장에게, 고등학교의 장은 교육감에게 해당 학생이 전학할 학교의 배정을 지체 없이 요청하여야 한다.

② 교육감 또는 교육장은 가해학생이 전학할 학교를 배정할 때 피해학생의 보호에 충분한 거리 등을 고려하여야 하며, 관할구역 외의 학교를 배정하려는 경우에는 해당 교육감 또는 교육장에게 이를 통보하여야 한다.

③ 제2항에 따른 통보를 받은 교육감 또는 교육장은 해당 가해학생이 전학할 학교를 배정하여야 한다.

④ 교육감 또는 교육장은 제2항과 제3항에 따라 전학 조치된 가해학생과 피해학생이 상급

학교에 진학할 때에는 각각 다른 학교를 배정하여야 한다. 이 경우 피해학생이 입학할 학교를 우선적으로 배정한다.

**제21조(가해학생에 대한 우선 출석정지 등)** ① 법 제17조제4항에 따라 학교의 장이 출석정지 조치를 할 수 있는 경우는 다음 각 호와 같다.

1. 2명 이상의 학생이 고의적·지속적으로 폭력을 행사한 경우
2. 학교폭력을 행사하여 전치 2주 이상의 상해를 입힌 경우
3. 학교폭력에 대한 신고, 진술, 자료제공 등에 대한 보복을 목적으로 폭력을 행사한 경우
4. 학교의 장이 피해학생을 가해학생으로부터 긴급하게 보호할 필요가 있다고 판단하는 경우

② 학교의 장은 제1항에 따라 출석정지 조치를 하려는 경우에는 해당 학생 또는 보호자의 의견을 들어야 한다. 다만, 학교의 장이 해당 학생 또는 보호자의 의견을 들으려 하였으나 이에 따르지 아니한 경우에는 그러하지 아니하다.

**제22조(가해학생의 조치 거부·기피에 대한 추가 조치)** 자치위원회는 법 제17조제1항제2호부터 제9호까지의 조치를 받은 학생이 해당 조치를 거부하거나 기피하는 경우에는 법 제17조제11항에 따라 학교의 장으로부터 그 사실을 통보받은 날부터 7일 이내에 추가로 다른 조치를 할 것을 학교의 장에게 요청할 수 있다.

**제23조(퇴학학생의 재입학 등)** ① 교육감은 법 제17조제1항제9호에 따라 퇴학 처분을 받은 학생에 대하여 법 제17조제12항에 따라 해당 학생의 선도의 정도, 교육 가능성 등을 종합적으로 고려하여 「초·중등교육법」 제60조의3에 따른 대안학교로의 입학 등 해당 학생의 건전한 성장에 적합한 대책을 마련하여야 한다.

② 제1항에서 규정한 사항 외에 가해학생에 대한 조치 및 재입학 등에 필요한 세부사항은 교육감이 정한다.

**제24조(피해학생 재심청구 및 심사 절차 및 결정 통보 등)** ① 법 제17조의2제5항에 따라 피해학생 또는 보호자가 지역위원회에 재심을 청구할 때에는 다음 각 호의 사항을 적어 서면으로 하여야 한다.

1. 청구인의 이름, 주소 및 연락처
2. 가해학생
3. 청구의 대상이 되는 조치를 받은 날 및 조치가 있음을 안 날
4. 청구의 취지 및 이유

② 지역위원회는 청구인, 가해학생 및 보호자 또는 해당 학교에 심사에 필요한 자료 또는

정보의 제출을 요구할 수 있고, 청구인, 가해학생 또는 해당 학교는 특별한 사유가 없으면 이를 즉시 제출하여야 한다.

③ 지역위원회는 직권으로 또는 신청에 따라 청구인, 가해학생 및 보호자 또는 관련 교원 등을 지역위원회에 출석하여 진술하게 할 수 있다.

④ 지역위원회는 필요하다고 인정할 때에는 전문가 등 참고인을 출석하게 하거나 서면으로 의견을 들을 수 있다.

⑤ 지역위원회의 회의는 비공개를 원칙으로 한다.

⑥ 지역위원회는 재심사 결정 시 법 제16조제1항 각 호와 제17조제1항 각 호의 어느 하나에 해당하는 조치(수개의 조치를 병과하는 경우를 포함한다)를 할 것을 해당 학교의 장에게 요청할 수 있다.

⑦ 지역위원회의 재심 결과는 결정의 취지와 내용을 적어 청구인과 가해학생에게 서면으로 통보한다.

**제25조(분쟁조정의 신청)** 피해학생, 가해학생 또는 그 보호자(이하 "분쟁당사자"라 한다) 중 어느 한 쪽은 법 제18조에 따라 해당 분쟁사건에 대한 조정권한이 있는 자치위원회 또는 교육감에게 다음 각 호의 사항을 적은 문서로 분쟁조정을 신청할 수 있다.

1. 분쟁조정 신청인의 성명 및 주소
2. 보호자의 성명 및 주소
3. 분쟁조정 신청의 사유

**제26조(자치위원회 위원의 제척 · 기피 및 회피)** ① 자치위원회의 위원은 법 제16조, 제17조 및 제18조에 따라 피해학생과 가해학생에 대한 조치를 요청하는 경우와 분쟁을 조정하는 경우 다음 각 호의 어느 하나에 해당하면 해당 사건에서 제척된다.

1. 위원이나 그 배우자 또는 그 배우자였던 사람이 해당 사건의 피해학생 또는 가해학생의 보호자인 경우 또는 보호자였던 경우
2. 위원이 해당 사건의 피해학생 또는 가해학생과 친족이거나 친족이었던 경우
3. 그 밖에 위원이 해당 사건의 피해학생 또는 가해학생과 친분이 있거나 관련이 있다고 인정하는 경우

② 학교폭력과 관련하여 자치위원회를 개최하는 경우 또는 분쟁이 발생한 경우 자치위원회의 위원에게 공정한 심의를 기대하기 어려운 사정이 있다고 인정할 만한 상당한 사유가 있을 때에는 분쟁당사자는 자치위원회에 그 사실을 서면으로 소명하고 기피신청을 할 수 있다.

③ 자치위원회는 제2항에 따른 기피신청을 받으면 의결로써 해당 위원의 기피 여부를 결정하여야 한다. 이 경우 기피신청 대상이 된 위원은 그 의결에 참여하지 못한다.

④ 자치위원회의 위원이 제1항 또는 제2항의 사유에 해당하는 경우에는 스스로 해당 사건을 회피할 수 있다.

**제27조(분쟁조정의 개시)** ① 자치위원회 또는 교육감은 제25조에 따라 분쟁조정의 신청을 받으면 그 신청을 받은 날부터 5일 이내에 분쟁조정을 시작하여야 한다.

② 자치위원회 또는 교육감은 분쟁당사자에게 분쟁조정의 일시 및 장소를 통보하여야 한다.

③ 제2항에 따라 통지를 받은 분쟁당사자 중 어느 한쪽이 불가피한 사유로 출석할 수 없는 경우에는 자치위원회 또는 교육감에게 분쟁조정의 연기를 요청할 수 있다. 이 경우 자치위원회 또는 교육감은 분쟁조정의 기일을 다시 정하여야 한다.

④ 자치위원회 또는 교육감은 자치위원회 위원 또는 지역위원회 위원 중에서 분쟁조정 담당자를 지정하거나, 외부 전문기관에 분쟁과 관련한 사항에 대한 자문 등을 할 수 있다.

**제28조(분쟁조정의 거부 · 중지 및 종료)** ① 자치위원회 또는 교육감은 다음 각 호의 어느 하나에 해당하는 사유가 발생한 경우에는 분쟁조정의 개시를 거부하거나 분쟁조정을 중지할 수 있다.

1. 분쟁당사자 중 어느 한쪽이 분쟁조정을 거부한 경우
2. 피해학생 등이 관련된 학교폭력에 대하여 가해학생을 고소 · 고발하거나 민사상 소송을 제기한 경우
3. 분쟁조정의 신청내용이 거짓임이 명백하거나 정당한 이유가 없다고 인정되는 경우

② 자치위원회 또는 교육감은 다음 각 호의 어느 하나에 해당하는 사유가 발생한 경우에는 분쟁조정을 끝내야 한다.

1. 분쟁당사자 간에 합의가 이루어지거나 자치위원회 또는 교육감이 제시한 조정안을 분쟁당사자가 수락하는 등 분쟁조정이 성립한 경우
2. 분쟁조정 개시일부터 1개월이 지나도록 분쟁조정이 성립하지 아니한 경우

③ 자치위원회 또는 교육감은 제1항에 따라 분쟁조정의 개시를 거부하거나 분쟁조정을 중지한 경우 또는 제2항제2호에 따라 분쟁조정을 끝낸 경우에는 그 사유를 분쟁당사자에게 각각 통보하여야 한다.

**제29조(분쟁조정의 결과 처리)** ① 자치위원회 또는 교육감은 분쟁조정이 성립하면 다음 각 호의 사항을 적은 합의서를 작성하여 자치위원회는 분쟁당사자에게, 교육감은 피해학생 및 가해학생 소속 학교 자치위원회와 분쟁당사자에게 각각 통보하여야 한다.

1. 분쟁당사자의 주소와 성명
2. 조정 대상 분쟁의 내용
가. 분쟁의 경위
나. 조정의 쟁점(분쟁당사자의 의견을 포함한다)
3. 조정의 결과

② 제1항에 따른 합의서에는 자치위원회가 조정한 경우에는 분쟁당사자와 조정에 참가한 위원이, 교육감이 조정한 경우에는 분쟁당사자와 교육감이 각각 서명날인하여야 한다.

③ 자치위원회의 위원장은 분쟁조정의 결과를 교육감에게 보고하여야 한다.

**제30조(긴급전화의 설치 · 운영)** 법 제20조의2에 따른 긴급전화는 경찰청장과 지방경찰청장이 운영하는 학교폭력 관련 기구에 설치한다.

**제31조(정보통신망의 이용 등)** 법 제20조의4제3항에 따라 국가 · 지방자치단체 또는 교육감은 정보통신망을 이용한 학교폭력 예방 업무를 다음 각 호의 기관 및 단체에 위탁할 수 있다.

1. 「한국교육학술정보원법」에 따라 설립된 한국교육학술정보원
2. 공공기관의 위탁을 받아 정보통신망을 이용하여 교육사업을 수행한 실적이 있는 기업
3. 학교폭력 예방에 관한 사업을 3년 이상 수행한 기관 또는 단체

**제32조(영상정보처리기기의 통합 관제)** 법 제20조의6제1항에 따라 영상정보처리기기를 통합하여 관제하려는 국가 및 지방자치단체는 다음 각 호의 절차를 거쳐 관계 전문가와 이해관계인의 의견을 수렴하여야 한다.

1. 「행정절차법」에 따른 행정예고의 실시 또는 의견 청취
2. 학교운영위원회의 심의

**제33조(비밀의 범위)** 법 제21조제1항에 따른 비밀의 범위는 다음 각 호와 같다.

1. 학교폭력 피해학생과 가해학생 개인 및 가족의 성명, 주민등록번호 및 주소 등 개인정보에 관한 사항
2. 학교폭력 피해학생과 가해학생에 대한 심의 · 의결과 관련된 개인별 발언 내용
3. 그 밖에 외부로 누설될 경우 분쟁당사자 간에 논란을 일으킬 우려가 있음이 명백한 사항

부칙 〈대통령령 제24423호, 2013.3.23〉 (교육부와 그 소속기관 직제)

**제1조(시행일)** 이 영은 공포한 날부터 시행한다. 〈단서 생략〉

**제2조부터 제6조까지 생략**

**제7조(다른 법률의 개정)** ①부터 〈90〉까지 생략

〈91〉 학교폭력예방 및 대책에 관한 법률 시행령 일부를 다음과 같이 개정한다.

제4조제1항 중 "11명"을 12명"으로 한다.

제4조제2항을 다음과 같이 한다.

② 실무위원장은 교육부차관이 되고, 위원은 기획재정부, 미래창조과학부, 교육부, 법무부, 안전행정부, 문화체육관광부, 보건복지부, 여성가족부, 국무조정실 및 방송통신위원회의 고위공무원단에 속하는 공무원과 경찰청의 치안감 또는 경무관 중에서 소속 기관의 장이 지명하는 사람 각 1명이 된다.

제4조제3항 중 "교육과학기술부"를 "교육부"로 한다. 제9조제1항 및 제19조 각 호 외의 부분 중 "교육과학기술부장관"을 각각 "교육부장관"로으로 한다.

〈92〉부터 〈105〉까지 생략

부록 3

# 학교폭력 실태조사 설문지

[시행 2012.9.16] [대통령령 제24102호, 2012.9.14, 타법개정]

## 학교폭력 실태조사 설문지

학생 여러분, 안녕하세요!

이 조사는 2013년 3월부터 지금까지(6개월 동안) 학교나 학교주변에서 발생한 학교폭력 관련 경험과 학교폭력에 대한 학생 여러분들의 인식을 조사하기 위해 실시하는 것입니다. 하생 여러뷰의 응답 내용에 대해서는 비밀이 보장되며, 이 응답으로 인한 불이익은 전혀 없습니다. 응답 결과는 학생이 학교폭력에 대한 위험 없이 학교생활을 할 수 있는 학교폭력 예방자료로만 활용될 것입니다.

감사합니다.

2013. 8.

전국시 · 도교육감협의회장, 한국교육개발원장

1-1. 2013년 3월부터 지금까지(6개월 동안) 학생의 피해가 몇 번이나 있었는지 알맞은 곳에 체크(∨)해 주세요.

| 항 목 | 없음 | 6개월에 1~2번 | 한 달에 1~2번 | 1주일에 1~2번 | 거의 매일 |
|---|---|---|---|---|---|
| ① 친구나 선배에게 맞거나 갇혔다.(폭행, 감금) | | | | | |
| ② 내가 가지고 있는 돈이나 물건을 빼앗겼다. | | | | | |
| ③ 친구가 시켜서 강제로 심부름을 했다. | | | | | |
| ④ 심한 욕설과 놀림, 협박을 당했다. | | | | | |
| ⑤ 강제추행, 성폭력을 당했다. | | | | | |

1-2. 2013년 3월부터 지금까지(6개월 동안) 학생의 피해기간은 얼마나 됐었는지 알맞은 곳에 체크(∨)해 주세요.

| 항 목 | 없음 | 1개월 | 2~3 개월 | 4~5 개월 | 6개월 이상 |
|---|---|---|---|---|---|
| ⑥ 친구(들)한테 계속 집단 따돌림을 당했다. | | | | | |
| ⑦ 컴퓨터나 휴대전화로 계속 괴롭힘을 당했다.<br>(인터넷 채팅, 이메일, 문자를 이용한 심한 욕설, 비방) | | | | | |
| ⑧ 내가 싫다고 하는데도 친구가 계속 따라다니며 괴롭히고 불안하게 했다.(스토킹) | | | | | |

⇒ ①~⑧번 모든 항목에 '없음'으로 답한 경우 ☞ 6번

2. 주로 어디에서 피해를 당했나요?(하나만 답해 주세요)

| | | |
|---|---|---|
| 학교 안 | ① 교실 안 | ② 운동장 |
| | ③ 화장실 | ④ 복도 |
| | ⑤ 기숙사 | ⑥ 학교 내 다른 장소 |
| 학교 밖 | ⑦ 학원이나 학원 주변 | ⑧ 오락실, PC방, 노래방 등 |
| | ⑨ 놀이터, 공원, 동네골목, 공터, 뒷산 등 | |
| | ⑩ 사이버 공간(인터넷, 이메일, 휴대전화) | |
| | ⑪ 우리집(또는 친구집) | |
| | ⑫ 기타(____________) | |

3. 시간은 주로 언제였나요?(하나만 답해 주세요)

① 등교시간 ② 쉬는 시간 ③ 점심시간

④ 수업시간(방과 후 수업 포함) ⑤ 하교시간 ⑥ 하교시간 이후

⑦ 기타(____________)

4. 피해를 당한 후, 어느 정도로 힘들었나요?(하나만 답해 주세요)

① 전혀 힘들지 않았다. ② 힘들지 않았다.

③ 조금 힘들었다. ④ 많이 힘들었다.

⇒ ③, ④번에 체크했을 경우

⑤ 힘들었던 내용을 적어 보세요.(____________)

5. 피해 사실을 누구에게 알렸나요?(있는 대로 고르세요.)

① 가족(부모님, 형제, 자매 등)

② 친구나 선배

③ 학교 선생님 또는 학교폭력알림함(신고함)

④ 117 학교폭력신고센터 또는 학교폭력전문기관

⑤ 아무한테도 알리지 않았다.

⑥ 기타(____________________)

6. 아래의 내용 중 2013년 3월부터 지금까지(6개월 동안) 내가 친구에게 행동한 적이 있는 항목에 체크(∨)해 주세요.

| 항 목 | 없다 | 있다 |
|---|---|---|
| ① 심하게 놀리거나 심한 욕설, 협박을 했다. | | |
| ② 친구가 원하지 않는데 강제로 심부름을 시켰다. | | |
| ③ 친구가 가지고 있는 돈이나 물건을 빼앗았다. | | |
| ④ 친구를 때리거나 어떤 곳에 강제로 가뒀다.(폭행, 감금) | | |
| ⑤ 친구에게 강제추행, 성폭력을 저질렀다. | | |
| ⑥ 어떤 친구를 여럿이서 계속 따돌렸다. | | |
| ⑦ 컴퓨터나 휴대전화를 이용해 친구를 계속 괴롭혔다.<br>(인터넷 채팅, 이메일, 문자를 이용한 심한 욕설, 비방) | | |
| ⑧ 친구가 싫다고 하는데도 계속 따라다니며 괴롭히고 불안하게 했다.(스토킹) | | |

⇒①~⑧번 모든 항목에 '없다'로 답한 경우 ☞ 9번

7. 학생은 위와 같은 행동을 혼자 했나요? 아니면 여럿이 함께 했나요?(하나만 답해 주세요)

① 주로 혼자 했다. ② 주로 여럿이 함께 했다.

8. 상대방 친구의 마음은 어땠을까요?(하나만 답해 주세요)

① 힘들었을 것 같다.

② 힘들지 않았을 것 같다.

③ 별로 생각해 본 적이 없다.

④ 그런 일을 당하는 게 당연하다고 생각했을 것 같다.

9. 2013년 3월부터 지금까지(6개월 동안) 내가 아닌 다른 친구들의 학교폭력을 목격했을 때 주로 어떻게 하였나요?(있는 대로 고르세요)

① 목격한 적이 없다.

② 때리거나 괴롭히는 친구를 말렸다.

③ 가족(부모님, 형제, 자매 등)에게 알렸다.

④ 친구나 선배에게 알렸다.

⑤ 학교선생님, 학교폭력알림함(신고함), 학교보안관에게 신고했다.

⑥ 117 학교폭력신고센터 또는 학교폭력전문기관에 알렸다.

⑦ 모른 척했다.

⑧ 나도 같이 친구를 괴롭혔다.

10. 학교폭력 예방교육을 통해 어떤 내용을 알게 되었나요?

| 항 목 | 매우 그렇다 | 그렇다 | 그렇지 않다 | 전혀 그렇지 않다 |
|---|---|---|---|---|
| ① 어떤 행동이 학교폭력인지 알게 되었다. | | | | |
| ② 학교폭력이 나쁘다는 것을 알게 되었다. | | | | |
| ③ 학교폭력이 발생하면 학교나 학교선생님(학교보안관)으로부터 도움을 받을 수 있다는 것을 알게 되었다. | | | | |
| ④ 학교폭력이 발생하면 117 학교폭력신고센터 등의 기관에 신고하면 도움을 받을 수 있다는 것을 알게 되었다. | | | | |
| ⑤ 학교폭력문제를 해결하기 위해 학교폭력대책자치위원회가 개최된다는 것을 알게 되었다. | | | | |

11. 앞으로 학교폭력이 발생하면 어떻게 하겠습니까?(있는 대로 고르세요)

① 가족(부모님, 형제, 자매 등)에게 도움을 요청하겠다.

② 친구나 선배에게 도움을 요청하겠다.

③ 학교선생님, 학교폭력알림함(신고함), 학교보안관에게 신고하겠다.

④ 117 학교폭력신고센터 또는 학교폭력전문기관에 알리겠다.

⑤ 잘 모르겠다.

⑥ 기타(____________________)

12. 우리 학교는 학교폭력으로부터 얼마나 안전하다고 생각하나요?(하나만 답해 주세요)

① 매우 안전하다. ② 안전하다. ③ 보통이다.

④ 안전하지 않다. ⑤ 전혀 안전하지 않다.

13. 마지막으로 다음 질문에 대한 자신의 생각을 자유롭게 적어 주세요.

(1) 학교 안팎에서 학교폭력 피해를 당했거나 목격한 경우 그 내용을 자세하게(장소, 시간, 가해학생, 피해학생, 피해내용 포함) 적어 주세요.

* 이 문항의 답변 내용은 117 학교폭력신고센터에 제공됩니다.

| |
|---|
| |

(2) 어떻게 하면 학교폭력이 줄어들거나 없어질까요? 이에 대한 학생 자신의 생각을 적어 주세요.

| |
|---|
| |

## ※ 응답자 구분

1. 학생 관련 기초 정보(직접 작성)
   ① 내가 사는 곳: (    )시 · 도
   ② 내가 다니는 학교와 학년: (초등/중등/고등)학교, (  )학년

2. 성별: ① 남학생 ( )     ② 여학생 ( )

3. 해당되는 곳에 ∨ 표 해 주세요.

| 항 목 | 매우 그렇다 | 그렇다 | 보통이다 | 그렇지 않다 | 전혀 그렇지 않다 |
|---|---|---|---|---|---|
| ① 나는 현재 가정생활에 만족한다. | | | | | |
| ② 나는 평소 가족(부모, 형제, 자매 등)과 자주 대화를 나눈다. | | | | | |
| ③ 나의 부모님(보호자)은 나의 학교생활이나 친구들에 대해 관심이 많다. | | | | | |
| ④ 나는 현재 학교생활에 만족한다. | | | | | |
| ⑤ 나는 우리반 친구나 학교 친구들과 사이가 좋은 편이다. | | | | | |
| ⑥ 학교폭력이 발생했을 때 우리 학교(선생님)로부터 도움을 받을 수 있을 것이다. | | | | | |

# 학교폭력 사안처리 체크리스트

| 방법 및 대상 | 사안처리 | 〈단계〉 담당자 | 보관장부 및 액션 제공서식(번호) | 일시 교감확인 |
|---|---|---|---|---|
| | 사안발생 | | | |
| | 접수대장등록 | 〈1〉 책임교사 | 학교폭력 신고 접수 대장 [양식 3] | |
| 통보: 교장, 담임<br>통지: 가 · 피해부모<br>유선: 교육지원청 | 통보, 통지 및 유선보고 | 〈2〉 책임교사 | 학교장, 담임교사, 교육청 학교장 보고서식 [양식 4] | |
| 사안경중 따라 | 즉시조치 | 〈3〉 학교장 | 사전 선도조치 서식 [양식 5] | |
| 서면조사<br>면담조사<br>현장조사 | 사안조사 | 〈4〉 전담기구 상담교사 | 면담조사일지, 상담일지 (확인서, 반성문 등 첨부) [양식 6~양식 12] | |
| | 전담기구협의회 | 〈5〉 전담기구 | 전담기구협의록 [양식 13] | |
| 담임<br>자치위원회 | 사안 배치 | 〈6〉 전담기구 | 담임조치, 자치위원회조치 [양식 13에 기록] | |
| 이메일 또는 공문 | 교육지원청보고 | 〈7〉 책임교사 | 지역교육청 보고서식 [양식 14] | |
| 자치위원<br>가 · 피해학부모 | 자치위원회개최 통보 | 〈8〉 책임교사 | 개최통보 참석요청서 [양식 16] | |
| 사안발생 7일 이내 | 자치위원회개최 | 〈9〉 학교장 | 학부모위원 서약서 자치위원회 회의록 [양식 17~양식 21] | |
| 가 · 피해자학부모 | 개최결과통보 | 〈10〉 책임교사 | 개최결과통보서식 [양식 22] | |
| 공문보고 | 개최결과보고 | 〈11〉 책임교사 | 지역교육청 보고서식 [양식 23] | |
| 교육청 One-Stop 지원센터로 | 특별교육신청 | 〈12〉 책임교사 | 특별교육 신청서식 [서식 27] | |
| 특별교육기관에서 발급 | 특별교육이수 여부확인 | 〈13〉 책임교사 | 이수증 보관(학교에서) (학생, 학부모) 발급기관 제공양식 | |
| | 가 · 피해학생 추수지도 | 〈14〉 상담교사 | 추수지도서식 [양식 31] | |

# 참고문헌

곽금주(1999). 왕따에 대한 심리학적 관점. 경의대학교 교육연구소 주최 심포지엄. 왕따, 학교폭력의 실태와 대처방안. 69-81.

국가청소년위원회(2006). 청소년백서. 서울: 국가청소년위원회.

권문일(2012). 학교폭력 예방 및 대처를 위한 사회복지적 개입. 보호관찰, 12(1), 7-37.

교육과학기술부(2012a). 학교폭력 사안처리 가이드북. 서울: 교육과학기술부.

교육과학기술부(2012b). 학교폭력 사안처리 Q & A. 서울: 교육과학기술부.

교육과학기술부(2012c). 중・고등학생을 위한 성폭력 예방교육 길라잡이(교사용). 서울: 교육과학기술부 학교폭력근절과.

교육과학기술부(2007). 성폭력상담매뉴얼. 서울: 교육과학기술부.

교육과학기술부(2009). 전문상담교사 운영 및 활동매뉴얼. 서울: 교육과학기술부.

교육과학기술부, 법무부(2009). 굿바이 학교폭력. 서울: 교육과학기술부.

교육과학기술부, 한국교육개발원, 대전광역시교육청(2011). 학교 상담(Wee클래스). Wee 프로젝트 매뉴얼 I.

김광영(2011). 배움터지킴이 제도의 운영실태 및 개선방안에 관한 연구. 동국대학교 행정대학원 석사학위논문.

김광은(1992). 동료상담자 훈련에 관한 일 연구: 사관생도를 위한 프로그램 개발 및 평가를 중심으로. 이화여자대학교 대학원 박사학위논문.

김미화(2007). 성폭력 대응을 위한 의료적-법적 가이드라인. 서울: 들샘.

김순석(2004). 한국의 학교경찰제 도입에 관한 연구. 동국대학교 대학원 석사학위논문.

김용수(2012). 학교폭력 · 성폭력 관련 법령의 이해. 서울: 진원사.

김영란, 이정옥(2007). 학교폭력 위기개입의 이론과 실제. 서울: 학지사.

김종운(2013). 상담과 복지 서비스를 위한 상담심리학의 이론과 실제. 서울: 동문사.

김종운 외(2012). 학교 집단상담의 이론과 실제. 서울: 동문사.

김종운, 김효은, 이태곤(2008). 교직실무. 서울: 동문사.

김주선(2009). 법교육 방법이 법의식 형성에 미치는 효과: 고등학교에서의 강의식 법교육과 학생자치법정 운영을 중심으로. 전남대학교 대학원 박사학위논문.

김준호(1997). 학교주변폭력의 실태 및 대책. 한국형사정책연구원.

김태진(2007). 학교폭력 예방을 위한 사회안전망의 구상. 한국경호경비학회지, 13, 169-192.

노안영(2005). 상담심리학의 이론과 실제. 서울: 학지사.

문용린 외(2006). 학교폭력 예방과 상담. 서울: 학지사.

문화관광부(2002). 2002 청소년백서. 서울: 문화관광부 청소년국.

박동호(2011). 창원지역 중학교 학생들의 학교폭력 실태와 예방대책에 관한 연구. 경남대학교 교육대학원 석사학위논문.

박명진(2006). 학교폭력 예방을 위한 실제적 지침서, 「학교폭력 예방과 상담」. 서울: 학지사.

박세정(1998). 효과적인 학교폭력 대책으로서의 학교경찰연계 제도 도입에 관한 연구. 한국공안행정학회지, 7, 192-201.

박찬주(2008). 청소년의 법의식 신장을 위한 학생 자치 법정 운영. 한국교원대학교 대학원 석사학위논문.

법무부(2008). 학생자치법정 기이드북. 서울: 법무부.

법무부(2007). 2006년도 학생자치법정 시범학교 운영보고서. 서울: 법무부.

법무부, 교육과학기술부, 부산광역시교육청(2011). 굿바이 학교폭력. 서울: 법무부, 교육과학기술부, 부산광역시교육청.

부산광역시교육청(2012). 학교폭력 책임교사 연수자료. 부산: 부산광역시교육청 학교폭력지도과.

부산지방경찰청(2005). 학교안전지킴이 스쿨폴리스. 부산: 부산지방경찰청.

서울특별시교육청(2010). 성교육 및 성희롱 · 성매매 예방관리지침. 서울: 서울특별시

교육청.

안선욱(1997). 법에 나타난 플라톤의 도덕교육론. 이화여자대학교 대학원 석사학위논문.

양정열(2011). 학교폭력과 배움터지킴이 제도에 관한 연구. 대진대 교육대학원석사학위논문.

윤철경, 조홍식, 김향초, 이규미, 우정자, 윤진선(2006). 위기청소년 지역사회 안전망 실태와 발전방안. 한국청소년개발원 연구보고서, 9.

여성가족부(2013). 청소년백서. 서울: 여성가족부.

여성가족부(2009). 아동성폭력 대응매뉴얼(학교용). 서울: 여성가족부.

이규미(2006). 학교폭력 예방과 상담. 서울: 학지사.

이상희, 노성덕, 이지은(2000). 단계별 또래상담프로그램 개발연구. 한국청소년상담원.

이수연(2009). 청소년의 자살생각에 관한 연구. 원광대학교 대학원 석사학위논문.

이영란(2009). 소년사법절차에 관한 연구. 소년보호연구, 15, 1-30

이춘화(1999). 청소년 폭력 가해자와 가해 집단에 관한 연구. 서울: 한국청소년개발원.

이현림, 김말선, 박춘자(2012). 학교폭력상담의 이론과 실제. 서울: 한국학술정보.

이희창(2008). 지역사회청소년통합지원체계(CYS-net)의 활성화 방안에 관한 연구. 신라대학교 대학원 석사학위논문.

임영식, 오세진(2003). 외국의 청소년폭력 대책: 지역사회 프로그램을 중심으로. 사회과학연구, 6, 107-147.

정우식(1986). 청소년 문제 그 실상과 대책. 서울: 삼성출판사.

정종진(2012). 학교폭력상담: 이론과 실제. 서울: 학지사.

정현미(2009). 성인지적 관점의 폭력예방교육을 위한 법제화 방안. 법학논집, 14(2), 317-341.

조정실, 차명호(2010). 폭력 없는 평화로운 학교 만들기. 서울: 학지사.

청소년폭력예방재단(2011). 2010년도 전국 학교폭력 실태조사 보고서. 서울: 청소년폭력예방재단.

최윤자, 김아영(2003). 집단 따돌림 행동과 자아개념 및 귀인성향과의 관계. 교육심리연구, 17(1), 149-167.

통계청(2009). 2008년 사망원인 통계결과. 서울: 통계청.

학교폭력SOS지원단(2008). 학교폭력 위기개입 매뉴얼. 서울: 교육과학기술부.

한국청소년상담원(2010). 솔리언또래상담 학교상담 모형개발. 서울: 한국청소년상담원.

한국청소년상담원(2005). 학교폭력 "어떻게 도와줄 것인가." 서울: 한국청소년상담원.

한영숙(2007). 학교폭력예방 프로그램이 실업계고교생의 분노조절 및 자기존중감에 미치는 효과. 동아대학교 교육대학원 석사학위논문.

황혜자, 김종운 공역(2006). 학교따돌림의 지도와 상담. 서울: 동문사.

광주타임즈뉴스(2012. 2. 15.) 광주지방경찰청 사이버안전드림팀 인터넷 '안티카페' 단속.

동아일보(2012. 9. 20.) 학교폭력 시달리던 고교생 끝내 자살.

머니투데이뉴스(2012. 1. 13.) 한 중학생 또래 학생들로부터 성추행.

조선일보(2012. 2. 6.) 자살한 대구 중학생 인터넷 게임에서 비극 시작.

조선일보(2012. 1. 5.) 금품 갈취 · 집단 성폭행… 여주지역 중학생 22명 검거.

조선일보(2012. 1. 2.) 여중생 따돌림으로 인해 정신과 치료 중.

중앙일보(2012. 1. 10.) 서울 지역 중고교생 학교폭력 조직에 금품 상납.

한겨레(2005. 6. 6.) 배움터지킴이 제도 운영.

한국교육신문(2013. 2. 22.) 새 학기, 폭력 없는 학교를 위해.

한국일보(2012. 1. 31.) 서울 중학생들 또래 학생 집단 구타.

YTN(2011. 11. 23.) 대구 중학생 학교폭력으로 자살.

서울해바라기아동센터 www.child1375.or.kr

안전드림 아동여성장애인 경찰지원센터 www.safe182.go.kr

여성가족부 www.mogef.go.kr

한국청소년상담복지개발원 www.kyci.or.kr

학교폭력 예방 종합포털사이트 www.stopbullying.or.kr

Wee 프로젝트 홈페이지 www.wee.go.kr

Ahmed, E. (2001). Shame management: Regulating bullying. In E. Ahmed, N. Harris, J. Braithwaite, & V. Braithwaite (Eds.), *Shame Management through Reintegration* (pp. 211-314). Cambridge, Cambridge University Press.

Austin, S., & Joseph, S. (1996). Assessment of bullying/victim problems in 8 to 11 years-old. *British Journal of Educational Psychology, 66*, 447-456.

Bigelow, B. J., Tesson, G., & Lewko, J. H. (1996). *Learning the rules: The anatomy of children's relationships.* New York: The Guilford Press.

Carr, R. A. (1993). Peer helping in Canada. *The Peer Facilitator Quarterly, 11*(1), 15-18.

Catalano, R. F., Arthur, M. F., Hawkins, J. D., Berglund, L., & Olson, J. J. (1998). Comprehensive community-based interventions to prevent antisocial behavior. In R. Loeber & D. P. Farrington (Eds.), *Serious and violent juvenile offenders: Risk factors and successful interventions* (pp. 248-283). Thousand Oaks, CA: Sage Publications.

Coolidge, F. L., DenBoer, J. W., & Segal, D. L. (2004). Personality and neuro psychological correlates of bullying behavior. *Personality and Individual Differences, 36*, 1559-1569.

Craig, W. M. (1998). The relationship among bullying, victimization, depression, anxiety, and aggression in elementary school children. *Personality and Individual Differences, 24*, 123-130.

Craig, W. M., Peters, D., & Konarski, R. (1998). *Bullying and victimization among Canadian school children.* Available online from Applied Research Branch, Strategic Policy, Human Resources Development Canada. http://www.hrdc-dncc.gc.ca/publications/research/abw-98-28e.shtml.

Duncan, R. D. (1999). Maltreatment by parents and peers: The relationship between child abuse, bully victimization, and psychological distress. *Child Maltreatment, 4*(1), 45-55.

Egan, G. (1998). *The skilled helper: A problem-management approach to helping* (6th ed.). Pacific Grove, CA: Brooks/Cole.

Erikson, E. H. (1968). *Identity: Youth and crisis*. NY: Norton.

Fisher, M. (2002). *Youth Courts: Young People Delivering Justice*. American Bar Association.

Garbarino, J. (2001). Viewpoint. National Dropout Prevention Center, *Network Newsletter, 13*(2), 8.

Herrenkohl, T. K., Maguin, E., Hill, K. G., Hawkins, J. D., & Abbort, R. D. (2000). Developmental risk factors for youth violence. *Journal of Adolescent Health, 26*, 176-186.

Hodges, E. V. E., Malone, M. J., & Perry, D. G. (1997). Individual risk and social risk as interacting determinant of victimization in the peer group. *Developmental Psychology, 33*, 1032-1039.

Hodges, E. V. E., & Perry, D. G. (1999). Personal and interpersonal antecedents and consequences of victimization by peers. *Journal of Personality and Social Psychology, 76*, 677-685.

Hoover, J. H., & Oliver, R. (1996). *The bullying prevention handbook: A guide for principals, teachers, and counselor*. Bloomington, IN: National Educational Service.

Jaffe, M. L. (1976). *Adolescence*. NY: John Wiley & Sons Company.

Kochenderfer, B., & Ladd, G. (1996). Peer victimization: Manifestations and relations to school adjustment in kindergarten. *Journal of School Psychology, 34*(3), 267-283.

McClelland, G. L. (2003). *Bullying and teasing*. New York: Kluwer Academic/ Plenum Publishers.

McLloyd, V. C. (1998). Socioeconomic disadvantage and child development. *American Psychologist, 53*, 185-204.

Murray, J. P. (1997). Media violence and youth. In J. D. Osofsky (Ed.), *Children in a violent society* (pp. 77-78). New York: The Guilford Press.

Navig, G. K., Albreksten, G., Anderssen, N., & Qvarnstrom, U. (1999). School-related stress and psychosomatic symptoms among school adolescents.

*Journal of School Health, 69*(9), 362-368.

Olweus, D. (1999). Norway. In P. K. Smith, Y. Morita, J. Junger-Tas, D. Olweus, R. Catalano, & P. Slee (Eds.), *The nature of school bullying: A cross-national perspective* (pp. 28-48). London: Routledge.

Olweus, D. (1994). Bullying at school: Long-term outcomes for the victims and an effective school based intervention program. In L. R. Huesmann (Ed.), *Aggressive behavior: Current perspectives* (pp. 97-130). New York: Plenum Press.

Olweus, D. (1993). *Bullying at school: What we know and what we can do.* Oxford, UK: Blackwell Publisher.

Olweus, D. (1991). Bully/victim problems among schoolchildren: Basic facts and effects of a school based intervention program. In D. J. Pepler & E. H. Rubin (Eds.), *The development and treatment of childhood aggression* (pp. 411-449). Mahwah, NJ: Lawrence Erlbaum Associates, Publishers.

Parks, C. D., & Sanna, L. J. (1999). *Group performance and interaction.* Boulder, CO: Westview Press.

Perls, F. S. (1973). *The gestalt approach and eye witness to therapy.* Science and Behavior Books.

Perry, D. G., Hodges, E. E., & Egan, S. K. (2001). Determinants of chronic victimization by peers: A review and a new model of family influence. In J. Juvonen & S. Graham (Eds.), *Peer harassment in school: The plight of the vulnerable and victimized* (pp. 73-104). New York: The Guilford Press.

Pettijohn, T. F. (1998). *Psychology: A connectext* (4th ed.). Columbus, OH: McGraw-Hill.

Prentice, D. A., & Miller, D. T. (1993). Pluralistic ignorance and alcohol use on campus: Some consequences of misperceiving the social norm. *Journal of Personality and Social Psychology, 64*, 243-256.

Rigby, K., & Slee, P. T. (1999). Australia. In P. K. Smith, Y. Morita, J. Junger-Tas, D. Olweus, R. Catalano and P. Slee (Eds.), *The nature of school bullying: A cross-national perspective* (pp. 324-339). London: Routledge.

Ross, D. (1996). *Childhood bully and teasing: What school personnel, other professionals and parents can do.* Alexandria, Virginia: American Counseling Association.

Rutter, M. (1985). Family and social influences: Meanings, mechanism and implication. In A. R. Nichol (Ed.), *Longitudinal studies in child psychology and psychiatry.* New York: Willey.

Salmivalli, C., Huttunen, A., & Lagerspetz, K. M. J. (1997). Peer networks and bullying in schools. *Scandinavian Journal of Psychology, 38*, 305-312.

Sarah S., & Pearson, S. S. (2003). Youth Court: A Path to Civic Engagement. *National Youth Court Center Policy Brief, September*, 3.

Slee, P. T. (1995). Peer victimization and its relationship to depression among Austrian primary school students. *Personality and Individual Difference, 18*, 57-62.

Smith, P. K., & Shu, S. (2000). What good schools can do about bullying: Findings from a survey in English schools after a decade of research and action. *Childhood, 7*(2), 193-212.

Sudermann, M., Jaffe, P., & Schieck, E. (1996). *Bullying: Information for parents and teachers.* London Family Court Clinic. http://www.lfcc.on.ca/bully.htm.

Varenhorst, B. B. (1980). *Curriculum guide for student peer counseling training.* Palo Alto Unified School District.

Williamson, D., & Wells, J. (2004). Making Youth Court as Effective as Possible. *Technical Assistance Bulletin, 25*, 6.

# 찾아보기

## 인명

## 내용

## 저자 소개

김종운 (Email: jongun22@dau.ac.kr)

동아대학교 대학원에서 교육상담 전공으로 박사학위를 받았다. 미국 Indiana University 상담 및 교육심리학과 연구원, 부산광역시영도구청소년상담복지센터 소장, 부산경남울산상담학회장, 한국상담학회 윤리위원장, 한국교정상담학회 부회장 겸 학술위원장, 2010~2013년 중등임용시험 출제위원을 역임하였다. 현재는 한국최면상담학회 회장, 한국학교상담학회 학교폭력예방대책위원장, 법원행정처 전문심리위원, 동아대학교 학생상담센터 소장을 맡고 있으며 동아대학교 교육학과 교수로 재직 중이다. 한국카운슬러협회 수련감독급 학교상담전문가, 한국최면상담학회 수련감독급 전문상담사, 한국상담학회 학교 및 교정상담전문가, 정신보건상담사 1급, 여성가족부 1급 청소년상담사 등 다수의 자격증과, 문화관광부 우수학술도서로 선정된 『학교따돌림의 지도와 상담』(공역, 동문사, 2006), 『인간관계 심리학』(공저, 학지사, 2011), 『다문화상담의 새로운 접근』(공역, 시그마프레스, 2012), 『학습상담』(공저, 학지사, 2013), 『교직실무』(공저, 동문사, 2008), 『학교집단상담의 이론과 실제』(공저, 동문사, 2012), 『상담심리학의 이론과 실제』(저, 동문사, 2013) 등의 저·역서가 있다.

학교 현장에 맞춘

# 학교폭력의 예방과 대책

2013년 9월 5일 1판 1쇄 발행
2018년 9월 10일 1판 6쇄 발행

지은이 • 김 종 운
펴낸이 • 김 진 환
펴낸곳 • (주) 학지사
04031 서울특별시 마포구 양화로 15길 20 마인드월드빌딩 5층
대표전화 • 02) 330-5114 팩스 • 02) 324-2345
등록번호 • 제313-2006-000265호
홈페이지 • http://www.hakjisa.co.kr
페이스북 • https://www.facebook.com/hakjisabook

ISBN 978-89-997-0202-0 93370

**정가 18,000원**



이 도서의 국립중앙도서관 출판시도서목록(CIP)은 서지정보유통지원시스템 홈페이지(http://seoji.nl.go.kr)와 국가자료공동목록시스템(http://www.nl.kr/kolisnet)에서 이용하실 수 있습니다.
(CIP제어번호: CIP2013015589)